高等教育财经类核心课程系列教材
高等院校应用技能型精品规划教材
高等院校教育教学改革融合创新型教材

财务管理学
FINANCIAL MANAGEMENT

理论·实务·案例·实训

李 贺 ◎ 主 编

视频版·课程思政

上海财经大学出版社

图书在版编目(CIP)数据

财务管理学:理论·实务·案例·实训/李贺主编. —上海:上海财经大学出版社,2022.1
(高等教育财经类核心课程系列教材)
(高等院校应用技能型精品规划教材)
(高等院校教育教学改革融合创新型教材)
ISBN 978-7-5642-3949-7/F·3949

Ⅰ.①财… Ⅱ.①李… Ⅲ.①财务管理-高等学校-教材 Ⅳ.①F275

中国版本图书馆 CIP 数据核字(2022)第 002203 号

□ 责任编辑　汝　涛
□ 书籍设计　贺加贝

财务管理学
——理论·实务·案例·实训

李　贺 ◎主编

上海财经大学出版社出版发行
(上海市中山北一路 369 号　邮编 200083)
网　　址:http://www.sufep.com
电子邮箱:webmaster@sufep.com
全国新华书店经销
上海新文印刷厂有限公司印刷装订
2022 年 1 月第 1 版　2023 年 11 月第 3 次印刷

787mm×1092mm　1/16　20.5 印张　565 千字
印数:5 001—6 500　　定价:54.00 元

前　言

　　财务管理学有着系统、完备的理论,但财务管理学又是一门实践性很强的学科。本书重视塑造读者系统、扎实的理论基础,同时兼顾实践应用对财务管理学科知识的储备需求。互联网、大数据、云计算、人工智能、"工业4.0"等技术正在改变人们的生活方式和商业模式,学生应学习和掌握一定的相关技术,以适应现今的社会经济生活。"以做促学、做学合一"已成为新常态下高等院校人才培养的全新模式,本书是为了适应新技术背景下高等院校转型培养应用技能型财务管理人才需求,以企业财务管理业务实践、《企业财务通则》及最新国家会计法规制度为依据,以现代企业资金运动管理为对象,在阐述资金时间价值、风险收益的观念基础上,按照筹资管理、投资管理、营运资金管理、收益与分配管理、财务预算控制管理及财务分析的思路编写,涵盖了企业财务管理各环节的内容,充分介绍了财务管理学当前的研究内容。本书在遵循"以应用为目的,以够用为原则",系统地介绍了财务管理基本原理、基本技能及基本方法的同时,以最新案例和实训内容体现知识点的具体应用,并为后期"财务管理实训"和"财务软件实训"等课程做铺垫。

　　本书涵盖10个项目、40个任务;在结构安排上,采用"原理先行、实务跟进、案例同步、实践到位"的编写方式,力求结构严谨、层次分明;在表述安排上,力求语言平实凝练、通俗易懂;在内容安排上,尽可能考虑到财经类专业不同层次的不同需求,课后的应知考核和应会考核结合每个项目的内容技能要求而编写,以使读者在学习每一项目内容时做到有的放矢,增强学习效果,工学结合。

　　根据高等院校教育教学改革融合创新和应用技能型人才培养需要,本书力求体现如下特色:

　　1. 结构合理,体系规范。本书以企业的基本财务管理实践活动为主线,主要包括筹资管理、投资管理、营运资金管理和收益分配管理四大方面的内容。在内容上特别注意吸收最新的企业财务管理改革与实践,按理论与实务兼顾的原则设置教材内容。针对高等院校教学课程的特点,本书将内容庞杂的基础知识系统性地呈现出来,力求做到"必需、够用"原则,体系科学规范,内容简明实用。

　　2. 与时俱进,紧跟动态。根据财务管理学课程体系和思路,立足于我国财会改革的现实基础,本着理论联系实际的原则,系统全面地阐述了财务管理学基本理论与实践,广泛吸收和反映了当今国内外的最新研究成果,及时反映了我国财会改革的进程和内容。

　　3. 突出应用,实操技能。本书从高等院校的教学规律出发,与实际接轨,介绍了最新的理论知识和教学案例,在注重必要理论的同时,强调实际的应用;主要引导学生"学中做"和"做中学",一边学理论,一边将理论知识加以应用,实现理论和实际应用一体化。

　　4. 栏目丰富,形式生动。本书栏目形式丰富多样,设有:知识目标、技能目标、素质目标、思政目标、项目引例、做中学、关键术语、应知考核、应会考核、项目实训、实训报告等栏目,并添加了二维码动漫视频及"用 Excel 解决本项目问题"等,体现富媒体特色,教材的应知考核、应会考核和项目实训,使得学生对所学的内容达到学以致用,丰富了教材内容与知识体系,也为教师教学和学生更好地掌握知识内容提供了首尾呼应、层层递进的可操作性教学方法。

5. 课证融合,双证融通。本书能满足读者对财务管理基础知识学习的基本需要,重点放在财务管理环节的筹资、投资、营运、收益分配的基本理论和基本方法上,并添加了 Excel 在财务管理中的应用,使用 Excel 进行大量的数据分析,从而为企业相关政策、决策的制定提供有效的参考;为了满足较高层次读者的需要,适当增加了财务管理知识的应用能力,并与会计师考试的大纲相衔接,做到考证对接。

6. 职业素养,素质教育。我们力求在内容上有所突破,激发学生的学习兴趣和学习热情,设计适合学生掌握的考核要点,以培养和提高学生在特定业务情境中分析问题、解决问题的能力,从而强化学生的职业道德素质。本书紧跟新时代发展对教育提出的新要求,在每个项目中添加了思政目标,引导学生形成正确的人生观和价值观。

7. 课程资源,配套上网。为了配合课堂教学,我们精心设计和制作了教学资源(含有教师课件、教师教案、教学案例、习题参考答案、教学大纲、配套习题、模拟试卷、课程标准、学习指南与习题指导等)实现网上运行,充分发挥线上线下混合式教学的优势。

本书由哈尔滨商业大学财政与公共管理学院李贺主编。李明明、赵昂、李虹、美荣、李林海、王玉春、李洪福 7 人负责全书教学资源包的制作。本书适用于高等教育和应用型教育层次的工商管理、财务管理、会计学、审计、财政学、资产评估、金融学等财经类、经管类专业方向的学生使用,同时也可作为自学考试的辅助教材。

本教材得到了出版单位的大力支持,在编写过程中参阅了参考文献中的教材、著作等资料,对相关作者们的贡献,谨此表示衷心的感谢!由于编写时间仓促,加之编者水平有限,书中难免存在一些不足之处,恳请专家和读者对本书中存在的错误和不足之处给予意见和指正,以便我们不断地更新、改进与完善。

内容更新与修订

编 者

2021 年 11 月

目 录

项目一 财务管理总论 ·· 001
  任务一 财务管理概述 ·· 002
  任务二 财务管理的要素、环节和观念 ·· 008
  任务三 财务管理的组织形式和一般体制 ··· 011
  任务四 财务管理的目标 ··· 014
  任务五 财务管理的原则 ··· 018
  任务六 财务管理的环境 ··· 023
    应知考核 ·· 026
    应会考核 ·· 027
    项目实训 ·· 029

项目二 财务管理的价值观念 ·· 031
  任务一 资金时间价值 ·· 032
  任务二 风险收益衡量 ·· 045
    应知考核 ·· 050
    应会考核 ·· 052
    项目实训 ·· 053

项目三 筹资管理 ·· 055
  任务一 筹资管理概述 ·· 056
  任务二 资金需求量的预测 ·· 059
  任务三 债务资金筹集 ·· 063
  任务四 权益资金筹集 ·· 077
    应知考核 ·· 086
    应会考核 ·· 087
    项目实训 ·· 089

项目四 资本成本结构 ··· 091
任务一 资本成本概述 ··· 092
任务二 杠杆原理 ··· 101
任务三 资本结构 ··· 106
应知考核 ··· 110
应会考核 ··· 112
项目实训 ··· 113

项目五 项目投资管理 ··· 115
任务一 项目投资管理概述 ··· 116
任务二 项目投资的现金流量及估算 ··· 121
任务三 项目投资决策的评价指标 ··· 127
任务四 项目投资决策评价指标的运用 ··· 135
任务五 项目投资决策的敏感性分析 ··· 140
应知考核 ··· 141
应会考核 ··· 143
项目实训 ··· 144

项目六 证券投资管理 ··· 146
任务一 证券投资概述 ··· 147
任务二 证券投资的收益评价 ··· 150
任务三 证券投资风险与组合 ··· 157
应知考核 ··· 163
应会考核 ··· 164
项目实训 ··· 165

项目七 营运资金管理 ··· 167
任务一 营运资金管理概述 ··· 168
任务二 现金管理 ··· 171
任务三 应收账款管理 ··· 179
任务四 存货管理 ··· 185
应知考核 ··· 194
应会考核 ··· 196
项目实训 ··· 197

项目八 收益与分配管理 ··· 200
任务一 收益与分配管理概述 ··· 201

任务二　收入管理 ·· 204
　　任务三　成本费用管理 ·· 208
　　任务四　利润管理 ·· 219
　　任务五　股利分配政策 ·· 226
　　　应知考核 ·· 235
　　　应会考核 ·· 237
　　　项目实训 ·· 238

项目九　财务预算控制管理 ·· 240
　　任务一　财务预算概述 ·· 241
　　任务二　财务预算方法 ·· 243
　　任务三　财务预算编制 ·· 246
　　任务四　财务控制管理 ·· 255
　　　应知考核 ·· 263
　　　应会考核 ·· 265
　　　项目实训 ·· 266

项目十　财务分析 ·· 269
　　任务一　财务分析概述 ·· 270
　　任务二　财务分析方法 ·· 275
　　任务三　财务能力分析 ·· 279
　　任务四　财务综合指标 ·· 298
　　　应知考核 ·· 304
　　　应会考核 ·· 306
　　　项目实训 ·· 309

附录 ·· 312
　　附表一　复利终值系数表 ·· 312
　　附表二　复利现值系数表 ·· 314
　　附表三　年金终值系数表 ·· 316
　　附表四　年金现值系数表 ·· 318

参考文献 ·· 320

项目一

财务管理总论

○ **知识目标**

理解:财务管理的概念与特点;财务管理的发展历程。

熟知:财务管理的对象与内容;财务管理的环境;财务管理的组织形式和一般体制。

掌握:财务管理的要素、环节和观念;财务管理的目标和原则。

○ **技能目标**

能够对企业的财务管理活动进行分析,具备相应的分析问题和解决问题的能力。

○ **素质目标**

运用所学的财务管理总论知识,并结合企业实际组织财务管理活动,培养和提高学生在特定业务情境中分析问题与决策设计的能力;结合行业规范或标准,强化学生的职业道德素质。

○ **思政目标**

能够正确地理解"不忘初心"的核心要义和精神实质;树立正确的世界观、人生观和价值观,做到学思用贯通、知信行统一;通过财务管理总论知识,认知社会责任最大化应在追求经济效益、保护股东利益的同时,积极从事环境保护、社区建设等公益事业,从而促进企业本身与全社会的协调、和谐发展。

○ **项目引例**

爱多 VCD 失败带来的思考

曾几何时,"爱多 VCD——我们一直在努力"等广告词在中央电视台每天与人们相约,使得"爱多"成为一个响当当的品牌。然而,当中国一跃成为世界上最大的 VCD 生产国时,年销售额曾达 16 亿元、品牌认知率高达 90% 以上的"爱多"却销声匿迹了。虽然失败的原因很多,但核心是财务管理不善。一是营运资金管理不善。以降价为主要的竞争手段造成营运资金严重不足,拖欠货款,最终丧失商业信用;未能有效进行存货管理,导致一部分零件过剩,另一部分零件奇缺,濒于倒闭时,虽然物料库存上亿元,却装不出一台 VCD 来。二是筹资管理不科学,未充分考虑财务风险,造成严重的资金匮乏,陷入极度的财务危机,资金周转不灵,最终导致破产。

爱多公司的失败是目前国内不少企业财务管理现状的真实写照:不重视、不懂得财务管理,只凭感觉、凭经验作出判断和决策,最终会带来不好的结果。

思考与讨论:

(1)什么是财务管理?企业为什么要进行财务管理?

(2)财务管理的内容与目标是什么?

○ 知识精讲

任务一　财务管理概述

一、财务管理的概念与特点

(一)财务管理的概念

财务管理是企业关于资本取得和使用的一种管理活动,是以资本市场为依托、以投资分析为手段、以企业价值最大化为目标的管理活动。财务管理的核心内容便是对企业资本的管理。财务管理就是要将科学的决策方法运用于财务的活动,以最低的成本筹集企业所需资金,选择最佳的投资方案,合理分担企业的投融资风险,使企业价值达到最大化。企业为了实现良好的经济效益,在组织企业的财务活动、处理财务关系的过程中,要进行科学的预测、决策、预算、控制、协调、核算、分析和考核等一系列活动。

总体来说,可将财务管理的概念归纳为:财务管理是基于企业再生产过程中客观存在的财务活动和财务关系而产生的,是利用价值形式对企业再生产过程进行的管理,是组织资金流动、处理财务关系的一项综合性管理工作。

(二)财务管理的特点

1. 财务管理涉及面广

因为财务管理的对象是企业资金,所以财务管理工作涉及企业的每一项活动、每一个部门。财务部门通过资金管理对企业其他部门进行约束。

2. 财务管理是一项价值管理工作

财务管理的基本属性是价值管理,它主要利用收入、成本、利润和资金等价值指标,运用财务预测、财务决策、财务预算、财务控制和财务分析等手段来实现企业价值增值,并处理价值运动中的经济利益关系。

3. 财务管理是一项综合性的管理工作

企业生产经营活动成果,大多可以通过反映资金运动过程和效率的各项价值指标综合反映出来。企业财务部门可以通过计算分析各项指标,及时发现存在的问题,为决策提供有效依据。

财务管理的核心是价值管理。企业财务管理的主要目的,就是以最少的资金占用和消耗,获得最大的经济利益,并使企业保持良好的财务状况。

二、财务管理的发展历程

(一)财务管理的萌芽期(15世纪末—19世纪末)

一般认为,财务管理萌芽于15世纪末16世纪初。当时西方社会正处于资本主义萌芽时期,地中海沿岸的城市商业得到了迅猛发展,意大利的不少城市发展为欧洲与近东之间的贸易中心。在这些城市中出现了社会公众入股的城市商业组织,入股的股东有商人、王公、大臣和市民等。商业股份经济的发展,涉及资金筹集、股息分派和股本回收管理等财务管理活动。但这些活动仅仅附属于商业经营管理,在当时的商业组织中尚未正式形成财务管理部门或机构,因此也就没有形成独立的财务管理工作。虽然如此,相关财务活动的重要性却已在企业管理中得以显现。

(二)筹资财务管理阶段(19世纪末—20世纪30年代)

19世纪末20世纪初,西方国家的工业革命促使生产技术产生了重大改进,企业规模不断扩大,股份公司迅速发展起来。股份公司的发展不仅引起了资本需求量的扩大,而且使筹资渠道和方式发生了重大变化，如何筹集资本扩大经营，成为大多数企业关注的重点。因此，许多企业成立了独立的财务管理部门，财务管理开始从企业管理中分离出来，成为一种独立的管理工作。这个时期，财务管理的重点就是研究资金需求量及筹资渠道等问题，侧重于对金融市场、金融机构和金融工具的描述和讨论。因此，这一时期被称为筹资财务管理阶段。

这一时期的主要财务研究成果有：①1897年，美国财务学者格林（Green）所著的《公司财务》被认为是最早的财务著作之一。该书详细阐述了公司资本的筹集问题，标志着财务管理学科的产生。②1910年，米德（Meade）的《公司财务》出版，主要研究企业如何能最有效地筹集资本。该书为现代财务理论奠定了基础。

（三）法规描述财务管理阶段（20世纪30年代—20世纪50年代初）

筹资财务管理阶段只注重研究资金筹集，却忽视了企业日常的资金周转和资金控制问题。1929年西方国家爆发的经济危机，造成了众多企业破产，投资者遭受了严重的损失。为保护投资者的利益，西方各国加强了证券市场的立法管理工作。如美国先后于1933年和1934年出台了《联邦证券法》和《证券交易法》，对公司证券融资作出了严格的法律规定。此时，财务管理面临的突出问题是金融市场制度与相关法律规定等问题。财务管理首先研究和解释各种法律法规，指导企业按照法律规定的要求组建和合并公司，发行证券以筹集资本。这一时期财务管理的研究重点开始从扩张性的外部融资，转移到破产清算、债务重组、资产评估、保持偿债能力以及政府对证券市场的管理上来。因此，西方财务学家也将这一时期称为"法规描述时期"（Descriptive Legalistic Period）或"守法财务管理时期"。

这一时期的主要财务研究成果有：美国洛弗（W. H. Lough）的《企业财务》，首先提出了企业财务除筹措资本外，还要对资本周转进行有效的管理；英国罗斯（T. G. Rose）的《企业内部财务论》，特别强调企业内部财务管理的重要性，认为资本的有效运用是财务研究的重心。

（四）内部决策财务管理阶段（20世纪50年代初—20世纪60年代）

从20世纪50年代开始，资金的时间价值引起财务经理的广泛关注。面对激烈的市场竞争，财务经理们普遍认识到，单纯靠扩大融资规模、增加产品产量已无法适应新的形势发展需要。财务经理们的主要任务应是解决资金利用效率问题，公司内部的财务决策上升为最重要的问题。在此期间，以固定资产投资决策为研究对象的资本预算方法日益成熟，财务管理的重心由重视外部融资转向注重资金在公司内部的合理配置，使公司财务管理发生了质的飞跃。这一时期，财务管理理论的另一显著发展表现在对公司整体价值的重视和研究上。实践中，投资者和债权人往往根据公司的盈利能力、资本结构、股利政策、经营风险等一系列因素来决定公司股票和债券的价值。由此，资本结构和股利政策的研究受到高度重视。西方财务学家将这一时期称为"内部决策时期"（Internal Decision-Making Period）。

这一时期的主要研究成果有：1951年，美国财务学家乔尔·迪安（Joel Dean）出版了最早研究投资财务理论的著作《资本预算》，对财务管理由融资财务管理向资产财务管理的飞跃式发展起到了决定性影响。1952年，哈里·马柯维茨（Harry Markowitz）发表了论文《资产组合选择》，提出了证券投资组合的基本理论，并在此基础上于1959年出版了专著《组合选择：有效的分散化》，从收益与风险的计量入手，研究各种资产之间的组合问题。马柯维茨也被公认为资产组合理论流派的创始人。1958年，弗兰科·莫迪利安尼（Franco Modigliani）和莫顿·米勒（Merton Miller）在《美国经济评论》上发表《资本成本、公司财务和投资理论》一文，提出了著名的MM理论。莫迪利安尼和米勒因为在研究资本结构理论上的突出成就，分别于1985年和1990年获得了诺贝尔经济学奖。

（五）投资财务管理阶段（20世纪60年代—20世纪70年代）

第二次世界大战结束后，随着科学技术的迅速发展，产品更新速度加快，金融市场进一步繁荣，跨国公司逐渐增多,外部投资环境更加复杂,投资风险加剧,从而迫使企业更加注重投资效益,规避投资风险。在20世纪60年代中期以后,财务管理的研究重点转移到投资问题上。在此时期,现代管理方法使投资管理理论日益成熟,主要表现在:建立了合理的投资决策程序,形成了完善的投资决策指标体系,建立了科学的风险投资决策方法。20世纪70年代后,金融工具的推陈出新使公司与金融市场的联系日益加强。认股权证、金融期货等广泛应用于公司筹资与对外投资活动,推动财务管理理论日益发展和完善。因此,这一时期被称为投资财务管理时期。

前述内部决策财务管理阶段的研究成果也是投资财务管理阶段初期的主要研究成果。此外,这一时期的重要研究成果还有:1964年,威廉·夏普(William Sharpe)、约翰·林特纳(John Lintner)等在马柯维茨理论的基础上,提出了著名的资本资产定价模型(CAPM),系统阐述了资产组合中风险与收益的关系。1972年,尤金·法玛(Eugene Fama)和米勒合著了《财务管理》一书,这部集西方财务管理理论之大成的著作,标志着西方财务管理理论已经发展成熟。1973年,费雪·布莱克(Fisher Black)、迈伦·斯科尔斯(Myron Scholes)和罗伯特·默顿(Robert Merton)创立了期权定价模型(Option Pricing Model,OPM)。1976年,斯蒂芬·罗斯(Stephen Ross)提出了套利定价理论(Arbitrage Pricing Theory,APT)。

(六)通货膨胀财务管理阶段(20世纪70年代末—20世纪80年代)

20世纪70年代末至80年代初期,西方国家遭遇了旷日持久的通货膨胀。持续的大规模通货膨胀导致货币资金不断贬值,企业资金需求不断膨胀,资金占用量上升,资金成本不断提高,证券贬值,企业筹资更加困难,公司利润虚增,资金周转困难。严重的通货膨胀给财务管理带来了一系列前所未有的挑战,通货膨胀财务管理成为焦点,因此这一时期被称为通货膨胀财务管理阶段。在此阶段,西方财务学者提出了许多应对通货膨胀的方法,在筹资决策、投资决策、资金日常运营决策和股利分配决策方面根据通货膨胀的情况,进行了相应的调整。

(七)国际财务管理阶段(20世纪80年代至今)

20世纪80年代中后期,伴随现代通信技术和交通工具的迅速发展,世界各国经济交往日益密切,公司不断朝着国际化和集团化的方向发展,国际贸易和跨国经营空前活跃。以国际市场为导向的跨国公司的发展,相应产生了跨国融资、外汇风险管理、国际转移价格、跨国资本预算、国际投资环境的分析等问题。在新的经济形势下,跨国公司财务管理成为财务管理研究的新热点,并因此而产生了一门新的财务学分支——国际财务管理。

目前,随着大数据技术的不断发展和广泛应用,包括财务管理在内的许多行业迎来了前所未有的机遇和挑战。大数据具有体量巨大、类型多样、处理快速、价值密度低但商业价值高四个特点。如今,大数据已成为继计算机和互联网之后,对财务管理影响最大的应用技术。

大数据通过全新的处理模式,对多样化、快速增长的海量信息资产加以分析利用,显著提高了财务管理工作效率,提供更强的决策力、洞察发现力和流程优化能力。大数据技术和先进分析工具的运用,有助于高效处理大量结构化和非结构化的财务数据,实现了财务数据处理工作的批量完成,帮助财务管理者更快完成信息检索和分析,促进财务管理各个环节运行更加高效。

大数据技术对于推动财务管理工作朝着智慧化、先进化方向前进具有重要作用。企业需要根据自身发展的实际状况建立基于大数据技术的智慧财务管理机制,提高数据信息的共享性,促进各个部门不断提高协调配合能力,引入审计学、会计学等专业的高端人才,提高企业效益与竞争力,使其在新形势下具有较大的发展潜力。

三、财务管理的对象与内容

财务管理的对象,是企业再生产过程中的资金运动及其所体现的财务关系。要全面了解财务管理的对象,就必须对企业再生产过程中的资金运动过程及财务关系作比较深入的了解。

(一)企业资金运动的形式

企业的生产营运活动,包括供应过程、生产过程和销售过程。工业企业的资金随着生产营运活动的不断进行,经过供应、生产和销售三个过程,周而复始地进行循环和周转。

在供应过程中,企业以货币资金购买材料等各种劳动对象,为进行生产储备必要的物资,货币资金转化为储备资金。在生产过程中,工人利用劳动资料对劳动对象进行加工,这时,企业的资金即由原来的储备资金转化为在产品形式的生产资金;同时,在生产过程中,一部分货币资金由于支付职工的工资和其他费用而转化为在产品,成为生产资金;此外,在生产过程中,厂房、机器设备等劳动资料因使用而磨损,这部分磨损的价值通常称为折旧,转移到在产品的价值中,也构成生产资金的一部分;当产品制造完成时,生产资金又转化为成品资金。在销售过程中,将产品销售出去,获得销售收入,并通过银行结算取得货币资金,成品资金转化为货币资金(包括工人创造的纯收入)。企业再将收回的货币资金的一部分重新投入生产,继续进行周转。

上述企业的资金从货币资金开始,经过供应、生产和销售三个阶段,依次转换其形态,又回到货币资金的过程,就是资金的循环,不断重复的资金循环就是资金的周转。企业资金只有不断地循环和周转才能既保存自己的价值又实现其价值的增值。资金周转速度越快,资金利用效果就越好,企业经济效益就越高。

在现代企业中,还存在着金融商品资金的运动。它只经历买和卖两个阶段,其资金形态也随之由货币资金转化为金融商品资金,再由金融商品资金转化为资金货币,并实现其价值的增值。

(二)财务管理的内容

财务管理是组织企业财务活动、处理财务关系的一项经济管理活动。因此,财务管理的内容就包括财务活动和财务关系两方面。

1. 财务活动

企业的财务活动是以现金收支为主的资金收支活动,其内容具体包括筹资活动、投资活动、资金营运活动和资金分配活动四个方面。

(1)筹资活动

筹资活动是指根据企业生产经营活动和投资活动等的需要,筹措和集中所需资金的过程。资金筹集是企业资金运动的起点。在筹资过程中,企业需要考虑筹资规模、筹资渠道、筹资方式、筹资成本和筹资风险,不同规模、不同来源和不同方式筹集的资金具有不同的成本、不同的期限和不同的附加条件,从而给企业带来的风险也不相同。企业财务人员必须在风险与成本之间进行权衡,确定合理的资本结构,降低筹资成本,控制筹资风险。

企业筹集的资金按权益性质不同,可以分成两种不同性质的资金来源:债务资金和权益资金。通过银行借款、发行债券、利用商业信用及融资租赁等方式可以取得债务资金,债务资金需要按时还本付息,具有筹资成本低、财务风险高的特点。通过向投资者吸收直接投资、发行股票、内部留存收益等方式可以取得权益资金,权益资金不需要还本,向投资人支付的股利也不固定,具有筹资成本高、财务风险小的特点。

从资金的运动方向看,筹集资金首先表现为企业资金的流入,然后偿还借款本金,支付利息、股利以及各种筹资费用,表现为企业资金的流出。企业筹资活动能引起资金流入和流出,是企业财务活动的主要内容之一。

(2)投资活动

企业筹资的目的是将资金投放使用,以获取收益,增加企业价值。投资活动是指将企业资金投放使用的过程。按其投资范围不同,投资有广义和狭义两种概念。广义的投资活动是指企业将筹集的资金投入使用的过程,包括企业外部资金投放的过程(对外投资)和企业内部资金使用的过程(对内投资)。对外投资是企业将现金、实物或无形资产等投放于企业外部其他企业或单位而形成的股权性投资或债权性投资,如购买政府债券、企业债券、公司股票等。对内投资是企业将资金投放在企业内部,形成实物资产或无形资产等,如购置机器设备、兴建厂房等。狭义的投资活动仅指对外投资。

在投资过程中,企业需要考虑投资规模、投资方向、投资方式、投资收益和投资风险,不同的投资方案涉及的投资成本、风险和收益都可能不相同,企业财务人员必须在风险与收益之间进行权衡,确定合理的投资结构,提高投资效益,控制投资风险。

与筹资活动相同,投资活动既会引起资金流入也会引起资金流出。从资金的运动方向看,投资活动首先表现为企业资金的流出,然后通过获取利息、股利等收益,表现为企业资金的流入。

(3)资金营运活动

资金营运活动是指在企业日常生产经营活动中所发生的一系列资金收付活动。与其他财务活动相比,资金营运活动具有发生频率高的特点。其内容包括企业采购原材料或商品用于生产或销售,支付员工薪酬和其他营业费用,销售产品或商品收回资金,如资金不能满足企业经营需要而采取短期借款方式筹资等。为满足企业日常经营活动的需要而垫支的资金称为营运资金。

资金营运活动围绕着营运资金展开,营运资金的周转与生产经营周期具有一致性。在一定的时期内,营运资金周转越快,资金的使用效率就越高,企业就可能生产出更多产品、取得更多收入、产生更多的利润。因此,企业对营运资金的管理主要是确定合理的营运资金持有政策、合理的营运资金筹集政策及合理的营运资金管理策略。

(4)资金分配活动

企业通过资金的投放和使用,取得各种收入,实现资金增值。企业的收入首先用于补偿产品生产成本及期间费用,缴纳各种税费,剩余部分形成企业的净利润。净利润按国家法律规定程序进行分配,在用于弥补以前年度亏损、提取法定盈余公积金和任意盈余公积金后,向所有者进行利润(股利)分配。当年未分配的利润形成企业的留存收益,是企业内部筹资的来源。

从资金的运动方向看,资金分配活动表现为资金的流出,这必然会引起企业资金结构的改变,进而对各利益主体产生影响。因此,企业需要合理确定收益分配规模和分配方式,既要满足投资者利益,调动投资者积极性,又要有利于企业自身积累、长远发展。

筹资活动、投资活动、资金营运活动和资金分配活动共同构成了财务活动的主要内容。上述财务活动的四个方面,不是各自独立的,而是相互联系、相互依存的,这四个既有联系又存在区别的方面构成了企业完整的财务活动,也是企业财务管理的基本内容。这些财务活动之间存在密切联系。如筹资活动是投资活动的前提与基础,而筹资规模又受到投资规模的影响;资金营运活动与投资活动都涉及资金的投放与回收,但资金营运活动属于日常资金运动,其管理决策方法与投资活动存在差异;资金分配活动是其他财务活动的结果和归宿,利润分配的多少决定了留存收益的高低,又属于内部筹资问题。因此,企业必须将这四个方面财务活动综合地加以分析考虑,统筹安排,合理调度,才能取得良好的财务效果。资金循环与周转如图1—1所示。

2. 财务关系

财务关系是指企业在组织财务活动过程中与有关各方所发生的经济利益关系。企业资金的筹集、投放、使用、回收和分配,与企业各方面有着广泛的联系,从而形成以下各种财务关系:

(1)企业与所有者之间的财务关系

这主要是指企业的所有者向企业投入资金,企业向其所有者支付投资报酬所形成的经济关系。

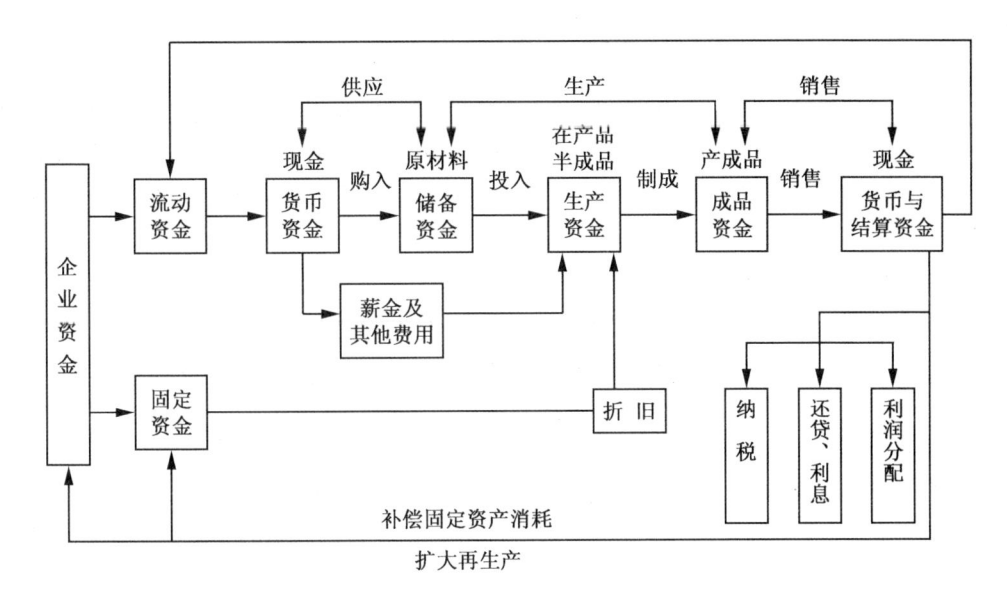

图 1-1 资金循环与周转

企业的所有者要按照投资合同、协议、章程的约定履行出资义务以便及时形成企业的资本。企业利用资本进行营运,实现利润后,应该按照出资比例或合同、章程的规定,向其所有者支付投资报酬。如果同一企业有多个投资者,他们的出资比例不同,就决定了他们各自对企业所承担的责任不同,相应地对企业享有的权利和利益也不相同。企业同其所有者之间的财务关系体现的是所有权的性质,反映的是经营权与所有权的关系。

(2) 企业与债权人之间的财务关系

这主要是指企业向债权人借入资金,并按借款合同的规定按时支付利息和归还本金所形成的经济关系。企业除利用资本进行经营活动外,还要借入一定数量的资金,以便降低企业资金成本,扩大企业经营规模。企业的债权人主要有本企业发行的公司债券的持有人、贷款机构、商业信用提供者、其他出借资金给企业的单位和个人。企业利用债权人的资金,要按约定的利息率,及时向债权人支付利息;债务到期时,要合理调度资金,按时向债权人归还本金。企业同其债权人的财务关系在性质上属于债务与债权关系。

(3) 企业与受资者之间的财务关系

这主要是指企业以购买股票或直接投资的形式向其他企业投资所形成的经济关系。随着市场经济的不断深入发展,企业经营规模和经营范围不断扩大,这种关系将会越来越广泛。企业向其他单位投资,应按约定履行出资义务,并依据其出资份额参与受资者的经营管理和利润分配。企业与受资者的财务关系是体现所有权性质的投资与受资的关系。

(4) 企业与债务人之间的财务关系

这主要是指企业将其资金以购买债券、提供借款或商业信用等形式出借给其他单位所形成的经济关系。企业将资金借出后,有权要求其债务人按约定的条件支付利息和归还本金。企业同其债务人的关系体现的是债权与债务关系。

(5) 企业与政府之间的财务关系

中央政府和地方政府作为社会管理者,担负着维持社会正常秩序、保卫国家安全、组织和管理社会活动等任务,行使政府行政职能。政府依据这一身份,无偿参与企业利润的分配。企业必须按照税法规定向中央和地方政府缴纳各种税款,包括所得税、流转税、资源税、财产税和行为税等。这种关系体现的是一种强制和无偿的分配关系。

(6)企业内部各单位之间的财务关系

这主要是指企业内部各单位之间在生产经营各环节中相互提供产品或劳务所形成的经济关系。企业在实行内部经济核算制和内部经营责任制的条件下,企业产、供、销各个部门及各个生产单位之间,相互提供的劳务和产品也要计价结算。这种在企业内部形成的资金结算关系,体现了企业内部各单位之间的利益关系。

(7)企业与职工之间的财务关系

这主要是指企业向职工支付劳动报酬过程中所形成的经济关系。职工是企业的劳动者,他们以自身提供的劳动作为参加企业分配的依据。企业根据劳动者的劳动情况,用其收入向职工支付工资、津贴和奖金等,体现着职工个人和集体在劳动成果上的分配关系。

综上所述,财务统一于相伴而生的两个层面即资金运动和财务关系,资金运动是财务的形式特征,反映其自然属性;财务关系是财务的内容本质,反映其社会属性。二者是同一事物的两个侧面,将其联结起来,财务这个概念的含义可表述为:一种源于经济利益关系的企业再生产过程中的资金运动。

实际财务工作中的首要问题是如何理顺财务关系,正确处理各种经济利益矛盾,协调企业理财目标实现过程中的委托代理冲突等。只有这样,才能处理好有关融资、投资、营运、分配乃至资本经营等方面的事务。所以,理财不能见物不见人,而要眼中有物,心中有人。在正确处理财务关系的前提下,科学预测融资需求、周密安排投资计划、有效控制现金流量才能合理组织资金运动,推动财富增长。财务管理就是按照既定的目标,通过协调、决策、计划、控制、分析等手段,合理组织资金运动,正确处理财务关系的一种管理工作。

任务二　财务管理的要素、环节和观念

一、财务管理的要素

资金筹集、资产营运、成本控制、收益分配、信息管理、财务监督构成了财务管理的六大要素。企业财务管理要素是企业财务管理的重要组成内容。

(一)资金筹集

筹集资金是企业生存和发展的必要条件,任何企业的诞生、存在和发展都是以筹集与生产规模相适应的资金为前提条件的。企业要进行筹资首先应根据企业投资规模和时机确定筹资数额,其次应根据企业经营策略、资金成本和风险确定资本结构,再次应根据筹资数额和资本结构确定资金来源,最后应以合理和经济的方式、渠道取得资金。

(二)资产营运

资产营运是企业为了实现企业价值最大化而进行的资产配置和经营运作的活动。资产营运的主要内容包括:企业资金调度管理、销售合同的财务审核及应收款项管理、存货管理、固定资产管理、对外投资管理、无形资产管理、对外担保和对外捐赠管理、高风险业务管理、代理业务管理、资产损失或减值准备管理、资产损失与资产处理管理、关联交易管理等。

(三)成本控制

成本直接影响企业的利润大小以及员工的权益和福利,间接影响着企业的社会责任和社会经济秩序。成本控制就是借助科学的方法,保障必需的支出,控制不合理的支出。成本控制的具体内容包括:产品成本控制、期间费用管理、研发费用管理、社会责任承担、业务费用支付、薪酬办法、员

工劳动保护与员工奖励、员工社会保险及其他福利、缴纳政府性基金等。

(四)收益分配

一个企业的利润分配不仅影响其筹资、投资决策,而且涉及国家、投资者、经营者和其他员工等多方面的利益关系,以及企业长远利益与近期利益、整体利益与局部利益等关系问题。收益分配的具体内容包括:企业收入的范围、股权转让收益管理、年度亏损弥补办法、利润分配项目和顺序、其他要素参与分配的财务处理。

(五)信息管理

财务信息既反映财务管理的结果,又为财务管理提供依据,而且实行信息化管理可以提高财务管理的效能。信息管理可以通过评价企业的经营业绩、财务状况和现金流量,发现财务活动中存在的矛盾和问题,为改善经营管理提供线索;检查企业的预算完成情况,考核经营者的经营业绩,为制定合理的激励机制提供帮助;预测企业未来的风险和报酬,为投资者、经营者、债权人和政府部门的正确决策提供信息支持。因此,信息管理涉及企业财务信息管理手段、财务信息对内公开与对外披露、企业财务预警、财务评价等。

(六)财务监督

财务监督是企业财务活动有效开展的制度保障。它主要借助会计核算资料,检查企业经济活动和财务收支的合理性、合法性和有效性,及时发现和制止企业财务活动中的违法、违规行为,保证法律、法规和财务规章以及企业内部财务制度的贯彻执行,维护财务秩序;及时发现并纠正预算执行的偏差,保障企业财务活动按照经营规划和财务目标进行;同时,监督经营者、投资者的财务行为,保护企业相关利益主体的合法权益,维护社会经济稳定。

企业管理以财务管理为中心,而财务管理以资金管理为中心。这六大要素突出了财务管理的本质,分别规定了其工作内容、处理原则和职责要求。

二、财务管理的环节

财务管理环节是企业财务管理的工作步骤与一般工作程序。一般而言,企业财务管理包括以下几个环节:

(一)计划与预算

1. 财务预测

财务预测是根据企业财务活动的历史资料,考虑现实的要求和条件,对企业未来的财务活动做出较为具体的预计和测算的过程。

财务预测的方法主要有定性预测法和定量预测法两类。①定性预测法,主要是利用直观材料,依靠个人的主观判断和综合分析能力,对事物未来的状况和趋势做出预测的一种方法;②定量预测法,主要是根据变量之间存在的数量关系建立数学模型来进行预测的方法。

2. 财务计划

财务计划是根据企业整体战略目标和规划,结合财务预测的结果,对财务活动进行规划,并以指标形式落实到每一计划期间的过程。财务计划主要通过指标和表格,以货币形式反映在一定的计划期内企业生产经营活动所需要的资金及其来源、财务收入和支出、财务成果及其分配的情况。

确定财务计划指标的方法一般有平衡法、因素法、比例法和定额法等。

3. 财务预算

财务预算是根据财务战略、财务计划和各种预测信息,确定预算期内各种预算指标的过程。它是财务战略的具体化,是财务计划的分解和落实。

财务预算的方法通常包括固定预算与弹性预算、增量预算与零基预算、定期预算与滚动预算等。

(二)决策与控制

1. 财务决策

财务决策是指按照财务战略目标的总体要求,利用专门的方法对各种备选方案进行比较和分析,从中选出最佳方案的过程。财务决策是财务管理的核心,决策的成功与否直接关系到企业的兴衰成败。

财务决策的方法主要有两类:①经验判断法,是根据决策者的经验来判断选择,常用的方法有淘汰法、排队法、归类法等;②定量分析方法,常用的方法有优选对比法、数学微分法、线性规划法、概率决策法等。

2. 财务控制

财务控制是指利用有关信息和特定手段,对企业的财务活动施加影响或调节,以便实现计划所规定的财务目标的过程。

财务控制的方法通常有前馈控制、过程控制、反馈控制。

(三)分析与考核

1. 财务分析

财务分析是指根据企业财务报表等信息资料,采用专门方法,系统分析和评价企业财务状况、经营成果以及未来趋势的过程。

财务分析的方法通常有比较分析、比率分析、综合分析等。

2. 财务考核

财务考核是指将报告期实际完成数与规定的考核指标进行对比,确定有关责任单位和个人完成任务的过程。财务考核与奖惩紧密联系,是贯彻责任制原则的要求,也是构建激励与约束机制的关键环节。

财务考核的形式多种多样,可以用绝对指标、相对指标、完成百分比考核,也可采用多种财务指标进行综合评价考核。

三、财务管理的观念

(一)货币时间价值观念

货币时间价值观念是财务决策中最常用的一种价值判断观念,也称资金时间价值观念。所谓货币的时间价值,是指资金经历一定时间的投资和再投资所增加的价值。一定量的资金在不同时点具有不同价值,年初的1元钱,运用到年末,其价值量会高于年初的1元钱;反过来说,年末的1元钱,从价值衡量看比年初的1元钱价值量小。这是因为当资金使用者把资金投入生产经营后,借助于生产出来的产品及创造的新价值,带来了利润并实现价值增值。这种不同时点的不等价的价值差量是由于时间推移而引起的。资金在使用过程中,占用的时间越长,所获利润越多,其价值增量也越大。货币时间价值可以用绝对数表示,也可以用相对数表示,即以利息额或利息率来表示。

(二)风险收益均衡观念

市场经济是风险经济。企业的生产经营活动都存在风险,财务活动也不例外。财务上所讲的风险,是指由于从事某项活动而产生的收益或损失的不确定性。例如,某项投资,可能会达到预期收益,但也可能无法实现,甚至出现亏损,这种收益或亏损出现的不确定性即表现为投资风险。

既然风险表现为收益和损失的不确定性,则风险越大的项目要求的收益应越高或损失应越小;反之则反是。所谓风险价值,即为超出正常时间价值的那部分额外收益或额外的减少损失。它是对人们可能遇到的风险的一种价值补偿。

风险与收益是一种对称关系,即要求等量风险带来等量收益。这一观念贯穿于筹资、投资等财务活动的整个过程中,要求在财务活动中必须考虑收益(报酬)与风险价值的对称。

(三)机会成本观念

财务活动过程是在多种可能方案中作出最优选择的过程,当选择某一种方案作为最优方案时,就必须放弃其他方案。当然,其他被放弃的方案若被采用也会提供收益或者减少损失,一般称为潜在利益。这种因采用某一种方案而放弃另一种方案所丧失的潜在利益称为机会成本。

在财务活动中,树立机会成本的观念,要求我们在确定任何一个项目的收益时,都不能只考虑采用方案所带来的总收益,还要考虑扣除机会成本后的相对收益水平,即考虑机会成本对其收益水平的影响。

(四)弹性观念

财务上所讲的弹性是指企业适应市场变化的能力。弹性观念要求企业在进行各项生产经营和财务活动中,必须考虑市场变动的可能,留有调整余地。例如,为了降低筹资成本和减少筹资风险,就要求企业的筹资结构能够被调整或具有弹性;为了提高投资收益和减少投资风险,就要求企业的投资结构能够被调整或具有弹性;等等。只有持有弹性观念,才能自觉地使各项财务活动适应市场的变化,使财务管理处于主动状态。

(五)信息观念

现代市场经济充满变化,并通过这种变化不断引导企业的生产经营和财务活动,以实现市场供求平衡。市场的变化是通过市场信息(信号)引导的,这些信息包括价格、利率、汇率和证券指数等的变化。因此,信息成为市场经济活动中的重要因素。这就要求现代财务管理必须树立信息观念,要全面、准确、迅速地收集、分析信息,并在合理、客观的预期的基础上,作出正确的财务决策。

任务三　财务管理的组织形式和一般体制

一、财务管理的组织形式

企业是市场经济的基本经济主体,它是组织众多人参与进行经济活动的一种形式。企业的组织形式,决定着企业的财务结构、财务关系、财务风险和财务管理方式。企业组织形式可按不同的类型进行分类。一般按出资构成形式和剩余索取形式将企业分为三种主要形式:个人独资企业、合伙企业和公司制企业。同时在结构上,首席财务官(CFO)在企业财务管理中也起到非常重要的作用。

(一)个人独资企业

个人独资企业是由一个自然人投资,全部资产为投资人个人所有,全部债务由投资者个人承担的经营实体。

个人独资企业具有创立容易、经营管理灵活自由、不需要缴纳企业所得税等优点。但对于个人独资企业业主而言:①需要业主对企业债务承担无限责任,当企业的损失超过业主最初对企业的投资时,需要用业主个人的其他财产偿债;②难以从外部获得大量资金用于经营;③个人独资企业所有权的转移比较困难;④企业的生命有限,将随着业主的死亡而自动消亡。

(二)合伙企业

合伙企业是指由两个或两个以上的自然人(有时也包括法人或其他组织)合伙经营的企业。合伙企业,分为普通合伙企业和有限合伙企业。

1. 普通合伙企业

普通合伙企业由普通合伙人组成，合伙人对合伙企业债务承担无限连带责任。依照合伙企业法的规定，国有独资公司、国有企业、上市公司以及公益性的事业单位、社会团体不得成为普通合伙人。以专业知识和专门技能为客户提供有偿服务的专业服务机构，可以设立为特殊的普通合伙企业（如律师事务所和会计师事务所）。

一个合伙人或者数个合伙人在执业活动中因故意或者重大过失造成合伙企业债务的，应当承担无限责任或者无限连带责任，其他合伙人以其在合伙企业中的财产份额为限承担责任。合伙人在执业活动中非因故意或者重大过失造成的合伙企业债务以及合伙企业的其他债务，由全体合伙人承担无限连带责任。

2. 有限合伙企业

有限合伙企业由普通合伙人和有限合伙人组成，普通合伙人对合伙企业债务承担无限连带责任，有限合伙人以其认缴的出资额为限对合伙企业债务承担责任。有限合伙企业至少应当有一个普通合伙人，由普通合伙人执行合伙事务。有限合伙人不执行合伙事务，不得对外代表有限合伙企业。

（三）公司制企业

公司（或称公司制企业）是指由投资人（自然人或法人）依法出资组建，有独立法人财产，自主经营、自负盈亏的法人企业。出资者按出资额对公司承担有限责任。公司是经政府注册的营利性法人组织，并且独立于所有者和经营者。根据我国《公司法》，其主要形式分为有限责任公司和股份有限公司两种。

1. 有限责任公司

有限责任公司简称"有限公司"，是指股东以其认缴的出资额为限对公司承担责任，公司以其全部资产为限对公司的债务承担责任的企业法人。根据我国《公司法》的规定，必须在公司名称中标明"有限责任公司"或者"有限公司"字样。

国有独资公司是有限责任公司的一种特殊形式。具体是指国家单独出资、由国务院或者地方人民政府授权本级人民政府国有资产监督管理机构履行出资人职责的有限责任公司。国有独资公司的公司章程由国有资产监督管理机构制定，或者由董事会制定报国有资产监督管理机构批准。我国国有独资公司不设股东会，由国有资产监督管理机构行使股东会职权。国有资产监督管理机构可以授权公司董事会行使股东会的部分职权，决定公司的重大事项，但公司的合并、分立、解散、增加或者减少注册资本和发行公司债券，必须由国有资产监督管理机构决定。

2. 股份有限公司

股份有限公司简称"股份公司"，是指其全部资本分为等额股份，股东以其所持股份为限对公司承担责任，公司以其全部资产对公司的债务承担责任的企业法人。股份有限公司股东人数众多、资本来源广泛、经营规模大、竞争力强，是一种具有活力的现代企业组织形式，也是各国最主要、最基本的公司组织形式。

公司制企业的优点：①容易转让所有权。公司的所有者权益被划分为若干股权份额，每个份额可以单独转让。②有限债务责任。公司债务是法人的债务，不是所有者的债务。所有者对公司承担的责任以其出资额为限。当公司资产不足以偿还其所欠债务时，股东无须承担连带清偿责任。③公司制企业可以无限存续，一个公司在最初的所有者和经营者退出后仍然可以继续存在。④公司制企业融资渠道较多，更容易筹集所需资金。

公司制企业的缺点：①组建公司的成本高。公司法对于设立公司的要求比设立独资或合伙企业复杂，并且需要提交一系列法律文件，花费的时间较长。公司成立后，政府对其监管比较严格，需要定期提交各种报告。②存在代理问题。所有者和经营者分开以后,所有者成为委托人,经营者成为代理人,代理人可能为了自身利益而伤害委托人利益。③双重课税。公司作为独立的法人,其利润需缴纳企业所得税,企业利润分配给股东后,股东还需缴纳个人所得税。

以上三种形式的企业组织中,个人独资企业占企业总数的比重很大,但是绝大部分商业资金是由公司制企业控制的。因此,财务管理通常把公司理财作为讨论的重点。除非特别指明,本教材讨论的财务管理均指公司财务管理。

二、财务管理的一般体制

企业财务管理体制可以分为以下三种类型。

(一)集权型财务管理体制

集权型财务管理体制是指企业对各所属单位的所有财务管理决策进行集中统一管理,各所属单位没有财务决策权,企业总部财务部门不但参与决策和执行决策,而且在特定条件下直接参与各所属单位的执行过程。

集权型体制的优点在于:①企业总部统一制定和部署企业内部决策,有利于规范各所属单位的行动,促进企业整体政策目标的贯彻与执行;②采用集权型体制,有利于在整个企业实现资源共享,总部比较容易调动内部财务资源,促进财务资源的合理配置,降低资金成本;③有利于发挥企业总部财务专家的作用,降低财务风险和经营风险等。

集权型体制的缺点在于:①过度集权会挫伤各所属单位的积极性,抑制各单位的主动性、灵活性和创造性;②也可能因决策程序复杂而导致信息传递不完整或过慢,延误决策时机。

(二)分权型财务管理体制

分权型财务管理体制是指企业总部将财务决策与管理权全部下放到各所属单位,各所属单位只需对一些决策结果报请企业总部备案即可。

分权型体制的优点在于:①各所属单位有决策和管理权,可以调动各层次管理者的积极性;②身在基层了解情况,市场信息反馈较快,决策及时,易于把握商机,增加创利机会;③有利于企业最高管理者将有限的时间和精力集中于企业最重要的战略决策问题上。

分权型体制的缺点在于:①各所属单位从自身利益出发,缺乏全局观念,甚至损害企业总部利益,难以统一指挥和协调;②弱化了企业总部财务的控制功能,不能及时发现面临的风险和重大问题;③难以有效约束经营者,造成所属单位"内部控制人"问题。

(三)集权与分权结合型财务管理体制

结合型财务管理体制其实质就是集权下的分权,即企业对各所属单位在所有重大问题的决策与执行上实行高度集权,各所属单位对一切具体的经济活动具有较大的自主权。

集权与分权结合型财务管理体制有以下特点:

(1)在制度上,企业内应制定统一的内部管理制度,明确财务权限及收益分配方法,各所属单位应遵照执行,并结合自身特点加以补充。

(2)在管理上,利用企业的各项优势,对部分权限集中管理。

(3)在经营上,充分调动各所属单位的生产经营积极性和创造性。

可以看出,集权和分权结合型财务管理体制,集中了集权型和分权型财务管理体制各自的优点,规避了二者各自的缺点,所以具有较大的优越性。

任务四　财务管理的目标

财务管理目标是为企业目标服务的,下面介绍企业目标、财务管理目标及其协调。

一、企业目标

企业是以营利为目标的,其出发点和归宿都是营利。在当今市场竞争如此激烈的时代,企业从成立那天起,就面临着竞争。企业首先应在竞争中求生存,然后才能求发展和获利。因此,企业目标可概括为生存、发展和获利。

(一)生存

企业的基本目标是生存,只有先生存,才能谈发展。企业生存的基本条件:一是以收抵支,即企业向社会提供商品或服务所取得的收入,足够弥补企业从市场取得资源的支出,以保证持续经营;二是到期偿还债务,如果到期债务没有偿还,企业将面临破产。因此,保证企业生产所需资金,以收抵支,按期偿还债务,是企业目标对财务管理目标的第一个要求。

(二)发展

企业发展表现为产品质量和服务质量的提高、市场份额和收入的增加。如果企业不发展,在竞争的市场上同样会面临生存危机。企业求发展,必须拥有足够的资源、人力及技术,这些有形的或是无形的资源取得都需要资金的付出。因此,筹集企业发展所需的资金,是企业目标对财务管理目标的第二个要求。

(三)获利

企业只有获利,才有存在的价值。从财务管理的角度讲,超过企业投资的回报就是盈利;只有盈利了,企业才能完成资本积累,才能给投资者或股东以回报。在市场经济中,每项资金的使用都会产生资金成本;企业为了盈利,必须有效、合理地使用资金,避免不必要的资金闲置。因此,合理、有效地使用资金,使企业获利,是企业目标对财务管理目标的第三个要求。

二、财务管理目标

(一)财务管理的总体目标

关于企业的财务管理总体目标的表达,有以下五种主要观点。

1. 利润最大化

这种观点认为:利润代表了企业新创造的财富,利润越多,说明企业的财富增加得越多,越符合企业的目标。衡量指标:利润。

它的优点:①反映了当期经营活动中投入与产出对比的结果,在一定程度上体现了企业经济效益的高低。②利润的多少不但体现了企业对国家的贡献,而且与企业的利息相关。③利润这个指标在实际利用方面比较简便。

它的缺点:①利润最大化没有考虑取得利润的时间,忽略了货币时间价值这一重要因素。例如,今年获利100万元同明年获利100万元是不等值的,若不考虑货币时间价值的影响,就不能正确判断哪种获利方式更符合企业目标。②利润最大化没有考虑获得利润与投入资本之间的关系。例如,两个企业同样都是获利100万元,但一个企业投入资本500万元,另一个企业投入资本600万元,若不将利润与投入资本联系起来分析,也不能正确判断哪种获利方式更符合企业目标。③利润最大化容易使企业忽略风险。例如,两个企业都投资500万元,本年获利均为100万元,一个企业获利全部转化为现款,另一个企业获利全部是应收账款,而后者极有可能产生坏账并带来坏账损失,若不考虑风险大小,也不能正确判断哪种获利方式更符合企业目标。
④利润最大化往往会使企业财务决策产生过多的短期行为。只追求眼前利润最大化,而不顾企业的长远发展,会使企业缺乏后劲,忽视新产品开发、人才开发、生产安全、生活福利设施和技术装备水平等。

2. 每股收益最大化

这种观点认为:应当把企业的利润和股东投入的资本联系起来,用每股收益(或权益资本净利率)来概括企业的财务目标。企业财务管理应以实现每股收益最大化为目标。衡量指标:每股收益。

它的优点:①反映了利润与投入资本之间的关系,有利于与其他不同资本规模企业或同企业的不同时期比较。②容易计量。

它的缺点:①没有考虑每股收益取得的时间。②没有考虑每股收益的风险。如果假设风险相同、每股收益时间相同,每股收益最大化也是一个可以接受的观念。事实上,许多投资者把每股收益作为评价公司业绩的最重要指标。企业的某些财务方案正是在每股收益最大化的财务目标下进行决策的。

3. 股东财富最大化

这种观点认为:企业财务管理应以实现股东财富最大化为目标。在上市公司,股东财富是由其所拥有的股票数量和股票市场价格两方面决定的。在股票数量一定时,股票价格达到最高,股东财富也就达到最大。衡量指标:股东权益的市场价值(或企业股票的市场价值)。

它的优点:①考虑了风险因素,因为通常股价会对风险做出较为敏感的反应。②在一定程度上能避免企业短期行为。③对上市公司而言,股东财富最大化目标比较容易量化,便于考核和奖惩。

它的缺点:①通常只适用于上市公司,非上市公司难以应用,且股价受众多因素的影响,特别是企业外部的因素,有些还可能是非正常因素。②股价不能完全准确反映企业财务管理状况。它强调更多的是股东的利益,而对其他相关者的利益重视不够。

4. 企业价值最大化

这种观点认为:企业价值(也称股东财富)最大化是财务管理的目标。企业价值最大化是指企业通过合理的生产经营,采用最佳的财务决策,在考虑货币时间价值和风险价值的条件下,使企业价值达到最大。投资者建立企业,其目的在于创造尽可能多的财富。这种财富首先表现为企业价值。企业价值是其未来现金流量的现值,在资本市场上表现为交换价格,通俗来说是指企业本身值多少钱。企业财富的多少不是仅凭某一时期利润的大小来衡量的,而是要把企业整体看作一种商品,通过市场评价来确定企业值多少钱,这就是企业价值。在对企业进行评价时,看重的不是企业已获得的利润水平,而是企业潜在的获利能力。衡量指标:所有者权益市场价值(或企业预计未来现金流量的现值)和债权人权益价值。

$$企业价值V = 权益市场价值 + 债务市场价值$$
$$= 股票市场价格 + 债务市场价值(上市公司)$$

对于上市公司而言,企业价值可通过资产未来报酬的贴现值来计量,用公式表示如下:

$$V = \sum_{t=1}^{n} NCF_t (P/F, i, t)$$

式中:V表示企业价值;NCF_t表示企业第t年的现金净流量;n表示预计企业持续年限;i表

示折现率；t 表示取得现金净流量的具体年数。

它的优点：①考虑了资金的时间价值和风险机制，有利于统筹安排长短期规划、合理选择投资方案、有效筹措资金、合理制定股利政策等。②反映了对企业资产保值增值的要求，从某种意义上说，股东财富越多，企业市场价值就越大，追求股东财富最大化的结果可促使企业资产保值或增值。③有利于克服管理上的片面性和短期行为。④有利于社会资源合理配置，即引导社会资源流向企业价值最大化或股东财富最大化的企业或行业。

它的缺点：①尽管对于股票上市企业，股票价格的变动在一定程度上揭示了企业价值的变化，但股价是多种因素共同影响的结果，特别是在资本市场效率低下的情况下，股票价格很难反映企业所有者权益的价值。②对于非股票上市企业，只有对企业进行专门的评估才能真正确定其价值。

5. 相关者利益最大化

这种观点认为：企业财务管理的目标应该是相关者利益最大化。因为在市场经济中，企业的财务管理主体更加细化和多元化。股东作为企业所有者，在企业中拥有最高的权力，并承担着最大的义务和风险，但是债权人、员工、企业经营者、客户、供应商和政府也为企业承担着风险。在确定企业财务管理目标时，不能忽视这些相关利益群体的利益。

它的优点：①有利于企业长期稳定发展。注重企业在发展过程中考虑并满足各利益相关者的利益要求，可避免只站在股东的角度进行投资可能导致的一系列问题。②体现了合作共赢的价值理念，有利于实现企业经济效益和社会效益的统一。③这一目标本身是一个多元化、多层次的目标体系，较好地兼顾了各利益主体的利益。

它的缺点：利益相关性难以计量，不易操作，且相关者利益本身具有相互竞争性而难以实现利益最大化。

上述各种财务管理目标，都以股东财富最大化为基础。股东在企业的日常经营过程中，承担着最大的义务和风险，相应也应享有最高报酬。因此，企业财务管理的目标还应以股东财富最大化为核心。

除非股东确信投资会带来满意的回报，否则股东不会出资，利益相关者的要求也就无法实现。没有股东财富最大化的目标，利润最大化、企业价值最大化以及相关者利益最大化的目标也就无法实现。因此，在强调公司承担应尽的社会责任的前提下，应当允许企业以股东财富最大化为目标。

（二）财务管理的具体目标

1. 筹资管理目标

（1）不断降低筹资成本。企业为了满足生产经营的需要，必须具有一定数量的资金。企业筹资中的成本支出包括利息、股利（或利润）等向出资人支付的报酬，也包括各种筹资费用，如手续费、印刷费等。企业的资金可以从多种渠道、用多种方式来筹集，其筹资成本各不相同，这就要求企业选择最佳的筹资方案，以较低的筹资成本的付出获取同样多的资金。降低企业筹资成本，可以增加企业的总价值。

（2）不断降低财务风险。企业筹资中的财务风险，即企业到期不能偿债的风险。因此，企业在选择筹资方案时，还必须考虑财务风险，即以较小的财务风险获取同样多的资金。企业降低财务风险，可以使企业的损失减少或收益增加。

2. 投资管理目标

（1）不断提高投资收益。投资收益是指单位投资的收益，即资本利润率。提高投资收益一方面会直接增加企业资产价值或者增加企业净资产；另一方面表明企业整体获利能力提高，从而提高企业的市场价值。

（2）不断降低投资风险。企业投资中的风险是指投资不能收回的风险，企业降低这种风险，可以使内含于企业价值中的风险价值相对增加,即能使企业投资收益增加或投资损失减少。

3. 分配管理目标

企业价值最大化在分配活动中所要实现的具体目标是,企业要合理确定利润的留分比例及分配形式,以提高企业潜在的收益能力,从而提高企业的总价值。分配就是将企业取得的收入和利润在企业与相关利益关系之间进行分割。企业的分配政策,不仅涉及各利益主体的经济利益的多少,而且涉及企业价值的变动。如果企业把大部分利润分配给企业的出资者,相应地会提高企业即期市场评价,但会使企业缺乏发展的积累资金,从而影响企业未来的收入及未来的市场价值。如果企业对出资者分配的利润很少,则会影响投资者的收益及企业再筹资的能力,从而会影响企业即期市场评价。

因此,选择适当的分配标准和分配形式,既能提高企业的即期市场价值,保持财务的稳定性,又能使企业未来的收益不断提高,从而使企业总价值不断提高。这是企业价值最大化在分配活动中的具体体现。

三、财务管理目标的协调

(一)所有者与经营者的矛盾及协调

1. 矛盾

企业经营者一般不拥有占支配地位的股权,他们只是所有者的代理人,所有者期望经营者代表他们的利益工作,实现所有者财富最大化;而经营者则有其自身的利益考虑。对于经营者来讲,他们所得到的利益来自所有者。因而,经营者与所有者的主要矛盾就是,经营者希望在提高企业价值和股东财富的同时,能更多地增加享受成本;而所有者和股东则希望以较小的享受成本支出带来更高的企业价值或股东财富。

2. 协调

(1)解聘。所有者对经营者予以监督,如果经营者未能使企业价值达到最大,往往会解聘经营者,经营者会因为担心被解聘而被迫实现财务管理目标。

(2)接收。如果经营者经营决策失误、经营不力,未能采取一切有效措施使企业价值提高,该企业就可能被其他企业强行接收或吞并,相应经营者也会被解聘。因此,经营者为了避免这种情况,必须采取一切措施提高股东财富和企业价值。

(3)激励。即将经营者的报酬与其绩效挂钩,以使经营者自觉采取能提高股东财富和企业价值的措施。激励通常有两种基本方式:①"股票期权"方式,即允许经营者以约定的价格购买一定数量的本企业股票,股票的市场价格高于约定价格的部分就是经营者所得的报酬。②"绩效股"方式,即企业运用每股收益、资产收益率等指标来评价经营者的业绩,视其业绩大小给予经营者数量不等的股票作为报酬。

(二)所有者与债权人的矛盾及协调

1. 矛盾

所有者有可能要求经营者改变举债资金的原定用途,将其用于风险更高的项目,这会增大偿债的风险。若成功,额外的利润就会被所有者独享;若失败,债权人与所有者共同负担由此造成的损失。所有者也可能未征得现有债权人同意,而要求经营者发行新债券或举借新债,致使旧债券或老债券的价值降低。

2. 协调

(1)限制性借债。在借款合同中加入某些限制性条款,如规定借款的用途、借款的担保条款和借款的信用条件等。

(2)收回借款或停止借款。当债权人发现企业有侵蚀其债权价值的意图时,可以收回债权或不给予企业增加放款。

(三)企业目标与社会责任的矛盾及协调

1. 矛盾

企业的目标与社会的目标在许多方面是一致的。企业在追求自己目标时,自然会使社会受益。但是,企业的目标与社会的目标也有不一致的地方。例如,企业为了获利,可能生产伪劣产品、可能不顾工人的健康和利益、可能造成环境污染、可能损害其他企业利益等。

2. 协调

股东只是社会的一部分人群,他们在谋求自己利益的时候,不应当损害他人的利益。为此,国家颁布了一系列保护公众利益的法律来调节股东与社会公众的利益。

任务五　财务管理的原则

财务管理的原则,也称理财原则,是指人们对财务活动共同的、理性的认识。理财原则是在财务假设的基础上进行的合乎逻辑的推论,并且符合大量观察和事实,被多数人所接受。理财原则是财务交易和财务决策的基础。对于如何概括理财原则,人们的认识不完全相同。在众多的观点中,美国教授道格拉斯·R. 爱默瑞(Douglas R. Emery)和约翰·D. 芬尼特(John D. Finnerty)的观点具有代表性,下面主要参照他们的观点介绍三大类共 14 项理财原则。

一、竞争环境的原则

(一)自利行为原则

自利行为原则是指人们在进行决策时按照自己的财务利益行事,在其他条件相同的情况下,人们会选择对自己经济利益最大的行动。自利行为原则的依据是理性理财假设。根据该假设,人们对每一项交易都会衡量其代价和利益,并且会选择对自己最有利的方案来行动。对于一个企业来说,自利行为原则的意义在于,企业决策人对企业目标具有合理的认识程度,并且对如何达到目标具有合理的理解,因此,企业会采取对自己最有利的行动。

那么,现实生活中个人或企业把钱捐给慈善机构或者诚实纳税是否违背了自利行为原则呢?事实上,自利行为原则并不认为钱是任何人生活中最重要的东西,或者说钱可以代表一切。问题在于,商业交易的目的是获利,在从事商业交易时人们总是为了自身的利益作出选择和决定,否则,就不必从事商业交易。自利行为原则并不认为钱以外的东西都是不重要的,而是说在"其他条件都相同的情况下",所有的财务交易都会选择对自己经济利益最大的行动。自利行为原则在理财活动中有以下两个重要的应用:

(1)机会成本概念的提出。采用一个方案而放弃另一个方案时,被放弃方案的潜在收益就是被采用方案的机会成本,也称择机代价。只有当被采用方案的收益大于机会成本,这一选择才是正确的。机会成本是财务决策中必须考虑的重要问题。

(2)委托—代理理论。该理论认为,公司只是一种合同关系的法律主体,这种合同关系涉及公司经理、股东、供应商、顾客、员工及其他关系人。所有关系人都是理性人,其行为以维护自身利益为出发点,同时十分期望别人的行为也能维护自己的利益。换句话说,追求自身利益的经济代理人在做出理性行为时,知悉所有其他合同关系人的动机,并能采取措施防止其他关系人对合同的可能违背,以保护自身利益。

（二）双方交易原则

双方交易原则是指每一项交易都至少存在两方，在一方根据自己的经济利益进行决策时，另一方也会按照自己的经济利益采取决策行动，并且双方一样聪明、勤奋和富有创造力。因此，在作出决策时要正确预见对方的反应。双方交易原则的建立依据是商业交易至少有两方，交易是"零和博弈"以及各方都是自利的。每一项交易都有一个买方和一个卖方，这是不争的事实。无论是买方市场还是卖方市场，在已经成为事实的交易中，买进的资产和卖出的资产总是一样多。例如，在证券市场上卖出一股就一定有一股被买入。既然买入的总量与卖出的总量永远一样多，那么，一个人的获利只能以另一个人的损失为基础。一个高的价格使购买人受损而卖方受益，一个低的价格使购买人受益而卖方受损，一方得到的与另一方失去的一样多，从总体上看，双方收益之和等于零，故称为零和博弈。在零和博弈中，双方都按自利行为原则行事，谁都想获利而不想吃亏。那么，为什么还会成交呢？这与事实上人们的信息不对称有关。

买卖双方由于信息不对称，因而对金融证券产生不同的预期。不同的预期带来了证券买卖，高估股票价值的人买进，低估股票价值的人卖出，直到市场价格达到双方一致的预期时交易停止。如果一个人不认为对自己有利，他就不会成交。因此，在决策时不仅要考虑自利行为原则，而且要使对方有利，否则交易就无法实现。

双方交易原则对理财的意义如下：

(1)决策者在理解财务交易时不能"以自我为中心"，在谋求自身利益的同时，要注意对方的存在，以及对方也在遵循自利原则行事。这条原则要求我们不要总是"自以为是"，错误地认为自己优于对手，低估竞争对手可能会导致失败。

(2)进行财务决策时要注意税收的影响。政府是不请自来的交易第三方，几乎所有的交易政府都要从中收取税金。由于税收的存在，使得一些交易表现为"非零和博弈"。进行财务决策时，必须考虑税收的存在对理财活动产生的影响，例如，确定资本成本和资本结构时，应当考虑债务利息的抵税作用。

（三）信号传递原则

信号传递原则是指行动可以传递信息，并且比公司的声明更有说服力。信号传递原则是自利行为原则的延伸。由于人们或公司是遵循自利行为原则的，所以一项资产的买进能暗示该资产"物有所值"，买进的行为提供了有关决策者对未来的预期或计划的信息。例如，一个公司决定进入一个新领域，反映出管理者对自己公司的实力以及新领域的未来前景充满信心。

信号传递原则对理财活动的要求主要表现在以下方面：

(1)要求投资者根据公司的行为判断其未来的收益状况。例如，一个经常用配股的办法找股东要钱的公司，很可能自身产生现金的能力较差；一个大量购买国库券的公司，很可能缺少净现值为正数的投资机会；内部持股人出售股份，常常是公司盈利能力恶化的重要信号，特别是在公司的公告（包括其财务报表）与其行动不一致时，行动通常比语言更具说服力。

(2)要求公司在决策时不仅要考虑行动方案本身，而且要考虑该项行动可能向人们传达的信息。在资本市场上，每个人都在利用他人交易的信息，自己交易的信息也会被别人所利用，因此，应考虑交易的信息效应。例如，在信息不对称的情况下，公司可以通过股利政策向市场传递有关公司未来盈利能力的信息，从而影响公司的股价。

（四）引导原则

引导原则，也称行为原则，是指由于理解力的局限性不知道如何做对自己更有利，或者寻找最准确答案的成本过高，以至于不值得把问题完全搞清楚时，寻找一个可以信赖的榜样作为自己的引导，即直接模仿成功榜样或者大多数人的做法。例如，你在一个自己从未到过的城市寻找就餐的饭馆,不值得或者没时间调查每个饭馆的有关信息,你应当找一个顾客较多的饭馆去就餐。引导原则是信号传递原则的一种运用。信号传递原则是靠行动传递信息,而引导原则简言之就是"让我们试图使用这些信息"。

引导原则不同于"盲目模仿"。它只在两种情况下适用:①理解存在局限性,认识能力有限,找不到最优的解决办法;②寻找最优方案的成本过高。在这两种情况下对跟随值得信任的人或者大多数人往往是有利的。引导原则不会帮人找到最好的方案,却常常可以使人避免采取最差的行动。它是一个次优化准则,其最好的结果是得出近似最优的结论,最差的结果是模仿了别人的错误。这一原则虽然有潜在的问题,但人们经常会遇到理解力、成本或信息受到限制的情况,无法找到最优方案,这时就需要采用引导原则来解决问题。

引导原则有以下两个方面的重要应用:

(1)行业标准概念。例如,资本结构的选择问题,相关理论不能为公司提供最优资本结构的实用化模型,观察本行业成功企业的资本结构或者多数企业的资本结构,不要与它们的水平偏离太远,就成了资本结构决策的一种简便、有效的方法。

(2)"免费跟庄"(搭便车)概念。一个"领头人"花费资源得出一个最佳的行动方案,其他"追随者"仅仅通过模仿就获得了好处。例如,麦当劳公司做了广泛的调查研究确定其餐馆的地理位置,其他的快餐店就经常在麦当劳附近来选择其新餐馆的位置。再如,许多小股民经常跟随"庄家"或机构投资者,以节约信息成本。当然,"庄家"也会利用"免费跟庄"(搭便车)现象进行恶意炒作,损害小股民的利益。因此,各国的证券监管机构都禁止操纵股价的恶意炒作,以维持证券市场的公平性。

二、创造价值的原则

有关创造价值的原则是指人们对增加企业财富基本规律的认识。

(一)有价值的创意原则

有价值的创意原则是指新创意能获得额外报酬。竞争理论认为,企业的竞争优势可以分为经营奇异性和成本领先两个方面。下面仅介绍经营奇异性。经营奇异性,是指产品本身、销售交货、营销渠道等客户广泛重视的方面在业内独树一帜。任何独树一帜都来源于新的创意。创造和保持经营奇异性的企业,如果其产品溢价超过了为产品的独特性而附加的成本,它就能获得高于平均水平的利润。

有价值的创意原则主要应用于直接投资项目。一个有创意的投资项目才能取得正的净现值。重复过去的投资项目或者别人已有的做法,最多只能取得平均的报酬率,维持而不是增加股东财富。新的创意迟早要被别人效仿,失去原有的优势,因此创新优势都是暂时的。企业长期的竞争优势,只有通过一系列短期优势才能维持。只有不断创新,才能维持经营奇异性并不断增加股东财富。有价值的创意原则还可以应用于经营和销售活动。例如,一位名叫雷蒙德·克罗克的人买下一个经营汉堡包的小店,通过应用连锁经营方式的创意,使得他本人和其他许多人变得非常富有,你也许听说过雷蒙德·克罗克的连锁店——麦当劳。

(二)比较优势原则

比较优势原则是指专长能创造价值。要想在市场上赚钱必须发挥自己的专长。大家都想赚钱,一个人凭什么能赚到钱?这就要求人们必须在某一方面比别人强,并依靠该强项来赚钱。没有比较优势的人,很难获得超出平均水平的收入;没有比较优势的企业,很难增加股东财富。

比较优势原则的依据是分工理论。让每一个人去做最适合其做的工作,让每一个企业生产最适合其生产的产品,社会的经济效益才会提高。比较优势原则要求企业把主要精力放在自己的比较优势上，而不是放在日常的运行上。建立和维持自己的比较优势，是企业长期获利的根本。

比较优势原则有以下两个重要的应用：

（1）"人尽其才，物尽其用"。例如，对于某一件事情，如果有人比你做得更好，就支付报酬让他代你去做。同时，你去做比别人做得更好的事情，让别人给你支付报酬。如果每个人都去做自己能够做得最好的事情，每项工作就找到了最称职的人，就会产生经济效益。如果每个企业都做自己能做得最好的事情，一个国家的经济效率就提高了。国际贸易的基础就是每个国家生产其最能有效提供的产品和劳务，这样可以使每个国家都受益。

（2）优势互补。合资、合并、收购等，都是出于优势互补原则。一方有某种优势，如独特的生产技术，另一方有其他优势，如有效的销售网络，两者结合便可以使各自的优势快速融合，并形成新的优势。

（三）期权原则

期权是指不附带义务的权利，它是有经济价值的。期权原则是指在估价时要考虑期权的价值。期权概念最初产生于金融期权交易，一个明确的期权合约通常是指按照预先约定的价格买或卖一项资产的权利，当执行该合约对合约持有人产生不利结果时，他可以不执行该合约。对于持有人来说，期权不会产生负价值。

广义的期权不限于财务合约，任何不附带义务的权利都属于期权。许多资产存在隐含的期权。例如，一个企业可以决定某个资产出售或者不出售，如果价格令人不满意就不出售，如果价格令人满意就出售。这种选择权是广泛存在的。一个投资项目，本来预期有正的净现值，因而被采纳并实施了，上马以后发现它并没有原来设想的那么好。此时，决策人不会让事情按原计划一直发展下去，而会决定方案停下来或者修改方案以使损失降到最低。这种后续的选择权是有价值的，它增加了项目的净现值。在评价项目时，就应该考虑到后续选择权是否存在以及它的价值有多大。有时一项资产附带的期权比该资产本身更有价值。

（四）净增效益原则

净增效益原则是指财务决策建立在净增效益的基础上，一项决策的价值取决于该决策与替代方案相比所增加的净收益。一项决策的优劣是与其他可替代方案（包括维持现状而不采取行动）相比较而言的。如果一个方案的净收益大于替代方案，我们就认为它是一个比替代方案好的决策，其价值是增加的净收益。在财务决策中，净收益通常用现金流量计量，一个方案的净收益是指该方案现金流入减去现金流出的差额，也称为净现金流量。

净增效益原则在财务决策中有以下两个重要应用：

（1）差额分析法。在分析投资方案时，只分析它们不同的部分，而省略其相同的部分。例如，在用新设备替换现有可继续使用的旧设备的决策中，只需分析使用新设备比继续使用旧设备增加的收入、成本、利润及其对税金的影响，而无须考虑继续使用旧设备本身的收入、成本、利润及税金。

（2）沉没成本概念。沉没成本是指已经发生、不会被以后的决策改变的成本。沉没成本与将要采纳的决策无关，因此，在分析决策方案时应将其排除。

（五）现金流量计量原则

现金流量计量原则是指进行财务决策时依据的是现金流量而不是利润。现金流量是所有企业的生命之源，只有获得现金流量，企业才能偿还债务、进行投资及向股东支付股利。

现代财务管理关注的是现金流量而不是利润，其主要原因在于：①用现金流量有利于科学地考虑时间价值因素。科学的财务决策必须认真考虑资金的时间价值，这就要求在决策时一定要弄清每笔预期收入款项和支出款项的具体时间。而利润的计算并不考虑资金收付的时间，它是以权责发生制为基础的。要在决策中考虑时间价值的因素，就不能用利润作为评价依据，而必须采用现金流量。②采用现金流量才能使财务决策更符合客观实际情况。与现金流量相比,利润明显地存在不科学、不客观的成分。这是因为:第一,净利润的计算比现金流量的计算有更大的主观随意性。当采用不同的折旧政策、收入确认方法及其他原则时,利润数据常常会发生显著的变化。而现金流量易于计算,且通常不会产生歧义。第二,利润反映的是某一会计期间"应计"的现金流量,而不是实际的现金流量。若以未实际收到现金的收入作为收益,具有较大风险,容易高估理财的经济效益,存在不科学、不合理的成分。

三、财务交易的原则

有关财务交易的原则,是人们对于财务交易基本规律的认识。

(一)风险—报酬权衡原则

风险—报酬权衡原则是指风险与报酬之间存在一个对等关系,投资人必须对报酬和风险作出权衡,为追求较高报酬而承担较大风险,或者为减少风险而接受较低的报酬。所谓"对等关系",是指高收益的投资机会必然伴随巨大风险,风险小的投资机会必然只有较低的收益。

在财务交易中,当其他一切条件相同时,人们倾向于高报酬和低风险。如果两个投资机会除了报酬不同以外,其他条件(包括风险)都相同,人们会选择报酬较高的投资机会,这是自利行为原则所决定的。如果两个投资机会除了风险不同以外,其他条件(包括报酬)都相同,人们会选择风险小的投资机会,这种行为被称为风险厌恶。

如果人们都倾向于高报酬和低风险,而且都在按照他们自己的经济利益行事,那么,竞争结果就产生了风险与报酬之间的权衡。不可能在低风险的同时获取高报酬,因为这是每个人都想得到的。即使你最先发现了这样的机会并率先行动,别人也会迅速跟进,竞争会使报酬率降至与风险相当的水平。因此,现实的市场中只有高风险同时高报酬与低风险同时低报酬的投资机会。

(二)投资分散化原则

投资分散化原则是指不要把全部财富投资于一个公司,而要分散投资。投资分散化原则的理论依据是投资组合理论,其主要代表人物马柯维茨认为,若干种股票组成的投资组合,其收益是这些股票收益的加权平均数,但其风险要小于这些股票的加权平均风险,所以投资组合能降低风险。如果一个人把他的全部财富投资于一个公司,这个公司破产了,他就失去了全部财富。而如果他投资于10个公司,只有10个公司全部破产,他才会失去全部财富。10个公司全部破产的概率比一个公司破产的概率要小得多,所以投资分散化可以降低风险。

分散化原则具有普遍意义:①不应当把公司的全部投资集中于个别项目、个别产品和个别行业;②不应当把销售集中于少数客户;③不应当使资源供应集中于个别供应商;④重要的事情不要依赖一个人完成;⑤重要的决策不要由一个人作出。凡是有风险的事项,都要贯彻分散化原则,以降低风险。

(三)市场估价原则

市场估价原则是指理财时要重视市场对企业的估价,企业的价值最终需要由市场来确定。根据资本市场有效假设,在资本市场上频繁交易的金融资产的市场价格反映了所有可获得的信息,使相关方面可以迅速作出调整。

资本市场就像一个巨型的信息处理器,不断地评价公司前景,并且通过调整证券价格做出相应的反应。弄虚作假、人为地改变会计方法对于公司价值的提高毫无用处。一些公司把巨大的精力和智慧放在报告信息的操纵上,通过"创造性会计处理"来提高报告利润,企图用财务报表给使用人制造假象,这在有效市场中是无济于事的。用资产置换、关联交易操纵利润,只能得逞一时,最终会付出代价,甚至导致公司破产。市场对公司的评价降低时,应分析公司的行为是否出了问题并设法解决，而不应设法欺骗市场。妄图欺骗市场的人，最终会被市场所抛弃。

（四）重视投资原则

财务管理的目标是实现企业价值最大化，而能增加企业价值的只有投资。在现代资本市场中，由于竞争的存在，仅凭明智的筹资策略来创造财富的机会存在很大的局限性。尽管成功的金融创新的确发生过，但对于全部公司的筹资总量来说，也只占极小的一部分，而且由于竞争会使公司迅速失去盈利机会，公司高层管理者应集中精力，创造和利用有利可图的投资机会，而不是想方设法去"击败市场"。公司的长期竞争优势最终取决于资产质量、员工的创造力和胜任能力，而不在于其财务策略。

企业在强调重视投资的同时，也要在理财时慎重使用金融工具。如果资本市场是有效的，购买或出售金融工具的交易的净现值就为零。公司作为从资本市场上取得资金的一方，很难通过筹资获取正的净现值。公司的生产经营性投资带来的竞争，是在少数公司之间展开的，竞争不充分。一个公司因为它有专利权、专有技术、良好的商誉、较大的市场份额等相对优势，可以在某些直接投资中取得正的净现值。资本市场与商品市场不同，其竞争程度高、交易规模大、交易费用低、资产具有同质性，使得其有效性比商品市场要高得多。所有需要资本的公司都在寻找资本成本低的资金来源，大家平起平坐。机会均等的竞争，使财务交易基本上是公平交易。在资本市场上，只能获得与投资风险相称的报酬，也就是与资本成本相同的报酬，很难增加股东财富。

（五）资金时间价值原则

资金时间价值原则是指在进行财务计量时要考虑资金的时间价值因素。资金时间价值是指货币在经过一定时间的投资和再投资所增加的价值。

货币具有时间价值的依据是货币投入市场后其数额会随着时间的延续而不断增加。这是一种普遍的客观经济现象。要想让投资人把钱拿出来，市场必须给他们一定的报酬。

资金时间价值原则是财务估价的基础。由于现在的1元货币比将来的1元货币经济价值要大，所以不同时间的货币价值不能直接进行加减运算，需要进行折算。通常，要把不同时间的货币价值折算到"现在"时点，然后进行运算或比较。把不同时点的货币折算为"现在"时点的过程，称为"折现"，折现使用的百分率称为"折现率"，折现后的价值称为"现值"。在财务估价中，广泛使用现值计量资产的价值。

任务六　财务管理的环境

环境对财务管理的影响是多方面的，归纳起来主要包括以下几个方面。

一、经济环境

财务活动是经济活动的组成部分，经济环境是财务管理的重要环境。经济环境一般包括经济体制、经济周期、经济政策、通货膨胀和市场竞争。

（一）经济体制

在计划经济体制下，国家统筹企业资本，统一投资，统负盈亏，企业利润统一上缴，亏损全部由国家补贴，企业无独立的理财权，因此财务管理活动的内容比较单一，财务管理方法比较简单。在市场经济体制下，企业成为"自主经营、自负盈亏"的经济实体，拥有独立的理财权。企业可以从其自身需要出发，首先合理确定资本需要量，其次到市场上筹集资本，再次筹集到的资本投放到高效益的项目上获取更大的收益，最后将收益根据需要和可能进行分配。因此，财务管理活动的内容比较丰富，方法也复杂多样。

(二)经济周期

经济的周期性波动对财务管理有着重要的影响。在不同的发展时期,企业的生产规模、销售能力、获利能力以及由此而产生的资本需求都会出现重大差异。例如,在萧条阶段,企业产量和销售量下降,投资锐减,企业应建立投资标准,保持市场份额,压缩管理费用,裁减雇员;在衰退阶段,企业应停止扩张,出售多余设备,停产不利产品;在繁荣阶段,企业应扩充厂房设备,增加雇员。财务人员必须预测经济变化情况,适当调整财务政策。

(三)经济政策

经济政策是国家进行宏观经济调控的重要手段。国家的产业政策、金融政策、财税政策,对企业的筹资活动、投资活动和分配活动都会产生重要影响。例如,金融政策中的货币发行量、信贷规模会影响企业的资本结构和投资项目的选择,价格政策会影响资本的投向、投资回收期及预期收益等。财务管理人员应当深刻领会国家的经济政策,研究经济政策的调整对财务管理活动可能造成的影响。

(四)通货膨胀

通货膨胀不仅对消费者不利,而且对企业财务活动的影响更为严重。大规模的通货膨胀会引起资本占用的迅速增加;通货膨胀会引起利率的上升,增加企业筹资成本;通货膨胀时期有价证券价格的不断下降,会给投资带来较大的困难;通货膨胀会引起利润的虚增,造成企业的资本流失。

为减轻通货膨胀对企业造成的不利影响,财务人员应采取措施来应对。在通货膨胀初期,货币面临着贬值的风险,这时企业进行投资可以避免风险,实现资本保值;应与客户签订长期购货合同,以减少物价上涨造成的损失;取得长期负债,保持资本成本的稳定。在通货膨胀持续期,企业可以采用比较严格的信用条件,减少企业的债权;调整财务政策,防止和减少企业资本流失等。

(五)市场竞争

企业的一切生产经营活动都发生在一定的市场环境中,财务管理行为的选择在很大程度上取决于企业的市场环境。如果不了解企业所处的市场环境,就不可能深入地了解企业的运行状态,也就很难作出科学的财务决策。

企业所处的市场环境通常包括:完全垄断市场、完全竞争市场、不完全竞争市场和寡头垄断市场。不同的市场环境对财务管理有不同的影响。处于完全垄断市场的企业,销售一般不成问题,价格波动不大,利润稳中有升,经营风险较小,企业可运用较多的债务资本。处于完全竞争市场的企业,销售价格完全由市场来决定,企业利润随价格波动而波动,企业不宜过多地采用负债方式去筹集资本。处于不完全竞争市场和寡头垄断市场的企业,关键是要使企业的产品具有优势、特色、品牌效应,这就要求在研究与开发上投入大量资本,研制出新的优势产品,做好售后服务,并给予优惠的信用条件。

二、法律环境

企业财务管理中涉及的法律、法规主要包括以下几个方面。

(一)企业组织法

企业组织法主要包括公司法、外资企业法、中外合资经营企业法、合伙企业法、个人独资企业法、破产法等。企业的组织运行和理财活动必须依法进行。

(二)税收法规

税种设置、税率高低、征收范围、减免规定、优惠政策等必然影响企业的财务管理活动。影响企业财务管理的税收法规主要包括税收征收管理法、个人所得税法、企业所得税法、环境保护税法、增值税暂行条例、消费税暂行条例等。企业的财务决策会直接或间接受到税法的影响。财务管理人员应当精通税收法规,自觉按照税收法规的规定开展经营活动和财务管理活动。

(三)证券法规

证券法规规定了证券上市规则和交易规则,其中涉及许多财务方面的要求。证券法规对企业财务管理的影响主要表现在,企业内部财务制度如何体现这些要求,以及企业如何根据这些要求来规范自身的财务行为。一般来讲,这些要求可以作为企业财务制度的内容,以促进企业按上市公司的标准来强化企业的财务管理。

(四)财务法规

财务法规主要包括会计法、企业会计准则、企业财务通则和企业会计制度等。财务法规是规范企业财务活动、协调企业财务关系的行为准则。财务管理人员应认真领会并贯彻财务法规,确保企业财务管理活动规范、合法。

三、金融环境

企业筹资、投资活动是在一定的环境约束下进行的,该环境称为金融环境。金融环境主要包括金融市场和金融工具,是企业财务管理的重要环境。它不仅为企业筹资和投资提供了场所和方式,而且促进了资本的合理流动和优化配置。

(一)金融市场

金融市场是实现货币借贷和资本融通、办理各种票据和有价证券交易活动的场所。一般来说,金融市场可分为资金市场、外汇市场和黄金市场。金融市场可以按照不同的标准进行不同分类。与企业财务最为密切的是资金市场,一般可分为短期资金市场和长期资金市场。

1. 短期资金市场

短期资金市场又称货币市场,是指进行融资期限在一年以内的资金交易活动的场所。短期资金市场可分为以下三种:

(1)短期债券市场。即发行和转让一年期以内的企业债券和国库券的市场。

(2)票据贴现市场。即商业汇票的贴现市场,商业汇票的持有者在汇票到期前需用资金时,可凭汇票到金融机构申请贴现,取得短期资金的融通。

(3)可转让大额定期存单市场。即银行向单位和个人发行的大额定期存单。持有人可依法转让交易,以取得短期资金融通。

2. 长期资金市场

长期资金市场是指进行融资期限在一年以上的资金交易活动的场所。长期资金市场可分为以下两种:

(1)长期借贷市场。即取得一年期以上贷款的市场。

(2)长期证券市场。即取得一年期以上长期债券和股票的市场。长期债券是企业为筹集长期资金而发行的债券,有一定期限,到期还本付息。发行股票是股份公司筹集长期资金的手段,可供企业长期使用,不需归还。长期证券市场可分为一级市场和二级市场。一级市场又称发行市场,其活动围绕有价证券的发行而展开。参加者主要是发行人和认购人,中介人作为包销者或受托人参与活动。二级市场又称流通市场,其活动围绕有价证券的转让流通而展开。流通市场上各种证券的转让流通,仅仅是为投资人和筹资人提供融资便利,并不能直接为筹资人筹集新的资本。

(二)金融工具

金融工具是能够证明债权债务关系或所有权关系,并据以进行货币资金交易的合法凭证,它对交易双方所应承担的义务与享有的权利均具有法律效力。金融工具一般具有期限性、流动性、风险性和收益性四个基本特征。金融工具若按期限不同可分为货币市场工具和资本市场工具,前者主要有商业票据、国库券(国债)、可转让大额定期存单、回购协议等；后者主要有股票和债券。

金融工具是金融市场的交易对象。资本供求者对借贷资本数量、期限和利率的多样化的要求，决定了金融市场上金融工具的多样化，而多样化的金融工具不仅满足了资本供求者的不同需要，而且由此形成了金融市场的各类子市场。

四、技术环境

财务管理的技术环境，是指财务管理得以实现的技术手段和技术条件，它决定着财务管理的效率和效果。目前，我国进行财务管理依据的会计信息是通过会计系统提供的，占企业经济信息总量的60%~70%。在企业内部，会计信息主要提供给管理层决策使用；而在企业外部，会计信息则主要是为企业的投资者、债权人等提供服务。

目前，我国正全面推进会计信息化工作，力争建立并健全会计信息化法规体系和会计信息化标准体系[包括可扩展商业报告语言(XBRL)分类标准]，全力打造会计信息化人才队伍，基本实现大型企事业单位会计信息化与经营管理信息化的融合，进一步提升企事业单位的管理水平和风险防范能力，做到数出一门、资源共享，便于不同信息使用者获取、分析和利用，进行投资和相关决策；基本实现大型会计师事务所采用信息化手段对客户的财务报告和内部控制进行审计，进一步提升社会审计质量和效率；基本实现政府会计管理和会计监督的信息化，进一步提升会计管理水平和监管效能。通过全面推进会计信息化工作，使我国的会计信息化达到或接近世界先进水平。我国企业会计信息化的全面推进，必将促使企业财务管理的技术环境进一步完善和优化。

关键术语

财务管理　财务预测　财务决策　财务预算　财务控制　财务分析　货币时间价值观念　独资企业　合伙制企业　公司治理　财务管理原则　自利行为原则　双方交易原则　信号传递原则　净增效益原则　资金时间价值原则

应知考核

一、单项选择题

1. 财务关系是企业在组织财务活动过程中与有关各方面所发生的(　　)。
   A. 经济往来关系　　　　　　　B. 经济协作关系
   C. 经济责任关系　　　　　　　D. 经济利益关系
2. 企业的财务活动是指企业的(　　)。
   A. 筹资活动　　　　　　　　　B. 分配活动
   C. 资金运动　　　　　　　　　D. 资本金投入和收益活动
3. 企业日常经营而引起的财务活动，也称为(　　)活动。
   A. 筹资　　　　B. 投资　　　　C. 收益分配　　　　D. 资金营运
4. 企业价值最大化目标强调的是企业的(　　)。
   A. 实际利润额　　　　　　　　B. 实际投资利润率
   C. 预期获利能力　　　　　　　D. 实际投入资金
5. 协调所有者与经营者之间利益冲突的市场机制是(　　)。
   A. 监督　　　　B. 绩效股　　　　C. 接收　　　　D. 股票期权

二、多项选择题

1. 企业财务管理的主要内容包括（　　）。
   A. 筹资管理　　　　　　　　　B. 投资管理
   C. 资金营运管理　　　　　　　D. 利润分配管理
2. 企业财务管理的基本环节包含的阶段有（　　）。
   A. 财务计划和预测　　　　　　B. 财务决策、财务预算
   C. 财务控制　　　　　　　　　D. 财务分析
3. 企业财务管理环境包括（　　）。
   A. 经济环境　　B. 法律环境　　C. 税法　　D. 金融环境
4. 下列各项中，可用来协调企业债权人与所有者矛盾的方法有（　　）。
   A. 规定借款用途　　　　　　　B. 规定借款的信用条件
   C. 要求提供借款担保　　　　　D. 收回借款或不再借款
5. 能够用来协调所有者与经营者之间矛盾的措施有（　　）。
   A. 激励　　　　B. 批评　　　　C. 解聘　　　　D. 接收

三、判断题

1. 企业财务关系是指企业与外部各单位的财务关系。（　　）
2. 一级市场又称发行市场，其活动围绕有价证券的发行而展开。（　　）
3. 企业价值最大化目标强调的是企业预计创造的未来现金流量现值最大。（　　）
4. 采用股票期权方式是协调所有者与债权人利益冲突的方法之一。（　　）
5. 甲、乙两企业均投入1 000万元的资本，本年获利均为300万元，则两企业本年的收益水平相同。（　　）

四、简述题

1. 简述财务管理的概念与特点。
2. 简述财务管理的内容。
3. 简述财务管理的要素和环节。
4. 简述财务管理的观念和目标。
5. 简述财务管理的原则和财务交易的原则。

五、计算题

某公司2021年12月31日流通在外的股份为200亿股，每股市价为6.85元，流通在外的债券市值为895亿元，其他负债的本金与应付利息之和为659亿元，求2021年12月31日该公司的价值。

应会考核

■ 观念应用

【背景资料】

从不同角度讨论企业目标

有一天，财务管理人员与市场营销人员在讨论企业的目标。财务管理人员认为企业的目标是企业价值最大化，而市场营销人员则认为企业的目标是最大限度地满足顾客要求。

【考核要求】
(1)财务管理人员与市场营销人员对企业目标的认识有何异同点?
(2)企业目标与财务管理目标是否一致?

■ 技能应用

国美电器集团股份纠纷

国美电器集团的第一大股东黄光裕于 2009 年 1 月 18 日起正式辞职,陈晓出任国美电器董事局主席,同时兼任总裁。国美电器在 2010 年 8 月 5 日起诉黄光裕,针对其于 2008 年 1 月至 2 月前后回购公司股份中违反公司董事的受信责任及信托责任,并向其寻求赔偿。而黄光裕方面则呼吁投资者支持重组董事局。至此,作为大股东的黄光裕与国美电器现任管理层的矛盾大白天下,这也意味着以陈晓为代表的国美电器董事会与大股东黄光裕方面正式决裂。黄光裕通过二级市场增持近 2%(2% 为增持上限)的股份,而陈晓和贝恩资本方面的策略是:在股东大会前夕由贝恩进行债转股。债转股后,贝恩持股 9.98%,成为国美第二大股东,黄光裕持股则由原来的 33.98% 被摊薄至 32.47%。贝恩合理利用规则,在债转股的时间点选择上既保证了债转股能够在股东大会前完成,获得对应的投票权,而又不给黄光裕留下在股东大会前增持的机会。最终,国美电器董事局主席陈晓胜出。由黄光裕一方提出的五项决议案,除"即时撤销一般授权"这条获股东投票通过外,其余四项均被否决;董事局主席陈晓留任,而由陈晓一方提出的重选 3 名贝恩资本代表担任国美电器非执行董事的决议案悉数获得通过。

【技能要求】
我国董事会职权采取的是什么规定?职业经理人到底为谁服务?当所有者和经营者发生利益冲突时,该如何解决?

■ 案例分析

财务管理内容的应用

【情景与背景】
湖北 A 股份有限公司对外投资公告如下:

一、对外投资概述

2021 年 8 月公司为调整资产结构,合计投入现金 1 250 万元设立了洋澜湖渔业开发有限公司等 7 家渔业开发公司,经营范围为水产品养殖、销售。公司均占注册资本的 100%。公司现拟以所属的洋澜湖渔场等 7 家渔场的养殖水面使用权(无形资产)作为出资分别对 7 家渔业公司进行增资,投资标的涉及金额合计 83 114 130.09 元,其中:现金 12 500 000 元,无形资产 70 614 130.09 元(其中:28 857 400 元用于增资注册资本、41 756 730.09 元用于增资资本公积)。本次交易不构成关联交易。

二、投资主体的基本情况

作为本次投资主体的 7 个养殖湖面均没有法人资格,属于公司 100% 拥有,目前除武昌鱼良种场,其他都处于对外租赁状态,每年合计租金约 220 万元。

三、投资标的的基本情况

本次公司增资的资产不存在抵押、质押或者其他第三人权利;不存在涉及重大争议、诉讼或仲裁事项,查封或者冻结等司法措施。本次被增资的公司经营范围均为水产品养殖、销售。公司 100% 出资,均占注册资本的 100%,其中现金出资部分均为公司自有资金。

四、对外投资主要内容

公司本次对外投资累计金额 83 114 130.09 元,其中:现金 12 500 000 元,无形资产 70 614 130.09 元,占上市公司最近一期经审计净资产的 37%。本次交易经公司董事会批准后,报相关部门进行工商变更手续。

五、对外投资对上市公司的影响

(1)本次对外投资的资金系公司自有资金。

(2)本次对外投资对上市公司未来财务状况和经营成果无重大影响。

六、对外投资的风险分析

(1)投资标的无财务、市场、技术、环保、项目管理、组织实施等因素可能引致的风险。

(2)投资行为可能未获得相关部门批准的风险。

【分析要求】

(1)湖北A股份有限公司与被投资的7个养殖湖面形成何种财务关系?

(2)公司投资所需资金从哪里获得?简要谈谈你对筹资与投资之间关系的认识。

(3)公司投资可能会存在哪些风险?

项目实训

【实训项目】

理解和熟知财务管理。

【实训情境】

财务管理目标的应用

2018年6月,A公司发布公告称,公司的高级管理人员已于近日陆续从二级市场上购入该公司的社会公众股,平均每股购入价格为10.40元。公告还显示,购入股份最多的是该公司总经理王某,持股数量达28 600股,而购入股份最少的高级管理人员也有19 000股。按照有关规定,上述人员只有在离职6个月后,才可将所购入的股份抛出。资料显示,A公司自2016年3月上市以来已经两度易主,股权几经变更。2020年11月,A公司第二大股东宁波嘉源实业发展有限公司通过受让原第一大股东的股权,从而成为该公司的现任第一大股东,嘉源公司承诺所持股份在3年之内不转让。嘉源公司入主A公司之后,经过半年多的清产核资,A公司的不良资产基本上得到剥离,留下的都是比较扎实的优质资产。在此基础上,2021年6月3日,公司董事会提出,公司的总经理、副总经理、财务负责人和董事会秘书等在6个月之内必须持有一定数量的公司发行在外的社会公众股,并且如果在规定的期限内,高级管理人员没有完成上述持股要求,公司董事会将解除对其的聘任。据A公司总经理王某介绍,此次高级管理人员持股,可以说是公司董事会的一种强制行为,目的是为了增强高级管理人员对公司发展的使命感和责任感。让高级管理人员来投资自己所管理的公司,如果公司取得好的发展,他们的资产就会增值;如果公司发展得不好,也会直接影响到他们的切身利益,这样把公司高级管理人员的个人利益与公司利益紧密结合起来,有利于企业的快速健康发展。

【实训任务】

要求:完成一篇字数不少于1 000字的分析报告,报告中请说明:

(1)公司的财务管理目标是什么。

(2)公司高级管理人员持股对公司的财务管理目标会产生什么影响。

(3)分析说明该公司面临着什么样的财务管理环境。

(4)如何评价该公司的高级管理人员持股。

《理解和熟知财务管理》实训报告		
项目实训班级：	项目小组：	项目组成员：
实训时间：　　年　月　日	实训地点：	实训成绩：
实训目的：		
实训步骤：		
实训结果：		
实训感言：		

项目二

财务管理的价值观念

○ **知识目标**

理解:资金时间价值的概念、产生的条件。

熟知:风险的概念及其类型、风险的衡量。

掌握:资金时间价值的计算;利息率的计量;风险报酬率的计算。

○ **技能目标**

能够正确计算资金时间价值,尤其是复利现值和年金现值,正确计算风险报酬率。

○ **素质目标**

运用所学的财务管理的价值观念知识,利用资金的时间价值观念和投资风险价值观念来分析和解决实际问题,培养和提高学生在特定业务情境中分析问题与决策设计的能力;结合行业规范或标准,强化学生的职业道德素质。

○ **思政目标**

能够正确地理解"不忘初心"的核心要义和精神实质;树立正确的世界观、人生观和价值观,做到学思用贯通、知信行统一;通过财务管理的价值观念知识培养自己的时间价值观念。学习习近平的"时间观":时间,在习近平心中有着特殊的分量,在一些重要场合,他常常谈起对时间的认识和感悟。他带领全国人民为决战脱贫攻坚、决胜全面小康加速奔跑,我们从中更能读懂他的"时间观"。

○ **项目引例**

拿破仑"玫瑰花"的时间价值

拿破仑1797年3月在卢森堡第一国立小学演讲时说了这样一番话:"为了答谢贵校对我,尤其是对我夫人约瑟芬的盛情款待,我不仅今天呈上一束玫瑰花,而且在未来的日子里,只要我们法兰西存在一天,每年的今天我将亲自派人送给贵校一束价值相等的玫瑰花,作为法兰西与卢森堡友谊的象征。"时过境迁,拿破仑穷于应付连年的战争和此起彼伏的政治事件,最终惨败而被流放到圣赫勒拿岛,把在卢森堡的诺言忘得一干二净。

可卢森堡这个小国对这位"欧洲巨人与卢森堡孩子亲切、和谐相处的一刻"念念不忘,并载入其史册。1984年底,卢森堡旧事重提,向法国提出违背"赠送玫瑰花"诺言的索赔:要么从1797年起,用3路易作为一束玫瑰花的本金,以5厘复利(即利滚利)计息全部清偿这笔玫瑰花债;要么法国政府在法国各大报刊上公开承认拿破仑是个言而无信的人。

起初,法国政府准备不惜重金赎回拿破仑的声誉,但被计算机算出的数字惊呆了:原本3路易的许诺,本息竟高达1 375 596法郎。

经苦思冥想,法国政府字斟句酌的答复是:"以后,无论是在精神上还是在物质上,法国将始终不渝地对卢森堡的中小学教育事业予以支持与赞助,来兑现我们的拿破仑将军那一诺千金的玫瑰花信誉。"这一措辞最终得到了卢森堡人民的谅解。

思考与讨论：同学们来算一算，1797年3路易的一束玫瑰花，为何到1984年年底本息竟达1 375 596法郎呢？（1路易＝50法郎）如何理解资金时间价值和投资的风险价值？

资料来源：张兴东、徐哲、李贺主编：《财务管理》（第二版），上海财经大学出版社2019年版，第33页。

○ 知识精讲

任务一　资金时间价值

一、资金时间价值概述

（一）资金时间价值的概念

资金时间价值是指一定量的资金在不同时点上价值量的差额，也称货币时间价值。资金在周转过程中会随着时间的推移而发生增值，使资金在投入、收回的不同时点上价值不同，形成价值差额。

日常生活中，经常会遇到这样一种现象：一定量的资金在不同时点上具有不同价值，现在的1元钱比将来的1元钱更值钱。例如，我们现在有1 000元存入银行，银行的年利率为5%，一年后可得到1 050元，于是现在的1 000元与一年后的1 050元相等。因为这1 000元经过一年的时间增值了50元，而这增值的50元就是资金经过一年时间的价值。同样，企业的资金投到生产经营中，经过生产过程的不断运行，资金的不断运动，随着时间的推移，会创造新的价值，使资金得以增值。因此，一定量的资金投入生产经营或存入银行，会取得一定的利润或利息，从而产生资金的时间价值。

（二）资金时间价值产生的条件

资金时间价值产生的前提条件是，由于商品经济的高度发展和借贷关系的普遍存在，出现了资金使用权与所有权的分离，资金的所有者把资金使用权转让给使用者，使用者必须把资金增值的一部分支付给资金的所有者作为报酬，资金占用的金额越大，使用的时间越长，所有者所要求的报酬就越高。资金在周转过程中的价值增值是货币时间价值产生的根本源泉。

（三）资金时间价值的表示

资金时间价值可用绝对数（利息）和相对数（利息率）两种形式表示，通常用相对数表示。货币时间价值的实际内容是，在没有风险和通货膨胀条件下的社会平均资金利润率，是企业资金利润率的最低限度，也是使用资金的最低成本率。

由于资金在不同时点上具有不同的价值，不同时点上的资金就不能直接比较，必须换算到相同的时点上才能比较。因此，掌握资金时间价值的计算就很重要。我们对有关的计算符号进行约定，在以后的内容中，某一符号所代表的概念如下：

1. 终值（Future Value）

终值是将现在的货币折合成未来某一时点的本金和利息的合计数，反映一定数量的货币在将来某个时点的价值。通常用 F 表示。

2. 现值（Present Value）

现值是指将未来某一时点的一定额的货币折合为相当于现在的本金数。现值与终值是货币在不同时点上对称。现值与终值的含义是对货币的时间价值最好的衡量方式，它反映了保持相等价值和购买力的货币在不同时点上数量的差异。通常用 P 表示。

3. 利息（Interest）

利息是指在一定时期内,资金拥有人将其资金的使用权转让给借款人后得到的报酬。通常用 I 表示。

4. 利率(The Discount Rate per Period)

利率(或通货膨胀率)是影响货币时间价值程度的波动要素,某一度量期的实际利率是指该度量期内得到的利息金额与此度量期开始时投资的本金金额之比,实际利率可以看作单位本金在给定的时期内产生的利息金额。通常用字母 i 或 k 表示。

5. 时间(A Time Period)

货币时间价值的参照系,通常用 t 表示,或用 n 表示期数。

6. 必要报酬率

必要报酬率是指进行投资所必须赚得的最低报酬率,它反映的是整个社会的平均回报水平。

7. 期望报酬率

期望报酬率是一项投资方案估计所能够达到的报酬率,它反映的是投资者心中所期望的报酬率水平。

8. 实际报酬率

实际报酬率是项目投资后实际赚得的报酬率。只有在一项投资结束之后,结合已经取得的投资效益才能够评估得出实际的报酬率水平。

二、单利

(一)单利计息

单利(Simple Interest)计息是指只按本金计算利息而利息部分不再计息的一种方式。单利计息的计算公式如下:

$$I = P \cdot i \cdot n$$

【做中学 2-1】 某企业向银行借款 300 万元,借款期为 3 年,年利率为 6%,则 3 年后利息是多少?

解:$I = 300 \times 6\% \times 3 = 54$(万元)

【做中学 2-2】 甲企业 2021 年 11 月 1 日销售一批木材给 C 企业,收到一张商业承兑汇票,面值为 100 万元,年利率为 6%,期限为 90 天(2022 年 1 月 30 日到期)。则该票据到期时可以获得的利息是多少?

解:$I = 100 \times 6\% \times (90 \div 360) = 1.5$(万元)

(二)单利计息终值与现值

1. 单利终值的计算

单利终值是指现在一定量的本金按单利计算在将来某一特定时点上的本利和。单利终值的计算公式如下:

$$F = P + P \cdot i \cdot n = P(1 + i \cdot n)$$

在做中学 2-1 中,企业 3 年到期应偿还的本利和(终值)为:

$F = 300 \times (1 + 6\% \times 3) = 354$(万元)

在做中学 2-2 中,该商业承兑汇票的到期价值,即终值为:

$F = 100 \times [1 + 6\% \times (90 \div 360)] = 101.5$(万元)

2. 单利现值的计算

单利现值是指以后某期收到或付出资金按单利计算的现在价值。其计算公式如下:

$$P=\frac{F}{1+i\cdot n}$$

【做中学 2-3】 王先生计划于 5 年后买车,需购车款 13 万元,他打算现在存一笔钱到银行,5 年后正好用于购车。银行目前的存款利率为 6%,且按单利计息,则王先生现在需要存入的金额是多少?

解:$P=\dfrac{13}{1+6\%\times 5}=10(万元)$

三、复利

(一)复利终值的计算

复利(Compound Interest)是计算利息的另一种方法,是指按本金计算利息,利息在下期则转为本金与原来的本金一起计息的一种方式,俗称"利滚利"。复利终值是指现在一定量的本金(现值)按复利计算在将来某一特定时点的本利和(终值)。复利终值的计算公式如下:

$$F=P\times(1+i)^n=P\times(F/P,i,n)$$

式中:$(1+i)^n$ 表示利率为 i,期数为 n 的复利终值系数或一元复利终值,用符号 $(F/P,i,n)$ 表示。例如,$(F/P,8\%,3)$ 表示年利率为 8%、3 期的复利终值系数。

复利终值系数可以通过查"复利终值系数表"(参见附表一)获得。该表的第一行表示利率 i,第一列是计息期数 n,相应的 $(1+i)^n$ 的值在其纵横交叉之处。通过查表可以获得 $(F/P,8\%,3)=1.2597$。也就是说,在货币的时间价值为 8% 的情况下,现在的 1 元和 3 年后的 1.2597 元在价值上是等同的。

【做中学 2-4】 某人有资金 10 000 元,拟存入银行,年利率为 10%,试计算 3 年后的终值。

解:用公式计算得:$F=P\times(1+i)^n=10\ 000\times(1+10\%)^3=13\ 310(元)$

用查表计算得:$F=P\times(F/P,i,n)=10\ 000\times 1.331=13\ 310(元)$

(二)复利现值的计算

复利现值是指未来某一时间的一定量资金(本利和)按复利计算的现在价值(本金),复利现值是复利终值的逆运算。由终值求现值称作贴现,在贴现时所用的利率称作贴现率。

在已知终值、利率和计息期数的情况下,我们可以求解复利现值。其计算公式如下:

$$P=\frac{F}{(1+i)^n}=F\times(1+i)^{-n}=F\times(P/F,i,n)$$

式中:$(1+i)^{-n}$ 表示利率为 i,期数为 n 的复利现值系数或一元复利现值,用符号 $(P/F,i,n)$ 表示。例如,$(P/F,8\%,3)$ 表示利率为 8%、3 期的复利现值系数。

复利现值系数可以通过查"复利现值系数表"(参见附表二)获得。该表的第一行表示利率 i,第一列是计息期数 n,相应的 $(1+i)^{-n}$ 的值在其纵横交叉之处。通过查表可以获得 $(P/F,8\%,3)=0.7938$。也就是说,在利率为 8% 的情况下,3 年后的 1 元和现在的 0.7938 元在价值上是等同的。

【做中学 2-5】 某人拟在 5 年后获得本利和 10 000 元,假定利息率为 8%,他现在应一次性存入银行多少资金?

解:用公式计算得:$P=F\times(1+i)^{-n}=10\ 000\times(1+8\%)^{-5}=6\ 805.83(元)$

用查表计算得:$P=10\ 000\times(P/F,8\%,5)=10\ 000\times 0.6806=6\ 806(元)$

四、年金

以上讨论的单利和复利都属于一次性收付款项。在实际工作中,还存在一定时期内多次收付的款项,如按直线法提取折旧、保险费、分期付款、偿还贷款、零存整取等业务,都是系列收付款项。在财务管理中,这些业务的计算需要采用年金的方法。

年金是指一定时期内连续发生相等金额的收付款项。年金具有连续性、等额性和间隔期相等的特点;这里的间隔期只要满足相等的条件即可。按照收付的时点和收付的次数,年金可以分为普通年金、预付年金、递延年金和永续年金几类。下面主要介绍普通年金,它是计算其他几种年金的基础。顺带介绍偿债基金和资本回收额。

(一)普通年金

普通年金(Ordinary Annuity)又称后付年金,是指金额发生于各期期末的年金。普通年金的收付形式如图2-1所示,横线表示时间的延续,用数字标出各期的顺序号;竖线的位置表示支付的时刻,竖线下方的数字表示支付的金额。

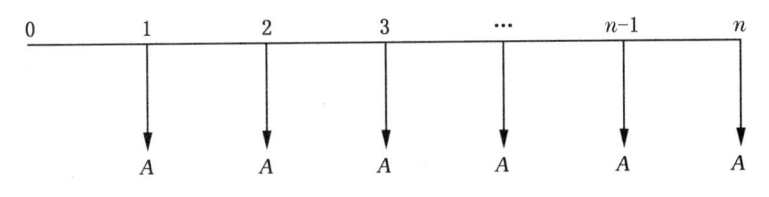

图2-1 普通年金收付形式

1. 普通年金终值的计算

普通年金终值犹如零存整取的本利和,它是一定时期内每期期末等额收付款项的复利终值之和。普通年金终值的计算可以用图2-2表示。

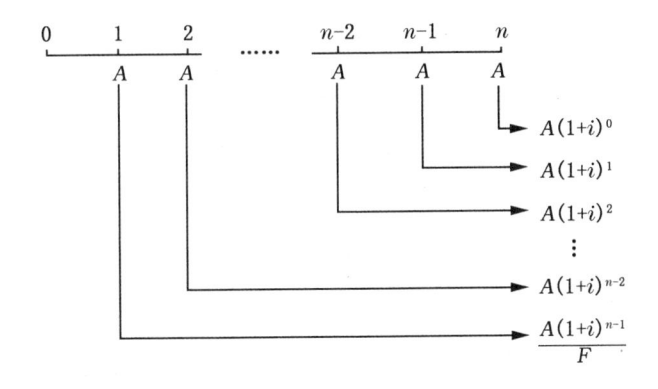

图2-2 普通年金终值的计算

一般来说,设每年收付的金额为A,利率为i,期数为n,则按计算复利终值的方法计算年金终值F的公式如下:

$$F = A + A(1+i) + \cdots + A(1+i)^{n-1}$$

经过简单变化后,可以写为:

$$F = A \times \frac{(1+i)^n - 1}{i}$$

式中：$\frac{(1+i)^n-1}{i}$ 是普通年金 1 元在利率为 i 时经过 n 期的年金终值，即普通年金终值系数，记作 $(F/A, i, n)$。年金终值系数可以通过查"年金终值系数表"（参见附表三）获得。该表的第一行表示利率 i，第一列是计息期数 n，相应的年金终值系数为其纵横交叉之处。通过查表可以获得 $(F/A, 6\%, 5) = 5.6371$ 元。也就是说，每年末收付 1 元，按年利率为 6% 计算，到第 5 年末，期末年金终值为 5.6371 元。

年金终值的计算公式中有 4 个变量 F、A、i、n，在已经知道 i 和 n 的情况下，如果知道 F 和 A 中的任何一个，即可求出另外一个。

【做中学 2-6】 某公司在 5 年内每年年末向银行借款 1 000 万元，借款年利率为 10%，则该公司在 5 年末应付银行本息是多少？

解：$F = 1\,000 \times (F/A, 10\%, 5) = 1\,000 \times 6.1051 = 6\,105.1$（万元）

2. 普通年金现值的计算

普通年金现值是指一定时期内每期期末等额收付款项的复利现值之和。普通年金现值的计算如图 2-3 所示。

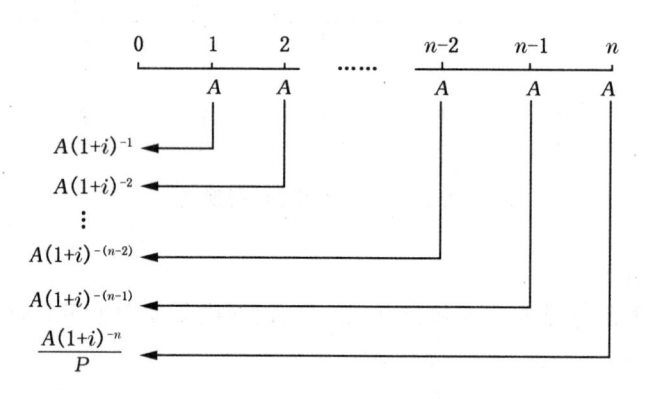

图 2-3 普通年金现值的计算

将以上 n 项加起来得到年金为 A、利率为 i、期数为 n 的年金现值，年金现值 P 的公式如下：

$$P = \frac{A}{(1+i)} + \frac{A}{(1+i)^2} + \cdots + \frac{A}{(1+i)^{n-1}} + \frac{A}{(1+i)^n}$$

经过简单变化后，可以写为：

$$P = A \times \frac{1-(1+i)^{-n}}{i}$$

式中：$\frac{1-(1+i)^{-n}}{i}$ 表示 1 元普通年金在利率为 i、期限为 n 的情况下的年金现值系数，即普通年金现值系数，记作 $(P/A, i, n)$。年金现值系数可以通过查"年金现值系数表"（参见附表四）获得。该表的第一行表示利率 i，第一列是计息期数 n，相应的年金现值系数在其纵横交叉之处。通过查表可以获得 $(P/A, 12\%, 6) = 4.1114$。也就是说，每年末收付 1 元，经过 6 年，按年利率为 12% 计算，相当于现值 4.1114 元。

年金现值的计算公式中有 4 个变量 P、A、i、n，在已经知道 i 和 n 的情况下，如果知道 P 和 A 中的任何一个，即可求出另外一个。

【做中学 2-7】 某企业欲投资 100 万元购置一台设备，预计使用 3 年，市场平均利润率为 8%，假定每年收益 50 万元，问企业投资该设备经济上是否可行？

解：$P = 50 \times (P/A, 8\%, 3) = 50 \times 2.5771 = 128.55$（万元）

所以，企业投资该设备在经济上是可行的。

(二) 偿债基金

偿债基金是指为使年金终值达到特定金额每年年末应收付的年金数额。如企业为了在将来某一时点偿还一笔债务或积累一定数额的资本，必须分次等额提取的存款准备金。在这里，每年提取的存款准备金就是年金，而债务就是年金的终值。因此，偿债基金的计算实际上是年金终值的逆运算。其计算公式为：

$$A = F \cdot \frac{i}{(1+i)^n - 1}$$

式中：$\frac{i}{(1+i)^n - 1}$ 称为偿债基金系数，用符号表示为 $(A/F, i, n)$，也可通过先查"年金终值系数表"再求倒数得出。因此，偿债基金公式可写作：

$$A = F \cdot (A/F, i, n) = F \cdot \frac{1}{(F/A, i, n)}$$

【做中学 2-8】 某企业借款 1 000 万元，5 年后还本付息。如果银行利率为 10%，那么企业每年年末应存入银行多少元才能保证到期还清借款？

解：根据题意，已知 $F = 1\,000$ 万元，$i = 10\%$，$n = 5$ 年，则：

$$A = F \cdot \frac{i}{(1+i)^n - 1}$$

$$A = 1\,000 \times \frac{10\%}{(1+10\%)^5 - 1}$$

$$= 163.8（万元）$$

或：$A = F \cdot (A/F, i, n)$

$$= 1\,000 \times \frac{1}{6.1051}$$

$$= 1\,000 \times 0.1638$$

$$= 163.8（万元）$$

通过以上对普通年金终值与偿债基金的分析，可以得出如下结论：

(1) 普通年金终值和偿债基金互为逆运算。

(2) 普通年金终值系数 $\frac{(1+i)^n - 1}{i}$ 和偿债基金系数 $\frac{i}{(1+i)^n - 1}$ 互为倒数。

(三) 资本回收额

资本回收额是指在约定年限内，收回初始投资的每年相等的金额。其计算公式为：

$$A = P \cdot \frac{i}{1 - (1+i)^{-n}}$$

式中：$\frac{i}{1-(1+i)^{-n}}$ 称为资本回收系数，用符号表示为 $(A/P, i, n)$，也可通过查"年金现值系数表"求倒数得出。因此，资本回收额公式可写作：

$$A = P \cdot (A/P, i, n) = P \cdot \frac{1}{(P/A, i, n)}$$

【做中学 2-9】 某公司现在以 8% 的利率借款 1 000 万元，投资于一个使用寿命为 5 年的项目，每年至少收回多少资金该项目才可行？

解:根据题意,已知 $P=1\,000$ 万元,$i=8\%$,$n=5$ 年,则:

$$A = P \cdot \frac{i}{1-(1+i)^{-n}}$$

$$= 1\,000 \times \frac{8\%}{1-(1+8\%)^{-5}}$$

$$= 1\,000 \times 0.250\,5$$

$$= 250.5(万元)$$

或:$A = P \cdot (A/P, i, n)$

$$= 1\,000 \times \frac{1}{3.992\,7}$$

$$= 1\,000 \times 0.250\,5$$

$$= 250.5(万元)$$

通过以上对普通年金现值与资本回收额的分析,可以得出如下结论:

(1)普通年金现值和资本回收额互为逆运算。

(2)普通年金现值系数 $\frac{1-(1+i)^{-n}}{i}$ 和资本回收额系数 $\frac{i}{1-(1+i)^{-n}}$ 互为倒数。

(四)预付年金

预付年金(Annuity Due)又称先付年金或即付年金,是指金额于各期期初发生的年金。预付年金的收付形式如图 2—4 所示。

1. 预付年金终值的计算

预付年金终值是指每次期初收付的款项的复利终值之和。例如,图 2—4 所示的

```
0         1         2         3
|---------|---------|---------|
1 000    1 000    1 000
```

图 2—4 预付年金收付形式

数据,其第三期期末的预付年金终值的计算如图 2—5 所示(设每期的利率为 10%)。

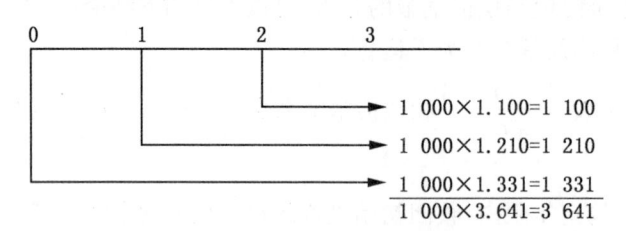

```
0         1         2         3
|---------|---------|---------|
                    → 1 000×1.100=1 100
          → 1 000×1.210=1 210
→ 1 000×1.331=1 331
          1 000×3.641=3 641
```

图 2—5 预付年金终值的计算

在图 2—5 中,第一期期初的 1 000 元到第三期期末已历经 3 个计息期,其复利终值为 1 331 元;第二期期初的 1 000 元到第三期期末已历经 2 个计息期,其复利终值为 1 210 元;第三期的 1 000 元到第三期期末已历经 1 个计息期,其复利终值为 1 100 元。将以上 3 项加起来得 3 641 元,就是整个年金的终值。

设每年收付的金额为 A、利率为 i、期数为 n,则按计算复利终值的方法计算预付年金终值 F 的公式如下:

$$F = A \times (1+i) + A \times (1+i)^2 + \cdots + A \times (1+i)^n$$

用等比级数求和的方法可将上述公式整理为下面求预付年金终值的一般公式：

$$F = A \times \left[\frac{(1+i)^{n+1} - 1}{i} - 1 \right]$$

式中，$\left[\frac{(1+i)^{n+1} - 1}{i} - 1 \right]$ 是1元预付年金在利率为 i、期限为 n 时的年金终值，即预付年金终值系数。预付年金终值系数与普通年金终值系数相比，期数加1，而系数减1，可以记作 $[(F/A, i, n+1) - 1]$。这就可以通过查"年金终值系数表"获得预付年金终值系数。例如，图2-5的预付年金，可以先查"年金终值系数表"，得 $(F/A, 10\%, 4) = 4.641$，再减去1，得预付金终值系数为3.641。这样利率为10%、期限为3的1 000元预付年金的终值为3 641。

在计算预付年金终值的一般公式中有4个变量 F、A、i、n，我们已经演示了在知道变量 A、i、n 的情况下如何求 F。另外，我们还可以运用"年金终值系数表"，在已知其中任何3个变量时，求出另外一个变量。这里不再举例说明。

【做中学2-10】 在做中学2-8中某公司在5年内每年年末向银行借款1 000万元，借款年利率为10%，则该公司在5年末应付银行的本息是多少？（现改为每年年初借入）

解：$F = 1\,000 \times [(F/P, 10\%, 5+1) - 1] = 1\,000 \times (7.715\,6 - 1) = 6\,715.6$（万元）

2. 预付年金现值的计算

预付年金现值是指每次期初收付的款项的复利现值之和。例如，图2-4所示的数据，其预付年金现值的计算如图2-6所示（设每期的利率为10%）。

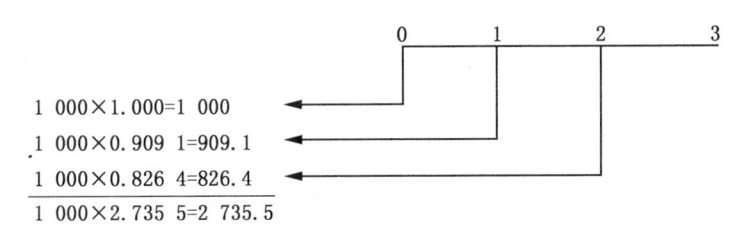

图2-6 预付年金现值的计算

在图2-6中，第一期期初的1 000元的复利现值仍为1 000元；第二期期初已历经1个计息期，其复利现值为909.1元；第三期期初的1 000元到第一期期初已历经2个计息期，其复利现值为826.4元。将以上3项加起来得2 735.5元，就是整个预付年金的现值。

设每年收付的金额为 A、利率为 i、期数为 n，则按计算复利现值的方法计算预付年金现值 P 的公式如下：

$$P = A + A \times (1+i)^{-1} + A \times (1+i)^{-2} + \cdots + A \times (1+i)^{-(n-1)}$$

用等比级数求和的方法可将上述公式整理为下面求预付年金现值的一般公式：

$$P = A \times \left[\frac{1 - (1+i)^{-(n-1)}}{i} + 1 \right]$$

式中，$\left[\frac{1 - (1+i)^{-(n-1)}}{i} + 1 \right]$ 是1元预付年金在利率为 i、期限为 n 时的年金现值，即预付年金现值系数。它与普通年金现值系数相比，期数要减去1，而系数要加1，可以记作 $[(P/A, i, n-1) + 1]$。这样一来就可以通过查"年金现值系数表"获得预付年金现值系数。例如，图2-6的预付年金，可以先查"普通年金现值系数表"，得 $(P/A, 10\%, 2) = 1.735\,5$，再加上1，得预付年金现值系数为2.735 5。这样利率为10%、期限为3的1 000元预付年金的现值为2 735.5。

在计算预付年金现值的一般公式中有4个变量 P、A、i、n，我们已经演示了在知道变量 A、i、n

的情况下如何求 P。另外,我们还可以运用"年金现值系数表",在已知其中任何 3 个变量时,求出另外一个变量。这里不再举例说明。

【做中学 2-11】 三丰公司从某租赁公司租入一套设备,合同期为 8 年,合同期内三丰公司每年年初支付租金 10 万元,合同期满后,设备归三丰公司所有,现市场利率为 6%。这些租金的现值是多少?

解:$P_n = A \times [(P/A, i, n-1) + 1]$
$\quad\quad = 10 \times [(P/A, 6\%, 7) + 1]$
$\quad\quad = 10 \times 6.5824 = 65.8$(万元)

(五)递延年金

递延年金是指第一次收付款在第二期或者第二期以后的年金。即凡不是第一期就发生的年金都是递延年金。递延年金如图 2-7 所示。

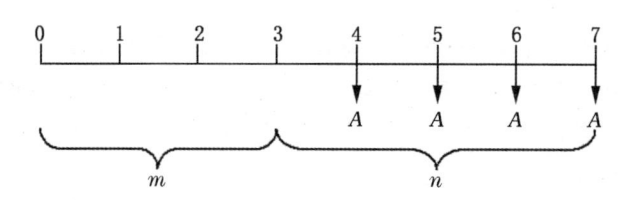

图 2-7 递延年金

从图 2-7 中可以看出,第一期、第二期和第三期都没有发生收付款项,即没有年金发生;没有年金发生的时期称为递延期,用 m 表示,即 $m=3$。从第四期开始连续四期发生等额收付款项,这里的时期用 n 表示,即 $n=4$。

1. 终值

实际工作中,常常将递延年金作为普通年金的特殊形式处理,递延年金终值的计算与普通年金计算方法相同,但要注意期数;n 表示年金个数,年金终值的大小与递延期无关。因此,递延年金终值计算公式如下:

$$F = A \cdot (F/A, i, n)$$

2. 现值

递延年金现值是自第 m 期后开始,每期等额款项的现值之和。因为存在递延期,所以在计算年金现值时不能等同于普通年金现值,必须要考虑递延期,即年金现值的大小与递延期存在直接关系,但它是以普通年金计算为基础。递延年金现值计算方法有以下三种:

方法一:首先将递延年金看成是 n 期的普通年金,求出在第 m 期的普通年金现值,然后将第 m 期的普通年金现值折算到第一期初。计算公式如下:

$$P = A \cdot (P/A, i, n) \times (P/F, i, m)$$

需要注意的是,将第 m 期折算到第一期初,没有年金发生,一定用复利方法折现。

方法二:首先假设递延期也有年金发生,求出 $(m+n)$ 期的年金现值;然后将实际没有发生年金的递延期 (m) 的年金扣除,即可得到所要求的递延年金现值。计算公式如下:

$$P = A \cdot [(P/A, i, m+n) - (P/A, i, m)]$$

方法三:将递延年金看成是普通年金,按普通年金方法求出年金终值 (n 期),然后再将该年金终值折算成第一期初的现值。计算公式如下:

$$P = A \cdot (F/A, i, n) \times (P/F, i, m+n)$$

需要注意的是,将年金终值折算到第一期初是按复利现值计算的。

【做中学 2-12】 某公司向银行借入一笔资金,银行规定前 3 年不用还款,从第 4 年起每年年末向银行偿还本息 20 000 元,直到第 8 年末止。如果银行的贷款利率为 12%,那么该笔贷款的现值为多少?

解:根据题意,已知 $A=20\,000$,$i=12\%$,$n=5$ 年,$m=3$ 年,求 P 值。

按方法一计算:

$$\begin{aligned}P &= A \cdot (P/A,i,n) \times (P/F,i,m) \\ &= 20\,000 \times (P/A,12\%,5) \times (P/F,12\%,3) \\ &= 20\,000 \times 3.604\,8 \times 0.711\,8 \\ &= 51\,317.93(元)\end{aligned}$$

按方法二计算:

$$\begin{aligned}P &= A \cdot [(P/A,i,m+n)-(P/A,i,m)] \\ &= 20\,000 \times [(P/A,12\%,3+5)-(P/A,12\%,3)] \\ &= 20\,000 \times (4.967\,6 - 2.401\,8) \\ &= 51\,316(元)\end{aligned}$$

按方法三计算:

$$\begin{aligned}P &= A \cdot (F/A,i,n) \times (P/F,i,m+n) \\ &= 20\,000 \times (F/A,12\%,5) \times (P/F,12\%,3+5) \\ &= 20\,000 \times 6.352\,8 \times 0.403\,9 \\ &= 51\,317.92(元)\end{aligned}$$

因运用年金系数表中的数值进行运算,不同计算方法的计算结果有点偏差属于正常现象。

(六)永续年金

永续年金是指无限期等额收付款项的年金,可以看成是普通年金的特殊形式,即期限趋于无穷大的普通年金。永续年金如图 2-8 所示。

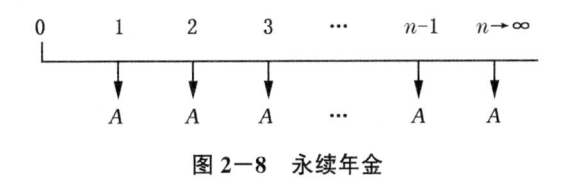

图 2-8 永续年金

从图 2-8 中可以看出,$n \to \infty$,即年金没有结束期限,没有终止的时间,因此没有办法计算这种年金的终值,也就是说,永续年金没有终值,但可以计算出现值。其计算公式如下:

由普通年金现值公式

$$P = A \cdot \frac{1-(1+i)^{-n}}{i}$$

因为永续年金 $n \to \infty$,

所以 $(1+i)^{-n} \to 0$

得出 $$P = A \times \frac{1}{i}$$

【做中学 2-13】 某高校拟建立一项永久性奖学金,计划每年颁发 10 万元奖学金,鼓励学习成绩优异者,若银行利率为 10%,则现在应存入银行多少元?

解:根据题意,已知 $A=10$ 万元,$i=10\%$,求 P 值。

$$P = 10 \times \frac{1}{10\%} = 100(万元)$$

即学校必须现在存入银行100万元,才能保证每年可提取10万元发放奖学金。

(七)贴现率(利率)和期数的推算

上述资金时间价值的计算是假定期数和贴现率是给定的,即给定期数n、利率i,求终值F或现值P的问题。但在实际工作中,有时会出现已知终值F、现值P、贴现率i,求期数n,或已知计算终值F、现值P、期数n,求贴现率i。面对这类问题如何解决?下面分别进行介绍。

1. 求期数

在已知终值F、现值P和利率i的情况下,推算期数n。推算的基本步骤如下:

(1)根据已知的终值、现值和利率,计算出复利或年金系数,设为α。

(2)用第一步的结果查复利或年金系数表。按照已知的利率i所在的列纵向查找,如能在系数表中找到恰好等于α的系数,则该系数所在的行对应的n值就是所求的期数值。

(3)如果查找不到恰好等于α的系数时,则根据利率i所在的列在系数表中找到邻近的两个数值,界定期数所在的区间,然后用内插法求出期间n。

内插法计算公式为:

$$n = n_1 + \frac{\beta_1 - \alpha}{\beta_1 - \beta_2}(n_2 - n_1)$$

式中:n表示期数;n_1表示小于n的期数;n_2表示大于n的期数;β_1表示较小的系数临界值;β_2表示较大的系数临界值;α表示所求n期的年金系数。

内插法应用的前提条件是:将时间价值系数与利率之间的变动看成是线性变动。

【做中学2-14】 泰恒公司拟购买一台新设备,更换目前的旧设备。新设备的价格比旧设备高出28 000元,但运行后每年可节约成本7 000元。如果利率为10%,求更换新设备至少应使用多少年对企业是有利的?

解:根据题意,已知$P = 28\,000$元,$A = 7\,000$元,$i = 10\%$,求n值。

(1)求年金现值系数:

$$(P/A, i, n) = \frac{P}{A} = \frac{28\,000}{7\,000} = 4$$

(2)查"年金现值系数表",在$i = 10\%$的列上纵向查找,没有恰好等于4的系数值,于是查找大于4和小于4的两个临界值,即$(P/A, 10\%, 5) = 3.790\,8$,$(P/A, 10\%, 6) = 4.355\,3$,即所求的期数$n$在5年和6年之间。

(3)运用插值法求n:

$$n = 5 + \frac{3.790\,8 - 4}{3.790\,8 - 4.355\,3} \times (6 - 5) \approx 5.4(年)$$

2. 求贴现率(利率)

贴现率i的推算原理和步骤与求期数n的方法类似。现以普通年金为例说明贴现率的推算方法。如果已知年金终值F或P、年金A、期数n,求贴现率(利率)i,可按以下步骤进行:

(1)根据普通年金终值F或普通年金现值P,推算出普通年金终值系数$(F/A, i, n)$或普通年金现值系数$(P/A, i, n)$,设为α。

(2)查年金系数表,按照已知n期所在的行横向查找,如果恰好找到某一系数值正好等于α,则该系数所在列对应的利率i就是所求的值。

(3)如果无法找到恰好等于α的系数值,就在表中n所在的行上寻找邻近的两个数值,界定贴现率(利率)所在的区间,然后用内插法计算出贴现率(利率)i。

内插法计算公式如下:

$$i = i_1 + \frac{\beta_1 - \alpha}{\beta_1 - \beta_2}(i_2 - i_1)$$

式中:i 表示贴现率;i_1 表示小于 i 的贴现率;i_2 表示大于 i 的贴现率;β_1 表示 i_1 系数临界值;β_2 表示 i_2 系数临界值;α 表示年金系数。

【做中学 2-15】 某先生参加保险,他预计如果 20 年后有 300 000 元存款,自己的养老问题就可以解决。他现有 60 000 元,问银行存款利率为多少,这位先生的愿望才能实现?

解:根据题意,已知 $F=300\,000$ 元,$P=60\,000$ 元,$n=20$ 年,求 i 值。

(1) 求复利终值系数。

$$(F/P, i, n) = \frac{F}{P} = \frac{300\,000}{60\,000} = 5$$

(2) 查"复利终值系数表",在 $n=20$ 行上查找,没有恰好等于 5 的系数值。找到两个临界值,$(F/P, 8\%, 20) = 4.661\,0$,$(F/P, 9\%, 20) = 5.604\,4$,即所求的利率在 8% 至 9% 之间。

(3) 用内插法求 i。

$$i = 8\% + \frac{4.661\,0 - 5}{4.661\,0 - 5.604\,4} \times (9\% - 8\%) = 8\% + 0.359\,3 \times 1\% = 8.359\,3\%$$

计算结果表明,如果银行的存款利率能够达到或高于 8.359 3%,这位先生的愿望就能实现。

【做中学 2-16】 小李大学刚毕业,想租一店面经营。出租方提出一次性支付租金 30 000 元,租期 3 年。但小李一时拿不出这笔资金,因此请求出租方允许延后支付租金。出租方经过认真思考后,同意 3 年后一次性支付,但租金为 50 000 元。假设银行贷款利率为 10%,那么小李是选择现在付款还是选择 3 年后付款合算?

解:根据题意,已知 $F=50\,000$ 元,$P=30\,000$ 元,$n=3$ 年,求 i 值。

(1) 求复利终值系数:

$$(F/P, i, n) = \frac{F}{P} = \frac{50\,000}{30\,000} = 1.666\,7$$

(2) 查复利终值系数表,在 $n=3$ 行上查找,没有恰好等于 1.666 7 的系数值。找到两个临界值,$(F/P, 18\%, 3) = 1.643$,$(F/P, 20\%, 3) = 1.728$,即所求的利率在 18% 至 20% 之间。

(3) 用内插法求 i。

$$i = 18\% + \frac{1.643 - 1.666\,7}{1.643 - 1.728} \times (20\% - 18\%) = 18\% + 0.278\,8 \times 2\% = 18.56\%$$

计算结果表明,如果小李选择 3 年后付款,利率高达 18.56%,高于银行的贷款利率,所以小李应选择向银行贷款支付租金。

(八)名义利率与实际利率

以上在计算复利现值和复利终值时,假设复利的计算期为一年,此时的利率即为名义利率(Nominal Interest Rate);但是在实际财务管理过程中,复利的计息期有可能是半年、一个季度、一个月,甚至一天,此时得到的利率为实际利率(Effective Annual Interest Rate),即名义利率通过一年计息期数调整后的利率为实际利率。

实际年利率与名义年利率之间的关系如下:

$$i = \left(1 + \frac{r}{M}\right)^M - 1$$

式中:r 表示名义利率;M 表示年复利次数;i 表示实际利率。

【做中学 2-17】 本金 10 000 元,投资 3 年,每半年复利一次,年利率为 8%,则该本金的终值是多少?

解:第一种方法如下:

$$i = \left(1 + \frac{8\%}{2}\right)^2 - 1 = 8.16\%$$

$$F = 10\,000 \times (1 + 8.16\%)^3 = 12\,650(元)$$

第二种方法如下:

$$i = \left(1 + \frac{r}{M}\right)^{m \times n}$$

$$F = 10\,000 \times (1 + 4\%)^6 = 10\,000 \times 1.265\,0 = 12\,650(元)$$

(九)分期偿还信贷

年金现值计算是现实中应用非常广泛的计算方式。它非常重要的用途之一就是决定在分期偿还的信贷中的每期等额偿还款项的数额。每期等额偿还金额中包括上期应付利息以及本期分摊的本金。每期偿付的期限可以是按年、半年、季度,甚至是按月来计算的。分期偿还信贷广泛应用于居民住房抵押贷款、汽车贷款、各类消费贷款等。

【做中学 2-18】 王先生计划通过汽车贷款来购置汽车,与银行约定贷款金额为 10 万元,期限为 5 年,贷款期限内,每年年末银行通过王先生的银行账户进行扣款,银行汽车贷款利率为 6%,现在要确定王先生每年年末需要支付的数额,以及在每期款项支付后,王先生剩余未偿还贷款的余额状况。

解:根据题意,该问题实际上是一个年金现值计算问题,每年年末偿付的金额即为普通年金数量,贷款金额为 5 年所付款项的现值。则有

$$P = A \times (P/A, i, n)$$

$$100\,000 = A(P/A, 6\%, 5)$$

$$= A \times 4.212\,4$$

得: $A = 23\,739(元)$

每期偿付后的未付贷款余额状况如表 2-1 所示。

表 2-1 每期偿付金额中的本金、利息以及未付贷款余额状况

时间	每期偿付数①	每期应付利息② =未付余额×0.06	当期应摊销的本金 ③=①-②	未摊销的贷款 余额④
0	—	—	—	100 000
1	23 739	6 000	17 739	82 261
2	23 739	4 936	18 803	63 458
3	23 739	3 807	19 932	43 526
4	23 739	2 612	21 127	22 399
5	23 739	1 340	22 399	0
合计	118 695	18 695	100 000	

任务二 风险收益衡量

一、风险及其衡量

(一)风险的概念及种类

1. 风险的概念

从理财的角度而言,风险是指公司在各项理财活动中,由于各种难以预料或无法控制因素而遭受损失、毁灭或者失败等不利后果的可能性。财务活动中的风险,则是指在一定时期内和一定条件下实际财务结果偏离预期财务目标的可能性。

多数投资者是担心风险并力求规避风险的。那么,在现实经济生活中,为什么还有人进行风险性投资呢?因为风险性投资不仅可以获得资金的时间价值,而且会得到一部分额外收益——风险价值。投资者所冒的风险越大,其所要求的风险价值就越高。

2. 风险的种类

(1)从个别投资主体的角度看,风险可分为系统风险和非系统风险两类。

①系统风险,是指那些影响所有公司的因素引起的风险,如战争、经济衰退、通货膨胀、高利率等非预期的变动。这类风险涉及所有的投资对象,不能通过多元化投资来分散,因此又称"不可分散风险"。由于系统风险是影响整个资本市场的风险,因此又称为"市场风险"。例如,一个人投资于股票,不论买哪一种股票,他都要承担市场风险,在经济衰退时,各种股票的价格都会不同程度地下跌。

②非系统风险,是指发生于个别公司的特有事件造成的风险。如罢工、新产品开发失败、没有争取到重要合同、诉讼失败等。这类事件是非预期的、随机发生的,它只影响一家或少数公司,不会对整个市场产生较大影响。

由于非系统风险是个别公司或个别资产所特有的,因此又称"特殊风险"或"特有风险"。由于这类风险可以通过多样化投资来分散,即发生于一家公司的不利事件可以被另一家公司的有利事件所抵消,因此也称为"可分散风险"。例如,一个人投资股票时,买几种不同的股票,会比只买一种股票风险小。

(2)从公司本身来看,风险可分为经营风险(商业风险)和财务风险(筹资风险)两类。

①经营风险,是指生产经营的不确定性带来的风险,它是任何商业活动都有的,也称商业风险。经营风险主要来自以下几个方面。市场销售:市场需求、市场价格、企业可能生产的数量等的不确定,尤其是竞争导致的供产销的不稳定,加大了风险。生产成本:原料的供应和价格、工作和机器的生产率、工人的奖金和工资等,都有一定的不确定性,因而产生了风险。生产技术:设备事故、产品发生质量问题、新技术的出现等,很难准确预测,从而产生风险。其他:外部的环境变化,如天灾、经济不景气、通货膨胀、有合作关系的企业没有履行合同等,企业自己很难控制,从而产生风险。经营风险使企业的投资报酬变得不确定。

②财务风险,是指因借款而增加的风险,是筹资决策带来的风险,也称筹资风险。由于企业向银行等金融机构举债,从而产生了定期的还本付息压力,如果到期企业不能还本付息,就面临着诉讼、破产等威胁,遭受严重损失。财务风险使企业投资者的收益变得不确定。

(二)风险的衡量

1. 概率

概率是指某一随机事件发生的可能性大小。随机事件是指在一定条件下可能发生也可能不发生的现象。如果将所有可能的随机事件及其对应概率依次编排,便形成了随机事件的概率分布。如某公司经济前景的概率分布可用表2-2来表示。

表2-2　　　　　　　　　　　　　经济前景概率分布

经济前景	概率(P_i)
差	20%
一般	55%
好	25%

不难发现,概率分布有以下特点:
①所有概率都在0和1之间,即$0 < P_i < 1$;

②某一方案的所有结果(随机事件)的概率之和等于1(或100%),即$\sum_{i=1}^{n} P_i = 1$。

2. 期望值

期望值是指某一概率分布中的各种可能结果以各自对应概率为权数计算出来的加权平均值。它反映了各种结果的平均值。其计算公式为:

$$E(x) = \sum_{i=1}^{n} X_i P_i$$

式中:$E(x)$表示期望值;x_i表示第i种可能结果;P_i表示第i种可能结果的概率;n表示可能结果的个数。

【做中学2-19】 A公司目前暂时有一笔100 000元闲置资金欲对外投资,有甲、乙两个项目可供选择。有关资料如表2-3所示。试计算甲、乙两个项目投资报酬率的期望值。

表2-3　　　　　　　　　　　　　A公司的有关资料

经济前景	概率(P_i)	甲项目的投资报酬率(x_i)	乙项目的投资报酬率(x_i)
差	20%	16%	11%
一般	55%	18%	18%
好	25%	21%	25%

分析:甲项目:$E(x) = \sum_{i=1}^{n} x_i P_i = 16\% \times 20\% + 18\% \times 55\% + 21\% \times 25\% = 18.35\%$

乙项目:$E(x) = \sum_{i=1}^{n} x_i P_i = 11\% \times 20\% + 18\% \times 55\% + 25\% \times 25\% = 18.35\%$

甲、乙两个项目投资报酬率的期望值均为18.35%,难以判断两个项目孰优孰劣。在项目的投资报酬率期望值相等的情况下,需要采用标准离差或方差来判断项目优劣。

3. 标准离差与方差

标准离差又称标准差,是反映某一概率分布中的各种可能结果偏离其期望值的平均程度。在期望值相同的情况下,标准离差越大,偏离程度越大,风险越大;反之,则风险越小。其计算公式为:

$$\sigma = \sqrt{\sum_{i=1}^{n} [x_i - E(x)]^2 \times P_i}$$

$$\sigma_2 = \sum_{i=1}^{n} [x_i - E(x)]^2 \times P_i$$

式中:σ 表示标准离差;σ_2 表示方差;其他符号含义同上。

【做中学 2-20】 根据做中学 2-19 的有关数据,试计算甲、乙两项目预期报酬率(x_i)的标准离差。

分析:甲项目:

$$\sigma = \sqrt{(16\%-18.35\%)^2 \times 20\% + (18\%-18.35\%)^2 \times 55\% + (21\%-18.35\%)^2 \times 25\%}$$
$$= 1.71\%$$

乙项目:

$$\sigma = \sqrt{(11\%-18.35\%)^2 \times 20\% + (18\%-18.35\%)^2 \times 55\% + (25\%-18.35\%)^2 \times 25\%}$$
$$= 4.68\%$$

在甲、乙两个项目预期报酬率期望值相等的条件下,标准离差越小,说明投资项目可能的报酬率与期望值的离散程度越小,投资风险也就越小。按照这个标准进行判断,甲项目的风险要小于乙项目。

4. 标准离差率

标准离差或方差只有在期望值相等的前提条件下,才能比较各投资方案的风险大小,一旦各投资方案的期望值不同,就不能用来比较它们的风险程度。要比较期望值不同的各投资方案的风险程度,可以用反映投资报酬率变动程度的一个相对数——标准离差率。标准离差率是标准离差与期望值之比,其计算公式为:

$$v = \frac{\sigma}{E(x)} \times 100\%$$

式中:v 表示标准离差率;其他符号含义同上。

【做中学 2-21】 某公司欲对外投资,有甲、乙两个项目可供选择。经测算,甲项目的预期报酬率期望值为 20%,标准离差为 2%;乙项目的预期报酬率期望值为 30%,标准离差为 4.5%。试计算甲、乙两个项目的标准离差率并比较它们的风险大小。

分析:甲项目:$v = \dfrac{\sigma}{E(x)} \times 100\% = \dfrac{2\%}{20\%} \times 100\% = 10\%$

乙项目:$v = \dfrac{\sigma}{E(x)} \times 100\% = \dfrac{4.5\%}{30\%} \times 100\% = 15\%$

甲项目的标准离差率为 10%,乙项目的标准离差率为 15%,由标准离差率可以判断出甲项目风险较小。甲项目收益低,风险小;乙项目收益高,风险大。对甲、乙两个项目的选择取决于投资人的风险好恶。如果偏好风险,选乙;厌恶风险,选甲。

二、风险报酬的计算

风险报酬,是指投资者因冒风险进行投资而要求的、超过无风险报酬的额外报酬。风险与报酬的基本关系是风险越大,要求的报酬率越高。在正确地计算出某种方案的风险后,必须进行报酬的计算。

(一)风险报酬率

风险报酬率,也称风险价值,是指投资者因冒风险进行投资而获得的超过资金时间价值率(资金时间价值除以原投资额)的额外报酬率。风险报酬的表现形式有两种:风险报酬额和风险报酬率。风险报酬额是总量指标,而风险报酬率是相对指标。风险报酬率是风险报酬额与原始投资额的比率,也称风险收益率。在实际工作中,通常用风险报酬率表示。

风险与风险报酬率的关系可用图 2—9 表示。

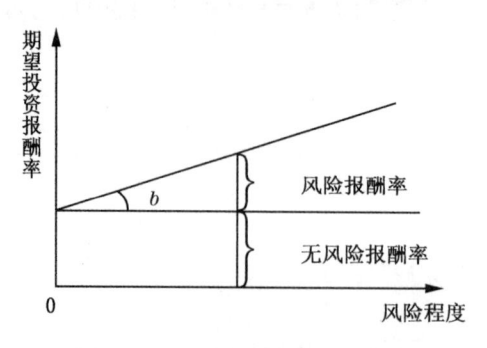

图 2—9 风险与风险报酬率关系

从图 2—9 可以看出,无风险报酬率是投资者要求的最低报酬率,如购买国债,到期连本带息肯定能收回。风险报酬率取决于投资的风险程度,即投资风险程度越大,要求的风险报酬率越高;相反,投资风险程度越小,要求的风险报酬率越低。风险报酬率大小与风险的大小成正比。

风险程度是用标准离差率衡量的,而标准离差率仅反映一个投资项目的风险程度,并没有反映真正的风险报酬;要想计算风险报酬率必须借助一个转换系数,这个系数恰好是风险报酬的斜率,称为风险报酬系数,用 b 表示。

风险报酬率、风险报酬系数和标准离差率之间的关系可用以下公式表示:

$$风险报酬率 = 风险报酬系数 \times 标准离差率$$

在实际工作中,风险报酬系数是由投资者根据经验并结合其他因素加以确定。例如,可根据以往同类项目的有关数据确定,也可由主管投资人员会同有关专家确定等。

如果不考虑通货膨胀,投资者冒着风险进行投资所期望得到的投资总报酬率就是无风险报酬率(即资金时间价值率)与风险报酬率之和,即:

$$投资报酬率 = 无风险报酬率 + 风险报酬率$$

用符号表示:

$$K = R_f + R_m = R_f + bv$$

式中:K 表示含风险的总报酬率;R_f 表示无风险报酬率;R_m 表示风险报酬率;b 表示风险价值系数;v 表示标准离差率。

无风险报酬率是没有投资风险和通货膨胀条件下的资金时间价值率。一般可以将国库券的利率视为无风险报酬率。

【做中学 2—22】 假设做中学 2—19 中,甲项目的风险报酬系数为 15%,乙项目的风险报酬系数为 20%,则两个投资项目的风险报酬率分别为多少?

分析:甲项目:$R_m = bv = 15\% \times \dfrac{1.71\%}{18.35\%} = 1.4\%$

乙项目:$R_m = bv = 20\% \times \dfrac{4.68\%}{18.35\%} = 5.1\%$

如果无风险报酬率为 10%,则两个项目的投资报酬率分别为:

甲项目:$K = R_f + R_m = 10\% + 1.4\% = 11.4\%$

乙项目:$K = R_f + R_m = 10\% + 5.1\% = 15.1\%$

总之,无风险报酬率就是货币时间价值,是肯定能够得到的报酬,具有预期报酬的确定性,常用政府债券利率或存款利率代表。风险报酬率是风险价值,是超过货币时间价值的额外报酬,具有预期报酬的不确定性,风险报酬率与风险大小成正比关系。

(二)风险价值决策原则

在多方案的风险性投资决策中,决策者到底需要按照什么样的准则在风险与报酬之间作出权衡呢?毋庸置疑,总的原则是选择低风险、高收益的方案。具体有以下几种情况:

(1)若各方案的期望值相同,应选择标准离差小的方案;

(2)若各方案的期望值不同,应选择标准离差率小的方案;

(3)若各方案的期望值不同,而它们的标准离差率又相同,应选择期望值高的方案。

三、投资组合的风险

投资者在作出投资决策时,为了降低风险、提高收益,不仅可以将一定量资金全部投资于若干备选资产中风险最小、收益最高的资产上,而且可以将资金分开来投资于多项资产上,并使总的风险最小、总的收益最高。比如说,既投资于实物资产,也投资于有价证券;或者同时投资于多种实物资产或有价证券。这种将全部资本投放于多项资产上的投资方式称为投资组合。一般来说,相对于单项投资,组合投资的风险要低一些。

在投资组合中,投资者并不十分注重某一项资产的风险与收益,而是注重投资组合的总风险和总收益。投资组合的期望值,与其中每一项资产的期望值有关,是每一项资产期望值的加权平均值。其计算公式如下:

$$E_P = \sum_{i=1}^{n} W_i \overline{E}_i$$

式中: E_P 表示投资组合的期望值; W_i 表示第 i 种资产在投资组合中所占的价值权重, $\sum_{i=1}^{n} W_i = 1$; $\overline{E}_i$ 表示第 i 种资产的期望值; n 表示投资组合中的资产总项数。

【做中学2-23】 投资者的某项投资组合由3项资产构成,它们的期望值分别为15%、20%和25%,价值权重分别为20%、30%和50%,则该投资组合的期望值是多少?

分析: $E_P = \sum_{i=1}^{n} W_i \overline{E}_i = 20\% \times 15\% + 30\% \times 20\% + 50\% \times 25\% = 21.5\%$

四、风险对策

(一)规避风险

这种对策较为稳健,简便易行,当风险所造成的损失不能由该项目可能获得的利润予以抵消时,首先考虑的是规避风险。规避风险的手段包括:拒绝与不守信用的企业进行业务往来;放弃可能明显导致亏损的投资项目;新产品在试制阶段发现诸多问题而果断停止试制。

(二)减少风险

减少风险主要有两方面意思:一是控制风险因素,减少风险的发生;二是控制风险发生的频率和降低风险损害程度。减少风险的常用方法有:进行准确的预测,如汇率预测、利率预测、债务人信用评估等;对决策进行多方案优选;及时与政府部门沟通获取政策信息;在开发新产品前,充分进行市场调研;实行设备预防检修制度以减少设备事故;选择有弹性和抗风险能力强的技术方案,进行预先的技术模拟试验,采用可靠的保护和安全措施;采用多领域、多地域、多项目、多品种的投资以分散风险。

(三)接受风险

对于损失较小的风险,如果企业有足够的财力和能力承受风险带来的损失,可以采取风险自担和风险自保,自行消化风险损失。风险自担,就是风险损失发生时,直接将损失摊入成本或费用,或冲减利润;风险自保,就是企业预留一笔风险金,或随着生产经营的进行,有计划地计提风险基金,如坏账准备金、存货跌价准备等。

(四)转移风险

转移风险是指企业以一定代价(如保险费、盈利机会、担保费和利息等),采取某种方式(如参加保险、信用担保、租赁经营、套期交易、票据贴现等),将风险损失转嫁给他人,以避免可能给企业带来的灾难性损失。例如,向专业性保险公司投保;采取合资、联营、增发新股、发行债券、联合开发等实现风险共担;通过技术转让、特许经营、战略联盟、租赁经营和业务外包等实现风险转移。

关键术语

单利　　复利　　年金　　普通年金　　年金现值　　偿债基金　　预付年金　　递延年金　　风险报酬

应知考核

一、单项选择题

1. 普通年金终值系数的倒数称为(　　)。
   A. 偿债基金　　　B. 偿债基金系数　　　C. 资本回收额　　　D. 资本回收额系数

2. 企业有一笔5年后到期的贷款,到期值是15 000元,假设存款年利率为3%,则企业为偿还借款建立的偿债基金为(　　)元。
   A. 2 825.34　　　B. 3 275.32　　　C. 3 225.23　　　D. 2 845.34

3. 在普通年金现值系数的基础上,期数减1、系数加1的计算结果,应当等于(　　)。
   A. 即付年金现值系数　　　　　　B. 后付年金现值系数
   C. 递延年金现值系数　　　　　　D. 永续年金现值系数

4. 某人进行一项投资,预计6年后会获得收益880元,在年利率为5%的情况下,这笔收益的现值为(　　)元。
   A. 4 466.62　　　B. 656.66　　　C. 670.56　　　D. 4 455.66

5. 下列各项年金中,只有现值没有终值的年金是(　　)。
   A. 普通年金　　　B. 即付年金　　　C. 先付年金　　　D. 永续年金

二、多项选择题

1. 年金是指一定时期内每期等额收付的系列款项,下列各项中属于年金形式的是(　　)。
   A. 按照直线法计提的折旧　　　　B. 等额分期付款
   C. 融资租赁的租金　　　　　　　D. 养老金

2. 某人决定在未来5年内每年年初存入银行1 000元(共存5次),年利率为2%,则在第5年年末能一次性取出的款项额计算正确的是(　　)。
   A. $1\,000 \times (F/A, 2\%, 5)$
   B. $1\,000 \times (F/A, 2\%, 5) \times (1+2\%)$
   C. $1\,000 \times (F/A, 2\%, 5) \times (F/P, 2\%, 1)$
   D. $1\,000 \times [(F/A, 2\%, 6) - 1]$

3. 某项年金前三年没有流入,从第四年开始每年年末流入 1 000 元,共计 4 次,假设年利率为 8%,则该递延年金现值的计算公式正确的是( )。

A. $1\,000 \times (P/A, 8\%, 4) \times (P/F, 8\%, 4)$

B. $1\,000 \times [(P/A, 8\%, 8) - (P/A, 8\%, 4)]$

C. $1\,000 \times [(P/A, 8\%, 7) - (P/A, 8\%, 3)]$

D. $1\,000 \times (F/A, 8\%, 4) \times (P/F, 8\%, 7)$

4. 下列说法中正确的有( )。

A. 普通年金终值系数和偿债基金系数互为倒数

B. 普通年金终值系数和普通年金现值系数互为倒数

C. 复利终值系数和复利现值系数互为倒数

D. 普通年金现值系数和资本回收系数互为倒数

5. 下列说法中正确的有( )。

A. 标准差越大,风险越大 　　　　B. 标准差越小,风险越大

C. 标准差系数越小,风险越小 　　D. 标准差系数越大,风险越大

三、判断题

1. 在利率和计息期数相同的条件下,复利现值系数与复利终值系数互为倒数。( )

2. 计算偿债基金系数,可根据年金现值系数的倒数确定。( )

3. 现值和终值是一定量货币资本在前后两个不同时点上对应的价值,其差额即为货币的时间价值。( )

4. 无限等额支付的年金,称为永续年金。( )

5. 对于多个投资方案而言,无论各方案的期望值是否相同,标准差系数最大的方案一定是风险最大的方案。( )

四、简述题

1. 简述单利和复利的区别。

2. 简述年金的概念和种类。

3. 简述风险的概念和种类。

4. 简述风险衡量的步骤。

5. 简述风险对策。

五、计算题

1. 某家长准备为孩子存入银行一笔款项,以便以后 10 年每年年末得到 20 000 元学杂费,假设银行存款利率为 9%,要求:计算该家长目前应存入银行的款项额。提示:$(P/A, 9\%, 10) = 6.418$。

2. 某企业有一笔 4 年后到期的借款,到期值为 1 000 万元。若存款年复利率为 10%,则为偿还这笔借款应于每年年末存入银行多少元? 提示:$(F/A, 10\%, 4) = 4.641$;$(P/A, 10\%, 4) = 3.170$;$(F/P, 10\%, 4) = 1.464$;$(P/F, 10\%, 4) = 0.683$。

3. 某企业拟建立一项基金,每年年末存入 100 000 元,若利率为 10%,计算 5 年后该项基金的本利和。提示:$(F/A, 10\%, 5) = 6.105\,1$;$(F/A, 10\%, 6) = 7.715\,6$。

4. 某人拟在 5 年后偿还所欠的 60 万元债务,故建立偿债基金,假设银行存款年利率 10%,则此人从第一年起,每年年末存入银行多少元? 提示:$(F/A, 10\%, 5) = 6.105\,1$。

5. 深圳公司年初存入银行20万元,年利率为12%,按复利计算,到第10年末,该公司可获得本利和多少万元?提示:$(F/P,12\%,10)=3.1058$;$(P/F,12\%,10)=0.3220$。

应会考核

■ 观念应用

【背景资料】

如何选择投资项目

假设你手头有10万元闲钱,想进行投资。这时你的朋友A告诉你,他和几个朋友正打算进行一项风险投资,如果你有意向也可以加入。如果你将10万元投资于这个项目,估计有60%的可能在1年内获得10万元的回报,但有40%的可能将10万元全部亏损。而你的朋友B则劝你投资基金。如果你用10万元购买某只基金,估计有40%的可能在1年内赚得5万元,还有60%的可能不赔不赚。

【考核要求】

(1)两个投资方案的收益率相同吗?

(2)面对两位朋友的建议,请问你会如何选择?

■ 技能应用

风险的衡量

某企业有甲、乙两个投资项目,计划投资额均为2 000万元,其收益率的概率分布如表2—4所示:

表2—4　　　　　　　　　　　　收益率的概率分布

市场状况	概率	甲项目	乙项目
好	0.3	20%	25%
一般	0.5	15%	15%
差	0.2	10%	5%

【技能要求】

(1)分别计算甲、乙两个项目收益率的期望值。

(2)分别计算甲、乙两个项目收益率的标准差。

(3)分别计算甲、乙两个项目收益率的标准差系数。

(4)比较甲、乙两个投资项目风险的大小。

■ 案例分析

【情景与背景】

资金时间价值原理的应用

山东A投资管理有限公司致力于高新技术企业股权投资、房地产和银企的优质债权投资。公司的一款债权转让型理财产品募集资金投向为优质信贷资产。首先,该公司利用自有资金,对企业、银行、信托债权和封闭基金进行严格有序的投资,形成广泛的投资债权;然后,将债权进行拆分细分、重组分配,形成不同收益规格的债权产品,通过转让债权所有权益的形式,销售给会员,并可以实时看到债权收益利息和投资收益不断地产生。

"六福生金"是该公司利用高倍理财的投资原理,为中长期理财客户设计的低风险、保本保收益的6个月期理财产品。收益按月计算,每月登录创智理财通都可以看到利息进账的情况。可以按30天为一个理财周期随时进行收益提取。理财门槛低,3万起即可享受专业高息理财服务。(注:六福生金,利息月月提现,如果违约赎回本金,将扣除本金的1%作为违约金。)收益计算如表2—5所示:

表2—5 六福生金理财服务收益

理财本金	月收益	年收益
10万元	1 100元	13 200元
50万元	5 500元	66 000元
100万元	11 000元	132 000元

以年息13.2%计算,7年半本金即可翻倍。这是普通银行短期、月定期存款利息的15倍以上,以投资回报率计算,钱生钱的赚钱方式相比投资房产的盈利更高、更安全。

【分析要求】
1. 请指出什么是"钱生钱的赚钱方式"?
2. 根据货币时间价值原理,该公司"六福生金"产品年收益率为13.2%是否正确?
3. 投资该产品"以年息13.2%计算,7年半本金即可翻倍",需要哪些条件?

项目实训

【实训项目】
资金时间价值观念。

【实训情境】

王月的资金时间价值观念

王月是某领域的国际知名专家。近日,他接到一家上市公司的邀请函,邀请他担任公司的技术顾问,指导新产品的开发。邀请函的主要内容如下:①担任公司顾问工作期限为5年;②每个月到公司指导工作2天;③每年顾问费为15万元;④提供公司所在地城市住房1套,价值100万元。

王月对以上工作待遇很满意,对该公司开发的新产品也很有研究,因此他决定接受邀请。但他不想接受住房,因为每月工作2天,只需要住宾馆就可以了。于是他向公司提出,能否将住房改为住房补贴。公司研究了王月的请求,决定可以在今后5年里,每年年初给王月支付22万元的住房补贴。

收到公司的通知后,王月又犹豫起来。因为如果接受公司住房,可以将住房出售,扣除售价5%的税金和手续费,他可以获得95万元;而接受住房补贴,则每年年初他可获得22万元。假设每年存款利率为4%。

【实训任务】
请运用资金时间价值观念,帮助王月做出恰当的选择。

《资金时间价值观念》实训报告		
项目实训班级：	项目小组：	项目组成员：
实训时间：　　年　月　日	实训地点：	实训成绩：
实训目的：		
实训步骤：		
实训结果：		
实训感言：		

用 Excel 解决本项目问题

项目三

筹资管理

○ **知识目标**

理解:筹资的概念和目的;筹资的分类。

熟知:筹资管理的原则;筹资渠道与方式;财务杠杆的计量。

掌握:资金需要量的预测方法;权益资金与债务资金的筹集方式和计算。

○ **技能目标**

能够根据企业相关资料,预测资金需求量,能够根据企业资金需求状况正确选择筹资渠道与筹资方式;充分利用财务杠杆来控制财务风险;能够进行最佳资本结构的决策。

○ **素质目标**

运用所学的筹资管理知识,根据企业所处的环境进行筹资并进行有效管理控制。培养和提高学生在特定业务情境中分析问题与决策设计的能力;结合行业规范或标准,强化学生的职业道德素质。

○ **思政目标**

能够正确地理解"不忘初心"的核心要义和精神实质;树立正确的世界观、人生观和价值观,做到学思用贯通、知信行统一;通过筹资管理知识,懂得"民无信不立"的道理,企业要想发展壮大,走得长远,信誉是保证。无论是个人还是企业,诚信都是立足之本,这也是社会主义核心价值观的重要内容。企业进行筹资为其注入新鲜的血液供其发展。每一种筹资方式都有其自身的特点,无论选择何种方式进行筹资,合法合规是前提条件,立足自身是基本要求,长远发展是核心要义,职业操守是应守底线,社会效益是共同目标。

○ **项目引例**

赫林如何实现梦想

汤姆·F. 赫林是全美旅馆协会的主席,是全美旅馆业乃至旅游界的泰斗。1954年,赫林被选为拉雷多市"猛狮俱乐部"主席。该俱乐部选派他和他的妻子去纽约参加国际"猛狮俱乐部"会议。夫妇俩到纽约赴会后,决定到纽约州的尼亚加拉大瀑布作一次伉俪旅游,结果他们惊奇地发现,在这大好美景两岸的美国和加拿大,都没有为这些流连忘返的游人提供歇宿的住所和其他设施。

从此在赫林的心里就孕育了一个在风景区开设旅馆的想法。要建造旅馆就得找地皮,他在格兰德市找到了一所高中,因为校方想出售一座房子。可是当时赫林还只是一家木材公司的小职员,周薪仅有125美元,想买这幢房子,却苦于无资金。于是,他向所工作的公司股东游说从事旅馆经营,但未成功。他只得独自筹集了500美元,请一位建筑师设计了一张旅馆示意草图。他既未攻读过建筑专业,又没有钻研过工程,因此,他对示意图的可行性研究慎之又慎。当他带着示意图向保险公司贷款60万元时,保险公司非得要他找一个有100万元资产的人作担保。于是,他向另一家木材公司的总经理求援。总经理看了旅馆示意图后,以本公司独家承包家具制造为条件,同意做他的担保人。

赫林再以发行股票的方式筹集资金,他提出两种优先股:一种股份供出卖,取得现金;另一种是以提供物资来代替股金。就这样他筹集到了创业所需的资金,建成了理想中的拉波萨多旅馆。

思考与讨论:如果没有通过多种方式筹集所需的资金,赫林能实现自己的梦想吗?

○ 知识精讲

任务一　筹资管理概述

一、筹资的概念和目的

(一)筹资的概念

筹资是指企业为了满足其经营活动、投资活动、资本结构调整等需要,运用一定的筹资方式,筹措和获取所需资金的一种行为。资金是企业的血液,是企业设立、生存和发展的物质基础,是企业开展生产经营业务活动的基本前提。任何一个企业,为了形成生产经营能力、保证生产经营正常运行,必须拥有一定数量的资金。

(二)筹资的目的

1. 满足经营运转的资金需要

企业筹资能够为企业生产经营活动的正常开展提供财务保障。筹集资金作为企业资金周转运动的起点,决定着企业资金运动的规模和生产经营发展的程度。企业新建时,要按照企业战略所确定的生产经营规模,核定长期资本和流动资金的需求量。在企业日常生产经营活动运行期间,需要维持一定数额的资金,以满足营业活动的正常波动需求。这些都需要筹措相应数额的资金,来满足生产经营活动的需要。

2. 满足投资发展的资金需要

企业在成长时期,往往因扩大生产经营规模或对外投资需要大量资金。企业生产经营规模的扩大有两种形式:一种是新建厂房、增加设备,这是外延式的扩大再生产;另一种是引进技术、改进设备,提高固定资产的生产能力,培训工人,提高劳动生产率,这是内涵式的扩大再生产。不管是外延式的扩大再生产还是内涵式的扩大再生产,都会产生扩张性的筹资动机。同时,企业由于战略发展和资本经营的需要,还会积极开拓有发展前途的投资领域,以联营投资、股权投资和债权投资等形式对外投资。经营规模扩张和对外产权投资,往往会产生大额的资金需求。

二、筹资的渠道与方式

(一)筹资渠道

1. 国家财政资金

国家财政资金是指国家以财政拨款、财政贷款、国有资产入股等形式向企业投入的资金。它是中国国有企业的主要资金来源。

2. 银行信贷资金

银行信贷资金是指商业银行和专业银行放贷给企业使用的资金,是企业的一项十分重要的资金来源。

3. 非银行金融机构资金

非银行金融机构资金是指各种从事金融业务的非银行机构,如信托投资公司、租赁公司等。非银行金融机构的资金实力虽然较银行小,但它们的资金供应比较灵活,而且可以提供多种特定服务,该渠道已成为企业资金的重要来源。

4. 其他企业资金

其他企业资金是指企业在生产经营过程中,往往会形成部分暂时闲置的资金,并为一定的目的而进行相互投资。另外,企业间的购销业务可以通过商业信用方式来完成,从而形成企业间的债权债务关系,形成债务人对债权人的短期信用资金占用。企业间的相互投资和商业信用的存在,使其他企业资金也成为企业资金的一项重要来源。

5. 居民个人资金

居民个人资金是指企业职工和居民个人的结余货币。作为"游离"于银行及非银行金融机构等之外的个人资金,可用于对企业进行投资,形成民间资金来源渠道,从而为企业所用。

6. 企业自留资金

企业自留资金是指企业内部形成的资金,也称企业内部留存,包括从税后利润中提取的盈余公积金和未分配利润,以及通过计提折旧费而形成的固定资产更新改造资金。这些资金的主要特征是,无须通过一定的方式去筹集,而是直接由企业内部自动生成或转移。

7. 外商资金

外商资金是指外国投资者及中国香港、澳门、台湾地区投资者投入的资金。随着国际经济业务的拓展,利用外商资金已成为企业筹资的一个新的重要来源。

(二)筹资方式

1. 吸收直接投资

吸收直接投资是指企业以协议等形式吸收国家、其他企业、个人和外商等直接投入资金,形成企业资本金的一种筹资方式。吸收直接投资不以股票为媒介,适用于非股份制企业。它是非股份制企业筹措自有资本的一种基本方式。

2. 发行股票

发行股票是指股份有限公司经国家批准以发行股票的形式向国家、其他企业和个人筹集资金,形成企业资本金的一种筹资方式。发行股票是股份有限公司筹措自有资本的基本方式。

3. 发行债券

发行债券是指企业以发行各种债券的形式筹集资金。它是企业筹措资金的又一种重要方式。

4. 银行借款

银行借款是指企业向银行申请贷款,通过银行信贷形式筹集资金。它也是企业筹措资金的一种重要方式。

5. 商业信用

商业信用是指企业在商品交易中,以延期付款或预收货款进行购销活动而形成的借贷关系,是企业之间的直接信用。它是企业筹集短期资金的一种方式。

6. 租赁筹资

租赁是出租人以收取租金为条件,在合同规定的期限内,将资产租借给承租人使用的一种经济行为。现代租赁是企业筹集资金的一种方式,用于补充或部分替代其他筹资方式。

三、筹资的分类

企业筹资可以按不同的标准进行分类。

(一)股权筹资、债务筹资及衍生工具筹资

按企业所取得资金的权益特性不同,企业筹资分为股权筹资、债务筹资和衍生工具筹资三类,这也是企业筹资方式最常见的分类方法。

1. 股权筹资

股权筹资形成股权资本,是企业依法长期拥有、能够自主调配运用的资本。股权资本在企业持续经营期间内,投资者不得抽回,因而也称之为企业的自有资本、主权资本或股东权益资本。股权资本是企业从事生产经营活动和偿还债务的本钱,是代表企业基本资信状况的一个主要指标。企业的股权资本通过吸收直接投资、发行股票、内部积累等方式取得。股权资本由于一般不用还本,形成了企业的永久性资本,因而财务风险小,但付出的资本成本相对较高。

2. 债务筹资

债务筹资是企业通过借款、发行债券、融资租赁以及赊销商品或服务等方式取得的资金,形成在规定期限内需要清偿的债务。由于债务筹资到期要归还本金和支付利息,对企业的经营状况不承担责任,因而具有较大的财务风险,但付出的资本成本相对较低。从经济意义上来说,债务筹资也是债权人对企业的一种投资,也要依法享有企业使用债务所取得的经济利益,因而也可以称之为债权人权益。

3. 衍生工具筹资

衍生工具筹资包括兼具股权与债务特性的混合融资和其他衍生工具融资。我国上市公司目前最常见的混合融资是可转换债券融资,最常见的其他衍生工具融资是认股权证融资。

(二)直接筹资与间接筹资

按是否以金融机构为媒介,企业筹资可分为直接筹资和间接筹资两种类型。

1. 直接筹资

直接筹资是企业直接与资金供应者协商融通资本的一种筹资活动。直接筹资方式主要有吸收直接投资、发行股票、发行债券等。通过直接筹资既可以筹集股权资金,也可以筹集债务资金。按法律规定,公司股票、公司债券等有价证券的发行需要通过证券公司等中介机构进行,但证券公司所起到的只是承销作用,资金拥有者并未向证券公司让渡资金使用权,因此发行股票、债券属于直接向社会筹资。

2. 间接筹资

间接筹资是企业借助银行等金融机构筹集资本的筹资活动。在间接筹资方式下,银行等金融机构发挥了中介的作用,预先集聚资金,资金拥有者首先向银行等金融机构让渡资金的使用权,然后由银行等金融机构将资金提供给企业。间接筹资的基本方式是向银行借款,此外还有融资租赁等方式,间接筹资形成的主要是债务资金,主要用于满足企业资金周转的需要。

(三)内部筹资与外部筹资

按资金的来源范围不同,企业筹资分为内部筹资和外部筹资两种类型。

1. 内部筹资

内部筹资是指企业通过利润留存而形成的筹资来源。内部筹资数额的大小主要取决于企业可分配利润的多少和利润分配政策(股利政策),一般无须花费筹资费用,从而降低了资本成本。

2. 外部筹资

外部筹资是指企业向外部筹措资金而形成的筹资来源。处于初创期的企业,内部筹资的可能性是有限的;处于成长期的企业,内部筹资往往难以满足需要。这就需要企业广泛地开展外部筹资,如发行股票和债券、取得商业信用、向银行借款等。企业向外部筹资大多需要花费一定的筹资费用,从而提高了筹资成本。

因此，企业筹资时首先应利用内部筹资，然后考虑外部筹资。

(四)长期筹资与短期筹资

按所筹集资金的使用期限不同，企业筹资分为长期筹资和短期筹资两种类型。

1. 长期筹资

长期筹资是指企业筹集使用期限在1年以上的资金筹集活动。长期筹资的目的主要在于形成和更新企业的生产和经营能力，或扩大企业的生产经营规模，或为对外投资筹集资金。长期筹资通常采取吸收直接投资、发行股票、发行债券、取得长期借款、融资租赁等方式，所形成的长期资金主要用于购建固定资产、形成无形资产、进行对外长期投资、垫支流动资金、产品和技术研发等。从资金权益性质来看，长期资金可以是股权资金，也可以是债务资金。

2. 短期筹资

短期筹资是指企业筹集使用期限在1年以内的资金筹集活动。短期资金主要用于企业的流动资产和日常资金周转，一般在短期内需要偿还。短期筹资经常利用商业信用、短期借款、保理业务等方式来筹集。

四、筹资管理的原则

(一)规模适当原则

企业筹资的目的既可以是满足生产经营和发展需要，也可以是满足调整自身资本结构的需要；不论出于哪种目的，企业都需要首先确定筹资数量。一般而言，企业对资金需求量是不断变动的。如果资金筹集不足会影响企业生产经营，而资金筹集过多也会对企业生产经营产生不利影响，因为企业筹资都是有成本的。因此，企业财务人员要认真分析生产、经营和市场状况，采用合理方法，预测企业资金的需求数量。

(二)筹措及时原则

企业财务人员在筹资时必须熟知资金时间价值的基本原理和计算方法，以便根据资金需求的具体情况，合理安排资金筹集的时间，适时获取所需资金。为此，企业既要避免资金闲置，又要防止获取资金时间滞后，错过最佳投资时机。

(三)来源合理原则

企业筹资活动，特别是外部筹资活动会影响到许多相关投资者的经济利益。投资者与企业之间信息不对称以及企业经营的固有风险，都可能导致投资者与企业之间经济利益关系面临许多不确定性。为了维护投资者利益和规范市场，国家制定了相关法律法规。企业在筹资时必须遵守有关法律法规的规定，维护利益相关者的合法利益，避免非法筹资行为对社会、相关利益主体及企业自身造成损害。

(四)方式经济原则

企业在确定了合理筹资数量、恰当时间及合法来源的基础上，还必须认真研究各种不同筹资方式的经济性。因为不同的筹资渠道、方式有着不同的筹资成本。为此，企业需要对各种筹资方式进行分析、对比，选择最适合企业且经济可行的筹资方式。这也有利于企业确定合理的资本结构，以降低成本、减少风险。

任务二 资金需求量的预测

资金的需要量是筹资的数量依据，应当科学合理地进行预测。筹资数量预测的基本目的，是保证筹集的资金既能满足生产经营的需要，又不会产生资金多余而闲置。常用的资金需要量的预测方法主要有：定性预测法和定量预测法。

一、定性预测法

定性预测法是指依靠预测者个人的经验、主观分析和判断能力，对未来时期资金的需求量进行估计和推算的方法。这种方法通常采用召开专业人员座谈会和专家论证会等形式进行。首先，由熟悉财务情况和生产经营情况的专家，根据以往所积累的经验，进行分析判断，提出预测的初步意见；然后，通过召开座谈会或发出各种表格等形式，对预测的初步意见进行修正补充。这样进行一次或几次以后，得出预测的最终结果。

定性预测法是十分有用的，但它不能揭示资金需要量与有关因素之间的数量关系。预测资金需要量应与企业生产经营规模相联系。生产规模扩大，销售数量增加，会引起资金需求量增加；反之，则会使资金需求量减少。因此，这种方法一般只作为预测的辅助方法。

二、定量预测法

定量预测法是指以历史资料为依据，采用数学模型对未来时期资金需要量进行预测的方法。这种方法预测的结果科学而准确，有较高的可行性，但计算较为复杂，要求具有完备的历史资料。定量预测法常用的方法有因素分析法、销售百分比法和线性回归分析法。

（一）因素分析法

因素分析法，又称分析调整法，是以有关项目基期平均资金需求量为基础，根据预测年度生产经营任务和资金周转加速要求进行分析调整来预测资金需求量的一种方法。这种方法计算简便，容易掌握，但预测结果不太精确。它通常用于品种繁多、规格复杂、资金用量小的项目。

因素分析法的计算公式如下：

资金需求量＝（基期资金平均占用额－不合理资金占用额）×（1±预测期销售增减额）×（1±预测期资金周转速度变动率）

【做中学3-1】 甲企业上年度资金平均占用额为3 600万元，经分析，其中不合理部分为200万元，预计本年度销售增长8%，资金周转加速5%。请预测本年度资金需求量。

解：预测本年度资金需求量＝（3 600－200）×（1＋8%）×（1＋5%）＝3 855.6（万元）

（二）销售百分比法

销售百分比法，是根据销售增长与资产增长之间的关系，预测未来资金需要量的方法。销售百分比法将反映生产经营规模的销售因素与反映资金占用情况的资产因素联系起来，根据销售与资产之间的数量比例关系，预计企业的外部筹资需要量。销售百分比法首先假设某些资产与销售额存在稳定的百分比关系，其次根据销售与资产的比例关系预计资产额，再次根据资产额预计相应的负债和所有者权益，最后确定筹资需要量。

使用销售百分比法的前提是必须假设某报表项目与销售指标的比率已知且固定不变，其计算步骤如下：

1. 分析基期资产负债表各项目与销售收入总额之间的依存关系，计算各敏感项目的销售百分比

在资产负债表中，有一些项目会因销售额的增长而相应地增加，通常将这些项目称为敏感项目，包括货币资金、应收账款、存货、应付账款、预收账款和其他应收款等。而其他如固定资产净值、长期股权投资、实收资本等项目，一般不会随销售额的增长而增加，因此将其称为非敏感项目。

2. 计算预测期各项目预计数并填入预计资产负债表，确定需要增加的资金额

计算公式为：

敏感项目预计数＝预计销售额×项目销售百分比

3. 确定需要增加的筹资数量

预计由于销售额增长而需要的资金需求增长额,扣除利润留存后,即为所需要的外部筹资额。即有：

$$外部融资需求量 = \frac{A}{S_1} \times \Delta S - \frac{B}{S_1} \times \Delta S - S_2 \times P \times E$$

式中：A 为随销售额而变化的敏感性资产；B 为随销售额而变化的敏感性负债；S_1 为基期销售额；S_2 为预测期销售额；ΔS 为销售变动额；P 为销售净利率；E 为利润留存率；$\frac{A}{S_1}$ 为敏感性资产与销售额百分比；$\frac{B}{S_1}$ 为敏感性负债与销售额的百分比。

【做中学3—2】 某企业2021年12月31日的资产负债表如表3—1所示。

表3—1　　　　　　　　　　　　2021年12月31日的资产负债表

资　产	金额(元)	负债与所有者权益	金额(元)
货币资金	10 000	应付票据	8 000
应收账款	24 000	应付账款	20 000
存货	50 000	其他应付款	4 000
预付款项	4 000	短期借款	50 000
固定资产(净值)	212 000	长期负债	80 000
		实收资本	128 000
		留用利润	10 000
资产总额	300 000	负债和所有者权益总额	300 000

该企业2021年的销售收入为200 000元,税后净利润为20 000元,销售净利率为10%,已按50%的比例发放普通股股利10 000元。目前企业尚有剩余生产能力,即增加收入不需要进行固定资产方面的投资。假定销售净利率仍保持上年水平,预计2022销售收入将提高到240 000元,年末普通股股利发放比例将增加至70%,要求预测2022年需要增加资金的数量。

解：(1)根据2021年资产负债表编制2022年预计资产负债表(见表3—2)。

表3—2　　　　　　　　　　　　2022年预计资产负债表　　　　　　　　　　　　单位：元

资　产			负债与所有者权益		
项　目	销售百分比	预计数	项　目	销售百分比	预计数
货币资金	5%	12 000	应付票据	4%	9 600
应收账款	12%	28 800	应付账款	10%	24 000
存货	25%	60 000	其他应付款	2%	4 800
预付款项	2%	4 800	短期借款	—	50 000
固定资产(净值)		212 000	长期负债		80 000
			实收资本	—	128 000
			留用利润	—	10 000

续表

资产			负债与所有者权益		
项　目	销售百分比	预计数	项　目	销售百分比	预计数
			追加资金	—	11 200
合　计	44%	317 600	合　计	16%	317 600

(2)确定需要增加的资金。一方面,可根据预计资产负债表直接确认需追加的资金额。表3—2中,预计资产总额为317 600元,而负债与所有者权益为306 400元,资金占用大于资金来源,则需追加资金11 200元;另一方面,也可分析测算需追加的资金额。

表3—2中销售收入每增加100元,需增加44元的资金占用,但同时自动产生16元的资金来源。因此,每增加100元的销售收入,必须取得28元的资金来源。在本例中,销售收入从200 000元增加到240 000元,增加了40 000元,按照28%的比例可测算出将增加11 200元的资金需求。

(3)确定对外界资金需求的数量。上述11 200元资金需求可通过企业内部筹集和外部筹集两种方式解决,2022年预计净利润为24 000元(240 000×10%),如果公司的利润分配率为70%,则将有30%的利润即7 200元被留存下来,从11 200元中减7 200元的留存收益,则还有4 000元的资金必须从外界融资。

此外,也可根据上述资料采用公式求得对外界资金的需求量。

对外筹集资金额=44%×40 000−16%×40 000−10%×30%×240 000=4 000(元)

(三)线性回归分析法

线性回归分析法是应用最小平方法的原理对过去若干期间的销售额与资金总量的历史资料进行分析,按 $y=a+bx$ 的公式来确定反映销售收入总额(x)与资金总量(y)之间关系的回归直线,并据以预测计划期间资金需要量的一种方法。该方法是在资金变动与产销量变动关系的基础上,将企业资金划分为不变资金和可变资金,然后结合预计的产销量来预测资金需要量,其基本模型为:

$$资金占用量(y)=不变资金(a)+变动资金(bx)$$
$$=不变资金(a)+单位产销量所需的变动资金(b)×产销量(x)$$

即:
$$y=a+bx$$

在实际运用中,需要利用历史资料来确定 a、b 的值,然后在已知业务量(x)的基础上,确定资金需要量(y)。b、a 的计算公式为:

$$b=\frac{n\sum xy-\sum x\sum y}{n\sum x^2-(\sum x)^2}$$

$$a=\frac{\sum y-b\sum x}{n}$$

【做中学3—3】　星海公司2017~2021年度产销量与资金需要量资料如表3—3所示,预计2022年产销量为90万件,试计算2022年的资金需要量。

表3—3　　　　　　　　　　产销量与资金变化情况

年　份	产销量(x)(万件)	资金占用量(y)(万元)
2017	15	200
2018	25	220

续表

年　份	产销量(x)(万件)	资金占用量(y)(万元)
2019	40	250
2020	35	240
2021	55	280

解：(1)根据表3－3资料计算出有关数据，如表3－4所示。

表3－4　　　　　　　　　　　资金需要量回归分析计算表

年　份	产销量x(万件)	资金占用量(y)(万元)	xy	x^2
2017	15	200	3 000	225
2018	25	220	5 500	625
2019	40	250	10 000	1 600
2020	35	240	8 400	1 225
2021	55	280	15 400	3 025
$n=5$	$\sum x=170$	$\sum y=1\,190$	$\sum xy=42\,300$	$\sum x^2=6\,700$

(2)将表3－4的数据代入公式得：

$$b=\frac{5\times 42\,300-170\times 1\,190}{5\times 6\,700-170^2}=2$$

$$a=\frac{1\,190-2\times 170}{5}=170$$

(3)将$a=170$，$b=2$代入回归直线方程$Y=a+bx$，求得：

$$y=170+2x$$

(4)在2022年度预计销售量90万件的情况下，则资金需要量为：

$$y=170+2\times 90=350(万元)$$

需要注意的是，定性预测法与定量预测法并不是互相排斥的，而是相辅相成、相互补充的。在社会经济活动中，许多因素极为复杂多变，因此，预测人员要根据企业的具体情况和预测对象的不同，将定量分析预测法和定性分析预测法结合起来应用。如果数据资料比较完备，可以先用某种定量预测法进行加工处理，找出有关变量之间的关系，然后应用定性预测法对预测结论综合分析后作出正确决策。

任务三　债务资金筹集

债务筹资主要是指企业通过向银行借款、向社会发行公司债券、融资租赁以及赊购商品或劳务等方式筹集和取得的资金。向银行借款、发行公司债券、融资租赁和商业信用，是债务筹资的基本形式。其中不足1年的短期借款在企业经常发生，与企业资金营运有密切关系。

一、银行借款

银行借款是指企业向银行或其他非银行金融机构借入的、需要还本付息的款项，包括偿还期限超过1年的长期借款和不足1年的短期借款,主要用于企业购建固定资产和满足流动资金周转的需要。

(一)银行借款的种类

1. 按提供贷款的机构,分为政策性银行贷款、商业银行贷款和其他金融机构贷款

(1)政策性银行贷款,是指执行国家政策性贷款业务的银行向企业发放的贷款,通常为长期贷款。如国家开发银行贷款,主要满足企业承建国家重点建设项目的资金需要;中国进出口信贷银行贷款,主要为大型设备的进出口提供买方信贷或卖方信贷;中国农业发展银行贷款,主要用于确保国家对粮、棉、油等政策性收购资金的供应。

(2)商业银行贷款,是指由各商业银行,如中国工商银行、中国建设银行、中国农业银行、中国银行等,向工商企业提供的贷款,用以满足企业生产经营的资金需要,包括短期贷款和长期贷款。

(3)其他金融机构贷款,如从信托投资公司取得的实物或货币形式的信托投资贷款、从财务公司取得的各种中长期贷款、从保险公司取得的贷款等。其他金融机构的贷款一般较商业银行贷款的期限要长,要求的利率较高,对借款企业的信用要求和担保的选择比较严格。

2. 按机构对贷款有无担保要求,分为信用贷款和担保贷款

(1)信用贷款,是指以借款人的信誉或保证人的信用为依据而获得的贷款。企业取得这种贷款,无须以财产作抵押。对于这种贷款,由于风险较高,银行通常要收取较高的利息,往往还附加一定的限制条件。

(2)担保贷款,是指由借款人或第三方依法提供担保而获得的贷款。担保包括保证责任、财产抵押、财产质押。由此,担保贷款包括保证贷款、抵押贷款和质押贷款。

①保证贷款是指按《担保法》规定的保证方式,以第三人作为保证人,承诺在借款人不能偿还借款时,按约定承担一定保证责任或连带责任而取得的贷款。

②抵押贷款是指按《民法典》规定的抵押方式,以借款人或第三人的财产作为抵押物而取得的贷款。抵押是指债务人或第三人不转移财产的占有权,将该财产作为债权的担保,债务人不履行债务时,债权人有权将该财产折价出售或者以拍卖、变卖的价款优先受偿。作为贷款担保的抵押品,可以是不动产、机器设备、交通运输工具等实物资产,可以是依法有权处分的土地使用权,也可以是股票、债券等有价证券等,它们必须是能够变现的资产。如果贷款到期,借款企业不能或不愿偿还贷款,银行可取消企业对抵押品的赎回权。抵押贷款有利于降低银行贷款的风险,提高贷款的安全性。

③质押贷款是指按《民法典》规定的质押方式,以借款人或第三人的动产或财产权利作为质押物而取得的贷款。质押是指债务人或第三人将其动产或财产权利移交给债权人占有,将该动产或财务权利作为债权的担保,债务人不履行债务时,债权人有权以该动产或财产权利折价出售或者以拍卖、变卖的价款优先受偿。作为贷款担保的质押品,可以是汇票、支票、债券、存款单、提单等信用凭证,可以是依法可以转让的股份、股票等有价证券,也可以是依法可以转让的商标专用权、专利权、著作权中的财产权等。

3. 按企业取得贷款的用途,分为基本建设贷款、专项贷款和流动资金贷款

(1)基本建设贷款,是指企业因从事新建、改建、扩建等基本建设项目需要资金而向银行申请借入的款项。

(2)专项贷款,是指企业因为专门用途而向银行申请借入的款项,包括更新改造贷款、大修理贷款、研发和新产品研制贷款、小型技术措施贷款、出口专项贷款、引进技术转让费周转金贷款、进口设备外汇贷款、进口设备人民币贷款及国内配套设备贷款等。

(3)流动资金贷款,是指企业为满足流动资金的需求而向银行申请借入的款项,包括流动基金

借款、生产周转借款、临时借款、结算借款和卖方信贷。

(二)银行借款的程序

1. 提出申请

企业根据筹资需求向银行书面申请，按银行要求的条件和内容填报借款申请书。

2. 银行审批

银行按照有关政策和贷款条件，对借款企业进行信用审查，依据审批权限，核准公司申请的借款金额和用款计划。银行审查的主要内容是：公司的财务状况、信用情况、盈利的稳定性、发展前景、借款投资项目的可行性、抵押品和担保情况。

3. 签订合同

借款申请获批准后，银行与企业进一步协商贷款的具体条件，签订正式的借款合同，规定贷款的数额、利率、期限和一些约束性条款。

4. 取得借款

借款合同签订后，企业在核定的贷款指标范围内，根据用款计划和实际需要，一次或分次将贷款转入公司的存款结算账户，以便使用。

(三)长期借款的保护性条款

由于银行等金融机构提供的长期贷款金额高、期限长、风险大，因此，除借款合同的基本条款之外，债权人通常还在借款合同中附加各种保护性条款，以确保企业按要求使用借款和按时足额偿还借款。保护性条款一般有以下三类：

1. 例行性保护条款

这类条款作为例行常规，在大多数借款合同中会出现。主要包括：①要求定期向提供贷款的金融机构提交财务报表，以使债权人随时掌握公司的财务状况和经营成果。②不准在正常情况下出售较多的非产成品存货，以保持企业正常生产经营能力。③如期清偿应缴纳税金和其他到期债务，以防被罚款而造成不必要的现金流失。④不准以资产作其他承诺的担保或抵押。⑤不准贴现应收票据或出售应收账款，以避免或有负债等。

2. 一般性保护条款

一般性保护条款是对企业资产的流动性及偿债能力等方面的要求条款，这类条款应用于大多数借款合同。主要包括：①保持企业的资产流动性。要求企业需持有一定最低限度的货币资金及其他流动资产，以保持企业资产的流动性和偿债能力，一般规定了企业必须保持的最低营运资金数额和最低流动比率数值。②限制企业非经营性支出。如限制支付现金股利、购入股票和职工加薪的数额规模，以减少企业资金的过度外流。③限制企业资本支出的规模。控制企业资产结构中的长期性资产的比例，以减少公司日后不得不变卖固定资产以偿还贷款的可能性。④限制公司再举债规模。目的是防止其他债权人取得对公司资产的优先索偿权。⑤限制公司的长期投资。如规定公司不准投资于短期内不能收回资金的项目，不能未经银行等债权人同意而与其他公司合并等。

3. 特殊性保护条款

这类条款是针对某些特殊情况而出现在部分借款合同中的条款，只有在特殊情况下才能生效。主要包括：要求公司的主要领导人购买人身保险；借款的用途不得改变；违约惩罚条款等。

上述各项条款结合使用，将有利于全面保护银行等债权人的权益。但借款合同是经双方充分协商后决定的，其最终结果取决于双方谈判能力的大小，而不是完全取决于银行等债权人的主观愿望。

(四)向银行借款的信用条件

按照国际惯例，银行在发放贷款时往往要附加一些信用条件，主要包括以下几个方面。

1. 信贷额度（贷款限额）

它是指借款人与银行签订协议，规定借入款项的最高限额。如借款人超过限额继续借款，银行将停止办理。此外，如果企业信誉恶化，银行也有权停止借款。对信贷额度，银行不承担法律责任，没有强制义务。

2. 周转信贷协定

它是指银行具有法律义务的承诺提供不超过某一最高限额的贷款协定。在协定的有效期内，银行必须满足企业在任何时候提出的借款要求。企业享用周转信贷协定，必须对贷款限额的未使用部分向银行付一笔承诺费。银行对周转信贷协议负有法律义务。

【做中学3-4】 某企业与银行协定的信贷限额是2 000万元，承诺费率为0.5%，借款企业年度内使用了1 400万元，余额为600万元，那么，企业应向银行支付的承诺费是多少？

解：企业应向银行支付的承诺费＝600×0.5%＝3（万元）

3. 补偿性余额

它是指银行要求借款人在银行中保留借款限额或实际借用额的一定百分比而计算得出的最低存款余额。企业在使用资金的过程中，通过资金在存款账户的进出，始终保持一定的补偿性余额在银行存款账户上。这实际上增加了借款企业的利息，提高了借款的实际利率，加重了企业的财务负担。存在补偿性余额条件下的实际利率计算公式为：

$$实际利率 = \frac{名义借款金额 \times 名义利率}{名义借款金额 \times (1-补偿性余额的比例)} \times 100\%$$

$$= \frac{名义利率}{1-补偿性余额比例} \times 100\%$$

【做中学3-5】 某企业按利率8%向银行借款100万元，银行要求保留20%的补偿性余额。那么企业可以动用的借款只有80万元，问该项借款的实际利率为多少？

解：补偿性余额贷款实际利率＝名义利率/（1-补偿性余额比率）＝8%/（1-20%）＝10%

或：＝利息/实际可使用借款额＝（100×8%）/80＝10%

4. 借款抵押

它是指除信用借款以外，银行向财务风险大、信誉不好的企业发放贷款，往往需要抵押贷款，即企业以抵押品作为贷款的担保，以减少自己蒙受损失的风险。借款的抵押品通常是借款企业的应收账款、存货、股票、债券及房屋等。银行接受抵押品后，将根据抵押品的账面价值决定贷款金额，一般为抵押品的账面价值的30%～50%。企业接受抵押贷款后，其抵押财产的使用及将来的借款能力会受到限制。

5. 偿还条件

无论何种贷款，一般都会规定还款的期限。根据我国金融制度的规定，贷款到期后仍无力偿还的，视为逾期贷款，银行要照章加收逾期罚息。贷款的偿还有到期一次还清和在贷款期内定期等额偿还两种方式，企业一般不希望采取后一种方式，因为这样会提高贷款的实际利率。

6. 临时资金需求

以实际交易为贷款条件，当企业发生经营性临时资金需求时，企业可以向银行贷款以求解决，银行根据企业的实际交易为贷款基础，单独立项、单独审批，最后作出决定并确定贷款的相应条件和信用保证。对于这种一次性借款，银行要对借款人的信用状况、经营情况进行个别评价，然后才能确定贷款的利率、期限和数量。

除上述所说的信用条件外，银行有时还要求企业为取得借款而作出其他承诺，如及时提供财务报表、保持适当资产流动性等。如企业违背作出的承诺，银行可要求企业立即偿还全部贷款。

(五)银行短期借款利息的支付方式

1. 利随本清法

利随本清法,又称收款法,是在借款到期时向银行支付利息的方法。采用这种方法,借款的名义利率等于其实际利率。

2. 贴现法

贴现法是银行向企业发放贷款时,先从本金中扣除利息部分,然后在贷款到期时贷款企业再偿还全部本金的一种计息方法。

$$贴现贷款实际利率 = \frac{利息}{贷款金额-利息} \times 100\%$$

$$= \frac{名义利率}{1-名义利率} \times 100\%$$

【做中学3-6】 某企业从银行取得借款200万元,期限1年,名义利率10%,利息20万元。按照贴现法支付利息,企业实际可动用的贷款为180万元(200-20),该项贷款的实际利率为多少?

解:贴现贷款的实际利率 $= \dfrac{利息}{贷款金额-利息} = \dfrac{20}{200-20} = 11.11\%$

或: $= \dfrac{名义利率}{1-名义利率} = \dfrac{10\%}{1-10\%} = 11.11\%$

3. 加息法

加息法是银行发放分期等额偿还贷款时采用的利息收取方法。在分期等额偿还贷款的情况下,银行要将根据名义利率计算的利息加到贷款本金上,计算出贷款的本息和,要求企业在贷款期内分期偿还本息之和的金额。由于贷款分期均衡偿还,借款企业实际上只平均使用了贷款本金的半数,却支付全额利息。这样,企业所负担的实际利率便高于名义利率大约1倍。

$$实际利率 = 名义利率 \times 2$$

【做中学3-7】 某企业借入(名义)年利率为12%的贷款20 000元,分12个月等额偿还本息。该项借款的实际利率为多少?

解:实际利率 $= \dfrac{20\,000 \times 12\%}{\dfrac{20\,000}{2}} \times 100\% = 12\% \times 2 = 24\%$

(六)银行借款的筹资特点

1. 筹资速度快

与发行债券、融资租赁等债务筹资方式相比,银行借款的程序相对简单,所花时间较短,公司可以迅速获得所需资金。

2. 资本成本较低

利用银行借款筹资,比发行债券和融资租赁的利息负担要低。而且,无须支付证券发行费用、租赁手续费用等筹资费用。

3. 筹资弹性较大

在借款之前,公司根据当时的资本需求与银行等贷款机构直接商定贷款的时间、数量和条件。在借款期间,若公司的财务状况发生某些变化,也可与债权人再协商,变更借款数量、时间和条件,或提前偿还本息。因此,借款筹资对公司具有较大的灵活性,特别是短期借款更是如此。

4. 限制条款多

与债券筹资相比,银行借款合同对借款用途有明确规定,通过借款的保护性条款,对公司资本支出额度、再筹资、股利支付等行为有严格的约束,以后公司的生产经营活动和财务政策会受到一定程度的影响。

5. 筹资数额有限

银行借款的数额往往受到贷款机构资本实力的制约,不可能像发行债券、股票那样一次筹集到大笔资金,无法满足公司大规模筹资的需要。

二、发行公司债券

公司债券又称企业债券,是企业依照法定程序发行的、约定在一定期限内还本付息的有价证券。债券是持有人拥有公司债权的书面证书,它代表持券人与发债公司之间的债权债务关系。

(一)发行公司债券的条件与种类

1. 发行公司债券的条件

在我国,根据《公司法》的规定,股份有限公司、国有独资公司和两个以上的国有公司或者两个以上的国有投资主体投资设立的有限责任公司,具有发行债券的资格。

根据《证券法》规定,公开发行公司债券,应当符合下列条件:①股份有限公司的净资产不低于人民币3 000万元,有限责任公司的净资产不低于人民币6 000万元;②累计债券余额不超过公司净资产的40%;③最近3年平均可分配利润足以支付公司债券1年的利息;④筹集的资金投向符合国家产业政策;⑤债券的利率不超过国务院限定的利率水平;⑥国务院规定的其他条件。

公开发行公司债券筹集的资金,必须用于核准的用途,不得用于弥补亏损和非生产性支出。

根据《证券法》规定,公司申请公司债券上市交易,应当符合下列条件:①公司债券的期限为1年以上;②公司债券实际发行额不少于人民币5 000万元;③公司申请债券上市时仍符合法定的公司债券发行条件。

2. 公司债券的种类

(1)按是否记名,分为记名债券和无记名债券。记名公司债券,应当在公司债券存根簿上载明债券持有人的姓名及住所、债券持有人取得债券的日期及债券的编号等债券持有人信息。记名公司债券,由债券持有人以背书方式或者法律、行政法规规定的其他方式转让;转让后由公司将受让人的姓名或者名称及住所记载于公司债券存根簿。

无记名公司债券,应当在公司债券存根簿上载明债券总额、利率、偿还期限和方式、发行日期及债券的编号。无记名公司债券的转让,由债券持有人将该债券交付给受让人后即发生转让的效力。

(2)按是否能够转换成公司股权,分为可转换债券与不可转换债券。可转换债券,是指债券持有者可以在规定的时间内按规定的价格转换为发债公司的股票。这种债券在发行时,对债券转换为股票的价格和比率等都作了详细规定。《公司法》规定,可转换债券的发行主体是股份有限公司中的上市公司。

不可转换债券,是指不能转换为发债公司股票的债券,大多数公司债券属于这种类型。

(3)按有无特定财产担保,分为担保债券和信用债券。担保债券是指以抵押方式担保发行人按期还本付息的债券,主要是指抵押债券。抵押债券按其抵押品的不同,又分为不动产抵押债券、动产抵押债券和证券信托抵押债券。

信用债券是无担保债券,是仅凭公司自身的信用发行的、没有抵押品作抵押担保的债券。在公司清算时,信用债券的持有人因无特定的资产作担保品,只能作为一般债权人参与剩余财产的分配。

(二)发行公司债券的程序

1. 作出决议

公司发行债券要由董事会制订方案,股东大会作出决议。

2. 提出申请

我国规定,公司申请发行债券由国务院证券管理部门批准。证券管理部门按照国务院确定的公司债券发行规模,审批公司债券的发行。公司申请应提交公司登记证明、公司章程、公司债券募集办法、资产评估报告和验资报告。

3. 公告募集办法

企业发行债券的申请经批准后,向社会公告债券募集办法。公司债券有私募发行和公募发行两种形式,私募发行是以特定的少数投资者为对象发行债券,而公募发行则是在证券市场上以非特定的广大投资者为对象公开发行债券。

4. 委托证券经营机构发售

公募间接发行是各国通行的公司债券发行方式,在这种发行方式下,发行公司与承销团签订承销协议。承销团由数家证券公司或投资银行组成,承销方式有代销和包销两种。代销是指承销机构代为推销债券,在约定期限内未售出的余额可退还发行公司,承销机构不承担发行风险。包销是由承销团先购入发行公司拟发行的全部债券,然后再售给社会上的投资者,如果约定期限内未能全部售出,余额要由承销团负责认购。

5. 交付债券,收缴债券款,登记债券存根簿

发行债券通常不需经过填写认购证过程,由债券购买人直接向承销机构付款购买,承销单位付给购买人债券。然后,发行公司向承销机构收缴债券款并结算代理费及预付款项。

(三)公司债券的发行价格

公司债券的发行价格是指债券发行时使用的价格。公司债券的发行价格通常有三种:平价、溢价和折价。平价是指以债券的票面金额为发行价格;溢价是指以高出债券票面金额的价格为发行价格;折价是指以低于债券票面金额的价格为发行价格。

债券发行价格的形成受诸多因素影响,其中主要是票面利率与市场利率的一致程度。债券的票面金额、票面利率在债券发行前已参照市场利率和发行公司的具体情况确定下来,并载明于债券之上。但在发行债券时已确定的票面利率不一定与当时的市场利率一致。为了协调债券购销双方在债券利息上的利益矛盾,就要调整发行价格,即:当票面利率高于市场利率时,以溢价发行债券;当票面利率低于市场利率时,以折价发行债券;当票面利率与市场利率一致时,则以平价发行债券。

1. 在按期付息、到期一次还本且不考虑发行费用的情况下的债券发行价格

计算公式为:

$$债券发行价格 = \frac{债券面值}{(1+市场利率)^n} + \sum_{t=1}^{n} \frac{债券面值 \times 票面利率}{(1+市场利率)^t}$$

或:

$$债券发行价格 = R \times (P/F, i, n) + R \times r(P/A, i, n)$$

式中:R 表示债券面值;n 表示债券期限;t 表示付息期限;i 表示市场利率;r 表示票面利率。

【做中学3-8】 债券发行价格的计算——按期付息,到期一次还本。

华北电脑公司发行面值为1 000元、票面年利率为10%、期限为10年、每年年末付息的债券。在公司决定发行债券时,认为10%的利率是合理的。如果到债券正式发行时,市场上的利率发生变化,那么就要调整债券的发行价格。现按以下三种情分别讨论:

(1)资金市场上的利率保持不变,华北电脑公司的债券利率为10%仍然合理,则可采用平价发行。债券的发行价格为:

$1\,000 \times (P/F, 10\%, 10) + 1\,000 \times 10\% \times (P/A, 10\%, 10) = 1\,000 \times 0.385\,5 + 100 \times 6.144\,6 \approx 1\,000(元)$

(2) 资金市场上的利率有较大幅度的上升,达到 15%,则应采用折价发行。发行价格为:

$1\,000\times(P/F,15\%,10)+1\,000\times10\%\times(P/A,15\%,10)=1\,000\times0.247\,2+100\times5.018\,8\approx749(元)$

(3) 资金市场上的利率有较大幅度的下降,达到 5%,则应采用溢价发行。发行价格为:

$1\,000\times(P/F,5\%,10)+1\,000\times10\%\times(P/A,5\%,10)=1\,000\times0.613\,9+100\times7.721\,7\approx1\,386(元)$

2. 企业发行不计复利、到期一次还本付息的债券发行价格

计算公式为:

$$债券发行价格=R\times(1+r\times n)\times(P/F,i,n)$$

【做中学 3-9】 债券发行价格的计算——不计复利,到期一次还本付息。

华西公司发行面值为 1 000 元、票面年利率为 6%(不计复利)、期限为 10 年、到期一次还本付息的债券。已知目前市场利率为 5%,则其发行价格为:

解:债券发行价格 $=1\,000\times(1+6\%\times10)\times(P/F,5\%,10)$
$=1\,000\times(1+6\%\times10)\times0.613\,9$
$=982.24(元)$

(四) 公司债券的偿还

公司债券偿还时间按其实际发生与规定的到期日之间的关系,分为提前偿还与到期偿还两类,其中后者又包括分批偿还和一次偿还两种。

1. 提前偿还

提前偿还又称提前赎回或收回,是指在债券尚未到期之前就予以偿还。只有在公司发行债券的合同中明确规定了有关允许提前偿还的条款,公司才可以进行此项操作。提前偿还所支付的价格通常要高于债券的面值,并随到期日的临近而逐渐下降。具有提前偿还条款的债券可使公司筹资有较大的弹性。当公司资金有结余时,可提前赎回债券;当预测利率下降时,也可提前赎回债券,而后以较低的利率来发行新债券。

2. 分批偿还

如果一个公司在发行同一种债券时就为不同编号或不同发行对象的债券规定了不同的到期日,这种债券就是分批偿还债券。因为各批债券的到期日不同,所以它们各自的发行价格和票面利率也可能不相同,从而导致发行费较高;但由于这种债券便于投资人挑选最合适的到期日,因而便于发行。

3. 一次偿还

一次偿还的债券是最为常见的,是指在债券到期日将应付债券的全部本金一次性地归还给债权人。

(五) 发行公司债券的筹资特点

1. 一次筹资数额大

利用发行公司债券筹资,能够筹集大额资金,满足公司大规模筹资的需要。这是在银行借款、融资租赁等债务筹资方式中,企业选择发行公司债券筹资的主要原因,也能够适应大型公司经营规模的需要。

2. 提高公司的社会声誉

公司债券的发行主体,有严格的资格限制。发行公司债券,往往是股份有限公司和有实力的有限责任公司所为。通过发行公司债券,一方面筹集了大量资金,另一方面扩大了公司的社会影响。

3. 筹集资金的使用限制条件少

与银行借款相比，债券筹资对筹集资金的使用具有相对的灵活性和自主性。特别是发行债券所筹集的大额资金，能够也主要用于流动性较差的公司长期资产上。从资金使用的性质来看，银行借款一般期限短、额度小，主要用途为增加适量存货、增加小型设备等；反之，期限较长、额度较大，用于公司扩展、增加大型固定资产和基本建设投资的需求，多采用发行债券方式。

4. 能够锁定资本成本的负担

尽管公司债券的利息比银行借款高，但公司债券的期限长、利率相对固定。在预计市场利率持续上升的金融市场环境中，发行公司债券筹资，能够锁定资本成本。

5. 发行资格要求高，手续复杂

发行公司债券，实际上是公司面向社会负债，债权人是社会公众，因此国家为了保护投资者利益、维护社会经济秩序，对发债公司的资格有严格的限制。从申报、审批、承销到取得资金，需要经过众多环节和较长时间。

6. 资本成本较高

相对于银行借款筹资，发行债券的利息负担和筹资费用都比较高。而且债券不像银行借款一样可以进行债务展期，加上大额的本金和较高的利息，在固定的到期日，将会对公司现金流量产生巨大的财务压力。

三、融资租赁

租赁是指通过签订资产出让合同的方式，使用资产的一方（承租方）通过支付租金，向出让资产的一方（出租方）取得资产使用权的一种交易行为。在这项交易中，承租方通过得到所需资产的使用权，完成筹集资金的行为。

（一）租赁的基本特征与分类

1. 租赁的基本特征

（1）所有权与使用权相分离。租赁资产的所有权与使用权分离是租赁的主要特点之一。银行信用虽然是所有权与使用权相分离，但载体是货币资金，租赁则是资金与实物相结合基础上的分离。

（2）融资与融物相结合。租赁是以商品形态与货币形态相结合提供的信用活动，出租人在向企业出租资产的同时，解决了企业的资金需求，具有信用和贸易双重性质。它不同于一般的借钱还钱、借物还物的信用形式，而是借物还钱，并以分期支付租金的方式来体现。租赁的这一特点使银行信贷和财产信贷融合在一起，成为企业融资的一种新形式。

（3）租金的分期回流。在租金的偿还方式上，租金与银行信用到期还本付息不一样，采取了分期回流的方式。出租方的资金一次投入，分期收回。对于承租方而言，通过租赁可以提前获得资产的使用价值，分期支付租金便于分期规划未来的现金流出量。

2. 租赁的分类

租赁分为融资租赁和经营租赁。

（1）融资租赁是由租赁公司按承租单位要求出资购买设备，在较长的合同期内提供给承租单位使用的融资信用业务，是以融通资金为主要目的的租赁。融资租赁的主要特点是：①出租的设备由承租企业提出要求购买，或者由承租企业直接从制造商或销售商那里选定。②租赁期较长，接近于资产的有效使用期，在租赁期间双方无权取消合同。③由承租企业负责设备的维修、保养。④租赁期满，按事先约定的方法处理设备，包括退还租赁公司，或继续租赁，或企业留购。通常采用企业留购办法，即以很少的"名义价格"（相当于设备残值）买下设备。

(2) 经营租赁是由租赁公司向承租单位在短期内提供设备,并提供维修、保养、人员培训等的一种服务性业务,又称服务性租赁。经营租赁的特点主要是:①出租的设备一般由租赁公司根据市场需要选定,然后再寻找承租企业。②租赁期较短,短于资产的有效使用期,在合理的限制条件内承租企业可以中途解约。③租赁设备的维修、保养由租赁公司负责。④租赁期满或合同中止以后,出租资产由租赁公司收回。经营租赁常适用于租用技术过时较快的生产设备。

融资租赁与经营租赁的区别如表 3-5 所示。

表 3-5　　　　　　　　　　融资租赁与经营租赁的区别

对比项目	融资租赁	经营租赁
业务原理	融资融物于一体	无融资租赁特征,只是一种融物方式
租赁目的	融通资金,添置设备	暂时性使用,预防无形损耗的风险
租期	较长,接近资产有效使用期	较短
租金	包括设备价款	仅仅是设备使用费
契约法律效力	不可撤销合同	经双方同意可中途撤销合同
租赁标的	一般为专用设备,也可为通用设备	通用设备居多
维修与保养	专用设备多为承租方负责,通用设备多为出租方负责	全部为出租方负责
承租人	一般为一个	设备经济寿命期内轮流租给多个承租方
灵活方便	不明显	明显

(二) 融资租赁的基本程序

1. 选择租赁公司,提出委托申请

当企业决定采用融资租赁方式以获取某项设备时,需要了解各个租赁公司的资信情况、融资条件和租赁费率等,通过分析比较选定一家作为出租单位。然后,向租赁公司申请办理融资租赁。

2. 签订购货协议

由承租企业和租赁公司中的一方或双方,与选定的设备供应厂商进行购买设备的技术谈判和商务谈判,在此基础上与设备供应厂商签订购货合同。

3. 签订租赁合同

承租企业与租赁公司签订租赁设备合同,如需要进口设备,还应办理设备进口手续。租赁合同是租赁业务的重要文件,具有法律效力。融资租赁合同的内容可分为一般条款和特殊条款两部分。

4. 交货验收

设备供应厂商将设备发运到指定地点,承租企业要办理验收手续。验收合格后签发交货及验收证书交给租赁公司,作为其支付货款的依据。

5. 定期交付租金

承租企业按租赁合同规定,分期缴纳租金,这也就是承租企业对所筹资金的分期还款。

6. 合同期满处理设备

承租企业根据合同约定,对设备续租、退租或留购。

(三) 融资租赁的基本形式

1. 直接租赁

直接租赁是融资租赁的主要形式,承租方提出租赁申请时,出租方按照承租方的要求选购,然后再出租给承租方。

2. 售后回租

售后回租是指承租方由于急需资金等原因,将自己的资产出售给出租方,然后以租赁的形式从出租方原封不动地租回资产的使用权。在这种租赁合同中,除资产所有者的名义改变之外,其余情况均无变化。

3. 杠杆租赁

杠杆租赁是指涉及承租人、出租人和资金出借人三方的融资租赁业务。一般来说,当所涉及的资产价值昂贵时,出租方自己只投入部分资金,通常为资产价值的20%~40%,其余资金则通过将该资产抵押担保的方式,向第三方(通常为银行)申请贷款解决。出租人然后将购进的设备出租给承租方,用收取的租金偿还贷款,该资产的所有权属于出租方。出租人既是债权人也是债务人,如果出租人到期不能按期偿还借款,资产所有权则转移给资金的出借者。

(四)融资租赁租金的计算

1. 融资租赁租金的构成

融资租赁每期租金的多少,取决于以下几项因素:①设备原价及预计残值,包括设备购买价、运输费、安装调试费、保险费等,以及该设备租赁期满后,出售可得的市价。②利息,指租赁公司为承租企业购置设备垫付资金所应支付的利息。③租赁手续费,指租赁公司承办租赁设备所发生的业务费用和必要的利润。

2. 融资租赁租金的支付方式

融资租赁租金的支付方式有以下几种:①按支付间隔期长短,分为年付、半年付、季付和月付等方式。②按在期初和期末支付,分为先付和后付。③按每次支付额,分为等额支付和不等额支付。实务中,承租企业与租赁公司商定的租金支付方式,大多为后付等额年金。

3. 租金的计算

我国融资租赁实务中,融资租赁租金计算方法较多,常用的有平均分摊法和等额年金法。租金的计算大多采用等额年金法。

(1)平均分摊法。平均分摊法也称直线法,是按照事先确定的利率和手续费率计算出租赁期间的利息和手续费总额,然后连同设备成本按支付次数进行平均。这种方法不考虑资金的时间价值因素,计算较为简单。

【做中学3-10】 某企业于2022年1月1日向租赁公司租入一套设备,价值100万元,租期为6年,预计残值为10万元(归出租方所有),租期年利率10%,租赁手续费率为设备价值的3%。租金每年年末支付一次。采用平均分摊法计算该企业每年应支付的租金。

解:租赁期内利息$=100\times(1+10\%)^6-100=100\times(F/P,10\%,6)-100=77.2$(万元)

租赁期内手续费$=100\times3\%=3$(万元)

每期租金$=(100-10+77.2+3)\div6=28.4$(万元)

(2)等额年金法。等额年金法是将利率和手续费率综合成贴现率,运用年金现值计算确定每年应付租金的方法。用这种方法计算出来的每期租金包含租赁手续费在内。等额年金法又分为两种情况:一种是每期期初支付租金,即采用先付年金(即付年金)方式;另一种是每期期末支付租金,即采用后付年金(普通年金)方式。一般情况下,承租公司与租赁公司商定的租金支付方式为后付年金方式。

等额年金法是运用年金现值的计算原理计算每次应付租金的方法,通常要根据利率和租赁手续费率确定一个租费率,作为折现率。

按照资本回收额的计算公式,得出后付租金方式下每年年末支付租金数额的计算公式如下:

$$A=P/(P/A,i,n)$$

根据即付年金现值的公式,得出后付等额租金的计算公式如下:

$$A = P/[(P/A,i,n-1)+1]$$

【做中学3-11】 某企业于2022年1月1日向租赁公司租入一套设备,价值100万元,租期为6年,租赁的综合费率为13%,且不考虑残值,采用等额年金法计算该企业每年应支付的租金。

解:若每年年末支付租金,提示:$(P/A,13\%,6) = 3.9975$,则:

每年年末支付租金 $= 100/(P/A,13\%,6) \approx 25$(万元)

若每年年初支付租金,提示:$(P/A,13\%,5) = 3.5172$,则:

每年年初支付租金 $= 100/[(P/A,13\%,5)+1] \approx 22.1$(万元)

从上述两种计算方法来看,平均分摊法没有考虑资金的时间价值因素,因此它每年支付的租金要比等额年金法多。企业在选择租金计算方法时,应采用等额年金法,这样对承租人有利。从等额年金法的先付和后付两种方式看,名义支付的租金额有出入(先付租金的金额小于后付租金的金额),但实质上并没有差别。

(五)融资租赁的筹资特点

1. 无须大量资金就能迅速获得所需资产

融资租赁集"融资"与"融物"于一体,融资租赁使企业在资金短缺的情况下引进设备成为可能。特别是针对中小企业、新创企业而言,融资租赁是一条重要的融资途径。有时,大型企业对于大型设备、工具等固定资产,也需要通过融资租赁解决巨额资金的需要,如商业航空公司的飞机,有的是通过融资租赁取得的。

2. 财务风险小,财务优势明显

融资租赁与购买的一次性支出相比,能够避免一次性支付的负担,而且租金支出是未来的、分期的,企业无须一次筹集大量资金偿还。还款时,租金可以通过项目本身产生的收益来支付,是一种基于未来的"借鸡生蛋、卖蛋还钱"的筹资方式。

3. 筹资的限制条件较少

企业运用股票、债券、长期借款等筹资方式,会受到相当多的资格条件的限制,如足够的抵押品、银行贷款的信用标准、发行债券的政府管制等。相比之下,租赁筹资的限制条件则很少。

4. 能延长资金融通的期限

通常为设备而贷款的借款期限比该资产的物理寿命要短得多,而租赁的融资期限却可接近其全部使用寿命期限;并且其金额随设备价款金额而定,无融资额度的限制。

5. 资本成本高

其租金通常比向银行借款或发行债券所负担的利息高得多,租金总额通常要高于设备价值的30%。尽管与借款方式比,融资租赁能够避免到期一次性集中偿还的财务压力,但高额的固定租金也给各期的经营带来了负担。

四、债务筹资的优缺点

(一)债务筹资的优点

1. 筹资速度较快

与股权筹资相比,债务筹资不需要经过复杂的审批手续和证券发行程序,如银行借款、融资租赁等,可以迅速地获得资金。

2. 筹资弹性大

发行股票等股权筹资,一方面需要经过严格的政府审批;另一方面从企业的角度出发,由于股权不能退还,股权资本在未来永久性地给企业带来了资本成本的负担。利用债务筹资,可以根据企业的经营情况和财务状况,灵活商定债务条件,控制筹资数量,安排取得资金的时间。

3. 资本成本负担较轻

一般来说,债务筹资的资本成本要低于股权筹资。一是取得资金的手续费用等筹资费用较低;二是利息、租金等用资费用比股权资本要低;三是利息等资本成本可以在税前支付。

4. 可以利用财务杠杆

债务筹资不改变公司的控制权,因而股东不会出于控制权稀释原因反对负债。债权人从企业那里只能获得固定的利息或租金,不能参加公司剩余收益的分配。当企业的资本报酬率高于债务利率时,会增加普通股股东的每股收益,提高净资产报酬率,提升企业价值。

5. 稳定公司的控制权

债权人无权参加企业的经营管理,利用债务筹资不会改变和分散股东对公司的控制权。

(二)债务筹资的缺点

1. 不能形成企业稳定的资本基础

债务资本有固定的到期日,到期需要偿还,只能作为企业的补充性资本来源。再加上债务往往需要进行信用评级,没有信用基础的企业和新创企业,往往难以取得足够的债务资本。现有债务资本在企业的资本结构中达到一定比例后,往往由于财务风险升高而不容易再取得新的债务资金。

2. 财务风险较大

债务资本有固定的到期日,有固定的利息负担,通过抵押、质押等担保方式取得的债务,资本使用上可能会有特别的限制。这些都要求企业必须有一定的偿债能力,要保持资产流动性及其资产报酬水平,作为债务清偿的保障,对企业的财务状况提出了更高的要求,否则会给企业带来财务危机,甚至导致企业破产。

3. 筹资数额有限

债务筹资的数额往往受到贷款机构资本实力的制约,不可能像发行债券、股票那样一次筹集到大笔资本,无法满足公司大规模筹资的需要。

五、商业信用

商业信用是指商品交易中以延期付款或预收货款进行购销活动而形成的借贷关系,它是企业之间的一种直接信用行为。商业信用是商品交易中钱与货在时间上和空间上的分离,它的表现形式主要是先取货后付款、先付款后取货两种,是自然性融资。在一些发达国家被广泛运用,90%的商品销售方式是商业信用。在我国,随着商品经济的发展,商业信用也正逐步推广,成为企业筹集短期资金的一种方式。

(一)商业信用的形式

1. 应付账款

应付账款是企业赊购商品和材料时产生的应付未付货款。采用这种形式交易时,卖方先给买方商品,并允许在此后一定时期内付款,即在这段时间内,卖方向买方提供货款,这样既解决买方暂时性的资金短缺困难,又便于卖方推销商品。这种商业信用形式必须在卖方对买方信用和财务状况充分了解的基础上进行。使用时,由卖方提供信用条件。

2. 应付票据

应付票据是买方根据购销合同,向卖方开出或承兑的商业票据。应付票据主要是商业汇票,它包括银行承兑汇票和商业承兑汇票。商业承兑汇票必须经过承兑才有效,承兑期一般为1~6个月,最长一般不超过9个月,在特殊情况下经买卖双方商定,还可适当延长。应付票据可分为带息票据和不带息票据。带息票据需要加计利息;不带息票据则不收取利息,属于免费信用。我国目前的应付票据一般为不带息票据。

3. 预收货款

预收货款是指卖方按合同或协议规定,在商品未发出以前向买方预收的全部或部分货款所发生的信用形式。预收货款对于买方来说可以取得期货,对于卖方来说可以预先收入一笔款项。采用这种商业信用方式,对于生产周期长、成本售价高的货物,如房地产等,供货方往往向订货方预收货款,取得一定的短期资金来源。

(二)放弃现金折扣的机会成本

在采用商业信用形式销售产品时,为鼓励购买单位尽早付款,销货单位往往规定一些信用条件,这主要包括现金折扣和付款期间两部分内容。

如果销货单位提供现金折扣,购买单位应尽量争取获得此项折扣,因为放弃现金折扣的机会成本很高。

放弃现金折扣的机会成本可按下面公式计算:

$$放弃现金折扣的机会成本 = \frac{现金折扣率}{1-现金折扣率} \times \frac{360}{信用期限-折扣期限} \times 100\%$$

【做中学3-12】 某企业拟以"2/10、n/30"信用条件购进一批原材料。这一信用条件意味着企业如果在10天内付款,可享受2%的现金折扣;若不享受现金折扣,货款应在30天内付清。则放弃现金折扣的机会成本为:

解:放弃现金折扣的机会成本 $= \frac{2\%}{1-2\%} \times \frac{360}{30-10} \times 100\% = 36.73\%$

这说明该企业只有从其他途径取得资金所付出的代价低于36.73%,就应放弃这种商业信用筹资方式,在10天内把货款付清,以取得2%的现金折扣。

(三)利用现金折扣的决策

(1)如果能以低于放弃折扣的隐含利息成本(实质上是一种机会成本)的利率借入资金,便应在现金折扣期内用借入的资金支付货款,享受现金折扣。

(2)如果折扣期内将应付账款用于短期投资,所得的投资收益高于放弃折扣的隐含利息成本,则应放弃折扣而去追求更高的收益。

(3)如果企业因缺乏资金而欲展延付款期,则需在降低了的放弃折扣成本与展延付款带来的损失之间做出选择。

(4)如果面对两家以上提供不同信用条件的卖方,应通过衡量放弃折扣成本的大小,选择信用成本最小的一家。

(四)商业信用筹资的优缺点

1. 商业信用筹资的优点

(1)筹资方便。商业信用随商品交易自然产生,属于自然性筹资,事先不必正式规划,方便灵活。

(2)限制条件少。商业信用相对银行借款一类的筹资方式,没有复杂的手续和各种附加条件,也不需抵押担保。

(3)筹资成本低,甚至不发生筹资成本。如果没有现金折扣,或者公司不放弃现金折扣,则利用商业信用筹资不会发生筹资成本。

2. 商业信用筹资的缺点

(1)商业信用的时间一般较短,尤其是应付账款,时间更短。

(2)有一定的风险。付款方如果到期不支付货款、长时间拖欠货款,势必影响公司的信誉;收款方如果较长时间不能收回货款,必然影响公司的资金周转,造成公司生产经营的困难。

任务四　权益资金筹集

权益筹资形成企业的股权资金,也称为权益资金,是企业最基本的筹资方式。权益筹资又包含吸收直接投资、发行股票和利用留存收益三种主要形式。此外,我国上市公司引入战略投资者的行为,也属于权益筹资的范畴。

一、吸收直接投资

吸收直接投资,是指企业按照"共同投资、共同经营、共担风险、共享收益"的原则,直接吸收国家、法人、个人和外商投入资金的一种筹资方式。吸收直接投资是非股份制企业筹集权益资金的基金方式。

(一)吸收直接投资的种类

1. 吸收国家投资

国家投资是指有权代表国家投资的政府部门或机构,以国有资产投入公司,这种情况下形成的资本称为国有资本。根据《公司国有资本与公司财务暂行办法》的规定,在公司持续经营期间,公司以盈余公积、资本公积转增实收资本的,国有公司和国有独资公司由公司董事会或经理办公会决定,并报主管财政机关备案;股份有限公司和有限责任公司由董事会决定,并经股东大会审议通过。吸收国家投资一般具有以下特点:①产权归属国家;②资金的运用和处置受国家约束较大;③在国有公司中采用比较广泛。

2. 吸收法人投资

法人投资是指法人单位以其依法可支配的资产投入公司,这种情况下形成的资本称为法人资本。吸收法人资本一般具有以下特点:①发生在法人单位之间;②以参与公司利润分配或控制为目的;③出资方式灵活多样。

3. 吸收外商直接投资

企业可以通过合资经营或合作经营的方式吸收外商直接投资,即与其他国家的投资者共同投资,创办中外合资经营企业或者中外合作经营企业,共同经营、共担风险、共负盈亏、共享利益。

4. 吸收社会公众投资

社会公众投资是指社会个人或本公司职工以个人合法财产投入公司,这种情况下形成的资本称为个人资本。吸收社会公众投资一般具有以下特点:①参加投资的人员较多;②每人投资的数额相对较少;③以参与公司利润分配为基本目的。

(二)吸收直接投资的出资方式

1. 以货币资产出资

以货币资产出资是吸收直接投资中最重要的出资方式。企业有了货币资产,便可以获取其他物质资源,支付各种费用,满足企业创建时的开支和随后的日常周转需要。我国《公司法》规定,公司全体股东或者发起人的货币出资金额不得低于公司注册资本的30%。

2. 以实物资产出资

实物出资是指投资者以建筑物、设备等固定资产和材料、燃料等流动资产所进行的投资。实物投资应符合以下条件:①适合企业生产、经营等活动的需要;②技术性能良好;③作价公平合理。

实物出资中实物的作价,可以由出资各方协商确定,也可以聘请专业资产评估机构评估确定。国有及国有控股企业接受其他企业的非货币资产出资,需要委托有资格的资产评估机构进行资产评估。

3. 以土地使用权出资

土地使用权是指土地经营者对依法取得的土地在一定期限内有进行建筑、生产经营或其他活动的权利。土地使用权具有相对的独立性,在土地使用权存续期间,包括土地所有者在内的其他任何人和单位,不能任意收回土地和非法干预使用权人的经营活动。企业吸收土地使用权投资应符合以下条件:①适合企业科研、生产、经营等活动的需要;②地理、交通条件适宜;③作价公平合理。

4. 以工业产权出资

工业产权通常是指专有技术、商标权、专利权、非专利技术等无形资产。投资者以工业产权出资应符合以下条件:①有助于企业研究、开发和生产出新的高科技产品;②有助于企业提高生产效率,改进产品质量;③有助于企业降低生产消耗、能源消耗等各种消耗;④作价公平合理。

吸收工业产权等无形资产出资的风险较大。因为以工业产权投资,实际上是把技术转化为资本,使技术的价值固定化。而技术具有很强的时效性,会因新技术出现而导致实际价值不断减少甚至完全丧失。

此外,对于无形资产的出资方式,《公司法》规定,股东或发起人不得以劳务、信用、自然人姓名、商誉、特许经营权或者设定担保的财产等作价出资。对于非货币资产出资,需要满足三个条件:①可以用货币估价;②可以依法转让;③法律不禁止。

《公司法》对无形资产出资的比例要求没有明确限制,但《外资企业法实施细则》另有规定,外资企业的工业产权、专有技术的作价应与国际上通常的作价原则相一致,且作价金额不得超过注册资本的20%。

(三)吸收直接投资的程序

1. 确定筹资数量

企业在新建和扩大经营时,首先确定资金的需要量。资金的需要量应根据企业的生产经营规模和供销条件等来核定,确保筹资数量与资金需要量相适应。

2. 寻找投资单位

企业既要广泛了解有关投资者的资信、财力和投资意向,又要通过信息交流和宣传,使出资方了解企业的经营能力、财务状况以及未来预期,以便公司从中寻找出最合适的合作伙伴。

3. 协商和签署投资协议

找到合适的投资伙伴后,双方进行具体协商,确定出资数额、出资方式和出资时间。企业应尽可能吸收货币投资,如果投资方确有先进而适合需要的固定资产和无形资产,也可采取非货币投资方式。对实物投资、工业产权投资、土地使用权投资等非货币资产,双方应按公平合理的原则协商定价。当出资数额、资产作价确定后,双方须签署投资协议或合同,以明确双方的权利和责任。

4. 取得所筹集的资金

签署投资协议后,企业应按规定或计划取得资金。如果采取现金投资方式,通常还要编制拨款计划,确定拨款期限、每期数额及划拨方式,有时投资者还要规定拨款的用途,如把拨款区分为固定资产投资拨款、流动资金拨款、专项拨款等。如为实物、工业产权、非专利技术、土地使用权投资,一个重要的问题就是核实财产。财产数量是否准确,特别是价格有无高估或低估的情况,关系到投资各方的经济利益,必须认真处理,必要时可聘请专业资产评估机构来评定,然后办理产权的转移手续取得资产。

(四)吸收直接投资的筹资特点

1. 能够尽快形成生产能力

吸收直接投资不仅可以取得一部分货币资金,而且能够直接获得所需的先进设备和技术,尽快形成生产经营能力。

2. 容易进行信息沟通

吸收直接投资的投资者比较单一，股权没有社会化、分散化，甚至有的投资者直接担任公司管理层职务，公司与投资者易于沟通。

3. 吸收直接投资的手续相对比较简便，筹资费用较低

与发行股票相比，吸收直接投资的手续确实简单多了，而且筹资费用较低。

4. 资本成本较高

相对于股票筹资来说，吸收直接投资的资本成本较高。当企业经营较好、盈利较多时，投资者往往要求将大部分盈余作为红利分配，因为企业向投资者支付的报酬是按其出资数额和企业实现利润的比例来计算的。

5. 企业控制权集中，不利于企业治理

采用吸收直接投资方式筹资，投资者一般要求获得与投资数额相适应的经营管理权。如果某个投资者的投资额比例较大，则该投资者对企业的经营管理就会有相当大的控制权，容易损害其他投资者的利益。

6. 不利于产权交易

吸收投入资本由于没有证券为媒介，不利于产权交易，难以进行产权转让。

二、发行股票

股票是股份有限公司为筹措股权资本而发行的有价证券，是公司签发的证明股东持有公司股份的凭证。股票作为一种所有权凭证，代表着股东对发行公司净资产的所有权。股票只能由股份有限公司发行。

(一)股票的特征、股东的权利及股票的分类

1. 股票的特征

(1)永久性。公司发行股票所筹集的资金属于公司的长期自有资金，没有期限，不需归还。换言之，股东在购买股票之后，一般情况下不能要求发行企业退还股金。

(2)流通性。股票作为一种有价证券，在资本市场上可以自由转让、买卖和流通，也可以继承、赠送或作为抵押品。股票特别是上市公司发行的股票具有很强的变现能力，流动性很强。

(3)风险性。由于股票的永久性，股东成了企业风险的主要承担者。风险的表现形式有股票价格的波动性、红利的不确定性、破产清算时股东处于剩余财产分配的最后顺序等。

(4)参与性。股东作为股份公司的所有者，拥有参与企业管理的权利，包括重大决策权、经营者选择权、财务监控权、公司经营的建议和质询权等。此外，股东还有承担有限责任、遵守公司章程等义务。

2. 股东的权利

股东最基本的权利是按投入公司的股份额，依法享有公司收益获取权、公司重大决策参与权和选择公司管理者的权利，并以其所持股份为限对公司承担责任。

(1)公司管理权。股东对公司的管理权主要体现在重大决策参与权、经营者选择权、财务监控权、公司经营的建议和质询权、股东大会召集权等方面。

(2)收益分享权。股东有权通过股利方式获取公司的税后利润，利润分配方案由董事会提出并经过股东大会批准。

(3)股份转让权。股东有权将其所持有的股票出售或转让。

(4)优先认股权。原有股东拥有优先认购本公司增发股票的权利。

(5)剩余财产要求权。当公司解散、清算时,股东有对清偿债务、清偿优先股股东以后的剩余财产索取的权利。

3. 股票的分类

(1)按股东权利和义务,分为普通股股票和优先股股票。普通股股票简称普通股,是公司发行的代表着股东享有平等的权利、义务,不加特别限制的,股利不固定的股票。普通股是最基本的股票,股份有限公司通常只发行普通股。优先股股票简称优先股,是公司发行的相对于普通股来说具有一定优先权的股票。其优先权利主要表现在股利分配优先权和分取剩余财产优先权上。优先股股东在股东大会上无表决权,在参与公司经营管理上受到一定限制,仅对涉及优先股权利的问题有表决权。

普通股与优先股的区别主要在于两者的权利和义务不同:①在收益的分配上,普通股股东可按其持有股份或出资比例获得企业分配的利润,其获利水平随企业盈利水平的变动而变动,且一般高于优先股;优先股的持有者可享有较固定的股息,公司有利润时可优先于普通股得到支付,公司利润达到一定水平时也可能享受剩余利润,但较普通股的权利要小些。②在剩余财产分配上,当企业转入清算时,优先股对企业剩余财产的分配顺序在普通股之前。③在对公司控制权的影响上,普通股股东可参与企业经营管理,对企业经营活动有表决权,且当股份公司增发新股时,普通股股东享有优先认股权;优先股股东却无这些权利。④在应承担的义务上,当公司出现经营亏损或发生破产清算时,普通股股东要按出资额或所占股份承担公司的经营损失和经济责任;优先股股东一般无此义务,但优先股也可能要承担收不回本金的风险。

(2)按票面有无记名,分为记名股票和无记名股票。记名股票是在股票票面上记载有股东姓名或将名称记入公司股东名册的股票;无记名股票不登记股东名称,公司只记载股票数量、编号及发行日期。我国《公司法》规定,公司向发起人、国家授权投资机构、法人发行的股票,为记名股票;向社会公众发行的股票,可以为记名股票,也可以为无记名股票。

(3)按发行对象和上市地点,分为A股、B股、H股、N股和S股等。A股即人民币普通股票,由我国境内公司发行,境内上市交易,它以人民币标明面值,以人民币认购和交易。B股即人民币特种股票,由我国境内公司发行,境内上市交易,它以人民币标明面值,以外币认购和交易。H股是注册地在内地、上市在香港的股票,以此类推,在纽约和新加坡上市的股票,就分别称为N股和S股。

(二)股份有限公司的设立、股票的发行与上市

1. 股份有限公司的设立

设立股份有限公司,应当有2人以上200人以下为发起人,其中须有半数以上的发起人在中国境内有住所。股份有限公司的设立,可以采取发起设立或者募集设立的方式。发起设立,是指由发起人认购公司应发行的全部股份而设立公司。募集设立,是指由发起人认购公司应发行股份的一部分,其余股份向社会公开募集或者向特定对象募集而设立公司。

设立股份有限公司,应当具备下列条件:①发起人符合法定人数;②发起人认购和募集的股本达到法定资本最低限额;③股份发行、筹办事项符合法律规定;④发起人制定公司章程,采用募集方式设立的经创立大会通过;⑤有公司名称,建立符合股份有限公司要求的组织机构;⑥有公司住所。

股份有限公司采取发起设立方式设立的,注册资本为在公司登记机关登记的全体发起人认购的股本总额。在发起人认购的股份缴足前,不得向他人募集股份。股份有限公司采取募集方式设立的,注册资本为在公司登记机关登记的实收股本总额。法律、行政法规以及国务院决定对股份有限公司注册资本实缴、注册资本最低限额另有规定的,从其规定。

以发起设立方式设立股份有限公司的,发起人应当书面认足公司章程规定其认购的股份,并按照公司章程规定缴纳出资。以非货币财产出资的,应当依法办理其财产权的转移手续。发起人认足公司章程规定的出资后,应当选举董事会和监事会,由董事会向公司登记机关报送公司章程以及法律、行政法规规定的其他文件,申请设立登记。发起人不依照规定缴纳出资的,应当按照发起人协议承担违约责任。

股份有限公司的发起人应当承担下列责任:①公司不能成立时,发起人对设立行为所产生的债务和费用负连带责任;②公司不能成立时,发起人对认股人已缴纳的股款,负返还股款并加算银行同期存款利息的连带责任;③在公司设立过程中,由于发起人的过失致使公司利益受到损害的,应当对公司承担赔偿责任。

2. 股份有限公司首次发行股票的一般程序

(1)发起人认足股份、缴付股资。发起方式设立的公司,发起人认购公司的全部股份;募集方式设立的公司,发起人认购的股份不得少于公司股份总数的35%。发起人可以货币出资,也可以非货币资产作价出资。在发起设立方式下,发起人缴付全部股资后,应选举董事会、监事会,由董事会办理公司设立的登记事项;在募集设立方式下,发起人认足其应认购的股份并缴付股资后,其余部分向社会公开募集。

(2)提出公开募集股份的申请。以募集方式设立的公司,发起人向社会公开募集股份时,必须向国务院证券监督管理部门递交募股申请,并报送批准设立公司的相关文件,包括公司章程、招股说明书等。

(3)公告招股说明书,签订承销协议。公开募集股份申请经国家批准后,应公告招股说明书。招股说明书应包括公司的章程、发起人认购的股份数、本次每股票面价值和发行价格、募集资金的用途等。同时,与证券公司等证券承销机构签订承销协议。

(4)招认股份,缴纳股款。发行股票的公司或其承销机构一般用广告或书面通知的办法招募股份。认股者一旦填写了认股书,就要承担认股书中约定的缴纳股款义务。如果认股者的总股数超过发起人拟招募的总股数,可以采取抽签的方式确定哪些认股者有权认股。认股者应在规定的期限内向代收股款的银行缴纳股款,同时交付认股书。股款认足后,发起人应委托法定的机构验资,出具验资证明。

(5)召开创立大会,选举董事会、监事会。发行股份的股款募足后,发起人应在规定期限内(法定30天)主持召开创立大会。创立大会由发起人、认股人组成,应有代表股份总数半数以上的认股人出席方可举行。创立大会通过公司章程,选举董事会和监事会成员,并有权对公司的设立费用进行审核,对发起人用于抵作股款的财产作价进行审核。

(6)办理公司设立登记,交割股票。经创立大会选举的董事会,应在创立大会结束后30天内,办理申请公司设立的登记事项。登记成立后,即向股东正式交付股票。

股票首次公开发行有以下几个定价方法:①市盈率法。通过市盈率法确定股票发行价格的计算公式为:发行价格=每股净收益×发行市盈率。②净资产倍率法。发行价格=每股净资产值×溢价倍数。③现金流量折现法。通过预测公司未来盈利能力,计算出公司净现金流量值,并按一定的折扣率折算未来现金流量,从而确定股票发行价格的方法。

3. 股票的发行价格及股票发行的定价方式

股票发行价格是指股份公司在股票市场上发行股票时所确定的价格,通常股票的发行价有平价、时价和中间价三种。①平价。平价是以股票的面值为发行价格。②时价。时价是以本公司股票的现行市场价格作为发行新股票的价格。公司增资时采用时价发行股票比较符合实际。③中间价。中间价是以股票面值和时价的平均值作为股票的发行价格。

关于股票的发行价格,我国一般包括三种方式:①平价发行,即股票的发行价格与股票的票面价格相同；②溢价发行，即股票的发行价格高于股票的票面价格；③折价发行，即股票的发行价格低于股票的票面价格。

实际工作中股票发行的定价方式主要有协商定价方式、一般询价方式、累计投标询价方式、上网竞价方式。

4. 股票上市交易

(1)股票上市的目的。股票上市的目的是多方面的，主要包括：①便于筹措新资金；②促进股权流通和转让；③促进股权分散化；④便于确定公司价值。

(2)股票上市的条件。我国新修订的《证券法》规定，公司首次公开发行新股，应当符合下列条件：①具备健全且运行良好的组织机构；②具有持续经营能力；③最近三年财务会计报告被出具无保留意见审计报告；④发行人及其控股股东、实际控制人最近三年不存在贪污、贿赂、侵占财产、挪用财产或者破坏社会主义市场经济秩序的刑事犯罪；⑤经国务院批准的国务院证券监督管理机构规定的其他条件。上市公司发行新股，应当符合经国务院批准的国务院证券监督管理机构规定的条件，具体管理办法由国务院证券监督管理机构规定。公开发行存托凭证的，应当符合首次公开发行新股的条件以及国务院证券监督管理机构规定的其他条件。

(3)股票上市的暂停、终止与特别处理。当上市公司出现经营情况恶化、存在重大违法违规行为或其他原因导致不符合上市条件时，就可能被暂停或终止上市。

上市公司出现财务状况异常或其他状况异常的，其股票交易将被交易所"特别处理"(Special Treatment,ST)。"财务状况异常"是指以下几种情况：①最近2个会计年度的审计结果显示的净利润为负值；②最近1个会计年度的审计结果显示其股东权益低于注册资本；③最近1个会计年度经审计的股东权益扣除注册会计师和有关部门不予确认的部分后，低于注册资本；④注册会计师对最近1个会计年度的财产报告出具无法表示意见或否定意见的审计报告；⑤最近一份经审计的财务报告对上年度利润进行调整，导致连续2个会计年度亏损；⑥经交易所或中国证监会认定为财务状况异常的。"其他状况异常"是指自然灾害、重大事故等导致生产经营活动基本中止，公司涉及的可能赔偿金额超过公司净资产的诉讼等情况。

在上市公司的股票交易被实行特别处理期间，其股票交易遵循下列规则：①股票报价日涨跌幅限制为5%；②股票名称改为原股票名前加"ST"；③上市公司的中期报告必须经过审计。

(4)股票上市的影响。股票上市的有利影响：分散公司风险；能为公司带来良好的声誉，增强社会公众对公司的信赖，从而吸引更多的认购者，扩大销售量；便于公司采用其他方式（如负债）筹措资金，改善公司的财务状况；有利于促进公司财富最大化；股票上市后，既提高了股票的流动性和变现力，便于投资者购买，也有利于公司利用股票收购其他公司，或者利用股票激励员工。

股票上市的不利影响：股票上市后，公司将负担较高的信息披露成本，各种信息公开的要求可能会泄露公司的商业秘密，使公司失去隐私权；股票上市也限制了经理人员操作的自由度，还需要负担很高的上市费用。

(三)上市公司的股票发行

上市的股份有限公司在证券市场上发行股票，包括公开发行和非公开发行两种类型。公开发行股票又分为首次上市公开发行股票和上市公开发行股票；非公开发行即向特定投资者发行，也称为定向发行。

1. 首次上市公开发行股票

首次上市公开发行股票(Initial Public Offering,IPO)，是指股份有限公司对社会公开发行股票并上市流通和交易。实施IPO的公司，应当符合中国证监会颁布的《首次公开发行股票并上市管理办法》规定的相关条件，并经中国证监会核准。

实施IPO的基本程序是：①公司董事会应当依法就本次股票发行的具体方案、本次募集资金使用的可行性及其他事项作出决议，并提请股东大会批准。②公司股东大会就本次发行股票作出决议。③由保荐人保荐并向证监会申报。④证监会受理，并审核批准。⑤自证监会核准发行之日起，公司应在6个月内公开发行股票；超过6个月未发行的，核准失效，须经证监会重新核准后方可发行。

2. 上市公开发行股票

上市公开发行股票，是指股份有限公司已经上市后，通过证券交易所在证券市场上对社会公开发行股票。上市公司公开发行股票，包括增发和配股两种方式。其中，增发是指增资发行，即上市公司向社会公众发售股票的再融资方式，而配股是指上市公司向原有股东配售发行股票的再融资方式。增发和配股也应符合证监会规定的条件，并经过证监会的核准。

3. 非公开发行股票

上市公司非公开发行股票，是指上市公司采用非公开方式，向特定对象发行股票的行为，也称定向募集增发。其目的往往是为了引入一些机构的特定能力，如管理、渠道等。定向增发的对象可以是老股东，也可以是新投资者。总之，定向增发完成之后，公司的股权结构往往会发生较大变化，甚至会发生控股权变更的情况。

在公司设立时，上市公开发行股票与非上市不公开发行股票相比较，上市公开发行股票方式的发行范围广、发行对象多，易于足额筹集资本，同时有利于提高公司的知名度。但公开发行方式审批手续复杂严格，发行成本高。在公司设立后再融资时，上市公司定向增发与非上市公司定向增发相比较，上市公司定向增发优势在于：①有利于引入战略投资者和机构投资者；②有利于利用上市公司的市场化估值溢价，将母公司资产通过资本市场放大，从而提升母公司的资产价值；③定向增发是一种主要的并购手段，特别是资产并购型定向增发，有利于集团企业整体上市，并同时减轻并购的现金流压力。

（四）引入战略投资者

1. 战略投资者的概念与要求

我国在新股发行中引入战略投资者，允许战略投资者在公司发行新股时参与配售。按照证监会的规则解释，战略投资者是指与发行人具有合作关系或有合作意向和潜力，与发行公司业务联系紧密且欲长期持有发行公司股票的法人。从国外风险投资机构对战略投资者的定义来看，一般认为战略投资者是能够通过帮助公司融资、提供营销与销售支持的业务，或通过个人关系增加投资价值的公司或个人投资者。

一般来说，作为战略投资者的基本要求是：①要与公司的经营业务联系紧密；②要出于长期投资目的而较长时期地持有股票；③要具有相当的资金实力，且持股数量较多。

2. 引入战略投资者的作用

（1）提升公司形象，提高资本市场认同度。战略投资者往往是实力雄厚的境内外大公司、大集团，甚至是国际、国内500强，它们对公司股票的认购，是对公司潜在未来价值的认可和期望。

（2）优化股权结构，健全公司法人治理。战略投资者在公司占一定股权份额并长期持股，能够分散公司控制权，战略投资者参与公司管理，能够改善公司治理结构。战略投资者带来的不单是资金和技术，更重要的是能带来先进的管理水平和优秀的管理团队。

（3）提高公司资源整合能力，增强公司的核心竞争力。战略投资者往往有较好的实业基础，能够带来先进的工艺技术和广阔的产品营销市场，并致力于长期投资合作，能够促进公司产品结构和产业结构的调整升级，有助于形成产业集群，整合公司的经营资源。

（4）达到阶段性融资目标，加快实现公司上市融资的进程。战略投资者具有较强的资金实力，并与发行人签订有关配售协议,长期持有发行人股票,能够为新上市的公司提供长期稳定的资本,帮助上市公司用较低的成本融得较多的资金,提高公司的融资效率。

从现有情况来看,目前我国上市公司确定战略投资者还处于募集资金最大化的实用原则阶段。谁的申购价格高,谁就能成为战略投资者,管理型、技术型战略投资者还不多见。资本市场中的战略投资者,目前多是追逐持股价差、有较大承受能力的股票持有者,一般是大型证券投资机构。

(五)发行普通股的筹资特点

(1)所有权与经营权相分离,分散公司控制权,有利于公司自主管理、自主经营。普通股筹资的股东众多,公司的日常经营管理事务主要由公司的董事会和经理层负责。

(2)没有固定的股息负担,资本成本较低。公司有盈利,并认为适于分配时才分派股利;公司盈利较少,或者虽有盈利但现金短缺,或有更好的投资机会,也可以少支付或不支付股利。相对于吸收直接投资来说,普通股筹资的资本成本较低。

(3)能增强公司的社会声誉。普通股筹资使得股东大众化,由此给公司带来了广泛的社会影响。特别是上市公司,其股票的流动性强,有利于市场确认公司的价值。

(4)促进股权流通和转让。普通股筹资以股票作为媒介的方式便于股权的流通和转让,便于吸收新的投资者。

(5)筹资费用较高,手续复杂。

(6)不易尽快形成生产能力。普通股筹资吸收的一般是货币资金,还需要通过购置和建造形成生产经营能力。

(7)公司控制权分散,容易被经理人控制。同时,流动性强的股票交易,也容易被恶意收购。

(六)发行优先股的筹资特点

(1)优先股股本没有固定的到期日,无须归还本金,与普通股类似,财务风险小。

(2)优先股的股息具有固定性,与债务资本的利息类似,可发挥财务杠杆作用。

(3)筹资成本较高。优先股成本虽然低于普通股成本,但由于优先股股利要从税后利润中支付,不会使公司享有抵减所得税的好处,所以一般情况下,其成本高于债务资本成本。

(4)财务负担较重。由于优先股股息固定,并且不能在税前扣除,当企业盈利水平下降时,优先股的股利可能会成为公司一项较重的财务负担。

发行优先股筹集的资本属于公司权益资本,这一特征与普通股相同,不同的是优先股具有面值和固定的股利率,这一特征又类似于债券的特征,因此优先股通常被视为混合性证券。

三、利用留存收益

(一)留存收益的性质

从性质上看,企业通过合法有效经营所实现的税后净利润,都属于企业。企业将本年度的利润部分甚至全部留存下来的原因有很多,主要包括:①收益的确认和计量是建立在权责发生制基础上的,企业有利润,但企业不一定有相应的现金净流量增加,因而企业不一定有足够的现金将利润全部或部分派给所有者。②法律法规从保护债权人利益和要求企业可持续发展等角度出发,限制企业将利润全部分配出去。《公司法》规定,企业每年的税后利润,必须提取10%的法定盈余公积金。③企业基于自身扩大再生产和筹资的需求,也会将一部分利润留存下来。

(二)留存收益的筹资途径

1. 提取盈余公积金

盈余公积金是指有指定用途的留存净利润。盈余公积金是从当期企业净利润中提取的积累资金,其提取基数是本年度的净利润。盈余公积金主要用于企业未来的经营发展,经投资者审议后也可以用于转增股本(实收资本)和弥补以前年度经营亏损,但不得用于以后年度的对外利润分配。

2. 未分配利润

未分配利润是指未限定用途的留存净利润。未分配利润有两层概念:①这部分净利润本年没有分配给公司的股东投资者;②这部分净利润未指定用途,可以用于企业未来的经营发展、转增资本(实收资本)、弥补以前年度的经营亏损及以后年度的利润分配。

(三)利用留存收益的筹资特点

1. 不用发生筹资费用

企业从外界筹集长期资本,与普通股筹资相比较,留存收益筹资不需要发生筹资费用,资本成本较低。

2. 维持公司的控制权分布

利用留存收益筹资,不用对外发行新股或吸收新投资者,由此增加的权益资本不会改变公司的股权结构,不会稀释原有股东的控制权。

3. 筹资数额有限

留存收益的最大数额是企业到期的净利润和以前年度未分配利润之和,不像外部筹资可以一次性筹集大量资金。如果企业发生亏损,那么当年就没有利润留存。另外,股东和投资者从自身期望出发,往往希望企业每年发放一定的利润,保持一定的利润分配比例。

四、股权筹资的优缺点

(一)股权筹资的优点

1. 股权筹资是企业稳定的资本基础

股权资本没有固定的到期日,无须偿还,是企业的永久性资本,除非企业清算时才有可能予以偿还。这对于保障企业对资本的最低需求、促进企业长期持续稳定经营具有重要意义。

2. 股权筹资是企业良好的信誉基础

股权资本作为企业最基本的资本,代表了公司的资本实力,是企业与其他单位组织开展经营业务、进行业务活动的信誉基础。同时,股权资本也是其他方式筹资的基础,尤其可为债务筹资,包括银行借款、发行公司债券等,提供信用保障。

3. 企业财务风险较小

股权资本不用在企业正常运营期内偿还,不存在还本付息的财务风险。相对于债务资本而言,股权资本筹资限制少,资本使用上也无特别限制。另外,企业可以根据其经营状况和业绩的好坏,决定向投资者支付报酬的多少,资本成本负担比较灵活。

(二)股权筹资的缺点

1. 资本成本负担较重

尽管股权资本的资本成本负担比较灵活,但一般而言,股权筹资的资本成本要高于债务筹资。这主要是由于投资者投资于股权特别是投资于股票的风险较高,投资者或股东相应要求得到较高的报酬率。企业长期不派发利润和股利,将会影响企业的市场价值。从企业成本开支的角度来看,股利、红利从税后利润中支付,而使用债务资本的资本成本允许税前扣除。此外,普通股的发行、上市等方面的费用也十分庞大。

2. 容易分散企业的控制权

利用股权筹资,由于引进了新的投资者或出售了新的股票,必然会导致企业控制权结构的改变,分散了企业的控制权。控制权的频繁变更,势必影响企业管理层的人事变动和决策效率,影响企业的正常经营。

3. 信息沟通与披露成本较大

投资者或股东作为企业的所有者，有了解企业经营业务、财务状况、经营成果等的权利。企业需要通过各种渠道和方式加强与投资者的关系管理，保障投资者的权益。特别是上市公司，其股东众多且分散，只能通过公司的公开信息披露了解公司状况，这就需要公司花更多的精力，有些还需要设置专门的部门，用于公司的信息披露和投资者关系管理。

关键术语

吸收直接投资　股票　企业债券　商业信用

应知考核

一、单项选择题

1. 企业的筹资渠道有（　　）。
   A. 国家财政资金　　B. 发行股票　　C. 发行债券　　D. 银行贷款
2. 企业的筹资方式有（　　）。
   A. 民间资金　　　　　　　　B. 其他企业资金
   C. 国家财政资金　　　　　　D. 融资租赁
3. 企业自留资本的筹资渠道可以采取的筹资方式有（　　）。
   A. 发行股票　　B. 商业信用　　C. 发行债券　　D. 融资租赁
4. 下列各项中不属于销售百分比法敏感项目的是（　　）。
   A. 应付账款　　　　　　　　B. 固定资产
   C. 应付票据　　　　　　　　D. 长期负债
5. 债券筹资的特点之一是（　　）。
   A. 资金成本高　　　　　　　B. 财务风险小
   C. 筹资数额无限　　　　　　D. 可利用财务杠杆

二、多项选择题

1. 企业的筹资渠道包括（　　）。
   A. 国家财政资金　　　　　　B. 发行股票
   C. 银行借款　　　　　　　　D. 其他单位资金
2. 企业的筹资方式有（　　）。
   A. 吸收直接投资　　　　　　B. 银行借款
   C. 发行股票　　　　　　　　D. 发行债券
3. 与股票筹资方式相比，银行借款筹资的优点包括（　　）。
   A. 筹资速度快　　　　　　　B. 借款弹性大
   C. 使用限制少　　　　　　　D. 筹资费用低
4. 影响债券发行价格的因素包括（　　）。
   A. 债券面额　　　　　　　　B. 票面利率
   C. 市场利率　　　　　　　　D. 债券期限
5. 银行借款的信用条件主要有（　　）。

A. 信贷额度　　　　　　　　　　B. 周转信贷协定
C. 借款抵押　　　　　　　　　　D. 补偿性余额

三、判断题
1. 优先股是一种具有双重性质的证券，它虽属自有资金，却兼有债券性质。（　　）
2. 筹资是企业财务活动的起点。（　　）
3. 资本的筹集量越大，越有利于企业的发展。（　　）
4. 一般来说，债券的市场利率越高，债券的发行价格越低；反之，发行价格就可能越高。（　　）
5. 债券的发行价格与股票的发行价格一样，只允许平价或溢价发行，不许折价发行。（　　）

四、简述题
1. 简述银行借款筹资的优缺点。
2. 简述债券与股票的区别。
3. 简述商业信用筹资的优缺点。
4. 简述债务筹资的优缺点。
5. 简述股权筹资的优缺点。

五、计算题
1. 腾飞公司发行5年期债券，面值1 000元，票面利率10%，每年付息一次。
要求：
(1) 计算市场利率为8%时的债券发行价格。
(2) 计算市场利率为10%时的债券发行价格。
(3) 计算市场利率为12%时的债券发行价格。

2. 某企业按年利率10%从银行借入200万元，银行要求企业按贷款的15%保持补偿性余额，试计算该项贷款的实际利率。

3. 某企业为扩大经营规模融资租入一台机床，该机床的市价为198万元，租期为10年，租赁公司的融资成本为20万元，租赁手续费为15万元。租赁公司要求的年报酬率为16%。
要求：
(1) 确定租金总额。
(2) 如果采用等额年金法，每年年初支付，则每期租金为多少？
(3) 如果采用等额年金法，每年年末支付，则每期租金为多少？

4. 某企业从银行取得借款500万元，期限1年，名义利率8%，利息为40万元，按贴息法付息，计算该项贷款的实际利率。

应会考核

■ 观念应用

【背景资料】
某公司拟采购一批零部件，购货款为500万元。供应商规定的付款条件为"2/10，1/20，n/30"，每年按360天计算。

【考核要求】

（1）假设银行短期贷款利率为15%，计算放弃现金折扣的成本（资本成本率），并确定对该公司最有利的付款日期和价格。

（2）假设公司目前有一短期投资报酬率为40%的短期投资项目，确定对该公司最有利的付款日期和价格。

■ 技能应用

中华公司2021年销售额为30 000万元，销售净利率为5%，股利发放率为净利润的60%，公司现有生产能力尚未饱和，无须追加固定资产投资，长期股权投资和无形资产与销售收入无关，长期负债与销售收入无关。该公司2021年12月31日资产负债表（简）如表3—6所示。

表3—6　　　　　　　　　　　　　中华公司资产负债表（简）　　　　　　　　　　　　　单位：万元

资　产	金　额	负债及股东权益	金　额
货币资金	600		
应收账款（净额）	4 500	应付票据	1 500
存货	5 100	应付账款	3 000
固定资产（净额）	6 900	长期负债	2 500
长期投资	3 000	股本	15 000
无形资产	2 500	留存收益	600
资产总计	22 600	负债及股东权益总计	22 600

假定该公司预测2022年销售额为35 000万元，并仍按基期年股利发放率支付股利，留存收益可以抵减筹资额，销售净利率仍保持上年水平。

【技能要求】

预测2022年对外筹资的资金需求量。

■ 案例分析

【情景与背景】

华泰股份售后回租融资租赁公告如下：

一、交易概述

为保证公司正常流动资金需求、优化资产负债结构、降低财务费用，山东A股份有限公司（以下简称"公司"）以年产40万吨新闻纸生产线部分设备与交银金融租赁有限责任公司（以下简称"交银租赁公司"）开展售后回租融资租赁业务。

本次融资公司已于2021年12月29日与交银租赁公司签订了融资租赁合同，将公司年产40万吨新闻纸生产线部分设备以售后回租方式，向交银租赁公司融资人民币2亿元。上述融资租赁事项已经公司第六届董事会第17次会议审核，以9票同意、0票反对、0票弃权通过。

交易对方为交银金融租赁有限责任公司。

二、交易标的基本情况

1. 名称：年产40万吨新闻纸生产线部分设备。
2. 类别：固定资产。
3. 权属：山东A股份有限公司。
4. 所在地：山东省东营市B县。
5. 资产价值：租赁物原值34 251.60万元，账面净值20 693.67万元。

三、交易合同的主要内容

1. 租赁物：年产 40 万吨新闻纸生产线部分设备。
2. 融资金额：人民币 2 亿元。
3. 租赁方式：售后回租。公司以回租使用、筹措资金为目的，以售后回租方式向交银租赁公司转让租赁设备。租赁期届满，交银租赁公司在确认公司已付清租金等全部款项后，本合同项下的租赁物由公司按 1 元的名义货价留购。
4. 租赁期限：自起租日起算约 60 个月。起租日是指交银租赁公司向公司支付转让款之日。
5. 租赁利率：承租人支付租金采用年租息率，计算公式为：

$$年租息率＝同期银行的贷款基准利率$$

6. 租金支付方式：等额租金后付法，按半年收取。租金 6 个月支付一期，共计 10 期。根据合同规定计算，每期租金约为人民币 2 398.77 万元（概算）。
7. 保证金及服务费：根据合同约定，公司需向交银租赁公司支付保证金人民币 1 480 万元，同时鉴于交银租赁公司为公司提供相关咨询服务，公司在起租日一次性向交银租赁公司支付咨询服务费人民币 500 万元。

【分析要求】

(1) 华泰公司为什么要出售自己需要使用的固定资产？
(2) 华泰公司使用融资租赁有哪些好处？潜在的不足是什么？
(3) 华泰公司支付的租金及服务费总额大约是多少？

项目实训

【实训项目】

筹资管理。

【实训情境】

新蓉新公司位于成都市近郊的新津县，拥有 2 亿多元人民币的资产，占有全国泡菜市场 60% 的份额，但近年来，却被流动资金的"失血"折磨得困苦不堪。企业创始人、总经理田玉文（人称"田大妈"）在由成都市委宣传部、统战部和市工商联联合召开的一次座谈会上大倒苦水。这位宣称"除了'田玉文'三个字之外，认不了多少字"的企业家当场发问："我始终弄不懂：像我们这样的企业，一年上税三四百万，解决了附近十几个县的蔬菜出路，安排了几千位农民就业，从来没有烂账，为啥就贷不到款？！"

新蓉新的流动资金状况的确很成问题。四月、五月正是蔬菜收购和泡菜出厂的旺季，该公司在这段时间，每天从农民手中购进价值 70 余万元的大蒜、萝卜等蔬菜，田大妈坦言，她已经向农民打了 400 多万元的"白条"，这种状况让田大妈非常苦恼。她能有今天——据她自己说——全靠她一诺千金。在她看来，"白条"所带来的信誉损失是难以接受的。新蓉新从零开始做到如今的 2 亿多元人民币，历史上只有工行的少量贷款，大部分资金是"向朋友借的"。也正是为了维护这种民间信用关系，田大妈近日一口气偿还了"朋友"的借款共 2 000 多万元。据说，现在新蓉新的民间借款已经偿清。这也正是新蓉新流动资金紧缺的主要原因之一。此外，为了引进设备建一个无菌车间，田大妈新近花了 100 多万元，购进土地 110 亩。近日，田大妈同她的长子——新蓉新董事长陈卫东，正为此发愁：如果筹不到 800 万元贷款，下一步收购四季豆就没法做了。

田大妈说，一周前，公司已向工商银行提出了 800 万元的贷款申请，但目前还没有动静。据田大妈说，新蓉新现有资产 2.63 亿元，资产负债率 10% 左右。另据新津县委办公室负责人介绍，该公司目前已签了3亿多元供货合同,在国内增加了几百个网点,预计年内市场份额能达到80%。像这样的企业,银行为何惜贷呢?

银行信贷员胡大光分析认为,民营企业由于规模小、实力弱,产品市场竞争力有限,贷款难以完全收回,风险较大,因此,这是大多数银行不愿意给田大妈贷款的根本原因。

【实训任务】

(1)你认为胡大光的分析正确吗?

(2)企业有哪些常见的筹资方式?

(3)案例中田大妈的筹资目的有哪些?

(4)田大妈实际采取了哪些筹资方式?

《筹资管理》实训报告		
项目实训班级:	项目小组:	项目组成员:
实训时间:　年　月　日	实训地点:	实训成绩:
实训目的:		
实训步骤:		
实训结果:		
实训感言:		

用 Excel 解决本项目问题

项目四

资本成本结构

○ **知识目标**

理解：资本成本的概念及其计算；影响资本成本的因素。

熟知：经营杠杆、财务杠杆和综合杠杆的概念及其运用。

掌握：资本结构的概念和影响因素；最佳资本结构决策方法。

○ **技能目标**

能够具备结合资本成本概念及其计算、杠杆原理解决问题的能力。

○ **素质目标**

运用所学的资本成本结构知识，掌握最佳资本结构决策方法，培养和提高学生在特定业务情境中分析问题与决策设计的能力；结合行业规范或标准，强化学生的职业道德素质。

○ **思政目标**

能够正确地理解"不忘初心"的核心要义和精神实质；树立正确的世界观、人生观和价值观，做到学思用贯通、知信行统一；通过资本成本结构知识，能够根据具体业务，计算不同筹资方式下的资本成本，并能够为公司做出最佳筹资方案的决策，提升在资本结构决策中的审美素养，激发创新能力。

○ **项目引例**

巴斯夫股份公司的资本成本

巴斯夫股份公司是一家德国的化工企业，也是世界上最大的化工企业之一。巴斯夫集团在欧洲、亚洲、南美洲和北美洲的41个国家和地区拥有超过160家全资子公司或者合资公司。公司总部位于莱茵河畔的路德维希港，它是世界上工厂面积最大的化学产品基地。该公司的业务涉及多个行业，包括农业、能源业、化工业和塑料工业等。为了提升公司价值，巴斯夫发起了"2020计划"，该计划非常全面地涵盖了公司内部所有的职能，并且鼓励所有的员工挑战企业家风格的工作方式。该计划主要的财务部分是，公司期望赚取的收益是在加权平均资本成本（WACC）上加一个溢价。那么，究竟什么是WACC呢？

WACC是企业为了满足其所有投资者（包括普通股股东、债权持有人和优先股股东）所需要获得的最低报酬率。例如，2018年巴斯夫的加权平均资本成本固定在9%，在扣除资本成本后，获得了39亿欧元的创纪录性的收益。2019年，这一指标是11%。

思考与讨论：如何计算企业的资本成本？资本成本对于企业及投资者的意义如何？

知识精讲

任务一　资本成本概述

一、资本成本的概念和性质

资本成本有广义和狭义之分。广义而言,企业筹集和使用任何资本,包括短期资本和长期资本,都要付出代价。狭义而言,仅指企业筹集和使用长期资本(包括长期债务资本和股权资本)而付出的代价。由于短期资本规模较小、时间较短、游离程度较高,其成本的高低对企业财务决策影响不大。因此,通常意义上的资本成本主要是指长期资本成本。

(一)资本成本的概念

资本成本是指企业为筹集和使用资本而付出的代价,通常包括资本筹集费和资本使用费。

1. 资本筹集费

资本筹集费是指在资本筹集过程中需支付的各项费用,如向银行借款的手续费,发行股票、债券等证券的印刷费、评估费、公证费、宣传费及承销费等。

2. 资本使用费

资本使用费是指在使用所筹资本的过程中向资本提供者支付的有关报酬,如银行借款和债券的利息、股票的股利等。一般情况下,资本筹集费在企业筹集资本时一次性发生,而资本使用费往往在企业使用资本的各个期间重复发生。资本使用费是因为占用了他人资金而必须支付的,是资本成本的主要内容。

(二)资本成本的性质

1. 资本成本是资本使用者向资本所有者和中介机构支付的费用

当资本所有者有充裕的资本并闲置时,可以直接或者通过中介机构将其闲置资本的使用权转让给急需资本的筹资者。这时,对于资本所有者而言,由于让渡了资本使用权,必然要求获得一定的回报,资本成本表现为让渡资本使用权所带来的报酬;对于筹资者来说,由于得到了资本的使用权,也必须支付一定的代价,资本成本便表现为取得资本使用权所付出的代价。可见,资本成本是资本所有权和使用权分离的必然结果。

2. 资本成本作为一种耗费,最终要通过收益来补偿,体现了一种利益分配关系

资本成本和产品成本都属于劳动耗费,但产品成本的补偿是对耗费自身的补偿,并且这种补偿金还会回到企业再生产过程中;而资本成本的补偿是对资本所有者让渡资本使用权的补偿,一旦从企业收益中扣除以后,就退出了企业生产过程,体现了一种利益分配关系。

3. 资本成本是资金时间价值与风险价值的统一

资本成本与资金时间价值既有联系,又有区别。资金时间价值是资本成本的基础,资金时间价值越大,资本成本也就越高;反之,资金时间价值越小,资本成本也就越低。但是,资金时间价值和资本成本在数量上并不一致。资本成本不仅包括时间价值,而且包括风险价值、筹资费用等因素,另外受到资金供求、通货膨胀等因素的影响。

二、资本成本的种类

(一)个别资本成本

个别资本成本是单种筹资方式的资本成本,包括长期借款成本、长期债券成本、优先股成本、普

通股成本和留存收益成本等。其中,前两种称为债务资本成本,后三种称为权益资本成本。个别资本成本一般用于比较和评价各种筹资方式。

(二)加权平均资本成本

加权平均资本成本是对各种个别资本成本进行加权平均而得到的结果,也称为综合资本成本,其权数可以在账面价值、市场价值和目标价值之中选择。加权平均资本成本一般用于资本结构决策。

(三)边际资本成本

边际资本成本是指新筹集资本的成本。边际资本成本一般用于追加筹资决策。

上述三种资本成本之间存在着密切的关系。个别资本成本是加权平均资本成本和边际资本成本的基础,加权平均资本成本和边际资本成本都是对个别资本成本的加权平均。三者都与资本结构紧密相关,但具体关系有所不同。个别资本成本高低与资本性质关系很大,债务资本成本一般低于自有资本成本;加权平均资本成本主要用于评价和选择资本结构;而边际资本成本主要用于在已经确定目标资本结构的情况下,考察资本成本随筹资规模变动而变动的情况。当然,三种资本成本在实务中往往同时运用,缺一不可。

三、资本成本的作用

(一)资本成本是选择筹资方式、进行资本结构决策和选择追加筹资方案的依据

1. 个别资本成本是比较各种筹资方式的依据

随着我国金融市场的逐步完善,企业的筹资方式日益多元化。评价各种筹资方式的标准是多种多样的,资本成本是一个极为重要的因素。在其他条件基本相同或对企业影响不大时,应选择资本成本最低的筹资方式。

2. 加权平均资本成本是衡量资本结构合理性的依据

衡量资本结构是否最佳的标准主要是资本成本最小化和企业价值最大化。西方财务理论认为,加权平均资本成本最低时的资本结构才是最佳资本结构,这时企业价值达到最大。

3. 边际资本成本是选择追加筹资方案的依据

企业有时为了扩大生产规模,需要增大资本投入量。这时,企业不论是维持原有资本结构还是希望达到新的目标资本结构,都可以通过计算边际资本成本的大小来选择最佳的追加筹资方案。

(二)资本成本是评价投资方案、进行投资决策的重要标准

在对投资项目的财务可行性进行评价时,资本成本是综合评价的一个重要方面。只要预期投资报酬大于资本成本,投资项目就具有财务上的可行性。

(三)资本成本是评价企业经营业绩的重要依据

资本成本是企业使用资本应获得收益的下限。一定时期资本成本的高低不仅能反映财务经理的管理水平,而且可用于衡量企业整体的经营业绩。

四、影响资本成本的因素

(一)总体经济环境

总体经济环境决定企业所处的国民经济发展状况和水平,以及预期的通货膨胀。总体经济环境变化的影响,反映在无风险报酬率上。如果国民经济保持健康、稳定、持续增长,整个社会经济的资金供给和需求相对均衡且通货膨胀水平低,资金所有者投资的风险小,预期报酬率低,筹资的资本成本相应就比较低。相反,如果国民经济不景气或者经济过热,通货膨胀持续居高不下,投资者投资风险大,预期报酬率高,筹资的资本成本就高。

(二)资本市场条件

资本市场效率表现为资本市场上的资本商品的市场流动性。资本商品的流动性高,表现为容易变现且变现时价格波动较小。如果资本市场缺乏效率,证券的市场流动性低,投资者投资风险大,要求的预期报酬率高,那么通过资本市场筹集的资本其资本成本就比较高。

(三)企业经营状况和融资状况

企业经营风险是企业投资决策的结果,表现为资产报酬率的不确定性;企业融资状况导致的财务风险是企业筹资决策的结果,表现为股东权益资本报酬率的不确定性。两者共同构成企业总体风险,如果企业经营风险高、财务风险大,则企业总体风险水平高,投资者要求的预期报酬率高,企业筹资的资本成本相应就大。

(四)企业对筹资规模和时限的需求

在一定时期内,国民经济体系中资金供给总量是一定的,资本是一种稀缺资源。因此,企业一次性需要筹集的资金规模越大、占用资金时限越长,资本成本就越高。当然,融资规模、时限与资本成本的正向相关性并非线性关系,一般来说,融资规模在一定限度内,并不会引起资本成本的明显变化,当融资规模突破一定限度时,才会引起资本成本的明显变化。

五、资本成本的构成内容

(一)筹资费用

筹资费用是指企业在资本筹措过程中为获取资本而付出的代价,如向银行支付的借款手续费,因发行股票、公司债券而支付的发行费等。筹资费用通常在资本筹集时一次性发生,在资本使用过程中不再发生。因此,筹资费用视为筹资数额的一项扣除。

(二)占用费用

占用费用,是指企业在资本使用过程中因占用资本而付出的代价,如向银行等债权人支付的利息,向股东支付的股利等。占用费用是因为占用了他人资本而必须支付的,是资本成本的主要内容。

六、资本成本的计算模式

资本成本既可以用绝对数表示,也可以用相对数表示。用绝对数表示的,如借入长期资金,即指资金占用费用和筹集费用;用相对数表示的,如借入长期资金使用费用与实际取得资金有效额之间的比率,但是资本成本不简单等同于利息率,两者之间在含义和数值上是有区别的。在财务管理中,资本成本一般用相对数表示,即表示资金使用费用与有效筹资额(即筹资数额扣除筹资费用后的差额)的比率,其计算公式为:

$$K=\frac{D}{P-F}=\frac{D}{P(1-f)}$$

式中:K 为资本成本率;D 为资本占用费用;P 为筹资额;F 为筹资费用;f 为筹资费用率。

(一)个别资本成本

个别资本成本是指单一融资方式的资本成本,包括银行借款资本成本、企业债券资本成本、融资租赁资本成本、优先股资本成本、普通股资本成本和留存收益资本成本等,其中前三类是债务资本成本,后三类是权益资本成本。财务管理学中,个别资本成本可用于比较和评价各种筹资方式。

1. 资本成本计算基本模式

(1)一般模式

为了便于分析比较,资本成本通常采用不考虑货币时间价值的一般通用模型计算,用相对数表达。计算时,将初期筹资费用作为筹资额的扣除项,扣除筹资费用后的筹资额称为筹资净额。

需要注意的是:若资金来源为负债,还存在税前资本成本和税后资本成本的区别。计算税后资本成本需要从年资金占用费用中减去资金占用费用税前扣除产生的所得税节约额。

(2)折现模式

对于金额大、时间超过1年的长期资本,更准确一些的资本成本计算方式是采用折现模式,即将债务未来还本付息或股权未来股利分红的折现值与目前筹资净额相等时的折现率作为资本成本,即:

$$筹资净额现值-未来资本清偿额现金流量现值=0$$

得:

$$资本成本=所采用的折现率$$

2. 银行借款资本成本

银行借款资本成本,是指借款利息和筹资费用。由于银行借款利息一般作为财务费用计入税前成本费用内,可以起到抵税作用,因此,企业实际负担的借款费用应从利息支出中减去所得税税额。其计算公式为:

$$K_L = \frac{I(1-T)}{L(1-f)} = \frac{i(1-T)}{1-f}$$

式中:K_L 表示银行借款资本成本;I 表示银行借款年利息;L 表示银行借款筹资总额;T 表示所得税税率;i 表示银行借款利率;f 表示筹资费用率。

【做中学4-1】 企业向银行借入1 000万元,期限为10年,年利率为6%,每年付息一次,到期一次还本付息。假定筹资费用率为0.5%,企业所得税税率为25%。

由

$$K_L = \frac{I(1-T)}{L(1-f)} = \frac{i(1-T)}{1-f}$$

得:

$$K_L = \frac{1\,000 \times 6\% \times (1-25\%)}{1\,000 \times (1-0.5\%)} = 4.52\%$$

3. 债券资本成本

债券资本成本与银行借款资本成本的主要区别在于:①债券筹资费用较高,不能忽略不计;②债券发行价格与债券面值可能不一致。其计算公式为:

$$K_b = \frac{I(1-T)}{B_0(1-f)} = \frac{B_i(1-T)}{B_0(1-f)}$$

式中:K_b 表示债券资本成本;I 表示债券每年支付的利息;T 表示所得税税率;B 表示债券面值;i 表示债券票面利率;B_0 表示债券筹资额,即发行价;f 表示债券筹资费用率。

【做中学4-2】 企业拟发行一笔期限为5年的债券,债券面值为1 000万元,票面利率为5%,每年支付一次利息,发行费率为发行价格的3%,企业所得税税率为25%,则该笔债券的资本成本为:

$$K_b = \frac{I(1-T)}{B_0(1-f)} = \frac{1\,000 \times 5\% \times (1-25\%)}{1\,000 \times (1-3\%)} = 3.87\%$$

如果该笔债券以1 100万元价格发行,则其资本成本为:

$$K_b = \frac{1\,000 \times 5\% \times (1-25\%)}{1\,100 \times (1-3\%)} = 3.51\%$$

如果以折价 980 万元价格发行，则其资本成本为：

$$K_b = \frac{1\,000 \times 5\% \times (1-25\%)}{980 \times (1-3\%)} = 3.94\%$$

4. 融资租赁资本成本

融资租赁各期的租金包括每期本金偿还和各期手续费用（即出租方各期利润），其资本成本只能按贴现模式计算。

【做中学 4-3】 企业于 2022 年 1 月 1 日从租赁公司租入一套设备，价值 60 万元，租期 6 年，租赁期满时预计残值 5 万元，期满设备归租赁公司，租金每年年末支付一次，租期 6 年，租赁期满时设备归租赁公司，每年租金 131 283 元。则：

$$600\,000 - 50\,000 \times (P/F, K_b, 6) = 131\,283 \times (P/A, K_b, 6)$$
$$K_b = 10\%$$

5. 优先股资本成本

企业发行优先股，既要支付筹资费用，又要定期支付股利。它与债券不同的是股利在税后支付，且没有固定到期日。优先股资本成本的计算公式为：

$$K_p = \frac{D}{P_0(1-f)}$$

式中：K_p 表示优先股资本成本；D 表示优先股每年股利；P_0 表示发行优先股总额；f 表示优先股筹资费用率。

【做中学 4-4】 企业按面值发行 100 万元优先股，股息为 10%，发行费率为 4%，则该优先股的资本成本为：

$$K_p = \frac{100 \times 10\%}{100 \times (1-4\%)} = 10.42\%$$

企业破产时，优先股股东的求偿权位于债权人之后，优先股股东风险大于债权人风险，因此，优先股股利率一般要大于负债利息率。另外，优先股股息支付不能抵扣企业所得税，因而与税后负债成本相比，优先股成本略高。

6. 普通股资本成本

普通股的特点是无到期日，股利是从企业税后利润中支付的，没有抵税利益，且每年支付股利不是固定的，原因是每年支付股利是与当年经营状况密切相关的。普通股资本成本的计算方法主要有两种。

(1) 股利增长模型

假定股利以固定年增长率（g）递增，则普通股资本成本的计算公式为：

$$K_s = \frac{D_1}{P_0(1-f)} + g$$

式中：K_s 表示普通股资本成本；D_1 表示预期第 1 年年末的股利；P_0 表示普通股市价；f 表示普通股筹资费用率；g 表示不变的股利年增长率。

在财务管理实务中，股利既不可能保持不变，也不可能永远按照恒定比率增长，甚至有些企业根本不发放股利。股利增长模型适用于那些定期发放股利、股利增长十分稳定的企业。

【做中学 4-5】 企业普通股每股发行价为 100 元，筹资费用率为 5%，预计下期每股股利为 12 元，以后每年股利增长率为 2%，该企业普通股成本为：

$$K_s = \frac{12}{100 \times (1-5\%)} + 2\% = 14.63\%$$

(2)资本资产定价模型

根据资本资产定价模型,假设普通股股东的相关风险是市场风险,那么股东所期望的风险收益就取决于股票的 β 系数和市场风险报酬,即:

$$K_s = R_f + \beta(R_m - R_f)$$

式中:K_s 表示普通股资本成本;R_f 表示无风险利率(一般以国债利率代替);β 表示某企业股票收益相对于市场上所有股票收益的变动幅度;R_m 表示市场平均收益率。

【做中学 4-6】 企业普通股的 β 系数为 1.5,无风险利率为 5%,市场股票平均收益率为 10%,则普通股资本成本为:

$$K_s = 5\% + 1.5 \times (10\% - 5\%) = 12.5\%$$

7. 留存收益资本成本

留存收益是企业税后净利形成的,是一种所有者权益,其实质是所有者向企业追加的投资。企业利用留存收益筹资无须发生筹资费用。如果企业将留存收益用于再投资,所获得收益率低于股东进行一项风险相似投资项目的收益率,企业就应该将其分配给股东。留存收益资本成本,表现为股东追加投资要求的报酬率,其计算与普通股成本相同,也分为股利增长模型法和资本资产定价模型法,不同点在于留存收益资本成本不考虑筹资费用。其计算公式为:

$$K_e = \frac{D_1}{P_0} + g$$

式中:K_e 表示留存收益资本成本;D_1 表示预期第 1 年年末的股利;P_0 表示普通股市价;g 表示不变的股利年增长率。

【做中学 4-7】 企业普通股每股市价为 150 元,第 1 年年末的股利为 15 元,以后每年增长 5%,则留存收益的资本成本为:

$$K_e = \frac{15}{150} + 5\% = 15\%$$

(二)综合资本成本

综合资本成本,又称加权平均资本成本(或简称平均资本成本),一般是以各种资本占全部资本比重为权数,对个别资本成本进行加权平均确定的。其计算公式为:

$$K_w = \sum_{j=1}^{n} K_j W_j$$

式中:K_w 表示综合资本成本;K_j 表示第 j 种个别资本成本;W_j 表示第 j 种个别资本占全部资本的比重(权数)。

综合资本成本计算存在着权数价值选择问题,即各项个别资本按什么权数来确定资本比重。通常,可供选择的价值形式有账面价值、市场价值和目标价值等。

1. 账面价值

账面价值权重,即以各项个别资本会计报表账面价值为基础来计算资本权数,确定各类资本占总资本的比重。其优点是资料容易取得,可以直接从资产负债表中得到,而且计算结果比较稳定。其缺点是当债券和股票的市价与账面价值差距较大时,导致按账面价值计算出来的资本成本不能反映目前从资本市场上筹集资本的现时机会成本,不适合评价现时的资本结构。

2. 市场价值

市场价值权重,即以各项个别资本的现行市价为基础来计算资本权数,确定各类资本占总资本的比重。其优点是能够反映现时的资本成本水平,有利于进行资本结构决策。但现行市价处于经常变动中,不容易取得,而且现行市价反映的只是现时的资本结构,不适用于未来的筹资决策。

3. 目标价值

目标价值权重，即以各项个别资本预计的未来价值为基础来确定资本权数，确定各类资本占总资本的比重。目标价值是目标资本结构要求下的产物，是企业筹措和使用资金对资本结构的一种要求。对于企业筹措新资金，需要反映期望的资本结构来说，目标价值是有益的，适用于未来的筹资决策，但目标价值的确定难免具有主观性。

以目标价值为基础计算资本权重，能体现决策的相关性。对目标价值权数的确定，既可以选择未来的市场价值，也可以选择未来的账面价值。选择未来的市场价值，与资本市场现状联系比较紧密，能够与现时的资本市场环境状况结合起来，目标价值权数的确定一般以现时市场价值为依据。但市场价值波动频繁，可行方案是选用市场价值的历史平均值，如30日、60日、120日均价等。总之，目标价值权重是主观愿望和预期的表现，依赖于财务管理人员的价值判断和职业经验。

【做中学4-8】 企业账面反映的资本共500万元，其中借款100万元，应付长期债券50万元，普通股250万元，保留盈余100万元；其成本分别为6.7%、9.17%、11.26%、11%。该企业的综合资本成本为：

$$K_w = 6.7\% \times \frac{100}{500} + 9.17\% \times \frac{50}{500} + 11.26\% \times \frac{250}{500} + 11\% \times \frac{100}{500} = 10.09\%$$

(三)边际资本成本

1. 边际资本成本概念

由于任何一个企业不可能以一个既定资本成本筹集到无限多资金，超过一定限度，资本成本就会变化。

边际资本成本是指资金每增加一个单位而增加的成本。在实务中，边际资本成本通常在某一筹资区间内保持稳定，当企业以某种筹资方式筹资超过一定限度时，边际资本成本会提高，此时，即使企业保持原有的资本结构，也仍有可能导致综合资本成本上升。因此，企业在新的筹资过程中，必须计算边际资本成本，以便正确进行追加筹资决策。

2. 边际资本成本计算

边际资本成本计算的具体步骤如下：

(1)确定目标资本结构。

(2)测算个别资本成本。

(3)计算筹资总额分界点。筹资总额分界点是指在保持某资本成本不变的条件下，可以筹集到的资金总限度。一旦筹资额超过筹资总限度分界点，即使维持现有资本结构，其资本成本也会增加。

(4)计算边际资本成本。根据计算出的分界点，可得出若干组新的筹资范围，对各筹资范围分别计算综合资本成本，即可得到各种筹资范围边际资本成本。

【做中学4-9】 企业目前有长期资本500万元，其中，银行借款100万元、公司债券120万元、优先股80万元、普通股200万元。企业为满足投资需求，准备追加资本。经研究分析，企业目前的资本结构为最优资本结构，因此决定追加筹资后仍维持原资本结构，即银行借款占20%、公司债券占24%、优先股占16%、普通股占40%。公司财务人员分析了资本市场状况和企业筹资能力，认为随资本额的增长，各种资本的资本成本也会发生变动，具体数据如表4-1所示。

表4—1　　　　　　　　　　　　企业目标资本结构构成及筹资能力分析

资本种类	目标资本结构	追加筹资额	个别资本成本
银行借款	20%	50 000元以内	4%
		50 000~200 000元	5%
		200 000元以上	6%
公司债券	24%	150 000元以内	8%
		150 000~300 000元	9%
		300 000元以上	10%
优先股	16%	200 000元以内	11%
		200 000元以上	13%
普通股	40%	250 000元以内	14%
		250 000~500 000元	15%
		500 000元以上	16%

首先,根据目标资本结构和各种筹资方式资本成本的分界点,计算筹资总额分界点。其计算公式为:

$$BP_i = \frac{TF_i}{W_i}$$

式中:BP_i为筹资总额分界点,TF_i为第i种筹资方式的成本分界点,W_i为第i种筹资方式在目标资本结构中所占的比重。

该企业计算的筹资总额分界点如表4—2所示。

表4—2　　　　　　　　　　　　企业筹资总额分析　　　　　　　　　　　　单位:元

资本种类	目标资本结构	个别资本成本	追加筹资额	筹资总额分界点
银行借款	20%	4%	50 000元以内	50 000÷0.2=250 000
		5%	50 000~200 000元	200 000÷0.2=1 000 000
		6%	200 000元以上	—
公司债券	24%	8%	150 000元以内	150 000÷0.24=625 000
		9%	150 000~300 000元	300 000÷0.24=1 250 000
		10%	300 000元以上	—
优先股	16%	11%	200 000元以内	200 000÷0.16=1 250 000
		13%	200 000元以上	—
普通股	40%	14%	250 000元以内	250 000÷0.4=625 000
		15%	250 000~500 000元	500 000÷0.4=1 250 000
		16%	500 000元以上	—

根据表4—2计算出的筹资总额分界点,可以得到5组筹资总额范围,分别是:①0~250 000元;②250 000~625 000元;③625 000~1 000 000元;④1 000 000~1 250 000元;⑤1 250 000元

以上。对以上5组筹资范围分别计算其综合资本成本,即可得到各种筹资范围内边际资本成本。计算结果如表4—3所示。

表4—3　　　　　　　　　　企业筹资范围内边际资本成本分析

筹资总额范围	资本种类	目标资本结构	资本成本	边际资本成本
0~250 000元	银行借款	20%	4%	4%×20%=0.8%
	公司债券	24%	8%	8%×24%=1.92%
	优先股	16%	11%	11%×16%=1.76%
	普通股	40%	14%	14%×40%=5.6%
	合　计			10.08%
250 000~625 000元	银行借款	20%	5%	5%×20%=1%
	公司债券	24%	8%	8%×24%=1.92%
	优先股	16%	11%	11%×16%=1.76%
	普通股	40%	14%	14%×40%=5.6%
	合　计			10.28%
625 000~1 000 000元	银行借款	20%	5%	5%×20%=1%
	公司债券	24%	9%	9%×24%=2.16%
	优先股	16%	11%	11%×16%=1.76%
	普通股	40%	15%	15%×40%=6%
	合　计			10.92%
1 000 000~1 250 000元	银行借款	20%	6%	6%×20%=1.2%
	公司债券	24%	9%	9%×24%=2.16%
	优先股	16%	11%	11%×16%=1.76%
	普通股	40%	15%	15%×40%=6%
	合　计			11.12%
1 250 000元以上	银行借款	20%	6%	6%×20%=1.2%
	公司债券	24%	10%	10%×24%=2.4%
	优先股	16%	13%	13%×16%=2.08%
	普通股	40%	16%	16%×40%=6.4%
	合　计			12.08%

从表4—3可以看出,在不同的筹资范围内,综合资本成本是不同的,并且随着筹资额增加而不断上升。企业在增加投资时,应该将投资报酬率和需要新增筹资边际资本成本比较,如果投资项目投资报酬率大于新增筹资边际资本成本,则该投资方案可取;否则,是不可取的。

任务二 杠杆原理

财务管理学中的杠杆原理是指由于固定费用（包括生产经营方面固定性经营成本和财务方面固定性资本成本）的存在，当业务量发生比较小的变化时，利润会产生比较大的变化。这种由于杠杆原理而产生的收益称为杠杆利益，但同时存在着相关风险。资本结构决策就需要在杠杆利益与其相关风险之间进行合理选择。

一、经营杠杆

（一）经营杠杆的概念

经营杠杆是指由于固定性经营成本的存在，而使得企业的资产报酬（息税前利润）变动率大于业务量变动率的现象。经营杠杆反映了资产报酬的波动性，用以评价企业的经营风险。用息税前利润（EBIT）表示资产总报酬，则：

$$EBIT = S - V - F = (p-b)Q - F = M - F$$

式中：$EBIT$ 表示息税前利润；S 表示销售额；V 表示变动性经营成本；F 表示固定性经营成本；Q 表示产销业务量；p 表示销售单价；b 表示单位变动成本；M 表示边际贡献。

上式中，影响 $EBIT$ 的因素有：①产品售价；②产品需求；③产品成本等因素。

（1）当产品成本中存在固定成本时，如果其他条件不变，产销业务量增加虽然不会改变固定成本总额，但会降低单位产品分摊的固定成本，从而提高单位产品利润，使息税前利润增长率大于产销业务量增长率，进而产生经营杠杆效应。

（2）当不存在固定性经营成本时，所有成本都是变动性经营成本，边际贡献等于息税前利润，此时，息税前利润变动率与产销业务量的变动率完全一致。

（二）经营杠杆系数

只要企业存在固定性经营成本，就存在经营杠杆效应。但不同的产销业务量，其经营杠杆效应的大小程度是不一致的。测算经营杠杆效应程度的常用指标为经营杠杆系数。经营杠杆系数（DOL），是息税前利润变动率与产销业务量变动率的比值，计算公式为：

$$经营杠杆系数 = \frac{息税前利润变动率}{产销业务量变动率}$$

或

$$DOL = \frac{\Delta EBIT/EBIT}{\Delta Q/Q}$$

式中：DOL 表示经营杠杆系数；$\Delta EBIT$ 表示息税前利润变动额；ΔQ 表示产销业务量变动值。

上式经整理为：

$$DOL = \frac{基期边际贡献}{基期息税前利润} = \frac{M}{M-F} = \frac{EBIT+F}{EBIT}$$

上式具体推导过程为：

$$EBIT = (p-b)Q - F,\ \Delta EBIT = (p-b)\Delta Q$$

$$\frac{\Delta EBIT}{EBIT} = \frac{(p-b)\Delta Q}{(p-b)Q - F}$$

则：

$$DOL = \frac{(p-b)\Delta Q/[(p-b)Q-F]}{\Delta Q/Q} = \frac{(p-b)Q}{(p-b)Q-F} = \frac{M}{EBIT} = \frac{M}{M-F}$$

【做中学 4-10】 企业生产 A 产品，其中固定性经营成本为 60 万元，变动成本率为 40%。当企业销售额分别为 400 万元、200 万元、100 万元时，其经营杠杆系数分别计算如下。

当销售额 $S=400$ 万元时：
$$DOL = \frac{400-400\times 40\%}{400-400\times 40\%-60} = 1.33$$

当销售额 $S=200$ 万元时：
$$DOL = \frac{200-200\times 40\%}{200-200\times 40\%-60} = 2$$

当销售额 $S=100$ 万元时：
$$DOL = \frac{100-100\times 40\%}{100-100\times 40\%-60} \rightarrow \infty$$

以上计算结果表明：

(1) 在固定性经营成本不变时，经营杠杆系数说明了销售额变动所引起息税前利润变动的幅度。当销售额为 400 万元时，销售额增减会引起息税前利润 1.33 倍的增减；而销售额为 200 万元时，销售额增减则引起息税前利润 2 倍增减变动。

(2) 在固定性经营成本不变时，销售额越大，经营杠杆系数越小，经营风险就越小；反之，销售额越小，经营杠杆系数越大，经营风险也就越大。当销售额在 200 万元时，其经营风险明显大于销售额在 400 万元时的经营风险。

(3) 当销售额处于盈亏临界点（即保本点）时，经营杠杆系数趋于无穷大。当销售额为 100 万元时，企业经营只能保本；如果销售额稍有增加，便可出现盈利；而如果销售额稍有减少，便会发生亏损。

企业一般可以通过增加销售额、降低产品单位变动成本、降低固定成本比重等措施使经营杠杆系数下降，降低经营风险。当然，这往往要受到各种条件的制约。

(三) 经营杠杆与经营风险

经营风险是指企业由于生产经营上的原因而导致资产报酬波动的风险。引起企业经营风险的主要原因是市场需求和生产成本等因素的不确定性，经营杠杆本身并不是资产报酬不确定的根源，只是资产报酬波动的表现。但是，经营杠杆放大了市场和生产等因素变化对利润波动的影响。经营杠杆系数越高，表明资产报酬等利润波动程度越大，经营风险也就越大。经营杠杆系数的计算公式为：

$$DOL = \frac{EBIT+F}{EBIT} = 1 + \frac{F}{EBIT}$$

上式表明，在企业不发生经营性亏损、息税前利润为正的前提下，经营杠杆系数最低为 1，不会为负数；只要有固定性经营成本存在，经营杠杆系数总是大于 1 的。

从上式可知，影响经营杠杆的因素包括：①企业成本结构中的固定成本比重；②息税前利润水平。其中，息税前利润水平又受产品销售数量、销售价格、成本水平（单位变动成本和固定成本总额）高低的影响。固定成本比重越高、成本水平越高、产品销售数量和销售价格水平越低，经营杠杆效应越大；反之则反是。

二、财务杠杆

(一) 财务杠杆的概念

财务杠杆是指由于固定性资本成本的存在而使得企业每股收益变动率大于息税前利润变动率的现象。财务杠杆反映了股权资本报酬波动性，用以评价企业的财务风险，用每股收益表示普通股权益资本报酬，则：

$$TE=(EBIT-I)(1-T)$$
$$EPS=(EBIT-I)(1-T)\div N$$

式中：TE 表示全部普通股净收益；EPS 表示每股收益；I 表示债务资本利息；T 表示所得税税率；N 表示普通股股数。

上式中，影响每股收益的因素包括资产报酬、资本成本、所得税税率等。

(1)当有固定利息费用等资本成本存在时，如果其他条件不变，息税前利润增加虽然不改变固定利息费用总额，但会降低每一元息税前利润分摊的利息费用，从而提高每股收益，使得每股收益增长率大于息税前利润增长率，进而产生财务杠杆效应。

(2)当不存在固定利息、股息等资本成本时，息税前利润就是利润总额，此时利润总额变动率与息税前利润变动率完全一致。如果两期所得税税率和普通股股数保持不变，每股收益变动率与利润总额变动率也就完全一致，进而与息税前利润变动率一致。

(二)财务杠杆系数

只要企业融资方式中存在固定性资本成本，就存在财务杠杆效应。如固定利息、固定融资租赁费等的存在，都会产生财务杠杆效应。在同一固定资本成本支付水平上，不同息税前利润水平，对固定资本成本承受的负担是不一样的，其财务杠杆效应大小程度是不一致的。测算财务杠杆效应程度，常用指标为财务杠杆系数。财务杠杆系数(DFL)，是每股收益变动率与息税前利润变动率的倍数，其计算公式为：

$$财务杠杆系数=\frac{普通股每股利润变动率}{息税前利润变动率}$$

或

$$DFL=\frac{\Delta EPS/EPS}{\Delta EBIT/EBIT}$$

式中：DFL 表示财务杠杆系数；ΔEPS 表示每股收益变动额；ΔEBIT 表示息税前利润变动额；EBIT 表示变动前息税前利润。

为便于计算，根据每股利润的计算公式，上面公式可简化为：

$$EPS=\frac{(EBIT-1)(1-T)}{N}, \Delta EPS=\frac{\Delta EBIT(1-T)}{N}$$

则：

$$DFL=\frac{EBIT}{EBIT-1}$$

式中：I 表示债务年利息额；T 表示所得税税率；N 表示流通在外普通股股数。

如果企业存在优先股，则普通股利润应为基期息税前利润减去利息费用、所得税和优先股股利后的余额。即：

$$DFL=\frac{EBIT}{EBIT-1-D/(1-T)}$$

式中：D 表示优先股股利；其他符号的含义与前述公式中含义相同。

【做中学 4-11】 甲、乙、丙企业为同类行业企业，相关资料如表 4-4 所示。

表 4-4　　　　　　　　　　财务杠杆系数计算与比较表　　　　　　　　　　单位：元

项　目	甲企业	乙企业	丙企业
普通股本	2 000 000	1 500 000	1 000 000
流通股股数	20 000	15 000	10 000

续表

项目	甲企业	乙企业	丙企业
债务(利率8%)	0	500 000	1 000 000
资产总额	2 000 000	2 000 000	2 000 000
息税前利润	200 000	200 000	200 000
债务利息	0	40 000	80 000
税前利润	200 000	160 000	120 000
所得税(税率25%)	50 000	40 000	30 000
税后利润	150 000	120 000	90 000
财务杠杆系数	1	1.25	1.67
每股收益	7.5	8	9
息税前利润增加	200 000	200 000	200 000
债务利息	0	40 000	80 000
税前利润	400 000	360 000	320 000
所得税(税率25%)	100 000	90 000	80 000
税后利润	300 000	270 000	240 000
每股收益	15	18	24

其他相关资料说明如下：

(1)财务杠杆系数表明是息税前利润增长所引起每股收益增长幅度。如甲企业息税前利润增长1倍时，其每股收益也增长1倍(15÷7.5-1);乙企业息税前利润增长1倍时，其每股收益增长1.25倍(18÷8-1);丙企业息税前利润增长1倍时，其每股收益增长1.67倍(24÷9-1)。

(2)在资本总额、息税前利润相同的情况下，负债比率越高，财务杠杆系数越大，财务风险越大，但预期每股收益也越高。如乙企业与甲企业相比，负债比率高(乙企业资产负债率为500 000÷2 000 000×100%=25%，甲企业资产负债率为0)，财务杠杆系数高(乙企业为1.25,甲企业为1)，财务风险大，但每股收益也高(乙企业为8元，甲企业为7.5元);丙企业与乙企业相比，负债率更高(丙企业资产负债率为1 000 000÷2 000 000×100%=50%)，财务杠杆系数更高(丙企业为1.67)，财务风险更大，但每股收益更高(丙企业为9元)。

负债率是可以控制的。企业可以通过合理安排资本结构、适度负债，使财务杠杆收益抵消风险增大所带来的不利影响。

(三)财务杠杆与财务风险

财务风险是指企业由于筹资原因产生的资本成本负担而导致的每股收益波动的风险。引起企业财务风险的主要原因是资产报酬的不利变化和资本成本的固定负担。由于财务杠杆的作用，当息税前利润下降时，企业仍然需要支付固定的资本成本，导致普通股剩余收益以更快的速度下降。财务杠杆放大了资产报酬变化对每股收益的影响，财务杠杆系数越高，表明每股收益的波动程度越大，财务风险也就越大。只要有固定性资本成本存在，财务杠杆系数总是大于1。

从上述公式可知，影响财务杠杆的因素包括：①企业资本结构中债务资本比重；②每股收益水平；③所得税税率水平。其中，每股收益水平又受息税前利润、固定资本成本(利息)高低的影响。

债务成本比重越高、固定的资本成本支付额越高、息税前利润水平越低,财务杠杆效应越大;反之则反是。

三、综合杠杆

(一)综合杠杆的概念

经营杠杆和财务杠杆可以独自发挥作用,也可以综合发挥作用,综合杠杆是用来反映两者之间共同作用的结果,即权益资本报酬与产销业务量之间的变动关系。由于固定性经营成本的存在,产生经营杠杆效应,引致产销业务量变动对息税前利润变动有放大作用;同样,由于固定性资本成本的存在,产生财务杠杆效应,引致息税前利润变动对每股收益有放大作用。两种杠杆共同作用,将引致产销业务量的变动引起每股收益更大的变动。

综合杠杆,也称复合杠杆或总杠杆,是指由于固定经营成本和固定资本成本的存在,引致每股收益变动率大于产销业务量变动率的现象。

(二)综合杠杆系数

只要企业同时存在固定性经营成本和固定性资本成本,就存在综合杠杆效应。销售量变动通过息税前利润变动,传导至每股收益,使得每股收益发生更大的变动。用综合杠杆系数(又称总杠杆系数,DCL)表示综合杠杆效应程度,可见,综合杠杆系数是经营杠杆系数和财务杠杆系数的乘积,是每股收益变动率相当于销售量变动率的倍数,其计算公式为:

$$综合杠杆系数 = \frac{每股收益变动率}{销售量变动率}$$

或

$$DCL = \frac{\Delta EPS/EPS}{\Delta Q/Q} = DOL \times DFL$$

式中:DCL 表示综合杠杆系数;其他符号的含义与前述公式中的含义相同。

【做中学4-12】 企业有20万元债务,利率为8%,销售单价为50元,变动营业成本为每件25元,每年固定营业成本为10万元,所得税税率为25%。请确定生产和销售量为8 000件时的经营杠杆、财务杠杆和综合杠杆。

解:$M = 8\,000 \times (50 - 25) = 200\,000$(元)

$F = 100\,000$(元)

$EBIT = M - F = 200\,000 - 100\,000 = 100\,000$(元)

$I = 200\,000 \times 8\% = 16\,000$(元)

$$DOL = \frac{M}{M-F} = \frac{200\,000}{200\,000 - 100\,000} = 2$$

$$DFL = \frac{EBIT}{EBIT - 1} = \frac{100\,000}{100\,000 - 16\,000} = 1.19$$

$DCL = DOL \times DFL = 2 \times 1.19 = 2.38$

如果没有财务杠杆,企业综合杠杆系数将等于经营杠杆系数,上例的值为2(没有财务杠杆的企业的 $DFL = 1$)。但是,该企业的财务杠杆将 DOL 数值放大了1.19倍,从而得到综合杠杆系数为2.38。

(三)综合杠杆与总风险

企业总风险即复合风险,是指企业未来每股收益的不确定性,它是由经营风险和财务风险组成的。综合杠杆系数反映了企业每股收益变动率随企业业务量变动率变化的程度,这种放大的作用是经营杠杆和财务杠杆共同作用的结果。综合杠杆系数越大,总风险就越大。

经营杠杆和财务杠杆可以按多种方式联合以得到一个理想的综合杠杆系数和企业总风险水平。高经营风险可以被较低的财务风险抵消。适合的企业总风险水平需要在企业总风险与期望收益之间进行权衡,这一权衡过程必须与股东价值最大化目标一致。

任务三 资本结构

企业应重视自身资本结构,这就需要综合考虑与资本结构有关的影响因素,运用适当的方法确定最佳资本结构,提升企业价值。若企业现有资本结构不合理,应通过筹资活动优化调整资本结构,使其趋于科学合理化,实现企业财务管理目标。

一、资本结构的概念

资本结构是指企业资本总额中各种资本构成及其比例关系。在筹资活动中,资本结构有广义和狭义之分。广义资本结构包括全部债务与股东权益构成比率;狭义资本结构则指长期负债与股东权益资本构成比率。在狭义资本结构下,短期债务作为营运资金来管理。

不同资本结构会给企业带来不同后果。企业利用债务资本进行举债经营具有双重作用,既可以发挥财务杠杆效应,也可能带来财务风险。因此,企业必须权衡财务风险与资本成本的关系,确定最佳资本结构。

从理论上讲,最佳资本结构是存在的,但由于企业内部条件和外部环境经常性变化,动态地保持最佳资本结构十分困难。因此,在实务中,目标资本结构通常是企业结合自身实际进行适度负债经营所确立的最佳资本结构。

二、影响资本结构的因素

(一)企业经营状况的稳定性和成长率

业务量的稳定程度对资本结构有重要影响:如果产销业务稳定,企业可较多地负担固定财务费用;如果产销业务量和盈余有周期性,则负担固定财务费用将承担较大的财务风险。经营发展能力表现为未来产销业务量的增长率,如果产销业务量能够以较高的水平增长,企业可以采用高负债的资本结构,以提升权益资本的报酬。

(二)企业的财务状况和信用等级

企业财务状况良好,信用等级高,则容易获得债务资金;相反,如果企业财务状况欠佳,信用等级不高,债权人投资风险大,这样会降低企业获得债务资金的能力,加大筹资的难度。

(三)企业的资产结构

资产结构是企业筹集资本后进行资源配置和使用后的资金占用结构,包括长短期资产构成和比例,以及长短期资产内部的构成和比例。资产结构对企业资本结构的影响主要包括:拥有大量固定资产的企业主要通过发行股票融通资金;拥有较多流动资产的企业更多地依赖流动负债融通资金,资产适用于抵押贷款的企业负债较多,以技术研发为主的企业则负债较少。

(四)企业投资人和管理当局的态度

从企业所有者的角度看,如果企业股权分散,企业可能更多地采用权益资本筹资以分散企业风险。如果企业为少数股东控制,股东通常重视企业控股权问题,为防止控股权稀释,企业一般尽量避免普通股筹资,而采用优先股或债务资金筹资。

从企业管理当局的角度看,高负债资本结构的财务风险高,一旦经营失败或出现财务危机,管理当局将面临市场接管的威胁或者被董事会解聘。因此,稳健的管理当局偏好于选择低负债比例的资本结构。

(五)行业特征和企业发展阶段

不同行业的资本结构差异很大。产品市场稳定的成熟产业经营风险低,因此可提高债务资金比重,发挥财务杠杆作用。高新技术企业产品、技术、市场尚不成熟,经营风险高,因此可降低债务资金比重,控制财务杠杆风险。同一企业不同发展阶段,资本结构安排不同。企业初创阶段,经营风险高,在资本结构安排上应控制负债比例;企业发展成熟阶段,产品产销业务量稳定并持续增长,经营风险低,可适度增加债务资金比重,发挥财务杠杆效应;企业收缩阶段,产品市场占有率下降,经营风险逐步加大,应逐步降低债务资金比重,保证经营现金流量能够偿付到期债务,保持企业持续经营能力,减少破产风险。

(六)经济环境的税务政策和货币政策

资本结构决策必然要研究理财环境因素,特别是宏观经济状况。政府调控经济的手段包括财政税收政策和货币金融政策,当所得税税率较高时,债务资金的抵税作用大,企业应充分利用这种作用以提高企业价值。货币金融政策影响资本供给,从而影响利率水平的变动,当国家执行紧缩的货币政策时,市场利率较高,企业债务资金成本增大。

三、最佳资本决策

企业资本结构决策就是要确定最佳资本结构,并且在财务风险适度的条件下,使其预期综合资本成本最低,同时使企业价值最大化的资本结构。为此,资本结构优化目标是降低综合资本成本或提高每股收益。通常情况下,资本结构决策采用的方法有:每股收益分析法、综合资本成本比较法、企业价值法。

(一)每股收益分析法

每股收益受到经营利润水平、债务资本成本水平等因素影响,分析每股收益与资本结构关系,可以找到每股收益无差别点。所谓每股收益无差别点,是指不同筹资方式下每股收益都相等时所对应的息税前利润和业务量水平。根据每股收益无差别点,可以分析判断在什么样的息税前利润水平或产销业务量水平前提下,适于采用何种筹资组合方式,进而确定企业资本结构安排。

在每股收益无差别点上,无论是采用债务方案还是采用股权筹资方案,每股收益都是相等的。当预期息税前利润或业务量水平大于每股收益无差别点时,应当选择财务杠杆效应较大的筹资方案;反之亦然。

如果用 EPS_1 和 EPS_2 分别表示两个不同筹资方案的每股收益,则在每股收益无差别点上存在 $EPS_1=EPS_2$,即:

$$\frac{\overline{(EBIT-I_1)}(1-T)\cdot D_1}{N_1}=\frac{\overline{(EBIT-I_2)}(1-T)\cdot D_2}{N_2}$$

式中:$\overline{EBIT}$ 表示每股收益无差别点上的息税前利润;I_1、I_2 表示两种筹资方式下的利息;D_1、D_2 表示两种筹资方式下的优先股股利;N_1、N_2 表示两种筹资方式下发行在外的普通股股数。

【做中学 4-13】 企业现有资本共 1 000 万元,其中,银行借款 400 万元,贷款利率为 10%,发行在外普通股 10 万股,股本总额 600 万元。由于生产经营需要,企业需追加筹资 600 万元,企业追加筹资之后年息税前利润将达到 180 万元,企业适用所得税税率为 25%。现有两个方案可供选择:

方案甲：追加筹资通过发行普通股股票，发行10万股，每股60元。

方案乙：追加筹资通过银行借款筹资，贷款利率为10%。

根据上述资料可得：

$$\frac{(\overline{EBIT}-400\times10\%)(1-25\%)}{10+10}=\frac{(\overline{EBIT}-400\times10\%-600\times10\%)(1-25\%)}{10}$$

$$\overline{EBIT}=160(万元)$$

将 $\overline{EBIT}=160$ 代入上面等式任意一边可得：

$$EPS=\frac{(\overline{EBIT}-I)(1-T)}{M}=\frac{(160-400\times10\%)(1-25\%)}{10+10}=4.5(元)$$

或 $EPS=\dfrac{(160-400\times10\%-600\times10\%)(1-25\%)}{10}=4.5(元)$

上述关系可以用图4—1表示。

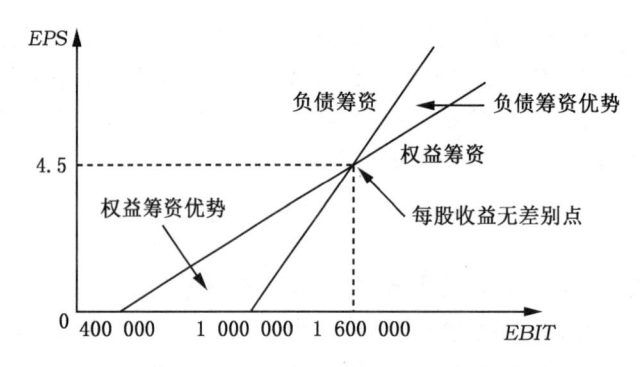

图4—1 方案甲、乙每股收益无差别点

从图4—1可以看出，每股收益无差别点对应息税前利润为160万元，每股收益为4.5元。

(1)当企业的息税前利润高于160万元时，利用银行借款负债筹资能够获得更高每股收益。

(2)当息税前利润低于160万元时，利用发行普通股股票权益资金筹资可以获得更高每股收益。

因为企业筹资后息税前利润可以达到180万元，所以该企业筹资方案应该采用向银行借款负债筹资能够获得更高每股收益，即方案乙。

(二)综合资本成本比较法

综合资本成本比较法，是通过计算和比较各种可能筹资组合方案的综合资本成本，选择综合资本成本最低的方案，即能够降低综合资本成本的资本结构，就是合理的资本结构。这种方法侧重于从资本投入角度对筹资方案和资本结构进行优化分析。

【做中学4—14】 企业欲筹资300万元，有三个备选方案，其资本结构分别如下：方案甲：银行借款50万元、债券150万元、普通股股本100万元。方案乙：银行借款70万元、债券80万元、普通股股本150万元。方案丙：银行借款100万元、债券120万元、普通股股本80万元。银行借款、债券、普通股相应个别资本成本如表4—5所示。

表4—5 筹资额及个别资本成本 金额单位：万元

筹资方式	方案甲 筹资额	方案甲 资本成本	方案乙 筹资额	方案乙 资本成本	方案丙 筹资额	方案丙 资本成本
银行借款	50	6%	70	6.5%	100	7%

续表

筹资方式	方案甲 筹资额	方案甲 资本成本	方案乙 筹资额	方案乙 资本成本	方案丙 筹资额	方案丙 资本成本
债券	150	9%	80	7.5%	120	8%
普通股股本	100	15%	150	15%	80	15%
合计	300	—	300	—	300	—

根据上述资料可以计算各方案综合资本成本。

方案甲：$K_w = 6\% \times \dfrac{50}{300} + 9\% \times \dfrac{150}{300} + 15\% \times \dfrac{100}{300} = 10.5\%$

方案乙：$K_w = 6.5\% \times \dfrac{70}{300} + 7.5\% \times \dfrac{80}{300} + 15\% \times \dfrac{150}{300} = 11.02\%$

方案丙：$K_w = 7\% \times \dfrac{100}{300} + 8\% \times \dfrac{120}{300} + 15\% \times \dfrac{80}{300} = 9.53\%$

通过以上计算与比较，方案丙的综合资本成本最低。在其他有关因素相同的条件下，方案丙是最好的筹资方案，其形成的资本结构（即长期借款100万元、债券120万元、普通股股本80万元）可确定为该企业的最佳资本结构。

（三）企业价值法

企业价值法，是在考虑市场风险的基础上，以企业市场价值为标准，进行资本结构优化。能够提升企业价值的资本结构，就是合理的资本结构。这种方法主要用于对现有资本结构进行调整，适用于资本规模较大的上市企业资本结构优化分析。同时，在企业价值最大的资本结构下，企业综合资本成本也是最低的。

设 V 表示企业价值，B 表示债务资本价值，S 表示权益资本价值。企业价值应该等于资本市场价值，即：

$$V = S + B$$

为简化分析，假设企业各期 $EBIT$ 保持不变，债务资本市场价值等于其面值，权益资本市场价值可通过下式计算：

$$S = \dfrac{(EBIT - I)(1 - T)}{K_s}$$

且：

$$K_s = R_f + \beta(R_m - R_f)$$

此时：

$$K_w = K_b \dfrac{E}{V}(1 - T) + K_s \dfrac{S}{V}$$

【做中学 4-15】 企业息税前利润为400万元，资本总额账面价值为2 000万元。假设净利润全部用于发放股利，无风险报酬率为6%，证券市场平均报酬率为10%，所得税税率为25%，债务市场价值等于面值。经测算，不同债务水平上的税前债务资本成本和普通股资本成本如表4-6所示。

表4-6　　　　不同债务水平上的税前债务资本成本和普通股资本成本

债务市场价值B(万元)	税前债务利率	β系数	普通股资本成本
0	—	1.5	12.00%
200	8.00%	1.55	12.20%

续表

债务市场价值B(万元)	税前债务利率	β系数	普通股资本成本
400	8.50%	1.65	12.60%
600	9.00%	1.8	13.20%
800	10.00%	2.0	14.00%
1 000	12.00%	2.3	15.20%
1 200	15.00%	2.7	16.80%

根据表4—6资料,可计算出不同资本结构下的企业价值和综合资本成本,如表4—7所示。

表4—7　　　　　　　　　　　企业价值和综合资本成本　　　　　　　　金额单位:万元

债务市场价值	股票市场价值	企业价值	债务税后资本成本	普通股资本成本	综合资本成本
0	2 500	2 500	—	12.00%	12.00%
200	2 361	2 561	6.00%	12.20%	11.72%
400	2 179	2 579	6.38%	12.60%	11.64%
600	1 966	2 566	6.75%	13.20%	11.69%
800	1 714	2 514	7.50%	14.00%	11.93%

可以看出,在没有债务资本的情况下,企业总价值等于股票的账面价值。当企业增加一部分债务时,财务杠杆开始发挥作用,股票市场价值大于其账面价值,企业总价值上升,综合资本成本下降。在债务达到600万元时,企业总价值最高,综合资本成本最低。债务超过600万元后,随着利息率的不断上升,财务杠杆作用逐步减弱甚至呈现相反作用,企业总价值下降,综合资本成本上升。因此,债务为600万元时的资本结构是该企业的最佳资本结构。

关键术语

资本成本　　个别资本成本　　综合资本成本　　边际资本成本　　经营杠杆　　财务杠杆
财务杠杆系数　　综合杠杆　　资本结构

应知考核

一、单项选择题

1. 下列说法不正确的是(　　)。
   A. 资本成本是一种机会成本　　　　B. 通货膨胀影响资本成本
   C. 证券的流动性影响资本成本　　　D. 融资规模不影响资本成本

2. 某企业发行5年期债券,债券面值为1 000元,票面利率10%,每年付息一次,发行价为1 100元,筹资费率为3%,所得税税率为25%,则该债券的资金成本是(　　)。
   A. 9.37%　　　　B. 6.76%　　　　C. 7.03%　　　　D. 6.62%

3. 企业向银行取得借款100万元,年利率为5%,期限为3年。每年付息一次,到期还本,所得税税率为25%,手续费忽略不计,则该项借款的资金成本为(　　)。
   A. 3.75%　　　　B. 5%　　　　　C. 4.5%　　　　　D. 3%

4. 某企业的资金总额中,债券筹集的资金占40%,已知债券筹集的资金在500万元以下时其资金成本为4%,在500万元以上时其资金成本为6%,则在债券筹资方式下企业的筹资总额分界点是( )元。
  A. 1 000   B. 1 250   C. 1 500   D. 1 650

5. 某企业2021年的销售额为1 000万元,变动成本为600万元,固定经营成本为200万元,预计2022年固定成本不变,则2022年的经营杠杆系数为( )。
  A. 2   B. 3   C. 4   D. 无法计算

二、多项选择题

1. 下列关于资本成本的说法正确的有( )。
   A. 任何投资项目的投资收益率必须高于资本成本
   B. 是最低可接受的收益率
   C. 是投资项目的取舍收益率
   D. 等于各项资本来源的成本加权计算出的平均数

2. 在市场经济环境中,决定企业资本成本高低的主要因素包括( )。
   A. 总体经济环境   B. 证券市场条件
   C. 企业内部的经营和融资状况   D. 项目融资规模

3. 经营风险是指企业未使用债务时经营的内在风险,影响经营风险的主要因素包括( )。
   A. 产品需求   B. 产品售价
   C. 产品成本   D. 调整价格的能力

4. 利用每股收益无差别点进行企业资本结构分析时( )。
   A. 考虑了风险因素
   B. 当预计销售额高于每股收益无差别点时,负债筹资方式比普通股筹资方式好
   C. 能提高每股收益的资本结构是合理的
   D. 在每股收益无差别点上,每股收益不受融资方式影响

5. 在个别资本成本中需要考虑所得税因素的是( )。
   A. 债券成本   B. 银行借款成本
   C. 普通股成本   D. 留存收益成本

三、判断题

1. 计算加权平均资本成本时,可以有三种权数,即账面价值权数、市场价值权数和目标价值权数,其中账面价值权数既方便又可靠。( )

2. 当产品成本变动时,若企业具有较强的调整价格的能力,经营风险就小;反之,经营风险就大。( )

3. 当债务资本比率较高时,经营风险较大。( )

4. 当息税前利润处于每股收益无差别点上,不管采用何种筹资方式都是同样的每股收益。( )

5. 企业价值大小与资本成本结构没有关系。( )

四、简述题

1. 简述资本成本的概念和作用。

2. 简述影响资本成本的因素。
3. 简述边际资本成本计算的具体步骤。
4. 简述财务杠杆的概念及测算财务杠杆效应程度的指标。
5. 简述资本结构的概念、影响因素及常用的方法。

五、计算题

1. 某企业发行 100 万元期限为 10 年的债券，票面利润为 11%，每年支付利息，发行费用率为 4%，所得税税率为 25%。

要求：
(1) 计算债券按面值发行的资本成本；
(2) 计算债券按 1∶1.1 的溢价发行的资本成本。

2. 某普通股发行价为 98 元/股，筹资费用率为 5%，预计第 1 年年末发放股利 12 元/股，以后每年增长 3%。

要求：计算该普通股资本成本。

3. 某公司的 β 系数为 1.5，无风险利润为 11%，股票市场平均报酬率为 17%。

要求：计算该公司的普通股的资本成本。

4. 某公司拟发行优先股 100 万元，预定年股利率为 12%，预计筹资费用为 4 万元。

要求：计算该公司优先股的资本成本。

应会考核

■ 观念应用

【背景资料】

财务杠杆原理的应用

某企业只生产和销售 A 产品，其总成本线性模型为 $y=30\,000+5x$。假定该企业 2021 年度 A 产品销售量为 50 000 件，每件售价为 8 元；按市场预测，2022 年 A 产品的销售数量将增长 10%。

【考核要求】
(1) 计算 2021 年该企业的边际贡献总额。
(2) 计算 2021 年该企业的息税前利润。
(3) 计算 2022 年该企业的经营杠杆系数。
(4) 计算 2022 年该企业的息税前利润增长率。

■ 技能应用

最佳资金结构的理解

某公司拟筹资 1 000 万元，现有甲、乙两个备选方案。有关资料如表 4—8 所示。

表 4—8　　　　　　　　　　甲、乙两个备选方案　　　　　　　　　　单位：万元

筹资方式	甲方案	乙方案
长期借款	200，资金成本 9%	180，资金成本 9%
债券	300，资金成本 10%	200，资金成本 10.5%
普通股	500，资金成本 12%	620，资金成本 12%
合　计	1 000	1 000

【技能要求】

试确定该公司的最佳资金结构。

■ 案例分析

【情景与背景】

总杠杆的分析

某公司长期资本总额为 200 万元,其中长期债务占 50%,利率为 10%,公司销售额为 50 万元,固定成本总额为 5 万元,变动成本率为 60%。

【分析要求】

求 DOL、DFL、DCL 的值,并对总杠杆进行分析。

项目实训

【实训项目】

资本成本结构。

【实训情境】

综合资本成本的应用

某公司原资本结构如表 4—9 所示。目前普通股的每股市价为 12 元,预期第 1 年的股利为 1.5 元,以后每年以固定的增长率 3% 增长,不考虑证券筹资费用,企业适用的所得税税率为 25%。企业目前拟增资 2 000 万元,以投资于新项目。

表 4—9　　　　　　　　　　　　　　某公司原资本结构

资本结构	金额(万元)
债券(年利率 8%)	3 000
普通股(每股面值 1 元,发行价 12 元,共 500 万股)	6 000
合　计	9 000

有以下两个方案可供选择:

方案一:按面值发行 2 000 万元债券,债券年利率 10%,同时由于企业风险的增加,所以普通股的市价降为 11 元/股(股利不变)。

方案二:按面值发行 1 340 万元债券,债券年利率 9%,同时按照 11 元/股的价格发行普通股股票筹集 660 万元资金(股利不变)。

【实训任务】

采用综合资本成本法判断企业应采用哪一种方案。

《资本成本结构》实训报告		
项目实训班级：	项目小组：	项目组成员：
实训时间：　　年　月　日	实训地点：	实训成绩：
实训目的：		
实训步骤：		
实训结果：		
实训感言：		

用 Excel 解决本项目问题

项目五

项目投资管理

○ **知识目标**

熟知:投资的概念和种类;项目投资的概念、特点与意义;项目投资决策及其影响因素。

理解:项目投资金额及其投入方式;项目投资决策的程序。

掌握:现金流量的内容;现金流量的分析计算;非贴现和贴现投资评价方法;项目投资决策评价指标的运用。

○ **技能目标**

能够确定项目投资的现金流量构成内容;能够进行项目投资的现金流量估算;具备运用项目投资决策方法进行投资方案决策的能力。

○ **素质目标**

运用所学的项目投资管理知识,根据企业所处的内外部环境状况,估计项目投资的现金流量,并能够用适当的项目投资决策方法对最佳投资方案作出选择,培养和提高学生在特定业务情境中分析问题与决策设计的能力;结合行业规范或标准,强化学生的职业道德素质。

○ **思政目标**

能够正确地理解"不忘初心"的核心要义和精神实质;树立正确的世界观、人生观和价值观,做到学思用贯通、知信行统一;通过项目投资管理知识,既要纵观全局,以国家经济政策为导向,还要结合企业自身的特点,综合权衡,选择一个在现有条件下最适合企业发展的投资方案。对于新生代的有志青年来讲,在这样一个大数据、互联网快速发展的新时代,需要结合自身特点选择一个好的方案来投资自己(比如学习、创业),让自己在未来的人生道路上拥有更多的选择权。打铁还需自身硬,有时候选择大于努力,思路决定出路,观念决定命运,梦想照亮人生。

○ **项目引例**

康元葡萄酒公司的项目投资决策

康元葡萄酒公司是生产葡萄酒的中型企业,该公司生产的葡萄酒酒香纯正、价格合理,长期以来供不应求。为了扩大生产能力,康元葡萄酒公司准备新建一条生产线。

张晶是该公司的助理会计师,主要负责投资工作。总会计师王冰要求张晶搜集建设葡萄酒新生产线的有关资料,并对投资项目进行财务评价,以供公司领导决策考虑。

张晶经过半个月的搜集,得到以下有关资料:

(1)投资新的生产线需一次性投入1 000万元,建设期1年,预计可使用10年,报废时无残值收入;按税法要求,该生产线的折旧年限为8年,使用直线法折旧,残值率为10%。

(2)购置设备所需的资金通过银行借款筹措,借款期限为4年,每年年末支付利息100万元,第4年年末用税后利润偿付本金。

(3)该生产线投入使用后,预计可使公司第1~5年的销售收入每年增长1 000万元,第6~10

年的销售收入每年增长 800 万元,耗用的人工和原材料等成本为收入的 60%。

(4) 生产线建设期满后,公司还需垫支流动资金 200 万元。

(5) 所得税税率为 25%。

(6) 银行借款的资金成本为 10%。

思考与讨论:如何对项目投资进行可行性评价?

○ 知识精讲

任务一 项目投资管理概述

一、投资的概念和种类

(一) 投资的概念

投资是指特定经济主体(包括国家、企业和个人)为了在未来可预见的时期内获得收益或使资金增值,在一定时期向一定领域的标的物投放足够数额的资金或实物等货币等价物的经济行为。从特定企业角度看,投资就是企业为获取收益而向一定对象投放资金的经济行为。

(二) 投资的种类

1. 按照投资行为的介入程度,分为直接投资和间接投资

(1) 直接投资是指不借助金融工具,由投资人直接将资金转移交付给被投资对象使用的投资,包括企业内部直接投资和对外直接投资,前者形成企业内部直接用于生产经营的各项资产,如各种货币资金、实物资产、无形资产等,后者形成企业持有的各种股权性资产,如持有子公司或联营公司股份等。

(2) 间接投资是指通过购买被投资对象发行的金融工具而将资金间接转移交付给被投资对象使用的投资,如企业购买特定投资对象发行的股票、债券、基金等。

2. 按照投入的领域不同,分为生产性投资和非生产性投资

(1) 生产性投资是指将资金投入生产、建设等物质生产领域中,并能够形成生产能力或可以产出生产资料的一种投资,又称为生产资料投资。这种投资的最终成果将形成各种生产性资产,包括形成固定资产的投资、形成无形资产的投资、形成其他资产的投资和流动资金投资。其中,前三项属于垫支资本投资,最后一项属于周转资本投资。

(2) 非生产性投资是指将资金投入非物质生产领域中,不能形成生产能力,但能形成社会消费或服务能力,满足人民的物质文化生活需要的一种投资。这种投资的最终成果是形成各种非生产性资产。

3. 按照投资的方向不同,分为对内投资和对外投资

(1) 对内投资就是项目投资,是指企业将资金投放于为取得供本企业生产经营使用的固定资产、无形资产、其他资产和垫支流动资金而形成的一种投资。

(2) 对外投资是指企业为购买国家及其他企业发行的有价证券或其他金融产品(包括期货与期权、信托、保险),或以货币资金、实物资产、无形资产向其他企业(如联营企业、子公司等)注入资金而发生的投资。

4. 按投资项目之间的相互关联关系,分为独立投资和互斥投资

(1) 独立投资是相容性投资,各个投资项目之间互不关联、互不影响,可以同时并存。例如,建造一个饮料厂和建造一个纺织厂,它们之间并不冲突,可以同时进行。独立投资项目决策考虑的是方案本身是否满足某种决策标准。

(2)互斥投资是非相容性投资,各个投资项目之间相互关联、相互替代,不能同时并存。例如,对企业现有设备进行更新,购买新设备就必须处置旧设备,它们之间是互斥的。互斥投资项目决策考虑的是各方案之间的排斥性,也许每个方案都是可行方案,但互斥决策需要从中选择最优方案。

此外,按照内容不同,投资可分为固定资产投资、无形资产投资、流动资金投资、房地产投资、有价证券投资、期货与期权投资、信托投资和保险投资等多种形式。

本项目所讨论的投资,是指属于直接投资范畴的企业内部投资,即项目投资。

二、项目投资的概念、特点与意义

(一)项目投资的概念

项目投资是对特定项目所进行的一种长期投资行为。对于工业企业来讲,主要有以新增生产能力为目的的新建项目投资和以恢复或改善原有生产能力为目的的更新改造项目投资两大类。

(二)项目投资的特点

与其他形式的投资相比,项目投资具有投资数额大、影响时间长(至少1年或一个营业周期以上)、不可逆转性和投资风险高的特点。

1. 投资数额大

项目投资所形成的生产经营能力主要体现在固定资产上。固定资产的购建本身所需的资金量是巨大的,另外需要配置相应的流动资产,投资数额较大。

2. 影响时间长

项目投资的寿命一般在几年以上,有的甚至长达几十年,投资一旦完成,就会长时期对企业的生产经营产生影响。

3. 不可逆转性

项目投资一旦实施并形成一定生产经营能力后,无论其投资效益如何,均难以改变。

4. 投资风险高

项目投资所提供的经济效益只能在今后较长时期内逐步实现,未来时期内会出现各种影响投资效益的因素,这意味着企业进行项目投资必然冒较高的风险。

(三)项目投资的意义

1. 从宏观角度看

从宏观角度看,项目投资有以下两个方面积极意义:

(1)项目投资是实现社会资本积累功能的主要途径,也是扩大社会再生产的重要手段,有助于促进社会经济的长期可持续发展。

(2)增加项目投资,能够为社会提供更多的就业机会,提高社会总供给量,不仅可以满足社会需求的不断增长,而且会最终拉动社会消费的增长。

2. 从微观角度看

从微观角度看,项目投资有以下三个方面积极意义:

(1)增强投资者经济实力。投资者通过项目投资,可以扩大其资本积累规模,提高其收益能力,增强其抵御风险的能力。

(2)提高投资者创新能力。投资者通过自主研发和购买知识产权,结合投资项目的实施,实现科技成果的商品化和产业化,不仅可以不断地获得技术创新,而且能够为科技转化为生产力提供更好的业务操作平台。

(3)提升投资者市场竞争能力。市场竞争不仅是人才的竞争、产品的竞争,而且从根本上说是投资项目的竞争。一个不具备核心竞争力的投资项目是注定要失败的。无论是投资实践的成功经

三、项目投资决策及其影响因素

项目投资决策是指特定投资主体根据其经营战略和方针,由相关管理人员进行的有关投资目标、拟投资方向或投资领域的确定和投资实施方案的选择的过程。一般而言,项目投资决策主要考虑以下因素。

(一)需求因素

需求情况可以通过考察投资项目建成投产后预计产品的各年营业收入(即预计销售单价与预计销量的乘积)的水平来反映。如果项目的产品不适销对路,或质量不符合要求,或产能不足,都会直接影响其未来的市场销路和价格水平。其中,产品是否符合市场需求、质量应达到什么标准,取决于对未来市场的需求分析和工艺技术所达到的水平的分析;而产能情况则直接取决于工厂布局是否合理、原材料供应是否有保证,以及对生产能力和运输能力的分析。

(二)时期和时间价值因素

1. 时期因素

时期因素是由项目计算期的构成情况决定的。项目计算期(记作 n),是指项目从开始投资建设到最终清理结束整个过程的全部时间,即项目的有效持续时间。项目计算期通常以年为计算单位。

一个完整的项目计算期,由建设期(记作 s,$s \geqslant 0$)和生产经营期(记作 p)两部分构成。其中:建设期是指从开始投资建设到建成投产这一过程的全部时间。建设期的第 1 年初(记作第 0 年)称为建设起点,建设期的最后一年末(记作第 s 年)称为投产日。生产经营期是指从投产日到终结点这一过程的全部时间。生产经营期开始于建设期的最后一年末即投产日,结束于项目最终清理的最后一年末(记作第 n 年)称为终结点。生产经营期包括试产期和达产期(完全达到设计生产能力)。试产期是指项目投入生产,但生产能力尚未完全达到设计能力时的过渡阶段。达产期是指生产运营达到设计预期水平后的时间。运营期一般应根据项目主要设备的经济使用寿命期确定。图 5-1 为项目计算期的构成示意图。

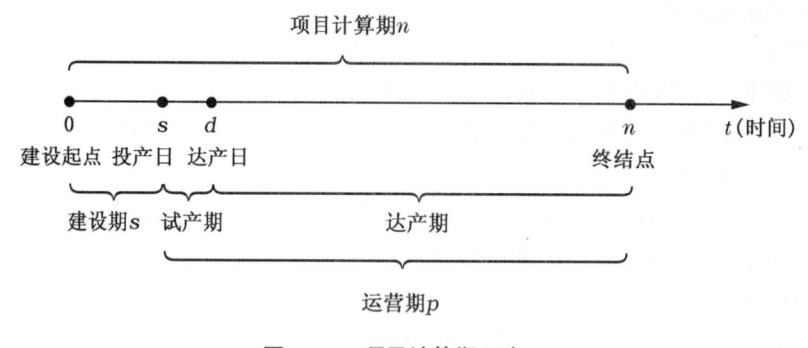

图 5-1 项目计算期示意

项目计算期、建设期和运营期之间有以下关系成立,即:

$$项目计算期(n) = 建设期(s) + 运营期(p)$$

【做中学 5-1】 A 企业拟投资新建一个项目,在建设起点开始投资,历经 2 年后投产,试产期为 1 年,主要固定资产的预计使用寿命为 10 年。根据上述资料,估算该项目各项指标。

解:因为建设期为 2 年,运营期为 10 年,所以:

达产期 = 10 - 1 = 9(年)

项目计算期＝2＋10＝12(年)

2. 时间价值因素

时间价值因素,是指根据项目计算期不同时点上价值数据的特征,按照一定的折现率对其进行折算,从而计算出相关的动态项目评价指标。因此,科学地选择适当的折现率,对于正确开展投资决策至关重要。

(三)成本因素

成本因素包括投入和产出两个阶段的广义成本费用。

1. 投入阶段的成本

它是由建设期和运营期初期所发生的原始投资所决定的,从项目投资的角度看,原始投资(又称初始投资)等于企业为使该项目完全达到设计生产能力、开展正常经营而投入的全部现实资金。它包括建设投资和流动资金投资两项内容:①建设投资是指在建设期内按一定生产经营规模和建设内容进行的投资;②流动资金投资是指项目投产后分次或一次投放于营运资金项目的投资增加额,又称垫支流动资金或营运资金投资。

在财务可行性评价中,原始投资与建设期资本化利息之和为项目总投资,这是一个反映项目投资总体规模的指标。

【做中学5-2】 B企业拟新建一条生产线项目,建设期为2年,运营期为20年。全部建设投资安排在建设起点、建设期第2年年初和建设期末分三次投入,投资额分别为100万元、300万元和68万元;全部流动资金投资安排在投产后第一年和第二年年末分两次投入,投资额分别为15万元和5万元。根据项目筹资方案的安排,建设期资本化借款利息为22万元。根据上述资料,估算该项目的各项指标。

解:建设投资合计＝100＋300＋68＝468(万元)

流动资金投资合计＝15＋5＝20(万元)

原始投资＝468＋20＝488(万元)

项目总投资＝488＋22＝510(万元)

2. 产出阶段的成本

它是由运营期发生的经营成本、营业税金及附加和企业所得税三个因素所决定的。经营成本又称付现的营运成本(或简称付现成本),是指在运营期内为满足正常生产经营而动用货币资金支付的成本费用。从企业投资者的角度看,税金及附加和企业所得税都属于成本费用的范畴,因此,在投资决策中需要考虑这些因素。

严格来讲,各项广义成本因素中除所得税因素外,均需综合考虑项目的工艺、技术、生产和财务等条件,通过开展相关的专业分析才能予以确定。

四、项目投资金额及其投入方式

(一)项目投资金额

反映项目投资金额的指标主要有原始总投资和项目总投资。

1. 原始总投资

原始总投资是反映项目所需现实资金的价值指标。从项目投资的角度看,原始总投资等于企业为使投资项目完全达到设计生产能力而投入的全部现实资金。

从项目投资的角度看,原始投资(又称初始投资)是指企业为使该项目完全达到设计生产能力、开展正常经营而投入的全部现实资金,包括建设投资和流动资金投资两项内容。

(1)建设投资。建设投资是指在建设期内按一定生产经营规模和建设内容进行的投资,具体包括固定资产投资、无形资产投资和其他投资三项内容。

①固定资产投资是指项目用于购置或安装固定资产应当发生的投资。固定资产投资是任何类型项目中都不可缺少的投资内容。固定资产原值与固定资产投资之间的关系如下：

$$固定资产原值＝固定资产投资＋建设期资本化借款利息$$

②无形资产投资是指项目用于取得无形资产应当发生的投资。

③其他投资是指建设投资中除固定资产投资和无形资产投资以外的投资，包括生产准备投资和开办费投资。

(2)流动资金投资。流动资金投资是指项目投产前后分次或一次投放于流动资产项目的投资增加额，又称垫支流动资金投资或营运资金投资。

2. 项目总投资

项目总投资是反映项目投资总体规模的价值指标，它等于原始投资与建设期资本化利息之和。其中，建设期资本化利息是指在建设期发生的与购建项目所需的固定资产、无形资产等长期资产有关的借款利息。

$$项目总投资＝原始投资＋建设期资本化利息$$

【做中学5－3】 A企业拟新建一条生产线，需要在建设起点一次投入固定资产200万元，在建设期末投入无形资产25万元。建设期为1年，建设期资本化利息为10万元，全部计入固定资产原值。流动资金投资合计为20万元。据上述资料计算该项目的有关指标。

解：固定资产原值＝200＋10＝210(万元)

建设投资＝200＋25＝225(万元)

原始投资＝225＋20＝245(万元)

项目总投资＝245＋10＝255(万元)

(二)项目投资的资金投入方式

项目投资的资金投入方式可分为一次投入和分次投入两种方式。一次投入方式是指投资行为集中一次发生或资金集中在某一个时点上投入。如果投资行为涉及两个或两个以上的时点，则属于分次投入方式。当建设期为零时，则一般为一次投资方式。

五、项目投资决策的程序

项目投资具有相当大的风险，一旦决策失误，就会严重影响企业的财务状况和现金流量，甚至会导致企业破产。因此，项目投资不能在缺乏调查研究的情况下轻率决定，而必须按特定的程序，运用科学的方法进行可行性分析，以保证决策的正确有效。项目投资决策的程序一般包括下述几个步骤：

(一)项目投资方案的提出

为了满足公司生存、发展和获利的需要，根据公司的长远发展战略目标进行项目投资，可以为公司提供更多、更好的发展机遇。公司的各级管理人员都可以提出投资项目。一般而言，公司的最高管理层提出的投资项目多是战略性的，基层管理者提出的投资项目多是战术性的。

(二)项目投资方案的评价

项目投资方案的评价主要涉及如下几项：①项目对公司的重要意义及项目的可行性；②估算项目预计投资额，预计项目的收入和成本，预测项目投资的现金流量；③计算项目的各种投资评价指标；④写出评价报告，请决策者批准。

(三)项目投资方案的决策

在完成项目投资评价后，根据评价的结果，公司相关决策者要做最后决策。最后决策一般可分为三种情况:①该项目可行,接受这个项目,可以进行投资;②该项目不可行,拒绝这个项目,不能进行投资;③将项目计划发还给项目投资的提出部门,重新调查后,再做处理。

(四)项目投资的执行

公司相关决策者做出投资决策,决定对某项目进行投资后,公司相关部门按照投资计划的要求积极筹措资金,实施投资。在项目投资的执行过程中,还要对工程进度、工程质量、施工成本进行控制,以便使投资按预算的规定保质并如期完成。

(五)项目投资的再评价

在项目投资的执行过程中,应根据项目的实行情况判断原来做出的决策是否合理、正确。

任务二 项目投资的现金流量及估算

一、现金流量的概念和基本假设

(一)现金流量的概念

现金流量,是指一个投资项目所引起的现金流出和现金流入的总称。这里的"现金"是广义的现金,它不仅包括各种货币资金,而且包括项目所需要投入的企业拥有的非货币资源的变现价值,例如,一个投资项目需要使用原有的厂房、设备和材料的变现价值等。现金流量是在一个较长时期内表现出来的,受资金时间价值的影响,一定数额现金在不同时期的价值是不同的,因此,研究现金流量及其发生的期间对正确评价投资项目的效益有着重要的意义。

(二)现金流量的基本假设

现金流量是计算项目投资决策评价指标的主要依据和重要信息,其本身也是评价项目投资是否可行的一个基础指标。为方便项目投资现金流量的确定,首先作出以下基本假设:

1. 项目投资的类型假设

这一假设是指在项目投资中涉及两种类型,即新建项目投资和更新改造项目投资。

2. 财务可行性分析假设

即假设项目投资决策从企业投资者的立场出发,只考虑该项目是否具有财务可行性,而不考虑该项目是否具有国民经济可行性和技术可行性。

3. 全投资假设

即假设在确定投资项目的现金流量时,只考虑全部投资的运动情况,而不具体考虑和区分哪些是自有资金、哪些是借入资金,即使是借入资金也将其视为自有资金处理。

4. 建设期间投资全部资金假设

即假设项目投资的资金都是在建设期投入的,在生产经营期没有投资。

5. 经营期和折旧年限一致假设

即假设项目的主要固定资产的折旧年限或使用年限与经营期相同。

6. 时点指标假设

为了便于利用资金时间价值的形式,将项目投资决策所涉及的价值指标都作为时点指标处理。其中,建设投资在建设期内有关年度的年初或年末发生;流动资金投资则在建设期末发生;经营期内各年的收入、成本、摊销、利润、税金等项目的确认均在年末发生;新建项目最终报废或清理所产生的现金流量均发生在终结点上。

7. 产销量平衡假设

假设经营期内同一年的产量等于该年的销售量。这样,即可在会计利润的基础上计算出现金流量。

8. 确定性因素假设

假设项目所涉及的有关价格、产销量、成本水平、所得税税率等因素均为已知的常数。

二、现金流量的内容

现金流量包括三项内容,即现金流出量、现金流入量和现金净流量。

(一)现金流出量

一个方案的现金流出量是指由该方案所引起的企业现金支出的增加额。它主要包括以下内容:

1. 建设投资

它是指与形成生产经营能力有关的各种直接支出,包括固定资产投资、无形资产投资、开办费投资等的总和。它是建设期发生的主要现金流出量,其中,固定资产投资是所有类型投资项目注定要发生的内容。这部分现金流出随着建设进程的进行可能一次性投入,也可能分次投入。

2. 流动资金投资

在完整的工业投资项目中,建设投资形成的生产经营能力要投入使用,会引起对流动资金的需求,主要是保证正常生产进行所必要的存货储备占用等,这使企业要追加一部分流动资金投资。这部分流动资金投资属于垫支的性质,当投资项目结束时,一般会如数收回。

3. 经营成本

它是指在经营期内为满足正常生产经营而动用现实货币资金支付的成本费用,又被称为付现的营运成本(或简称付现成本)。它是生产经营阶段最主要的现金流出项目。

4. 各项税款

它是指项目投产后依法缴纳的、单独列示的各项税款,如所得税等。

5. 其他现金流出

它是指不包括在以上内容中的项目。例如,项目所需投入的非货币资源的变现价值,项目投资可能会动用企业原有的资产,这时企业虽未直接支出现金,但原有资产的变现价值也要视为项目投资的现金流出。

(二)现金流入量

一个方案的现金流入量是指由该方案所引起的企业现金收入的增加额。它主要包括以下内容:

1. 营业收入

它是指项目投产后每年实现的全部销售收入或业务收入。营业收入是经营期主要的现金流入项目。

2. 回收固定资产的余值

当投资项目的有效期结束,残余的固定资产经过清理会得到一笔现金收入,如残值出售收入。同时,清理时还要支付清理费用,如清理人员的报酬。残值收入扣除清理费用后的净额,应当作为项目投资的一项现金流入。

3. 回收垫支的流动资金

当投资项目的有效期结束后,原先投入周转的流动资金可以转化成现金,用于其他方面,从而构成一项现金流入。

4. 其他现金流入

它是指即除以上三项指标外的现金流入项目。

(三) 现金净流量

现金净流量又称净现金流量(Net Cash Flow,NCF),是指项目在一定期间内现金流入量减去现金流出量的差额。这里所说的"一定期间"一般是指一年,流入量大于流出量时,净流量为正值;反之,净流量为负值。

现金净流量具有以下两个特征:①无论是在经营期内还是在建设期内都存在净现金流量。②由于项目计算期不同阶段的现金流入和现金流出发生的可能性不同,使得各阶段的净现金流量在数值上表现出不同的特点:建设期内的净现金流量一般小于或等于零;经营期内的净现金流量则多为正值。

现金净流量的计算公式为:

$$现金净流量(NCF_t) = 现金流入量 - 现金流出量$$

三、现金流量的分析计算

项目投资现金流量分析涉及项目的整个计算期,即从项目投资开始到项目结束的各个阶段:第一阶段(初始阶段)即建设期所发生的现金流量;第二阶段(经营期)即正常经营阶段所发生的现金流量;第三阶段(终结阶段)即在经营期终结点,项目结束时发生的现金流量。

(一) 建设期现金流量

建设期现金流量是指初始投资阶段发生的现金流量,一般包括如下几个部分:

1. 在固定资产上的投资

它包括固定资产的购入或建造成本、运输成本和安装成本等。在一个继续使用旧设备的投资方案中,旧设备的变现价值就是在固定资产上的投资,也属于一项现金流出。

2. 垫支的营运资本

它是指增加的流动资产与增加的流动负债的差额。即为了配合项目投资,在原营运资本的基础上所增加的与固定资产相配套的营运资本投资支出,包括对材料、在产品、产成品和现金等流动资产的投资以及增加的流动负债。

3. 其他投资费用

它是指与固定资产投资有关的职工培训费、谈判费、注册费用等不属于上述两项的其他投资费用。

4. 原有固定资产的变现收入

它是指在进行固定资产更新决策时,由于新购建固定资产而使原有固定资产淘汰出售的收入。此时,原有固定资产变卖所得的现金收入视为现金流入。然而,当旧设备继续使用时,旧设备的变现收入则是一项现金流出。

在建设期内,由于没有现金流入量,只有现金流出量,所以建设期的现金净流量始终为负值。建设期净现金流量的简化计算公式:

$$建设期某年现金净流量(NCF) = -该年发生的投资额$$

(二) 经营期现金流量

经营期现金流量是指项目在正常经营期内由于生产经营所带来的现金流入和现金流出的数量。这种现金流量一般以年为单位进行计算。这里的现金流入主要是指营业现金流入和该年的回收额,而现金支出主要是指营业现金支出和缴纳的税金。营业现金流量的计算公式:

$$\begin{aligned}生产经营期某年现金净流量(NCF) &= 该年营业收入 - 该年付现成本 - 该年所得税\\ &= 该年营业收入 - (该年营运总成本 - 该年折旧额)\\ &\quad - 该年所得税\end{aligned}$$

= 该年税后利润 + 该年折旧额

= (该年营业收入 − 该年付现成本 − 该年折旧额)
　× (1 − 所得税率) + 该年折旧额

= 该年营业收入 × (1 − 所得税率) − 该年付现成本
　× (1 − 所得税率) + 该年折旧额 × 所得税率

(三)终结点现金流量

终结点现金流量是指投资项目结束时固定资产变卖或停止使用所发生的现金流量,主要包括:①固定资产的残值收入或变价收入。②原垫支营运资本的收回。在项目结束时,将收回垫支的营运资本视为项目投资方案的一项现金流入。③在清理固定资产时发生的其他现金流出。

终结点现金净流量(NCF) = 经营期现金净流量 + 回收额

【做中学 5−4】 三商集团进行一项固定资产投资,在建设起点一次投入 2 000 万元,无建设期,该项目的生产经营期为 10 年,该固定资产报废时预计残值为 200 万元。生产经营期每年预计获得税后利润 470 万元。固定资产按直线法计提折旧。

要求:计算该投资项目在项目计算期内各年的现金净流量。

解:如图 5−2 所示:

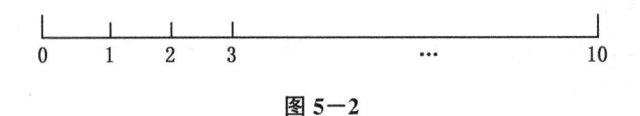

图 5−2

项目计算期 = 建设期 + 生产经营期 = 0 + 10 = 10(年)

固定资产年折旧额 = (2 000 − 200) ÷ 10 = 180(万元)

$NCF_0 = -2\,000$(万元)

$NCF_{1\sim9} = 470 + 180 = 650$(万元)

$NCF_{10} = 650 + 200 = 850$(万元)

【做中学 5−5】 东商企业投资新建一个分厂,投资均为贷款,固定资产总投资 500 万元,建设期为 2 年,第一年年初投入 300 万元,第一年应计贷款利息 30 万元;第二年年初投入 200 万元,第二年应计贷款利息 55 万元。第二年年末投入流动资产 92 万元,该项目的生产经营期为 10 年,预计期满报废时有残值收入 45 万元。固定资产按直线法计提折旧。生产经营期各年实现的税后利润分别为 21 万元、23 万元、38 万元、45 万元、50 万元、59 万元、62 万元、54 万元、40 万元、24 万元。

要求:计算该投资项目在项目计算期内各年的现金净流量。

解:如图 5−3 所示:

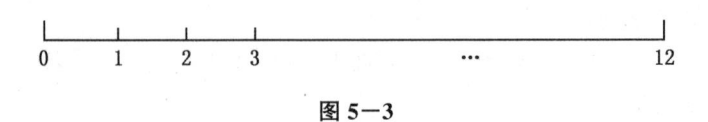

图 5−3

项目计算期 = 建设期 + 生产经营期 = 2 + 10 = 12(年)

固定资产原值 = (300 + 200) + (30 + 55) = 585(万元)

固定资产年折旧额 = (585 − 45) ÷ 10 = 54(万元)

$NCF_0 = -300$(万元)

$NCF_1 = -200$(万元)

$NCF_2 = -92(万元)$

$NCF_3 = 21+54 = 75(万元)$

$NCF_4 = 23+54 = 77(万元)$

$NCF_5 = 38+54 = 92(万元)$

$NCF_6 = 45+54 = 99(万元)$

$NCF_7 = 50+54 = 104(万元)$

$NCF_8 = 59+54 = 113(万元)$

$NCF_9 = 62+54 = 116(万元)$

$NCF_{10} = 54+54 = 108(万元)$

$NCF_{11} = 40+54 = 94(万元)$

$NCF_{12} = 24+54+45+92 = 215(万元)$

【做中学5-6】 华商公司购置一台现代化设备,价值530万元,建设期一年,第一年末投入流动资产80万元。该项目生产经营期为10年,固定资产按直线法计提折旧,期末有残值为30万元。预计投产后,公司前5年每年发生600万元的营业收入,并发生付现成本400万元;后5年每年发生900万元的营业收入,并发生付现成本600万元。所得税税率为25%。

要求:计算该投资项目在项目计算期内各年的现金净流量。

解法一:固定资产年折旧额 $=(530-30) \div 10 = 50(万元)$

项目计算期 $=$ 建设期 $+$ 生产经营期 $= 1+10 = 11(年)$

$NCF_0 = -530(万元)$

$NCF_1 = -80(万元)$

$NCF_{2\sim6} = 600 \times (1-25\%) - 400 \times (1-25\%) + 50 \times 25\% = 162.5(万元)$

$NCF_{7\sim10} = 900 \times (1-25\%) - 600 \times (1-25\%) + 50 \times 25\% = 237.5(万元)$

$NCF_{11} = 237.5 + 30 + 80 = 347.5(万元)$

解法二:生产经营期前5年每年应交所得税 $= [600-(400+50)] \times 25\% = 37.5(万元)$

生产经营期后5年每年应交所得税 $= [900-(600+50)] \times 25\% = 62.5(万元)$

$NCF_0 = -530(万元)$

$NCF_1 = -80(万元)$

$NCF_{2\sim6} = 600-400-37.5 = 162.5(万元)$

$NCF_{7\sim10} = 900-600-62.5 = 237.5(万元)$

$NCF_{11} = 237.5+30+80 = 347.5(万元)$

四、现金流量的作用

以现金流量作为项目投资的重要价值信息,其主要作用在于以下几点:

(1)现金流量信息所揭示的未来期间现实货币资金收支运动,可以序时、动态地反映项目投资的流出与回收之间的投入—产出关系,使决策者在投资主体的立场上,完整、准确、全面地评价具体投资项目的经济效益。

(2)利用现金流量指标代替利润指标作为反映项目效益的信息,可以克服因贯彻财务会计的权责发生制原则而带来的计量方法和计算结果的不可比和不透明等问题。即:由于不同的投资项目可能采取不同的固定资产折旧方法、存货估价方法或费用摊配方法,从而导致不同方案的利润信息相关性差、透明度不高和可比性差。

(3)利用现金流量信息排除了非现金收付内部周转的资本运动形式,从而简化了有关投资决策评价指标的计算过程。

(4)由于现金流量信息与项目计算期的各个时点密切结合,有助于在计算投资决策评价指标时,应用资金时间价值的形式进行动态投资效果的综合评价。

五、现金流量估计应注意的问题

(一)辨析现金流量与会计利润的区别与联系

财务会计按权责发生制计算公司的收入和成本费用,并据以确定利润作为评价公司经济效益的基础;而项目评价方法则按收付实现制确定的现金流量作为评价项目经济效益的基础。现金流量与会计利润既有联系又有区别。两者的联系在于现金净流量与利润在本质上没有根本的区别,在项目整个有效期内,两者总额相等。其主要区别在于以下方面:

1. 是否考虑货币时间价值

不同时点上的现金流量有不同的价值,应按其发生的时间具体确定。利润不一定当期实现,不利于现值的确定;现金流量反映当期现金流入量和流出量,有利于考虑时间价值因素。

2. 是否有利于方案评价的客观性

利润的计算缺乏统一标准,在一定程度上受人为因素的影响,如存货计价、费用摊配、折旧方法的选择带有较大的主观性,并且利润反映的是某一会计期间的应计流量而非实际流量;现金流量的分布则不受上述人为因素的影响。

3. 是否有利于反映现金流动状况

项目效益的评价是以假设其收回的资本可进行再投资为前提的。在项目预算中,现金流动状况比盈亏状况更重要。利润反映盈亏状况,但有利润的年份不一定产生相应的现金用于再投资,只有现金净流量才能用于再投资。

(二)考虑投资项目对公司其他项目的影响

在估计现金流量时,要以投资对公司所有经营活动产生的整体效果为基础进行分析,而不是孤立地考察某一个项目。因为当公司采纳一个新项目时,该项目可能对公司的其他项目或部门产生有利或不利的影响。如果该项目的投入会引起公司其他经济活动营业收入的减少,则增量现金流量应减去这部分减少额;如果该项目的投入会引起其他项目现金流量的增加,则增量现金流量应加上这部分增加额。

(三)区分相关成本和非相关成本

相关成本是指与特定决策有关的、在分析评价时必须加以考虑的成本。例如,差额成本、未来成本、重置成本、机会成本都属于相关成本。与此相反,与特定决策无关的、在分析评价时不必加以考虑的是非相关成本。例如,沉没成本、过去成本、账面成本等往往是非相关成本。沉没成本是指过去已经发生,无法由现在或将来的任何决策改变的成本,有人将其比喻为"泼出去的牛奶"。如果将非相关成本纳入成本总额,会使一个有利的项目变得无利可图,从而造成决策失误。

(四)不要忽视机会成本

机会成本是指投资决策时,从多种方案中选取最优方案而放弃次优方案所丧失的收益。机会成本不是普通意义上的"成本",即它不是一种支出或费用,而是失去的收益,这种收益不是实际发生的,而是潜在的。机会成本总是针对具体方案的,离开具体方案就无法确定。机会成本在决策中的意义在于,它有助于考虑可能采取的各种方案,以便为既定资源寻求最为有利的使用途径。

(五)对净营运资本的影响

所谓净营运资本,是指增加的流动资产与增加的流动负债之间的差额。在一般情况下,一方面,当公司采纳一个新项目使销售额扩大时,对于流动资产的需求就会增加,公司必须筹措新的资本,以满足这种额外需求;另一方面,公司扩张的结果会同时引起流动负债的增加,从而降低流动资本的实际需要。当投资项目寿命周期快要结束时,净营运资本恢复到原有水平。因此,在投资分析时,假定开始筹资时的净营运资本在项目结束时被完全收回。

(六)通货膨胀的影响

对通货膨胀的处理有两种方法:一种是用名义利率计算项目现值;另一种是用实际利率贴现。名义利率是按货币面值计算的利率,实际利率是按货币购买力计算的利率。现金流量受通货膨胀的影响程度不同,如工资增长率通常要大于通货膨胀率,而折旧引起的税负节约则不随通货膨胀的变化而变化。因此,不能简单地用统一的通货膨胀率来修正所有现金流量。

任务三　项目投资决策的评价指标

一、项目投资决策评价的主要指标及分类

(一)项目投资决策评价指标

项目投资决策评价指标是指用于衡量和比较投资项目可行性,以便据以进行方案决策的定量化标准与尺度,它由一系列综合反映投资效益、投入产出关系的量化指标构成。项目投资决策评价指标主要有投资利润率、静态投资回收期、动态投资回收期(又称贴现投资回收期)、净现值、净现值率、现值指数、内含报酬率等。

(二)项目投资决策评价指标的分类

1. 按是否考虑货币时间价值,分为非贴现评价指标和贴现评价指标

非贴现评价指标又称静态指标,是指在计算过程中不考虑货币时间价值因素的指标,包括投资利润率、投资回收期等。贴现评价指标又称动态指标,是指在计算过程中充分考虑和利用货币时间价值因素的指标,包括净现值、净现值率、现值指数、内含报酬率等。

2. 按其性质不同,分为正指标和反指标

投资利润率、净现值、净现值率、现值指数和内含报酬率属于正指标,在评价决策中,这些指标值越大越好。静态投资回收期、动态投资回收期属于反指标,在评价决策中,这类指标的值越小越好。

3. 按数量特征的不同,分为绝对指标和相对指标

绝对指标包括以时间为计量单位的静态投资回收期和动态投资回收期,以及以价值量为计量单位的净现值指标;相对指标包括净现值率、现值指数、内含报酬率等指标,除现值指数用指数形式表示外,其余用百分比表示。

4. 按指标重要性不同,分为主要指标、次要指标和辅助指标

净现值、内含报酬率等为主要指标;静态投资回收期为次要指标;投资利润率为辅助指标。

5. 按指标计算的难易程度不同,分为简单指标和复杂指标

投资利润率、静态投资回收期、动态投资回收期、净现值、净现值率和现值指数等为简单指标;内含报酬率为复杂指标。

二、非贴现投资评价方法

非贴现的方法不考虑资金时间价值,将不同时间的货币收支看成是等效的。这些方法在选择方案时只起辅助作用。

(一)投资利润率

投资利润率(Return on Investment,ROI)又称投资报酬率、平均报酬率(Average Rate of Return,ARR),是指投资方案的年平均利润额与投资总额的比率。

投资利润率的计算公式为:

$$投资利润率(ROI)=\frac{P}{I}\times 100\%$$

式中:P 表示年平均净利润;I 表示投资总额。

投资利润率从会计收益角度反映投资项目的获利能力,即投资一年能给企业带来的平均利润是多少。利用投资利润率进行投资决策时,将方案的投资利润率与预先确定的基准投资利润率(或企业要求的最低投资利润率)进行比较:如果方案的投资利润率大于或等于基准投资利润率时,说明方案可行;如果方案的投资利润率小于基准投资利润率时,说明方案不可行。一般来说,投资利润率越高,表明投资效益越好;投资利润率越低,表明投资效益越差。

【做中学 5-7】 某企业有 A、B 两个投资方案,投资总额均为 280 万元,全部用于购置固定资产,使用直线法折旧,使用期均为 4 年,不计残值,该企业要求的最低投资利润率为 10%,其他有关资料如表 5-1 所示。

表 5-1　　　　　　　　　　　A、B 投资方案相关资料　　　　　　　　　　单位:万元

年 份	A 方案 利润	A 方案 现金净流量(NCF)	B 方案 利润	B 方案 现金净流量(NCF)
0		−280		−280
1	35	105	25	95
2	35	105	28	98
3	35	105	35	105
4	35	105	38	108
合 计	140	140	126	126

要求:计算 A、B 两方案的投资利润率。

解:A 方案的投资利润率 $=\dfrac{35}{280}\times 100\%=12.5\%$

B 方案的投资利润率 $=\dfrac{126/4}{280}\times 100\%=11.25\%$

从计算结果可以看出,A、B 两种方案的投资利润率均大于基准投资利润率 10%,A、B 两种方案均为可行方案,且 A 方案的投资利润率比 B 方案的投资利润率高出 1.25%,所以 A 方案优于 B 方案。

投资利润率的优点主要是计算简单,易于理解。其缺点主要是:①没有考虑资金时间价值;②没有直接利用现金净流量信息;③计算公式的分子是时期指标、分母是时点指标,缺乏可比性。基于这些缺点,投资利润率不宜作为投资决策的主要依据,一般只适用于方案的初选,或者投资后各项目间经济效益的比较。

(二)静态投资回收期

静态投资回收期是指以投资项目营业现金净流量抵偿原始总投资所需要的全部时间,通常以年来表示,记为 PP。投资决策时,将方案的投资回收期与预先确定的基准投资回收期(或决策者

期望投资回收期)进行比较,如果方案的投资回收期小于基准投资回收期,说明方案可行;如果方案的投资回收期大于基准投资回收期,说明方案不可行。一般来说,投资回收期越短,表明该投资方案的投资效果越好,则该项投资在未来时期所冒的风险越小。它的计算可分为两种情况。

1. 经营期年现金净流量相等

在这种情况下,其计算公式为:

$$\text{静态投资回收期} = \frac{\text{原始总投资}}{\text{年现金净流量}}$$

【做中学 5—8】 根据做中学 5—7 的资料,计算 A 方案的静态投资回收期。

解:A 方案的静态投资回收期 $= \dfrac{280}{105} = 2.67$(年)

2. 经营期年现金净流量不相等

在这种情况下,需计算逐年累计的现金净流量,然后用插值法计算出投资回收期。

【做中学 5—9】 根据做中学 5—7 的资料,计算 B 方案的投资回收期。

解:列表计算现金净流量和累计现金净流量,如表 5—2 所示。

表 5—2　　　　　　　　　　　现金净流量和累计现金净流量　　　　　　　　　　　单位:万元

项目计算期	B 方案	
	现金净流量(NCF)	累计现金净流量
0	−280	−280
1	95	−185
2	98	−87
3	105	18
4	108	126

从表 5—2 可得出,B 方案第 2 年末累计现金净流量为 −87 万元,表明第 2 年末未回收额已经小于第 3 年的可回收额 105 万元,静态投资回收期在第 2 年与第 3 年之间,用插值法可计算出:

B 方案的静态投资回收期 $= 2 + \dfrac{|-87|}{105} = 2.83$(年)

A 方案的静态投资回收期小于 B 方案的静态投资回收期,所以 A 方案优于 B 方案。

静态投资回收期的优点主要是简单易算,并且投资回收期的长短也是衡量项目风险的一种标志,所以在实务中被广泛使用。其缺点主要是:①没有考虑资金时间价值;②仅考虑了回收期以前的现金流量,没有考虑回收期以后的现金流量,而有些长期投资项目在中后期才能得到较为丰厚的收益,投资回收期不能反映其整体的盈利。

三、贴现投资评价方法

(一)净现值

净现值(Net Present Value,NPV)是指在项目计算期内,按行业基准收益率或投资者设定的贴现率计算的各年现金净流量现值的代数和。净现值的基本计算公式为:

$$NPV = \sum_{t=0}^{n} \frac{NCF_t}{(1+i)^t} = \sum_{t=0}^{n} NCF_t \times (P/F, i, t)$$

式中：n 表示项目计算期（包括建设期与经营期）；NCF_t 表示第 t 年的现金净流量；i 表示行业基准收益率或投资者设定的贴现率；$(P/F, i, t)$ 表示第 t 年、贴现率为 i 的复利现值系数。

显然，净现值也可表示为投资方案的现金流入量总现值减去现金流出量总现值的差额，也就是一项投资的未来收益总现值与原始总投资现值的差额。如果前者大于或等于后者，即净现值大于等于零，说明投资方案可行；如果后者大于前者，即净现值小于零，说明投资方案不可行。

1. 经营期内各年现金净流量相等

此时，建设期为零，净现值的计算公式为：

净现值＝经营期每年相等的现金净流量×年金现值系数－原始总投资现值

【做中学5-10】 根据做中学5-7的资料，假定行业基准收益率为10%。要求：计算投资方案 A 的净现值。

解：$NPV = 105 \times (P/A, 10\%, 4) - 280 = 105 \times 3.1699 - 280 = 52.8395$（万元）

2. 经营期内各年现金净流量不相等

此时，净现值的计算按基本公式计算：

净现值＝∑（经营期各年的现金净流量×各年现值系数）－原始总投资现值

【做中学5-11】 根据做中学5-7的资料，仍假定行业最低投资利润率为10%。要求：计算投资方案 B 的净现值。

解：$NPV = 95 \times (P/F, 10\%, 1) + 98 \times (P/F, 10\%, 2) + 105 \times (P/F, 10\%, 3)$
$\qquad + 108 \times (P/F, 10\%, 4) - 280$
$\quad = 95 \times 0.9091 + 98 \times 0.8264 + 105 \times 0.7513 + 108 \times 0.6830 - 280$
$\quad = 40.0022$（万元）

A 方案的净现值比 B 方案大，所以 A 方案优于 B 方案。

【做中学5-12】 某企业准备引进先进设备与技术，有关资料如下：

(1) 设备总价700万元，第一年初支付400万元，第二年初支付300万元，第二年初投入生产，使用期限为6年，预计净残值40万元，按直线法折旧。

(2) 预计技术转让费共360万元，第一、二年初各支付150万元，其余的在第三年初付清。

(3) 预计经营期第一年税后利润为100万元，第二年的税后利润为150万元，第三年的税后利润为180万元，第四、五、六年的税后利润均为200万元。

(4) 经营期初投入流动资金200万元。

要求：按12%的贴现率计算该项目的净现值，并作出评价。

解：

表5-3　　　　　　　　　　　现金流量计算表　　　　　　　　　　单位：万元

年　份	0	1	2	3	4	5	6	7
购买设备	－400	－300						
无形资产投资	－150	－150	－60					
流动资产投资		－200						
税后利润			100	150	180	200	200	200
折旧			110	110	110	110	110	110

续表

年份	0	1	2	3	4	5	6	7
无形资产摊销			60	60	60	60	60	60
残值回收								40
流动资产回收								200
现金净流量	−550	−650	210	320	350	370	370	610
折现系数(12%)	1	0.8929	0.7972	0.7118	0.6355	0.5674	0.5066	0.4523

$$NPV = -550 + (-650) \times 0.8929 + 210 \times 0.7972 + 320 \times 0.7118 + 350 \times 0.6355$$
$$+ 370 \times 0.5674 + 370 \times 0.5066 + 610 \times 0.4523$$
$$= 160.511(万元)$$

该项目的净现值大于零，方案可行。

使用净现值指标进行投资方案评价时，贴现率的选择相当重要，会直接影响评价的正确性。通常情况下，可以企业筹资的资金成本率或企业要求的最低投资利润率来确定。

净现值是长期投资决策评价指标中最重要的指标之一。其优点在于：①充分考虑了货币时间价值，能较合理地反映投资项目的真正经济价值。②考虑了项目计算期的全部现金净流量，体现了流动性与收益性的统一。③考虑了投资风险性，贴现率选择应与风险大小有关，风险越大，贴现率就可选得越高。但该指标的缺点也是明显的：①净现值是一个绝对值指标，无法直接反映投资项目的实际投资收益率水平；当各项目投资额不同时，难以确定投资方案的优劣。②贴现率的选择比较困难，很难有一个统一标准。

(二)净现值率

净现值率(Net Present Value Rate，NPVR)是指投资项目的净现值与原始总投资现值之和的比率。其基本计算公式为：

$$净现值率 = \frac{净现值}{原始总投资现值之和}$$

$$NPVR = \frac{NPV}{\left| \sum_{t=0}^{s} [NCF_t g (1+i)^{-t}] \right|}$$

净现值率反映每1元原始投资的现值未来可以获得的净现值有多少。净现值率大于或等于零，说明投资方案可行；净现值率小于零，说明投资方案不可行。净现值率可用于投资额不同的多个方案之间的比较，净现值率最高的投资方案应优先考虑。

【做中学5-13】 根据做中学5-10、做中学5-11计算净现值的数据，计算A、B两种方案的净现值率并加以比较。

解：$NPVR_A = \dfrac{52.8395}{280} = 18.87\%$

$NPVR_B = \dfrac{40.0022}{280} = 14.29\%$

可以看出A方案的净现值率比B方案高，所以A方案优于B方案。

【做中学5-14】 根据做中学5-12的资料，计算投资方案的净现值率。

解：$NPVR = \dfrac{160.511}{|-550 + (-650) \times 0.8929 + (-60) \times 0.7972|} = 13.62\%$

净现值率这个贴现的相对数评价指标的优点在于,可以从动态角度反映投资方案的资金投入与净产出之间的关系,反映投资的效率,使投资额不同的项目具有可比性。

(三)现值指数

现值指数(Profitability Index,PI)又称获利指数,是指项目投产后按一定贴现率计算的经营期内各年现金净流量现值之和与原始总投资现值之和的比率。其计算公式为:

$$现值指数(PI)=\frac{经营期各年现金净流量现值之和}{原始投资额现值之和}=1+净现值率$$

现值指数反映每 1 元原始投资的现值未来可以获得报酬的现值有多少。现值指数大于或等于 1,说明投资方案可行;现值指数小于 1,说明投资方案不可行。现值指数可用于投资额不同的多个相互独立方案之间的比较,现值指数最高的投资方案应优先考虑。

【做中学 5-15】 根据做中学 5-10、做中学 5-11 的数据,计算 A、B 两种方案的现值指数并加以比较。

解:$PI_A=\dfrac{280+52.8395}{280}=1.1887$

$PI_B=\dfrac{280+40.0022}{280}=1.1429$

可以看出 A 方案的现值指数比 B 方案高,所以 A 方案优于 B 方案。

【做中学 5-16】 根据做中学 5-12 的资料,计算投资方案的现值指数。

解:$PI=\dfrac{550+650\times0.8929+60\times0.7972+160.511}{|-550+(-650)\times0.8929+(-60)\times0.7972|}$

$=1.1362$

现值指数同样是贴现的相对数评价指标,可以从动态角度反映投资方案的资金投入与总产出之间的关系,同样反映了投资的效率,能使投资额不同的项目具有可比性。

(四)内含报酬率

内含报酬率(Internal Rate of Return,IRR)又称内部收益率,是指投资方案在项目计算期内各年现金净流量现值之和等于零时的贴现率,或者说能使投资方案净现值为零时的贴现率。显然,内含报酬率 IRR 应满足以下等式:

$$\sum_{t=0}^{n}NCF_t\times(P/F,IRR,t)=0$$

从上式可以看出,根据方案整个计算期的现金净流量就可计算出内含报酬率,它是方案的实际收益率。利用内含报酬率对单一方案进行决策时,将计算出的内含报酬率与企业的预期报酬率或资金成本率加以比较,如果前者大于后者,说明方案可行;如果前者小于后者,说明方案不可行。如果利用内含报酬率对多个方案进行选优时,在方案可行的条件下,内含报酬率最高的方案是最优方案。

计算内含报酬率的过程,就是寻求使净现值等于零的贴现率的过程,根据投资方案各年现金净流量的情况不同,可以按以下两种方式进行计算。

1. 简单计算法

如果投资方案建设期为零,全部投资均于建设起点一次投入,而且经营期内各年现金净流量为普通年金的形式,可用简单计算法计算内含报酬率。

假设建设起点一次投资额为 A_0,每年现金净流量为 A,则有:

$$A(P/A,IRR,n)-A_0=0$$

$$(P/A, IRR, n) = \frac{A_0}{A}$$

然后,通过查年金现值系数表,用线性插值方法计算出内含报酬率。

【做中学 5—17】 根据做中学 5—7 的资料,计算 A 方案的内含报酬率。

解:A 方案的建设期为零,全部投资 280 万元在第一年初一次投入,经营期 4 年内各年现金净流量均为 105 万元。

$105 \times (P/A, IRR, 4) - 280 = 0$

$(P/A, IRR, 4) = \dfrac{280}{105} = 2.666\ 7$

查年金现值系数表,在 $n=4$ 这一行中,查到最接近 2.666 7 的两个值,一个大于 2.666 7 的是 2.690 1,其对应的贴现率为 18%;另一个小于 2.666 7 的是 2.588 7,其对应的贴现率为 20%。 IRR 应位于 18%~20% 之间,如图 5—4 所示。

```
18%              IRR                 20%
2.690 1         2.666 7            2.588 7
```

图 5—4 线性插值法示意

利用线性插值法得到:

$\dfrac{IRR - 18\%}{20\% - 18\%} = \dfrac{2.690\ 1 - 2.666\ 7}{2.690\ 1 - 2.588\ 7}$

$IRR = 18\% + \dfrac{2.690\ 1 - 2.666\ 7}{2.690\ 1 - 2.588\ 7} \times (20\% - 18\%) = 18.46\%$

2. 一般计算法

如果建设期不为零,原始投资额是在建设期内分次投入,或投资方案在经营期内各年现金净流量不相等的情况下,无法应用上述的简单方法,则应采用逐次测试法,并结合线性插值法计算内含报酬率,其计算步骤如下:

(1)估计一个贴现率,用它来计算净现值。如果净现值为正数,说明方案的实际内含报酬率大于预计的贴现率,应提高贴现率再进一步测试;如果净现值为负数,说明方案本身的报酬率小于估计的贴现率,应降低贴现率再进行测算。反复测试,直到寻找出贴现率 i_1 和 i_2,$i_1 < i_2$,以 i_1 为贴现率计算的净现值 $NPV_1 > 0$ 且最接近于零;以 i_2 为贴现率计算的净现值 $NPV_2 < 0$ 且最接近于零。

(2)用线性插值法求出该方案的内含报酬率 IRR,如图 5—5 所示。

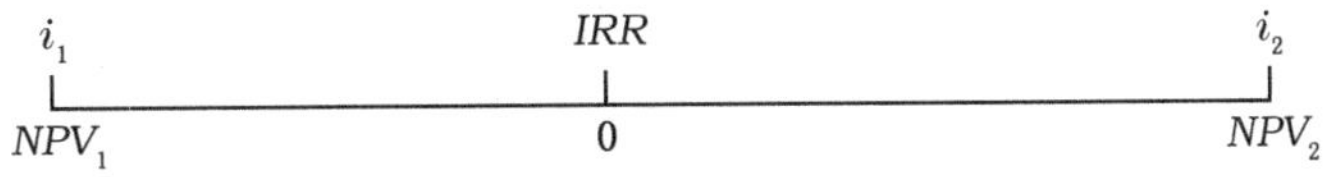

```
i_1               IRR                 i_2
NPV_1              0                  NPV_2
```

图 5—5 线性插值法示意

根据各指标之间的关系,即可得到计算内含报酬率的一般公式:

$$IRR = i_1 + \dfrac{NPV_1}{NPV_1 - NPV_2} \times (i_2 - i_1)$$

【做中学 5—18】 根据做中学 5—17 的资料,计算 B 方案的内含报酬率。

解:第一次测试,取贴现率为 10%:

$NPV = 95 \times (P/F, 10\%, 1) + 98 \times (P/F, 10\%, 2) + 105 \times (P/F, 10\%, 3)$

$$+108\times(P/F,10\%,4)-280$$
$$=40.002\ 2(万元)$$

NPV 的值高出零较多,说明低估了贴现率。

第二次测试,取贴现率为 16%:

$$NPV=95\times(P/F,16\%,1)+98\times(P/F,16\%,2)+105\times(P/F,16\%,3)$$
$$+108\times(P/F,16\%,4)-280$$
$$=1.655(万元)$$

这说明仍然低估了贴现率。

第三次测试,取贴现率为 18%:

$$NPV=95\times(P/F,18\%,1)+98\times(P/F,18\%,2)+105\times(P/F,18\%,3)$$
$$+108\times(P/F,18\%,4)-280$$
$$=-9.494\ 5(万元)$$

根据以上计算,得到 $i_1=16\%$、$NPV_1=1.655(万元)$,$i_2=18\%$、$NPV_2=-9.494\ 5(万元)$,B 方案的内含报酬率为:

$$IRR=16\%+\frac{1.655}{1.655-(-9.494\ 5)}\times(18\%-16\%)=16.30\%$$

【做中学 5-19】 根据做中学 5-12 的资料,计算该项目的内含报酬率。

解:从做中学 5-12 得知:当贴现率为 12%时,净现值为 160.511 万元。应较大幅度地提高贴现率,取 $i=14\%$ 时,$NPV=69.156$ 万元,再提高贴现率,取 $i=16\%$ 时,$NPV=-12.141$ 万元,测试过程也可列表完成,如表 5-4 所示。

表 5-4　　　　　　　　　　内含报酬率测试计算表　　　　　　　　　　单位:万元

年 份	现金净流量 (NCF)	贴现率=14% 现值系数	贴现率=14% 现值	贴现率=16% 现值系数	贴现率=16% 现值
0	-550	1	-450	1	-550
1	-650	0.833 3	-541.645	0.847 5	-550.875
2	210	0.694 4	145.824	0.718 2	150.822
3	320	0.578 7	185.184	0.608 6	194.752
4	350	0.482 3	168.805	0.515 8	180.530
5	370	0.401 9	148.703	0.437 1	161.727
6	370	0.334 9	123.913	0.370 4	137.048
7	610	0.279 1	170.251	0.313 9	191.479
净现值			69.156		-12.141

$$IRR=14\%+\frac{69.156}{69.156-(-12.141)}\times(16\%-14\%)=15.70\%$$

内含报酬率也是长期投资决策评价指标中最重要的指标之一。它的优点是在考虑货币时间价值的基础上,直接反映投资项目的实际收益率水平,而且不受决策者设定的贴现率高低的影响,比较客观。

任务四 项目投资决策评价指标的运用

正确计算主要评价指标的目的,是为了在进行项目投资方案的对比与选优中发挥作用。为正确地进行方案的对比与选优,要从不同的投资方案之间的关系出发,将投资方案区分为独立方案和互斥方案两大类。独立方案是指一组相互分离、互不排斥的方案,选择其中一种方案并不排斥选择另一种方案。例如,新建办公楼、购置生产设备是相互独立的方案。互斥方案是指一组相互关联、相互排斥的方案,选择其中一种方案,就会排斥其他方案。例如,假设进口设备和国产设备的使用价值相同,都可用来生产同样的产品,购置进口设备就不能购置国产设备,购置国产设备就不能购置进口设备,所以这两个方案是互斥方案。

一、独立方案的可行性评价

如果某一独立方案的动态评价指标满足以下条件:
$$NPV \geqslant 0, NPVR \geqslant 0, PI \geqslant 1, IRR \geqslant i_m$$
则项目具有财务可行性;反之,则不具备财务可行性。其中,i_m 为基准贴现率(即预期报酬率或资金成本率)。

要注意的是,利用以上四个动态评价指标对同一个投资方案的财务可行性进行评价时,得出的结论完全相同,不会产生矛盾。如果静态评价指标的评价结果与动态评价指标产生矛盾,应以动态评价指标的结论为准。

【做中学 5-20】 假定某公司计划年度内购置设备一台,购置成本为 120 000 元,该设备预计可使用 6 年,使用期满有净残值 6 000 元,按直线法折旧。使用后每年可增加营业收入 95 000 元,同时增加总成本 62 500 元,所得税税率为 25%。若该公司的基准贴现率为 10%,决策者期望投资利润率为 9.5%,期望静态投资回收期为 2.5 年。

要求:计算投资利润率、静态投资回收期、净现值、净现值率、现值指数、内含报酬率,并对上述设备购置方案是否可行作出评价。

解:年折旧额 $= \dfrac{120\,000 - 6\,000}{6} = 19\,000$(元)

$NCF_0 = -120\,000$(元)

$NCF_{1\sim 5} = (95\,000 - 62\,500) \times (1 - 25\%) + 19\,000 = 43\,375$(元)

$NCF_6 = (95\,000 - 62\,500) \times (1 - 25\%) + 19\,000 + 6\,000 = 49\,375$(元)

(1)投资报酬率 $(ROI) = \dfrac{(95\,000 - 62\,500) \times (1 - 25\%)}{120\,000} = 20.31\% > 9.5\%$(期望投资报酬率)

(2)

表 5-5 　　　　　　　　　　　累计现金净流量计算表　　　　　　　　　　　单位:元

年 份	0	1	2	3	4	5	6
现金净流量	-120 000	43 375	43 375	43 375	43 375	43 375	43 375
累计现金净流量	-120 000	-76 625	-33 250	10 125			

静态投资回收期 $(PP) = 2 + \dfrac{|-33\,250|}{43\,375} = 2.77$(年) > 2.5 年(期望静态投资回收期)

(3) $NPV = 43\,375 \times (P/A, 10\%, 5) + 49\,375 \times (P/F, 10\%, 6) - 120\,000 = 72\,298.14$ 元 > 0

(4) $NPVR = \dfrac{72\,298.14}{120\,000} = 60.25\% > 0$

(5) $PI = 1 + NPVR = 1 + 60.25\% = 1.6025 > 1$

(6) 根据(3),贴现率 $i=10\%$ 时,$NPV = 72\,298.14$(元),应较大幅度地增加贴现率。

选取贴现率 $i=28\%$,$(P/A,28\%,5) = 2.532$,$(P/A,28\%,6) = 0.2274$,则:
$NPV = 43\,375 \times (P/A,28\%,5) + 49\,375 \times (P/F,28\%,6) - 120\,000 = 1\,053.38$(元)

选取贴现率 $i=32\%$,$(P/A,32\%,5) = 2.3452$,$(P/A,32\%,6) = 0.189$,则:
$NPV = 43\,375 \times (P/A,32\%,5) + 49\,375 \times (P/F,32\%,6) - 120\,000 = -8\,945.08$(元)

$IRR = 28\% + \dfrac{1\,053.38}{1\,053.38 - (-8\,945.08)} \times (32\% - 28\%) = 28.42\% > 10\%$(基准贴现率)

根据以上的计算结果,该方案的各项动态评价指标和投资利润率指标均达到方案可行的标准,不过静态投资回收期略长,有一定的风险。所以总体上来讲,该方案值得投资。

二、多个互斥方案的对比和选优

(一)多个互斥方案原始投资额相等的情况

在对原始投资额相等并且计算期也相等的多个互斥方案进行评价时,可采用净现值法;计算期不相等时可采用净现值率法,即通过比较所有投资方案的净现值或净现值率指标的大小来选择较优方案,净现值或净现值率最大的方案为较优方案。

【做中学 5-21】 某企业计划使用 5 年的固定资产投资项目需要原始投资额 200 000 元。现有 A、B 两个互斥方案可供选择。采用 A 方案,每年现金净流量分别为 60 000 元、70 000 元、80 000 元、90 000 元和 100 000 元。采用 B 方案,每年现金净流量均为 85 000 元。如果贴现率为 10%,该企业应选择哪一个方案?

解:$NPV_A = 60\,000 \times (P/F,10\%,1) + 70\,000 \times (P/F,10\%,2) + 80\,000 \times (P/F,10\%,3) + 90\,000 \times (P/F,10\%,4) + 100\,000 \times (P/F,10\%,5) - 200\,000 = 96\,058$(元)

$NPV_B = 85\,000 \times (P/A,10\%,5) - 200\,000 = 122\,218$(元)

B 方案的净现值大于 A 方案的净现值,应选择 B 方案。

(二)多个互斥方案原始投资额不相等,但项目计算期相等的情况

在对原始投资额不相等但计算期相等的多个互斥方案进行评价时,可采用差额净现值法(记作 ΔNPV)或差额内含报酬率法(记作 ΔIRR),是指在两个原始投资总额不同方案的差量现金净流量(记作 ΔNCF)的基础上,计算出差额净现值或差额内含报酬率,并以此作出判断的方法。

在一般情况下,差量现金净流量等于原始投资额大的方案的现金净流量减去原始投资额小的方案的现金净流量,当 $\Delta NPV \geq 0$ 或 $\Delta IRR \geq i_m$(基准贴现率)时,原始投资额大的方案较优;反之,则原始投资额小的方案较优。差额净现值 ΔNPV 和差额内含报酬率 ΔIRR 的计算过程与依据 NCF 计算净现值 NPV 和内含报酬率 IRR 的过程完全一样,不过所依据的是 ΔNCF。

【做中学 5-22】 某公司拟投资一项目,现有甲、乙两个方案可供选择,甲方案原始投资额为 200 万元,期初一次投入,1~9 年的现金净流量为 38.6 万元,第 10 年的现金净流量为 52.4 万元。乙方案原始投资额为 152 万元,期初一次投入,1~9 年的现金净流量为 29.8 万元,第 10 年的现金净流量为 40.8 万元。基准贴现率为 10%。

要求:

(1)计算两个方案的差额现金净流量;

(2)计算两个方案的差额净现值;

(3)计算两个方案的差额内含报酬率；
(4)做出决策应采用哪个方案。

解：(1)$\Delta NCF_0 = -200-(-152) = -48(万元)$
$\Delta NCF_{1\sim 9} = 38.6 - 29.8 = 8.8 (万元)$
$\Delta NCF_{10} = 52.4 - 40.8 = 11.6(万元)$

(2)$\Delta NPV = 8.8 \times (P/A,10\%,9) + 11.6 \times (P/F,10\%,10) - 48$
$= 8.8 \times 5.759 + 11.6 \times 0.3855 - 48 = 7.1510(万元)$

(3)取$i = 12\%$，测算ΔNPV：
$\Delta NPV = 8.8 \times (P/A,12\%,9) + 11.6 \times (P/F,12\%,10) - 48$
$= 8.8 \times 5.3282 + 11.6 \times 0.3220 - 48 = 2.6234(万元)$

再取$i = 14\%$，测算ΔNPV：
$\Delta NPV = 8.8 \times (P/A,14\%,9) + 11.6 \times (P/F,14\%,10) - 48$
$= 8.8 \times 4.9464 + 11.6 \times 0.2697 - 48 = -1.3432(万元)$

用插值法计算ΔIRR：
$\Delta IRR = 12\% + \dfrac{2.6234}{2.6234-(-1.3432)} \times (14\%-12\%) = 13.32\% > 贴现率10\%$

(4)计算结果表明，差额净现值为7.1510万元，大于零；差额内含报酬率为13.32%，大于基准贴现率10%，应选择甲方案。

(三)多个互斥方案的原始投资额不相等，项目计算期也不相同的情况

1. 年等额净现值法

在对原始投资额不相等，特别是计算期也不相同的多个互斥方案进行评价时，可采用年等额净现值法，即分别将所有投资方案的净现值平均分摊到每一年，得到每一方案的年等额净现值指标，通过比较年等额净现值指标的大小来选择最优方案。在此方法下，年等额净现值最大的方案为最优方案。

年等额净现值法的计算步骤如下：
(1)计算各方案的净现值NPV(应排除NPV<0的不可行方案)；
(2)计算各方案的年等额净现值，假设贴现率为i，项目计算期为n，则：

$$年等额净现值A = \dfrac{净现值}{年金现值系数} = \dfrac{NPV}{(P/A,i,n)}$$

【做中学5-23】 某公司有三项互斥的投资方案，其现金净流量如表5-6所示。

表5-6　　　　　　　　　投资方案现金净流量资料　　　　　　　　　单位：万元

年 份	0	1	2	3	4	5	6	7	8
A方案	-100	40	45	50					
B方案	-120	35	35	35	35	45			
C方案	-150				65	65	65	65	65

公司的贴现率为10%，要求：
(1)分别判断以上方案的财务可行性；
(2)用年等额净现值法做出投资决策。

解：(1)$NPV_A = 40 \times (P/F,10\%,1) + 45 \times (P/F,10\%,2) + 50 \times (P/F,10\%,3) - 100$

$$= 40 \times 0.909\ 1 + 45 \times 0.826\ 4 + 50 \times 0.751\ 3 - 100 = 11.117(万元) > 0$$

$$NPV_B = 35 \times (P/A,10\%,4) + 45 \times (P/F,10\%,5) - 120$$
$$= 35 \times 3.169\ 9 + 45 \times 0.620\ 9 - 120 = 18.887(万元) > 0$$

$$NPV_C = 65 \times (P/A,10\%,5) \times (P/F,10\%,3) - 150 = 35.121\ 8(万元) > 0$$

A、B、C 三方案均可行。

(2) A 方案的年等额净现值 $= \dfrac{11.117}{(P/A,10\%,3)} = \dfrac{11.117}{2.486\ 9} = 4.470\ 2(万元)$

B 方案的年等额净现值 $= \dfrac{18.887}{(P/A,10\%,5)} = \dfrac{18.887}{3.790\ 8} = 4.982\ 3(万元)$

C 方案的年等额净现值 $= \dfrac{35.121\ 8}{(P/A,10\%,8)} = \dfrac{35.121\ 8}{5.334\ 9} = 6.583\ 4(万元)$

计算结果表明，C 方案为最优方案。

2. 年等额成本法

在实际工作中，有些投资方案的营业收入相同，也有些投资方案不能单独计算盈亏但能达到同样的使用效果，如甲、乙设备生产数量相等的同类配件，这时可采用"年等额成本法"作出比较和评价。在此方法下，年等额成本最小的方案为最优方案。

【做中学 5-24】 某企业有甲、乙两个设备投资方案可供选择，两设备的生产能力相同，甲、乙设备的使用寿命分别为 4 年和 5 年，均无建设期，甲方案的原始投资额为 300 万元，每年的经营成本分别为 200 万元、220 万元、240 万元、260 万元，使用期满有 15 万元的净残值；乙方案投资额为 500 万元，每年的经营成本均为 160 万元，使用期满有 25 万元的净残值。

要求：假定企业的贴现率为 10%，用年等额成本法做出投资决策。

解：甲方案的成本现值 $= 300 + 200 \times (P/F,10\%,1) + 220 \times (P/F,10\%,2) + 240 \times (P/F,10\%,3) + 260 \times (P/F,10\%,4) - 15 \times (P/F,10\%,4)$
$= 300 + 200 \times 0.909\ 1 + 220 \times 0.826\ 4 + 240 \times 0.751\ 3 + 260 \times 0.683\ 0 - 15 \times 0.683\ 0$
$= 1\ 011.275(万元)$

乙方案的成本现值 $= 500 + 160 \times (P/A,10\%,5) - 25 \times (P/F,10\%,5)$
$= 500 + 160 \times 3.790\ 8 - 25 \times 0.620\ 9$
$= 1\ 091.005\ 5(万元)$

甲方案的年等额成本 $= \dfrac{1\ 011.275}{(P/A,10\%,4)} = \dfrac{1\ 011.275}{3.169\ 9} = 319.024\ 3(万元)$

乙方案的年等额成本 $= \dfrac{1\ 091.005\ 5}{(P/A,10\%,5)} = \dfrac{1\ 091.005\ 5}{3.790\ 8} = 287.803\ 5(万元)$

计算结果表明，乙方案为最优方案。

3. 计算期最小公倍数法

计算期最小公倍数法是将各方案计算期的最小公倍数作为比较方案的共有计算期，并将原计算期内的净现值调整为共有计算期的净现值，然后进行比较决策的一种方法。假设参与比较决策的方案都具有可复制性，是使用计算期最小公倍数法的前提条件。在此方法下，调整为共有计算期的净现值最大的方案为最优方案。

【做中学 5-25】 某公司有甲、乙两项互斥的投资方案，其现金净流量如表 5-7 所示。

表 5—7　　　　　　　　　　　　　　甲、乙方案现金净流量表　　　　　　　　　　　　　单位:万元

年份	0	1	2	3
甲方案	−100	−100	200	200
乙方案	−120	130	130	

公司的贴现率为10%,要求：
(1)分别判断以上方案的财务可行性;
(2)用计算期最小公倍数法做出投资决策。

解:(1)$NPV_甲 = -100 + (-100) \times (P/F, 10\%, 1) + 200 \times (P/F, 10\%, 2)$
　　　　　　$+ 200 \times (P/F, 10\%, 3) = 124.63(万元) > 0$

　　$NPV_乙 = -120 + 130 \times (P/A, 10\%, 2) = 105.615(万元) > 0$

甲、乙两方案均可行。

(2)甲、乙两方案计算期的最小公倍数为6年,甲方案需要重复2次,乙方案需要重复3次,甲、乙方案重复现金净流量如表5—8所示。

表 5—8　　　　　　　　　　　　　甲、乙方案重复现金净流量表　　　　　　　　　　　　单位:万元

年份	0	1	2	3	4	5	6
甲原方案	−100	−100	200	200			
第一次重复				−100	−100	200	200
乙原方案	−120	130	130				
第一次重复			−120	130	130		
第二次重复					−120	130	130

甲方案共有计算期的净现值 $= 124.63 + 124.63 \times (P/F, 10\%, 3)$
　　　　　　　　　　　　　$= 124.63 + 124.63 \times 0.7513 = 218.2645(万元)$

乙方案共有计算期的净现值 $= 105.616 + 105.615 \times (P/F, 10\%, 2) + 105.615 \times (P/F, 10\%, 4)$
　　　　　　　　　　　　　$= 105.616 + 105.615 \times 0.8264 + 105.615 \times 0.6830$
　　　　　　　　　　　　　$= 265.0303(万元)$

计算结果表明,应选择乙方案。

4. 最短计算期法

最短计算期法是将所有参与比较决策的方案的净现值均还原为在年等额净现值的基础上,再按照投资方案最短的计算期作为共有计算期,计算出相应的净现值,最后进行比较决策的一种方法。在此方法下,调整为共有计算期的净现值最大的方案则为最优方案。

【做中学5—26】　根据做中学5—25的资料,用最短计算期法做出投资决策。

解:甲、乙两方案的最短计算期为2年,

甲方案年等额净现值 $= \dfrac{124.63}{(P/A, 10\%, 3)} = \dfrac{124.63}{2.4869} = 50.1146(万元)$

甲方案共有计算期的净现值 $= 50.1146 \times (P/A, 10\%, 2)$
　　　　　　　　　　　　　$= 50.1146 \times 1.7355 = 86.9738(万元)$

乙方案原计算期与最短的计算期相等均为2年,不需调整。所以:

乙方案共有计算期的净现值 $= 105.615(万元)$

计算结果表明,应选择乙方案。

任务五　项目投资决策的敏感性分析[*]

投资决策评价指标计算所使用的资料,绝大部分是根据预测和估算得到的,有相当程度的不确定性。敏感性分析是指确定某一个或几个因素在一定范围内的变动将会对方案的评价结果的影响程度,使决策者能事先预料这些因素在多大的范围内变动才不会影响决策的可行性和最优性。一旦超出了这个范围,原来可行的方案会发生变化,就要重新进行选择和决策。

一、以净现值为基础的敏感性分析

以净现值为基础的敏感性分析主要有两个方面:

(一)现金净流量对净现值的敏感性分析

即计算出使投资方案可行的每年现金净流量的下限临界值,然后就可得到每年的现金净流量在多大的范围内变动才不至于影响投资方案的可行性。

(二)项目使用年限对净现值的敏感性分析

即计算出项目使用年限的下限临界值,然后就可得到该项目的使用年限在多大的范围内变动才不至于影响投资方案的可行性。

【做中学 5-27】　某企业有一投资方案,需动用资金 280 万元,预计使用年限为 6 年,每年现金净流量预计为 80 万元,资金成本为 12%。

要求:对该投资方案以净现值为基础进行敏感性分析。

解:净现值 = $80 \times (P/A, 12\%, 6) - 280 = 80 \times 4.1114 - 280 = 48.912$(万元)

投资方案的净现值大于零,方案可行。

(1)现金净流量对净现值的敏感性分析。由于每年现金净流量的下限临界值就是使该投资方案的净现值为零时的现金净流量,即有:

$$现金净流量的下线临界值 = \frac{280}{(P/A, 12\%, 6)} = \frac{280}{4.1114} = 68.1033(万元)$$

由此可见,如果该投资方案的使用年限不变,每年现金净流量下降至 68.1033 万元,投资方案依然可行,但如果每年现金净流量低于 68.1033 万元,方案的净现值小于零,方案便不可行。

(2)项目使用年限对净现值的敏感性分析。由于投资方案使用年限的下限临界值就是使该投资方案的净现值为零时的使用年限,即有:$80 \times (P/A, 12\%, n) - 280 = 0$,移项后得到:

$(P/A, 12\%, n) = 280/80 = 3.5$

查表可得:$(P/A, 12\%, 4) = 3.0373$,$(P/A, 12\%, 5) = 3.6048$,表明投资方案使用年限的下限临界值应在 4～5 年之间。利用线性插值法可得:

$$使用年限的下限临界值 = 4 + \frac{3.5 - 3.0373}{3.6048 - 3.0373} \times (5 - 4) = 4.8153(年)$$

由此可见,如果该投资方案的现金净流量不变,使用年限下降至 4.8153 年,投资方案依然可行;如果使用年限低于 4.8153 年,方案的净现值小于零,方案便不可行。

二、以内含报酬率为基础的敏感性分析

以内含报酬率为基础的敏感性分析主要也有两个方面:

---

[*] 财务管理专业讲述本任务五,非财务管理专业供业余时间阅读。

(一)现金净流量变动对内含报酬率的敏感性分析

即在假定项目使用年限不变的条件下,测算现金净流量变动对内含报酬率的影响程度。

(二)项目使用年限变动对内含报酬率的敏感性分析

即在假定每年现金净流量不变的条件下,测算项目使用年限变动对内含报酬率的影响程度。影响程度可用敏感系数表示,敏感系数的计算公式如下:

$$敏感系数 = \frac{目标值变动百分比}{变量值变动百分比}$$

敏感系数越大,表明变量值对目标值的影响程度(即敏感性)越大;敏感系数越小,表明变量值对目标值的影响程度越小。

【做中学5-28】 仍使用做中学5-27的资料,要求计算该投资方案的内含报酬率,并以内含报酬率为基础进行敏感性分析。

解:令 $80 \times (P/A, i, 6) - 280 = 0$

则有: $(P/A, i, 6) = \frac{280}{80} = 3.5$

查表可得:$(P/A, 18\%, 6) = 3.4976$,$(P/A, 16\%, 6) = 3.6847$,表明投资方案的内含报酬率在16%~18%之间,利用线性插值法可得:

$$内含报酬率(IRR) = 16\% + \frac{3.6847 - 3.5}{3.6847 - 3.4916} \times (18\% - 16\%) = 17.91\%$$

由于投资方案的内含报酬率(17.91%)大于资金成本(12%),方案可行。

现金净流量对内含报酬率敏感系数计算如下:

$$敏感系数 = \frac{(17.91\% - 12\%)/17.91\%}{(80 - 68.1033)/80} = 2.219$$

项目使用年限对内含报酬率敏感系数计算如下:

$$敏感系数 = \frac{(17.91\% - 12\%)/17.91\%}{(6 - 4.8153)/6} = 1.6712$$

由此得出,投资方案内含报酬率变动率是现金净流量变动率的2.219倍,是使用年限变动率的1.6712倍,说明现金净流量对内含报酬率的影响要比使用年限大。另外,也可以看出,如果内含报酬率下降5.91%(即17.91%-12%),就会使投资方案平均每年现金净流量减少11.8967万元(80-68.1033),也会使使用年限减少1.1847年(6-4.8153)。

关键术语

项目投资　　原始总投资　　投资总额　　现金流量　　现金净流量　　建设期现金流量　　经营期现金流量　　终结点现金流量　　投资利润率　　静态投资回收期　　净现值　　净现值率　　现值指数　　内含报酬率

应知考核

一、单项选择题

1. 在以下各种投资中,不属于项目投资类型的是(　　)。

A. 固定资产投资　　　　　　　　B. 更新改造投资
C. 证券投资　　　　　　　　　　D. 完整企业项目投资

2. 某投资项目的年营业收入为100万元,年总成本为60万元,其中折旧为10万元,所得税税率为25%,则该方案每年的经营现金净流量为(　　)万元。
   A. 50　　　　　B. 40　　　　　C. 30　　　　　D. 25
3. 投资项目从建设起点至终点之间的时间段称为(　　)。
   A. 项目建设期　　　　　　　　B. 项目生产经营期
   C. 项目计算期　　　　　　　　D. 项目试运行期
4. 项目投资总额与原始总投资额的关系是(　　)。
   A. 前者与后者相同　　　　　　B. 前者不小于后者
   C. 前者小于后者　　　　　　　D. 没有任何关系
5. 某投资项目的投资总额为1 000万元,项目每年产生的税后利润为400万元,每年的折旧额为100万元,则静态投资回收期为(　　)年。
   A. 10　　　　　B. 1　　　　　C. 2　　　　　D. 2.5

二、多项选择题

1. 净现值法的优点有(　　)。
   A. 考虑了资金时间价值　　　　B. 考虑了项目计算期的全部净现金流量
   C. 考虑了投资风险　　　　　　D. 动态反映项目的实际投资收益率
2. 下列项目能引起现金流出的有(　　)。
   A. 支付材料款　　　　　　　　B. 计提折旧
   C. 支付工资　　　　　　　　　D. 垫支流动资金
3. 完整的工业投资项目的现金流入主要包括(　　)。
   A. 营业收入　　　　　　　　　B. 回收固定资产变现净值
   C. 固定资产折旧　　　　　　　D. 回收流动资金
4. 在一般投资项目中,当一个方案的净现值等于零时,即表明(　　)。
   A. 该方案的获利指数等于1　　 B. 该方案的净现值率大于0
   C. 该方案的内部收益率等于设定的折现率　D. 该方案不具有财务可行性
5. 内部收益率是指(　　)。
   A. 投资报酬与总投资的比率　　B. 项目投资有望达到的报酬率
   C. 投资报酬现值与总投资现值的比率　D. 使投资方案净现值为零的报酬率

三、判断题

1. 按静态投资回收期对项目评价时,越大越好。　　　　　　　　　　　　(　　)
2. 在不考虑货币时间价值的前提下,投资回收期越短,投资获利能力越强。(　　)
3. 企业应该频繁地进行项目投资。　　　　　　　　　　　　　　　　　　(　　)
4. 项目投资决策都应该提交股东大会审议。　　　　　　　　　　　　　　(　　)
5. 项目投资决策必须按企业规定的程序。　　　　　　　　　　　　　　　(　　)

四、简述题

1. 简述项目投资的特点。
2. 简述项目投资决策的概念及其影响因素。
3. 简述项目投资决策的程序。

4. 简述现金流量的基本假设。
5. 简述现金流量的作用。

五、计算题

1. 伟业公司欲进行一项公路投资,投资额预计450万元,在第一年初一次性投入,工程预计使用期为8年,预计第一年末现金净流量为40万元,第二年为60万元,第三年为70万元,从第四年起每年为90万元。

要求:
(1)假设该公司要求投资收益率为15%,该公司是否投资?
(2)计算该工程的投资回收期。
(3)假设折现率为8%,是否进行该项投资?

2. 顺阳公司拟建造一项生产设备。预计建设期为1年,所需原始投资200万元,于建设起点一次投入。该设备预计使用寿命为5年,使用期满报废清理时无残值。该设备折旧方法采用直线法。该设备投产后每年净利润80万元。假定适用的行业基准折现率为10%。

要求:
(1)计算项目计算期内各年净现金流量。
(2)计算项目净现值,并评价其财务可行性。

3. 亮家公司拟于2022年初用自有资金购置一台设备,需一次性投资100万元。经测算,该设备的使用寿命为5年,税法也允许按5年计提折旧,设备投入运营后每年净利润20万元。假定该设备按直线法折旧,预计的净残值率为5%,不考虑建设安装期和所得税。

要求:
(1)计算使用期内各年净现金流量。
(2)计算该设备的静态投资回收期。
(3)计算该投资项目的投资利润率。
(4)如果以10%作为折现率,计算其净现值。

应会考核

■ 观念应用

【背景资料】

现金流量分析

甲企业拟建造一项生产设备。预计建设期为2年,所需原始投资450万元(均为自有资金)于建设起点一次性投入。该设备预计使用寿命为5年,使用期满报废清理残值为50万元。该设备折旧方法采用直线法。该设备投产后每年增加息税前利润100万元,所得税税率为25%,项目的行业基准利润率为20%。

【考核要求】
(1)计算项目计算期内各年净现金流量。
(2)计算该设备的静态投资回收期。
(3)计算该投资项目的总投资收益率。
(4)假定适用的行业基准折现率为10%,计算项目净现值。
(5)计算项目净现值率。

(6)评价其财务可行性。

■ 技能应用

财务可行性

某企业拟建设一项生产设备。预计建设期为1年，所需原始投资200万元于建设起点一次性投入。该设备预计使用寿命为5年，试用期满报废清理时无残值。该设备折旧方法采用直线法。该设备投产后每年增加净利润60万元。假定该企业使用的行业基准折现率为10%。

【技能要求】

(1)计算项目计算期内各年净现金流量。
(2)计算项目净现值并评价其财务可行性。

■ 案例分析

【情景与背景】

项目投资原理的应用

华大公司为改变产品结构，开拓新的市场领域，拟开发新产品。为此，需购买价值110万元的一条新生产线，该生产线的建设期间为1年，可使用期限为10年，期满时有残值收入10万元；另需购买一项专利权价值10万元，专利权的摊销期限为10年，在建设期末时投入；同时，建设期末投入流动资金5万元开始生产。投资者要求的报酬率是10%。投产后，每年预计外购原材料20万元，支付工资15万元，其他费用5万元，每年预计营业收入80万元。企业适用的所得税税率为25%。

【分析要求】

(1)根据资料分析华大公司的投资类型。
(2)分析项目投资决策应考虑的主要因素。
(3)分析投资项目包括的内容。
(4)指出项目投资的期限、投资方式。

项目实训

【实训项目】

项目投资管理。

【实训情境】

甲公司项目投资分析

甲公司拟投资100万元购置一台新设备，年初购入时支付20%的款项，剩余80%的款项下年年初付清；新设备购入后可立即投入使用，使用年限为5年，预计净残值为5万元（与税法规定的净残值相同），按直线法计提折旧。新设备投产时需垫支营运资金10万元，设备使用期满时全额收回。新设备投入使用后，该公司每年新增净利润11万元。该项投资要求的必要报酬率为12%。

【实训任务】

(1)计算新设备每年的折旧额。
(2)计算新设备投入使用后第1~4年营业现金净流量($NCF_{1\sim4}$)。
(3)计算新设备投入使用后第5年的现金净流量(NCF_5)。
(4)计算原始投资额。
(5)计算新设备购置项目的净现值(NPV)。

《项目投资管理》实训报告		
项目实训班级：	项目小组：	项目组成员：
实训时间：　年　月　日	实训地点：	实训成绩：
实训目的：		
实训步骤：		
实训结果：		
实训感言：		

用 Excel 解决本项目问题

项目六

证券投资管理

○ **知识目标**

理解:证券的概念和特点、种类;证券投资的概念、目的和种类。

熟知:证券投资的一般程序;证券投资风险和收益;证券投资基金的概念、特点、分类、费用和投资风险。

掌握:债券和股票的概念、投资的目的和特点;债券和股票的价值及收益率的计算;证券投资风险与组合。

○ **技能目标**

能够正确判断证券投资的风险,并做好风险规避;能正确地估算债券和股票的价格及收益率,并进行证券的投资决策;能灵活运用证券组合投资,并具有进行证券投资决策分析的能力。

○ **素质目标**

运用所学的证券投资管理知识,能够收集决策相关信息,较为客观地分析和评价有关证券的收益与风险,并可设计证券投资的最佳组合方案,具备证券投资决策的能力。培养和提高学生在特定业务情境中分析问题与决策设计的能力;结合行业规范或标准,强化学生的职业道德素质。

○ **思政目标**

能够正确地理解"不忘初心"的核心要义和精神实质;树立正确的世界观、人生观和价值观,做到学思用贯通、知信行统一;通过证券投资管理知识,具备投资和风险控制能力,明确自身的责任使命和职业道德素养,挖掘自己的投资决策潜力。

○ **项目引例**

证券如何投资?有何利弊?

T港集团股份有限公司,证券简称为T港,位于河北省T市,公司主要经营业务为码头和其他港口设施经营等。公司A股股本为10亿股,其中1.6亿股于2021年7月5日起上市交易。然而,自从其A股上市以来,其最高交易价格除了2021年8月16日、8月17日和8月19日分别达到了8.28元/股、8.23元/股和8.20元/股外,其余交易日价格均低于其IPO价格8.20元。也就是说,该股的一级市场投资者购买到该股票后一直处于亏损状况,这种局面持续到了2021年10月中旬。

某个人投资者于2021年在二级市场上以每股7.92元的价格购买了3 000股T港,当日该股的最低交易价格为7.72元,最高为7.97元。三天后,即其第二个交易日,T港股价突然上涨,最高达到了8.56元/股,该投资者立即出售其手中的T港股票2 000股,出售价格为8.50元/股。不考虑交易费用,其投资收益率达到了7.23%,换算成年化收益率则高达659%!

然而,其手中剩下的1 000股在随后的交易日成交价格一直低于8.50元/股,直到2021年11月8日。而2021年10月19日,该股的最高成交价格仅为8.30元。若投资者将剩余1 000股选择在2021年8月19日按当日最高价格出售,则相比于2021年8月18日按8.50元价格出售,则损失了 200 元,损失率为 2.35%,折算成年化收益率为 -423%!

思考与讨论:证券投资有何利弊?

○ **知识精讲**

任务一 证券投资概述

企业除了直接将资金投入生产经营活动,进行直接投资外,常常还将资金投放于有价证券,进行证券投资。证券投资相对于项目投资而言,变现能力强,少量资金也能参与投资,便于随时调用和转移资金,这为企业有效利用资金、充分挖掘资金的潜力提供了十分理想的途径,所以证券投资已经成为企业投资的重要组成部分。

一、证券的概念和特点、种类

(一)证券的概念和特点

1. 证券的概念

证券是有价证券的简称,是指票面载有一定金额、代表财产所有权或债权、可以有偿转让的凭证,具体包括股票、债券、基金及衍生证券等。

2. 证券的特点

证券具有流动性、收益性和风险性三个特点。

(1)流动性又称变现性,是指证券可以随时抛售取得现金。

(2)收益性是指证券持有者凭借证券可以获得相应的报酬。证券收益一般由当前收益和资本利得构成。以股息、红利或利息所表示的收益称为当前收益。由证券价格上升(或下降)而产生的收益(或亏损),称为资本利得或差价收益。

(3)风险性是指证券投资者达不到预期的收益或遭受各种损失的可能性。证券投资既有可能获得收益,又有可能带来损失,具有很强的不确定性。

流动性与收益性往往成反比,而风险性则一般与收益性成正比。

(二)证券的种类

证券的种类很多,按不同的标准可以有不同的分类。

1. 按照证券的发行主体分类,可分为政府证券、金融证券和公司证券

政府证券是指中央政府或地方政府为筹集资金而发行的证券,如国库券。金融证券则是指银行或其他金融机构为筹集资金而发行的证券,如股票和债券。公司证券又称企业证券,是指工商企业为筹集资金而发行的证券,如企业股票、企业债券。相对而言,政府证券风险最小,企业证券风险最高。

2. 按照证券到期日的长短分类,可分为短期证券和长期证券两种

短期证券是指到期日短于一年的证券,如短期国债、商业票据、银行承兑汇票等。长期证券是指到期日长于一年的证券,如长期债券等。

3. 按照证券收益状况的不同分类,可分为固定收益证券和变动收益证券两种

固定收益证券是指在证券的票面上规定有固定收益率的证券,如债券票面上一般有固定的利率。变动收益证券是指证券的票面上不标明固定的收益率,其收益情况随企业经营状况而变动的证券,普通股股票是最典型的变动收益证券。

4. 按照证券所体现的权益关系分类,可分为所有权证券、信托投资证券和债权证券

所有权证券是一种既不定期支付利息,也无固定偿还期的证券。它代表着投资者在被投资企

业所占权益的份额,在被投资企业盈利且宣布发放股利的情况下,才可能分享被投资企业的部分净收益,股票是典型的所有权证券。信托投资证券是由公众投资者共同筹集、委托专门的证券投资机构投资于各种证券,以获取收益的股份或收益凭证,如投资基金。债权证券是一种必须定期支付利息,并要按期偿还本金的有价证券,如国库券、企业债券、金融债券等。所有权证券的投资风险要大于债权证券。投资基金的风险低于股票投资而高于债券投资。

二、证券投资的概念、目的和种类

(一)证券投资的概念

证券投资是指企业以获取投资收益或控股为目的将资金投放于金融市场,用于购买股票、债券等金融资产的投资行为,以便将来能够获取收益或取得被投资企业控制权的行为。

(二)证券投资的目的

不同企业进行证券投资的目的各有不同,但总的来说,有以下几个方面:

(1)充分利用闲置资金,获取投资收益。企业正常经营过程中有时会有一些暂时的资金闲置,为了充分有效地利用这些资金,可购入一些有价证券,在价位较高时抛售,以获取较高的投资收益。

(2)为了控制相关企业,增强企业竞争能力。企业有时从经营战略上考虑需要控制某些相关企业,可通过购买该企业大量股票,从而取得对被投资企业的控制权,以增强企业的竞争能力。

(3)为了积累发展基金或偿债基金,满足未来的财务需求。企业如欲在将来扩建厂房或归还到期债务,可按期拨出一定数额的资金投资一些风险较小的证券,以便到时售出,满足所需的整笔资金需求。

(4)满足季节性经营对现金的需求。季节性经营的公司在某些月份资金有余,而有些月份则会出现短缺,可在资金剩余时购入有价证券,短缺时则售出。

(三)证券投资的种类

1. 债券投资

债券投资是指企业将资金投入各种债券,如国债、公司债和短期融资券等。相对于股票投资,债券投资一般风险较小,能获得稳定收益,但要注意投资对象的信用等级。

2. 股票投资

股票投资是指企业购买其他企业发行的股票作为投资,如普通股、优先股股票。股票投资风险较大,收益也相对较高。

3. 组合投资

组合投资是指企业将资金同时投资于债券、股票等多种证券,这样可分散证券投资风险。组合投资是企业证券投资的常用投资方式。

4. 基金投资

基金就是投资者的钱和其他许多人的钱合在一起,然后由基金公司的专家负责管理,用来投资于多家公司的股票或者债券。基金按收益凭证可否赎回,分为"封闭式基金"与"开放式基金"。"封闭式基金"在信托合同期限未满时,不得向发行人要求赎回;而"开放式基金"就是投资者可以随时要求基金公司收购所买基金(即"赎回"),当然目标应该是卖出价高于买入价,同时在"赎回"的时候,要承担一定的手续费。而投资者的收益主要来自基金分红。与封闭式基金普遍采取的年终分红有所不同,根据行情和基金收益状况的"不定期分红"是开放式基金的主流分红方式。基金投资由专家经营管理,风险相对较小,正越来越受广大投资者的青睐。

本项目将主要介绍前三种,即债券投资、股票投资及组合投资。

三、证券投资的一般程序

(一)合理选择投资对象

合理选择投资对象是证券投资成败的关键,企业应根据一定的投资原则,认真分析投资对象的收益水平和风险程度,以便合理选择投资对象,将风险降到最低限度,取得较好的投资收益。

(二)委托买卖

由于投资者无法直接进场交易,买卖证券业务需委托券商代理。企业可通过电话委托、计算机终端委托、递单委托等方式委托券商代为买卖有关证券。

(三)成交

证券买卖双方通过中介券商的场内交易员分别出价委托,若买卖双方的价位与数量合适,交易即可达成,这个过程称作成交。

(四)清算与交割

企业委托券商买入某种证券成功后,即应解交款项,收取证券。清算即指证券买卖双方结清价款的过程。

(五)办理证券过户

证券过户只限于记名证券的买卖业务。当企业委托买卖某种记名证券成功后,必须办理证券持有人的姓名变更手续。

四、证券投资的风险和收益

(一)证券投资的风险

一般来说,风险是指在一定条件下和一定时期内可能发生的各种结果的变动程度。证券投资风险就是某一证券投资决策预期收益的不确定性。就证券投资而言,其风险主要来源于以下几个方面:

1. 违约风险

违约风险是指证券发行人无法按期支付利息或偿还本金的风险。

2. 利率风险

利率风险是指市场利率变化导致证券价格波动而使投资者遭受损失的可能性。在市场经济条件下,利率由金融市场的资金供求状况来决定。随着市场供求格局的变化,利率水平也会随之发生改变,证券的价格将随利息率的变动而变动。一般来说,市场利率上升,会导致证券价格下跌;相反,市场利率下降,则促使证券价格上升。

3. 购买力风险

购买力风险又称通货膨胀风险,是指由于通货膨胀率上升和货币贬值而使投资者出售证券或到期回收所获取资金的实际购买能力下降的风险。

4. 变现能力风险

变现能力风险又称流动性风险,是指企业无法在短期内以合理价格出售有价证券的风险。也就是说,如果投资人遇到另一个更好的投资机会,需要在短期内出售现有的有价证券,以便实现新的投资;但如果找不到愿意出合理价格的买主,这样,投资者就会丧失新的投资机会或者蒙受损失。

5. 期限性风险

期限性风险是指由于证券期限长而给投资人带来的风险。一项投资期限越长,投资人遭受到的不确定性因素就越多,承担的风险就越大。

6. 市场风险

市场风险是指因证券市场变化不定,证券的市价有较大的不确定性,从而造成投资者损益的不确定性。如国家宏观经济政策变化、经济是否景气、突发性事件等,均可能会引起证券市场各种证券价格的大幅涨跌,而使投资者损益难以预计。

(二)证券投资的收益

证券投资的风险与收益总是相伴的。证券投资收益是指投资者进行证券投资所获得的净收益。证券投资收益主要来源于两个方面,即投资利润和资本利得。

1. 投资利润

投资利润是指企业进行证券投资所获得的股利、股息和利息等。证券本身是一种财产性权利,反映了特定的财产权,证券持有人可以通过行使该项财产权而获得收益,如取得股息收入(股票)或者取得利息收入(债券)。

2. 资本利得

资本利得是指证券买卖价格的差额。证券市场的价格是波动的,证券持有人可以通过转让证券获得收益,如二级市场上的低价买入、高价卖出,证券持有人可通过差价获得收益。

证券投资收益主要有股票投资收益和基金投资收益。在财务管理中,衡量证券投资收益通常使用相对数,即证券投资收益率。证券投资收益率一般用收益额与投资额之比表示。

任务二 证券投资的收益评价

企业要进行证券投资,首先必须进行证券投资的收益评价,评价证券收益水平主要有两个指标,即证券的价值和收益率。

一、债券投资的收益评价

(一)债券构成要素

债券是依照发行程序发行的、约定在一定期限内还本付息的有价证券。它反映证券发行者与持有者之间的债权和债务关系。债券一般包含以下几个基本要素:

1. 债券的面值

债券的面值是指设定的票面金额,它代表发行人借入并且承诺于未来某一特定日期偿付给债券持有人的金额。

2. 债券的票面利率

债券的票面利率是指债券发行者预计一年内向投资者支付的利息占票面金额的比例。债券的计息和付息方式有多种,计息方式如单利计息或复利计息,利息支付方式如半年支付一次、一年支付一次或到期日一次总付。

3. 债券的到期日

债券的到期日是指偿还本金的日期。债券一般都规定到期日,以便到期时归还本金。

(二)债券投资的目的和特点

1. 债券投资的目的

企业进行短期债券投资的目的主要是为了配合企业对资金的需求,调节现金余额,使现金余额达到合理水平。当企业现金余额太多时,便投资于债券,使现金余额降低;反之,当现金余额太少时,则出售原来投资的债券,收回现金,使现金余额提高。企业进行长期债券投资的目的主要是为了获得稳定的收益。

2. 债券投资的特点

(1)投资风险较低。与股票投资相比,债券投资风险较低。政府债券由政府的信誉作担保,安全可靠；金融债券由于其发行金融机构资金实力雄厚，一般比较安全。企业债券由于其发行企业需要经过严格的审批，资信度较高，投资风险也比较低。在企业破产时，企业债务的持有者拥有优先求偿权，优先于股东分得企业资产。

（2）投资收益稳定。债券的收益一般固定不变，发行人必须按照事先约定的利率计算收益并按期支付，而不会因为发行人的经济状况的好坏而变动。因此，债券投资的收益比较稳定。

（3）债券流动性强。许多债券具有比较好的流动性。企业在资金短缺的情况下，可以随时把所持有的债券在金融市场上迅速出售，获得资金，如一些政府及大企业发行的债券流动性非常强。

（4）没有经营管理权。债券投资人与债券发行企业之间产生的是债券与债务关系。作为债权人，债券投资者没有参与发行企业经营管理的权利。

（5）购买力风险大。由于债券面值和利率都是固定的，如果投资期间通货膨胀率较高，则本金和利息的实际购买力会降低。

（三）债券的价值

债券的价值，又称债券的内在价值。根据资产的收入资本化定价理论，任何资产的内在价值都是在投资者预期资产可获得的现金收入的基础上进行贴现决定的。运用到债券上，债券的价值是指进行债券投资时投资者预期可获得的现金流入的现值。债券的现金流入主要包括利息和到期收回的本金，或出售时获得的现金两部分。当债券的购买价格低于债券价值时，才值得购买。

1. 债券价值的基本模型

债券价值的基本模型主要是指按复利方式计算的每年定期付息、到期一次还本情况下的债券估价模型。

$$V = \sum_{t=1}^{n} \frac{i \times F}{(1+K)^t} + \frac{F}{(1+K)^n}$$
$$= i \cdot F(P/A, K, t) + F \cdot (P/F, K, n)$$
$$= I \cdot (P/A, K, t) + F \cdot (P/F, K, n)$$

式中：V 表示债券价值；i 表示债券票面利率；I 表示债券利息；F 表示债券面值；K 表示市场利率或投资人要求的必要收益率；t 表示付息总期数，n 表示债券期限。

【做中学6-1】 凯利公司发行的债券面值为1 000元，票面利率为6%，期限为3年。某企业要对这种债券进行投资，当前的市场利率为8%。该债券价格为多少时才适合进行投资？

解：$V = 1\,000 \times 6\% \times (P/A, 8\%, 3) + 1\,000 \times (P/F, 8\%, 3)$
    $= 60 \times 2.577\,1 + 1\,000 \times 0.793\,8$
    $= 948.43(元)$

该债券的价格必须低于948.43元时才适合进行投资。

2. 一次还本付息的单利债券价值模型

我国很多债券属于一次还本付息、单利计算的存单式债券，其价值模型为：

$$V = F(1 + i \cdot t)/(1+K)^n$$
$$= F(1 + i \cdot t) \cdot (P/F, K, n)$$

公式中符号概念同前式。

【做中学6-2】 凯利公司拟购买另一家公司的企业债券作为投资。该债券面值1 000元，期限3年，票面利率5%，单利计息，当前市场利率为6%。该债券发行价格为多少时才适合购买？

解：$V = 1\,000 \times (1 + 5\% \times 3) \times (P/F, 6\%, 3)$
    $= 1\,000 \times 1.15 \times 0.839\,6$
    $= 965.54(元)$

该债券的价格低于965.54元时才适合购买。

3. 零息债券的价值模型

零息债券的价值模型是指到期只能按面值收回,期内不计息债券的估价模型。其计算公式为:
$$V=F/(1+K)^n=F\times(P/F,K,n)$$

公式中的符号概念同前式。

【做中学6-3】 某债券面值1 000元,期限3年,期内不计息,到期按面值偿还,市场利率6%。该债券的价格为多少时才适合购买?

解:$V=1\,000\times(P/F,6\%,3)=1\,000\times0.839\,6=839.6(元)$

该债券的价格只有低于839.6元时才适合购买。

(四)债券的收益率

1. 短期债券收益率的计算

短期债券由于期限较短,一般不用考虑货币时间价值因素,只需考虑债券价差及利息,将其与投资额相比,即可求出短期债券收益率。其基本计算公式为:

$$K=\frac{S_1-S_0+I}{S_0}$$

式中:K 表示债券收益率;S_0 表示债券购买价格;S_1 表示债券出售价格;I 表示债券利息。

【做中学6-4】 某企业于2021年5月8日以920元购进一张面值1 000元、票面利率5%、每年付息一次的债券,并于2022年5月8日以970元的市价出售。该债券的收益率是多少?

解:$K=(970-920+50)/920\times100\%=10.87\%$

该债券的投资收益率为10.87%。

2. 长期债券收益率的计算

对于长期债券,由于涉及时间较长,需要考虑货币时间价值,其投资收益率一般是指购进债券后一直持有至到期日可获得的收益率。它是使债券利息的年金现值和债券到期收回本金的复利现值之和等于债券购买价格时的贴现率。

(1)一般债券收益率的计算

一般债券的价值模型为:
$$V=I\cdot(P/A,K,t)+F\cdot(P/F,K,n)$$

式中:V 表示债券的购买价格;I 表示每年获得的固定利息;K 表示债券的投资收益率;t 表示付息总期数;F 表示债券到期收回的本金或中途出售收回的资金;n 表示投资期限。

由于无法直接计算收益率,必须采用逐步测试法和插值法来计算,即先设定一个贴现率代入上式,如果计算出的 V 正好等于债券买入价,该贴现率即为收益率;如果计算出的 V 与债券买入价不等,则需继续测试,再用插值法求出收益率。

【做中学6-5】 某公司2017年1月1日用平价购买一张面值为1 000元的债券,其票面利率为8%,每年1月1日计算并支付一次利息。该债券于2022年1月1日到期,按面值收回本金,计算其到期收益率。

解:$I=1\,000\times8\%=80$ 元,$F=1\,000$ 元;设收益率 $i=8\%$,则:

$V=80\times(P/A,8\%,5)+1\,000\times(P/F,8\%,5)$

$\quad=1\,000(元)$

用8%计算出来的债券价值正好等于债券买价,所以该债券的收益率为8%。可见,平价发行的每年复利计息一次的债券,其到期收益率等于票面利率。

如果该公司购买该债券的价格为1 100元,即高于面值,则该债券收益率应为多少?

想要求出收益率,必须使下式成立:

$1\ 100=80\times(P/A,i,5)+1\ 000\times(P/F,i,5)$

通过前面计算已知,$i=8\%$时,上式等式右边为1 000元。由于利率与现值呈反向变化,即现值越大,利率越小。而债券买价为1 100元,收益率一定低于8%,降低贴现率进一步试算。

用$i_1=6\%$试算:

$V_1=80\times(P/A,6\%,5)+1\ 000\times(P/F,6\%,5)$

$=80\times4.212\ 4+1\ 000\times0.747\ 3$

$=1\ 084.29(元)$

由于贴现结果仍小于1 100元,还应进一步降低贴现率试算。用$i_2=5\%$试算:

$V_2=80\times(P/A,5\%,5)+1\ 000\times(P/F,5\%,5)$

$=80\times4.329\ 5+1\ 000\times0.783\ 5$

$=1\ 129.86(元)$

用插值法计算:

$i=5\%+\dfrac{1\ 129.86-1\ 100}{1\ 129.86-1\ 084.29}\times(6\%-5\%)=5.66\%$

所以,如果债券的购买价格为1 100元时,债券的收益率为5.66%。

(2)一次还本付息的单利债券收益率的计算

【做中学6-6】 某公司2022年1月1日以1 020元购买一张面值为1 000元、票面利率为10%、单利计息的债券,该债券期限为5年,到期一次还本付息,计算其到期收益率。

解:一次还本付息的单利债券价值模型为:

$V=F(1+i\cdot t)\cdot(P/F,K,n)$

$1\ 020=1\ 000\times(1+5\times10\%)\times(P/F,K,5)$

$(P/F,K,5)=1\ 020\div1\ 500=0.68$

查复利现值表,5年期的复利现值系数等于0.68时,$K=8\%$。

如果此时查表无法直接求得收益率,则可用插值法计算。

债券的收益率是进行债券投资时选购债券的重要标准,它可以反映债券投资按复利计算的实际收益率。如果债券的收益率高于投资人要求的必要报酬率,则可购进债券;否则就应放弃此项投资。

(五)债券投资的优缺点

1. 债券投资的优点

(1)本金安全性高。与股票相比,债券投资风险比较小。政府发行的债券有国家财力作后盾,其本金的安全性非常高,通常视为无风险证券。公司债券的持有者拥有优先求偿权,即当公司破产时,优先于股东分得公司资产,因此,本金损失的可能性相对较小。

(2)收入稳定性强。债券票面一般标有固定利率,债券的发行人有按时支付利息的法定义务。因此,在正常情况下,投资于债券能获得比较稳定的利息收入。

(3)市场流动性好。许多债券具有较好的流动性。政府及大公司发行的债券一般可在金融市场上迅速出售,流动性很好。

2. 债券投资的缺点

(1)无经营管理权。债券投资者只能定期取得利息,无权影响或控制被投资企业。

(2)购买力风险较大。由于债券面值和利率是固定的,如投资期间通货膨胀率较高,债券面值和利息的实际购买力就会降低。

(3)利率风险大。由于债券的价格与利率成反比,因此利率变动会对债券的价格产生直接影响。

二、股票投资的收益评价

(一)股票

1. 股票的概念

股票是股份公司发给股东的所有权凭证,是股东借以取得股利的一种有价证券。按照不同的方法和标准,股票有不同的分类。按股东所享有的权利不同,股票可分为普通股和优先股;按是否记名,股票可分为记名股票和不记名股票;按有无面额,股票可分为有面额股票和无面额股票。

2. 股票的价格

股票本身是没有价格的,仅是一种凭证。它之所以有价格,可以买卖,是因为它能给持有人带来预期收益。公司在初次发行股票时,要规定发行总额和每股金额,一旦股票发行后上市买卖,股票价格就与原来的面值分离。股票市场上的价格分为开盘价、收盘价、最高价和最低价,投资者在进行股票估价时主要使用收盘价。股票价格会随着经济形势和公司的经营状况而变化。

(二)股票投资的目的和特点

1. 股票投资的目的

企业进行股票投资的目的主要有两种:一是获利,即作为一般的证券投资,获取股利收入及股票买卖差价;二是控股,即通过购买某一企业的大量股票达到控制该企业的目的。在第一种情况下,企业仅将某种股票作为其证券组合的一个组成部分,不应冒险将大量资金投资于某一企业的股票上。在第二种情况下,企业应集中资金投资于被控制企业的股票上,这时考虑更多的不应是目前利益——股票投资收益的高低,而应是长远利益——占有多少股票才能达到控制的目的。

2. 股票投资的特点

(1)投资风险较大。股票价格受多种因素的影响,波动的幅度较大。政治因素、经济因素、投资者心理因素、企业的盈利情况和风险情况,都会影响股票价格,也使得股票投资具有较高的风险。

(2)投资报酬较高。股票投资的高风险与其高报酬相辅相成。股票的投资风险大,也意味着投资者有可能获得较高的投资收益。当发行公司的经济效益相当好时,股票投资人有可能获得比债券投资人高得多的股息收入。而且,可以利用股票价格的涨落谋取较大的资本利得报酬。

(3)投资者拥有一定的经营控制权。公司的股东有权监督和控制企业的生产经营情况,投资者对股票发行单位有表决权、参与决策与管理权。投资者可以通过购买股票对被投资企业的生产经营方向进行控制。

(4)求偿权居后。企业在破产后,投资者对被投资企业的资产求偿权居于最后,其投资有可能得不到全额补偿。

(三)股票的价值

股票的价值又称股票的内在价值,是进行股票投资所获得的现金流入的现值。股票带给投资者的现金流入包括两部分:股利收入和股票出售时的资本利得。因此,股票的内在价值由一系列的股利和将来出售股票时的现值所构成。

1. 股票价值的基本模型

股票价值的基本模型为:

$$V = \sum_{t=1}^{n} \frac{d_t}{(1+K)^t} + \frac{V_n}{(1+K)^n}$$

式中：V 表示股票内在价值；d_t 表示第 t 期的预期股利；K 表示投资人要求的必要资金收益率；V_n 表示未来出售时预计的股票价格；n 表示预计持有股票的期数。

股票价值的基本模型要求无限期地预计历年的股利，如果持有期是个未知数的话，上述模型实际上很难计算。因此，应用的模型都是假设股利零增长或按固定比例增长时的价值模型。

2. 股利零增长、长期持有的股票价值模型

股利零增长、长期持有的股票价值模型为：

$$V = d/K$$

式中：V 表示股票内在价值；d 表示每年固定股利；K 表示投资人要求的资金收益率。

【做中学6-7】 凯利公司拟投资购买并长期持有 A 公司的股票，该股票每年分配股利2元，必要收益率为10%。该股票价格为多少时适合购买？

解：$V = d/K = 2 \div 10\% = 20$（元）

股票价格低于20元时才适合购买。

3. 长期持有股票、股利固定增长的股票价值模型

设上年股利为 d_0、本年股利为 d_1、每年股利增长率为 g，则股票价值模型为：

$$V = d_0(1+g)/(K-g)$$
$$= d_1/(K-g)$$

【做中学6-8】 凯利公司拟投资某公司股票，该股票上年每股股利为2元，预计年增长率为2%，必要投资报酬率为7%。该股票价格为多少时适合投资？

解：$V = d_0(1+g)/(K-g) = 2 \times (1+2\%) \div (7\%-2\%) = 40.8$（元）

该股票价格低于40.8元时才适合投资。

4. 非固定增长股票的价值

有些公司的股票在一段时间里高速增长，在另一段时间里又正常固定增长或固定不变，这样就需要分段计算，才能确定股票的价值。

【做中学6-9】 某企业持有 A 公司股票，其必要报酬率为12%，预计 A 公司未来3年股利高速增长，成长率为20%，此后转为正常增长，增长率为8%。公司最近支付的股利是2元，计算该公司的股票价值。

解：首先，计算非正常增长期的股利现值，如表6-1所示。

表6-1

年份	股利	现值因素	现值
1	2×1.2=2.4	0.8929	2.1430
2	2.4×1.2=2.88	0.7972	2.2959
3	2.88×1.2=3.456	0.7118	2.4600
合计（3年股利现值）			6.8989

其次，按固定股利增长模型计算固定增长部分的股票价值：

$$V_3 = \frac{d_3 \times (1+g)}{K-g} = \frac{3.456 \times 1.08}{0.12 - 0.08} = 93.312 \text{（元）}$$

由于这部分股票价值是第 3 年年底以后的股利折算的内在价值,需将其折算为现值:

$V_3 \times (P/F, 12\%, 3) = 93.312 \times 0.7118 = 66.419(元)$

最后,计算股票目前的内在价值:

$V = 6.8989 + 66.419 = 73.32(元)$

(四)股票投资的收益率

1. 短期股票收益率的计算

如果企业购买的股票在一年内出售,其投资收益主要包括股票投资价差及股利两部分,不需考虑货币时间价值,其收益率计算公式如下:

$$K = (S_1 - S_0 + d)/S_0 \times 100\%$$
$$= (S_1 - S_0)/S_0 + d/S_0$$
$$= 预期资本利得收益率 + 股利收益率$$

式中:K 表示短期股票收益率;S_1 表示股票出售价格;S_0 表示股票购买价格;d 表示股利。

【做中学 6-10】 2021 年 3 月 10 日,凯利公司购买某公司每股市价为 20 元的股票,2022 年 1 月,凯利公司每股获现金股利 1 元。2022 年 3 月 10 日,凯利公司将该股票以每股 22 元的价格出售,投资收益率应为多少?

解:$K = (22 - 20 + 1)/20 \times 100\% = 15\%$

该股票的收益率为 15%。

2. 股票长期持有、股利固定增长的收益率的计算

由固定增长股利价值模型,我们知道:$V = d_1/(K - g)$,将公式移项整理,求 K,可得到股利固定增长收益率的计算模型:

$$K = d_1/V + g$$

【做中学 6-11】 有一只股票的价格为 40 元,预计下一期的股利是 2 元,该股利将以大约 10% 的速度持续增长,该股票的预期收益率为多少?

解:$K = 2 \div 40 + 10\% = 15\%$

该股票的收益率为 15%。

3. 一般情况下股票投资收益率的计算

一般情况下,企业进行股票投资可以取得股利,股票出售时也可收回一定资金,只是股利不同于债券利息,是经常变动的,股票投资的收益率是使各期股利及股票售价的复利现值等于股票买价时的贴现率。即:

$$V = \sum_{t=1}^{n} \frac{d_t}{(1+K)^t} + \frac{V_n}{(1+K)^n}$$

式中:V 表示股票的买价;d_t 表示第 t 期的股利;K 表示投资收益率;V_n 表示股票出售价格;n 表示持有股票的期数。

【做中学 6-12】 凯利公司于 2019 年 6 月 1 日投资 600 万元购买某种股票 100 万股,在 2020 年、2021 年和 2022 年的 5 月 30 日分得每股现金股利分别为 0.6 元、0.8 元和 0.9 元,并于 2022 年 5 月 30 日以每股 8 元的价格将股票全部出售,试计算该项投资的收益率。

解:用逐步测试法计算,先用 20% 的收益率进行测算:

$V = 60 \div (1 + 20\%) + 80 \div (1 + 20\%)^2 + 890 \div (1 + 20\%)^3$

$= 60 \times 0.8333 + 80 \times 0.6944 + 890 \times 0.5787$

$= 620.59(万元)$

由于 620.59 万元比 600 万元大,再用 24% 测试:
$$V = 60 \div (1+24\%) + 80 \div (1+24\%)^2 + 890 \div (1+24\%)^3$$
$$= 60 \times 0.8065 + 80 \times 0.6504 + 890 \times 0.5245$$
$$= 567.23(万元)$$

最后,用插值法计算如下:
$$K = 20\% + (620.59 - 600) \div (620.59 - 567.23) \times 4\%$$
$$= 21.54\%$$

(五)股票投资的优缺点

1. 股票投资的优点

股票投资是一种具有挑战性的投资,收益和风险都比较高。其优点主要有以下几点:

(1)投资收益高。普通股的价格虽然变动频繁,但从长期看,优质股票的价格总是上涨的居多,只要选择得当,就能取得丰厚的投资收益。

(2)购买力风险低。普通股的股利不固定,当通货膨胀率比较高时,由于物价普遍上涨,股份公司盈利增加,股利的支付也随之增加。因此,与固定收益证券相比,普通股可以有效地降低购买力风险。

(3)拥有经营控制权。普通股股东是股份公司的所有者,有权监督和管理公司。因此,欲控制某家公司,最好是收购这家公司的多数股票。

2. 股票投资的缺点

股票投资的缺点主要是风险大,其原因如下:

(1)求偿权居后。普通股对公司盈利和剩余资产的求偿权均居于最后。公司破产时,股东原来的投资可能得不到全额补偿,甚至一无所有。

(2)价格不稳定。普通股的价格受众多因素影响,很不稳定。政治因素、经济因素、投资者心理因素、公司的盈利情况和风险情况都会影响股票价格,这会使股票投资具有较高的风险。

(3)股利收入不稳定。普通股股利的多少,视公司经营状况和财务状况而定,其有无、多寡均无法律上的保证,其收入的风险也远远大于固定收益证券。

任务三 证券投资风险与组合

一、证券投资风险

证券投资风险是指投资者在证券投资过程中遭受损失或达不到预期收益的可能性。与证券投资活动相关的所有风险称为总风险。总风险按是否可以通过投资组合加以规避及消除,可分为系统性风险与非系统性风险。

(一)系统性风险

系统性风险,是指由于政治、经济及社会环境的变动而影响证券市场上所有证券的风险。这类风险的共同特点是:其影响不是作用于某一种证券,而是对整个证券市场发生作用,导致证券市场上所有证券出现风险。由于系统性风险对所有证券的投资总是存在的,并且无法通过投资多样化的方法加以分散、规避与消除,故称不可分散风险。它包括市场风险、利率风险和购买力风险等。

1. 市场风险

市场风险是指由有价证券的"空头"和"多头"等市场因素所引起的证券投资收益变动的可能

性。空头市场即熊市,是证券市场价格指数从某个较高点(波峰)下降开始,一直呈下降趋势至某一较低点(波谷)结束。多头市场即牛市,是证券市场价格指数从某一个较低点开始上升,一直呈上升趋势至某个较高点并开始下降时结束。从这一点开始,证券市场又进入空头市场。多头市场和空头市场的这种交替,使市场证券投资收益发生变动,进而引起市场风险。多头市场的上升和空头市场的下跌都是就市场的总趋势而言,显然,市场风险是无法规避的。

2. 利率风险

利率风险是指由于市场利率变动引起证券投资收益变动的可能性。因为市场利率与证券价格具有负相关性,即当利率下降时,证券价格上升;当利率上升时,证券价格下降。由于市场利率变动引起证券价格变动,进而引起证券投资收益变动,这就是利率风险。市场利率的波动是基于市场资金供求状况与基准利率水平的波动。不同经济发展阶段市场资金供求状况不同,中央银行根据宏观金融调控的要求调节基准利率水平。当中央银行调整利率时,各种金融资产的利率和价格必然做出灵敏的市场反应,所以利率风险是无法规避的。

3. 购买力风险

购买力风险又称通货膨胀风险,是指由于通货膨胀所引起的投资者实际收益水平下降的风险。由于通货膨胀必然引起企业制造成本、管理成本、融资成本的提高,当企业无法通过涨价或内部消化加以弥补时,就会导致企业经营状况与财务状况的恶化,投资者因此会丧失对股票投资的信心,股市价格随之跌落。一旦投资者对通货膨胀的未来态势产生持久的不良预期时,股价暴跌风潮也就无法制止。世界证券市场发展的历史经验表明,恶性通货膨胀是引发证券市场混乱的祸根。

此外,通货膨胀还会引起投资者本金与收益的贬值,使投资者货币收入增加却并不一定真的获利。通货膨胀是一种常见的经济现象,它的存在必然使投资者承担购买力风险,而且这种风险不会因为投资者退出证券市场就可以避免。

(二)非系统性风险

非系统性风险是指由于市场、行业以及企业本身等因素影响个别企业证券的风险。它是由单一因素造成的只影响某一证券收益的风险,属个别风险,能够通过投资多样化来抵消,又称可分散风险或公司特别风险。它包括行业风险、企业经营风险和企业违约风险。

1. 行业风险

它是指由证券发行企业所处的行业特征所引起的该证券投资收益变动的可能性。有些行业本身包含较多的不确定因素,如高新技术行业,而有些行业则包含较少的不确定因素,如电力、自来水等公用事业。

2. 企业经营风险

它是指由于经营不善、竞争失败、企业业绩下降而使投资者无法获取预期收益或者亏损的可能性。

3. 企业违约风险

它是指企业不能按照证券发行合同或发行承诺支付投资者债息、股息、红利及偿还债券本金而使投资者遭受损失的风险。

二、单一证券投资风险的衡量

衡量单一证券的投资风险对于证券投资者具有极为重要的意义,它是投资者选择合适投资对象的基本出发点。投资者在选择投资对象时,如果各种证券具有相同的期望收益率,显然会倾向于风险低的证券。单一证券投资风险的衡量一般包括算术平均法与概率测定法两种。

(一)算术平均法

算术平均法是最早产生的单一证券投资风险的测定方法。其计算公式为：

$$平均价差率 = \frac{\sum_{i=1}^{n} 各期价差率}{n}$$

式中：各期价差率＝(该时期最高价－最低价)÷[(该时期最高价＋最低价)/2]；n 表示计算时期数。

如果将风险理解为证券价格可能的波动，平均价差率则是一个衡量证券投资风险的较好指标。证券投资决策可以根据平均价差率的大小来判断该证券的风险大小，平均价差率大的证券风险也大；平均价差率小的证券风险则较小。

利用算术平均法对证券投资风险的测定，其优点是简单明了，但其测定范围有限，着重于过去的证券价格波动，风险所包含的内容过于狭窄，因此不能准确地反映该证券投资未来风险的可能趋势。

(二)概率测定法

概率测定法是衡量单一证券投资风险的主要方法。它依据概率分析原理，计算各种可能收益的标准差与标准离差率，以反映相应证券投资的风险程度。

1. 标准差

判断实际可能的收益率与期望收益率的偏离程度，一般可采用标准差指标。其计算公式为：

$$\sigma = \sqrt{\sum_{i=1}^{n}(K_i - \bar{K})^2 P_i}$$

式中：$\bar{K}$ 表示期望收益率 $\left[\sum_{i=1}^{n}(K_i \cdot P_i)\right]$；$K_i$ 表示第 i 种可能结果的收益率；P_i 表示第 i 种可能结果的概率；n 表示可能结果的个数；σ 表示标准差。

一般来说，标准差越大，说明实际可能的结果与期望收益率偏离越大，实际收益率不稳定，因而该证券投资的风险大；标准差越小，说明实际可能的结果与期望收益率偏离越小，实际收益率比较稳定，因而该证券投资的风险较小。但标准差只能用来比较期望收益率相同的证券投资风险程度，而不能用来比较期望收益率不同的证券投资的风险程度。

2. 标准离差率

标准离差率又称标准差系数，可用来比较不同期望收益率的证券投资风险程度。其计算公式为：

$$q = \sigma \div K \times 100\%$$

标准差系数是通过标准差与期望收益率的对比，以消除期望收益率水平高低的影响，可比较不同收益率水平的证券投资风险程度的大小。一般来说，标准差系数越小，说明该证券投资风险程度相对较低；反之，证券投资风险程度相对较高。

【做中学 6－13】 某企业拟对两种证券进行投资，每种证券均可能面临繁荣、衰退两种行情，各自的预期收益率及概率如表 6－2 所示，试比较 A、B 两种证券投资的风险程度。

表 6－2　　　　　　　　　两种证券投资的风险比较

经济趋势	发生概率(P_i)	收益率(K_i) A	收益率(K_i) B
衰退	50%	－20%	10%
繁荣	50%	70%	30%

解:(1)分别计算 A、B 两种证券的期望收益率。

$\overline{K_A} = (-20\%) \times 0.5 + 70\% \times 0.5 = 25\%$

$\overline{K_B} = 10\% \times 0.5 + 30\% \times 0.5 = 20\%$

(2)分别计算 A、B 两种证券的标准差。

$\sigma_A = \sqrt{(-20\% - 25\%)^2 \times 0.5 + (70\% - 25\%)^2 \times 0.5} = 45\%$

$\sigma_B = \sqrt{(10\% - 20\%)^2 \times 0.5 + (30\% - 20\%)^2 \times 0.5} = 10\%$

(3)分别计算 A、B 两种证券的标准离差率

$q_A = 45\% / 25\% = 180\%$

$q_B = 10\% / 20\% = 50\%$

由此可以判定,证券 A 的期望收益率高于证券 B,但其风险程度也高于证券 B。

三、证券投资组合分析

前已述及,证券投资充满了各种各样的风险,为了规避风险,可采用证券投资组合的方式,即投资者在进行证券投资时,不是将所有的资金都投向单一的某种证券,而是有选择地投向多种证券,这种做法称作证券的投资组合或者投资的多样化。

(一)证券投资组合的策略与方法

1. 证券投资组合的策略

在证券投资组合理论的发展过程中,形成了各种各样的派别,从而也形成了不同的组合策略,现介绍其中最常见的几种:

(1)保守型策略。这种策略认为,最佳证券投资组合策略是要尽量模拟市场现状,将尽可能多的证券包括进来,以便分散掉全部可分散风险,得到市场所有证券的平均收益相同的收益。这种投资组合的好处是:能分散掉全部可分散风险;不需要高深的证券投资的专业知识;证券投资的管理费比较低。但这种组合获得的收益不会高于证券市场上所有证券的平均收益。因此,此种策略属于收益不高、风险不大的策略,故称为保守型策略。

(2)冒险型策略。这种策略认为,与市场完全一样的组合不是最佳组合,只要投资组合做得好,就能击败市场或超越市场,取得远远高于平均水平的收益。在这种组合中,一些成长型的股票比较多,而那些低风险、低收益的证券不多。另外,其组合的随意性强,变动频繁。采用这种策略的人认为,收益就在眼前,何必死守苦等。这种策略收益高、风险大,因此称冒险型策略。

(3)适中型策略。这种策略认为,证券的价格,特别是股票的价格,是由特定企业的经营业绩来决定的。市场上股票价格的一时沉浮并不重要,只要企业经营业绩好,股票一定会升到其本来的价值水平。采用这种策略的人,一般善于对证券进行分析。适中型策略如果做得好,可获得较高的收益,而又不会承担太大风险。但进行这种组合的人必须具备丰富的投资经验,拥有进行证券投资的各种专业知识。这种投资策略风险不太大,收益却比较高,所以是一种最常见的投资组合策略。各种金融机构、投资基金和企事业单位在进行证券投资时一般采用此种策略。

2. 证券投资组合的方法

进行证券投资组合的方法有很多,最常见的方法通常有以下几种:

(1)选择足够数量的证券进行组合。这是一种最简单的证券投资组合方法。在采用这种方法时,不是进行有目的的组合,而是随机选择证券,随着证券数量的增加,可分散风险会逐步减少,当数量足够大时,大部分可分散风险能分散掉。

(2)把风险大、中、小的证券放在一起进行组合。这种组合方法又称1/3法,是指把全部资金的

1/3投资于风险大的证券、1/3投资于风险中等的证券、1/3投资于风险小的证券。一般而言,风险大的证券对经济形势的变化比较敏感,当经济处于繁荣时期,风险大的证券能获得高额收益,但当经济衰退时,风险大的证券会遭受巨额损失;相反,风险小的证券对经济形势的变化则不十分敏感,一般能获得稳定收益,而不致遭受损失。因此,这种1/3的投资组合法,是一种进可攻、退可守的组合法,虽不会获得太高的收益,但也不会承担巨大风险,是一种常见的组合方法。

(3)把投资收益负相关的证券放在一起进行组合。一种股票的收益上升而另一种股票的收益下降的两种股票,称为负相关股票。把收益负相关的股票组合在一起,能有效地分散风险。

(二)证券投资组合的期望收益率

$$\overline{K_p} = \sum_{i=1}^{n} K_i \cdot W_i \cdot P_i = \sum_{i=1}^{n} \overline{K_i} \cdot W_i$$

式中:$\overline{K_p}$ 表示券投资组合的期望收益率;W_i 表示第 i 种证券价值占证券投资组合总价值的比重;n 表示证券组合中的证券数;$\overline{K_i}$ 表示第 i 种证券的期望收益率。

【做中学6—14】 仍沿用做中学6—13中的资料,如该企业各投资50%于A、B证券,则投资组合的期望收益率为:

$$\overline{K_p} = 25\% \times 0.5 + 20\% \times 0.5 = 22.5\%$$

(三)证券投资组合的风险

证券投资组合的期望收益率可由各个证券期望收益率的加权平均数而得,但证券投资组合的风险并不是各个证券标准差的加权平均数,即 $\sigma_p \neq \sum_{i=1}^{n} \sigma_i \cdot w_i$。证券投资组合理论研究表明,理想的证券投资组合的风险一般要小于单独投资某一证券的风险,通过证券投资组合可以规避各证券本身的非系统性风险。现举例说明如下:

【做中学6—15】 某企业投资于由W、M两种证券组成的投资组合,投资比重各为50%,2018～2021年的平均收益率及标准差资料如表6—3所示。

表6—3 完全负相关的两种证券组合

年 度	证券W收益率K_W(%)	证券M收益率K_M(%)	W、M投资组合收益率K_p
2018	−10	40	15
2019	35	−5	15
2020	−5	35	15
2021	15	15	15
平均收益率	15	15	15
标准差	22.6	22.6	0

由此可见,如果只投资W或M,它们的风险都很高;但如将两种证券进行投资组合,则其风险为零(标准差为零)。这种组合之所以会风险为零,是因为这两种证券的投资收益率的变动方向正好相反:当W的投资收益率上升时,M的投资收益率下降;反之,当W的投资收益率下降时,M的投资收益率上升。这种收益率的反向变动趋势统计学上称为完全负相关,相关系数$r=-1.0$。如果两种证券的收益率变动方向完全一致,统计学上称为完全正相关($r=+1.0$),这样的两种证券进行投资组合,不能抵消风险。对于大多数证券,一般表现为正相关,但又不是完全正相关,所以投资组合可在一定程度上降低投资风险,不能完全消除投资风险。一个证券组合的风险,不仅取决于组合中各构成证券个别的风险,而且取决于它们之间的相关程度。

(四) 系统性风险的衡量

前已述及，系统性风险是由于政治、经济及社会环境的变动影响整个证券市场上所有证券价格变动的风险。它使证券市场平均收益水平发生变化，但是，每一种具体证券受系统性风险的影响程度并不相同。β值就是用来测定一种证券的收益随整个证券市场平均收益水平变化程度的指标，它反映了一种证券收益相对于整个市场平均收益水平的变动性或波动性。如果某种股票的β系数为1，说明这种股票的风险情况与整个证券市场的风险情况一致，即如果市场行情上涨了10%，该股票也会上涨10%；如果市场行情下跌10%，该股票也会下跌10%。如果某种股票的β系数大于1，说明其风险大于整个市场的风险；如果某种股票的β系数小于1，说明其风险小于整个市场的风险。

单一证券的β值通常会由一些投资服务机构定期计算并公布，证券投资组合的β值则可由证券组合投资中各组成证券β值加权计算而得。其计算公式如下：

$$\beta_p = \sum_{i=1}^{n} w_i \beta_i$$

式中：β_p 表示证券组合的β系数；w_i 表示证券组合中第 i 种股票所占的比重；β_i 表示第 i 种股票的β系数；n 表示证券组合中股票的数量。

【做中学6-16】 某公司持有共100万元的3种股票，该组合中A股票20万元，B股票40万元，β系数均为1.5；C股票40万元，β系数为0.8。那么，该投资组合的β系数为：

$\beta_p = 20\% \times 1.5 + 40\% \times 1.5 + 40\% \times 0.8 = 1.22$

(五) 证券投资组合的风险与收益

1. 证券投资组合的风险收益

投资者进行证券投资，就要求对承担的风险进行补偿，股票的风险越大，要求的收益率就越高。由于证券投资的非系统性风险可通过投资组合来抵消，投资者要求补偿的风险主要是系统性风险。因此，证券投资组合的风险收益是投资者因承担系统性风险而要求的、超过资金时间价值的那部分额外收益。其计算公式为：

$$R_p = \beta_p \cdot (K_m - R_f)$$

式中：R_p 表示证券组合的风险收益率；β_p 表示证券组合的β系数；K_m 表示市场收益率，是证券市场上所有股票的平均收益率；R_f 表示无风险收益率，一般用政府公债的利率来衡量。

【做中学6-17】 根据做中学6-16的资料，如股票的市场收益率为10%，无风险收益率为6%，试确定该证券投资组合的风险收益率。

解：$R_p = 1.22 \times (10\% - 6\%) = 4.88\%$

在其他因素不变的情况下，风险收益取决于证券投资组合的β系数。β系数越大，风险收益越大；β系数越小，风险收益越小。

2. 证券投资的必要收益率

证券投资的必要收益率等于无风险收益率加上风险收益率，即：

$$K_i = R_f + \beta \cdot (K_m - R_f)$$

式中：K_i 表示第 i 种股票或证券组合的必要收益率；R_f 表示无风险收益率；β 表示第 i 种股票或证券组合的β系数；K_m 表示市场收益率，是证券市场上所有股票的平均收益率。这就是资本资产计价模型(CAPM)。

【做中学6-18】 华大公司股票的β系数为1.5，无风险利率为4%，市场平均收益率为8%，则该股票的必要收益率为多少时，投资者才会购买？

解：$K_i = R_f + \beta \cdot (K_m - R_f)$

$$=4\%+1.5\times(8\%-4\%)$$
$$=10\%$$

华大公司的股票的收益率达到或超过10%时,投资者才会购买。

关键术语

证券　证券投资　债券的价值　股票的价值　系统性风险　非系统性风险　证券投资组合

应知考核

一、单项选择题

1. 下列哪项证券投资能获得被投资企业的控制权?（　　）
   A. 债券　　　　　B. 普通股股票　　　C. 优先股股票　　　D. 认股权证
2. 证券组合投资是指将资金投向于(　　)。
   A. 债券　　　　　B. 股票　　　　　　C. 期货　　　　　　D. 多种证券
3. 下列能够更好避免购买力风险的证券是(　　)。
   A. 国库券　　　　B. 普通股股票　　　C. 公司债券　　　　D. 优先股股票
4. 违约风险最大的证券是(　　)。
   A. 政府债券　　　B. 金融债券　　　　C. 公司股票　　　　D. 公司债券
5. 证券投资者在购买证券时,可以接受的最高价格是(　　)。
   A. 出卖市价　　　B. 风险价值　　　　C. 内在价值　　　　D. 票面价值

二、多项选择题

1. 证券投资相对于实物资产投资而言的特点有(　　)。
   A. 流动性强　　　B. 交易成本高　　　C. 价值不稳定　　　D. 投资风险小
2. 企业进行证券投资的目的有(　　)。
   A. 充分利用闲置资金　　　　　　　　B. 为了取得对相关企业的控制权
   C. 满足未来的财务需求　　　　　　　D. 获得长期稳定的投资收益
3. 企业初次进行证券投资,其投资程序一般包括(　　)。
   A. 合理选择投资对象　　　　　　　　B. 委托买卖
   C. 清算交割　　　　　　　　　　　　D. 过户
4. 证券投资的对象可以是(　　)。
   A. 股票　　　　　B. 债券　　　　　　C. 基金　　　　　　D. 以上三者组合
5. 与股票投资相比,债券投资的优点有(　　)。
   A. 本金安全性好　　　　　　　　　　B. 投资收益率高
   C. 购买力风险低　　　　　　　　　　D. 收入稳定性强

三、判断题

1. 在财务管理中,证券投资与项目投资均属于投资,区别仅在于投资对象不同。（　　）
2. 证券投资是通过购买股票、债券等金融资产的投资行为,属于间接投资。（　　）

3. 证券投资的唯一目的就是为了获利。（　　）
4. 证券价格波动大对于证券投资来说是一个不利因素。（　　）
5. 证券投资亏损的主要原因之一是证券投资交易成本高。（　　）

四、简述题

1. 简述证券投资的目的和收益。
2. 简述债券投资的特点及优缺点。
3. 简述股票投资的特点及优缺点。
4. 简述证券投资的风险。
5. 简述证券投资组合的策略与方法。

五、计算题

1. 某投资者的投资组合中包括三种证券，债券占40%、A股票占30%、B股票占30%，其系数分别为1、1.5、2，市场全部股票的平均收益率为12%，无风险收益率为5%。

要求：

(1)计算投资组合的系数；

(2)计算投资组合的必要收益率。

2. A公司股票的系数为2.5，无风险收益率为6%，市场上所有股票的平均报酬率为10%。

要求：

(1)计算该公司股票的必要收益率；

(2)若该股票为固定增长股票，增长率为6%，预计1年后的股利为1.5元，则该股票的价值为多少？

3. 乙企业欲对A公司发行的已上市每年付息债券进行投资，该债券的面值为500元，票面利率为14%，期限为10年，已发行2年；且已知当时的市场利率为12%，该债券的实际交易价格为530元。

要求：对乙企业应否进行该种债券投资做出决策。

4. 某公司持有A、B、C三种股票构成的证券组合，它们目前的市价分别为20元/股、7元/股和5元/股，β系数分别为2.1、1.0和0.5，在证券组合中所占的比例分别为50%、40%和10%，上年的股利分别为2元/股、1元/股和0.5元/股，预期持有B、C股票每年可分别获得稳定的股利，持有A股票获得的股利每年增长率为5%。假设目前的市场收益率为14%，无风险收益率为10%。

要求：

(1)计算持有A、B、C三种股票投资组合的风险收益率。

(2)若投资总额为50万元，风险收益额是多少？

(3)分别计算投资A股票、B股票、C股票的必要收益率。

(4)计算投资组合的必要收益率。

(5)分别计算A股票、B股票、C股票的内在价值。

(6)判断该公司是否应出售A、B、C三种股票。

应会考核

■ 观念应用

【背景资料】

债券是否值得购买

A企业于2022年1月1日以每张1 020元的价格购买B企业发行的企业债券。该债券的面值为1 000元,期限为3年,票面年利率为10%。购买时市场年利率为8%。不考虑所得税。

【考核要求】

(1)假设该债券一次还本付息,按单利计息,利用债券估价模型评价A企业购买此债券是否划算?

(2)假设该债券每年支付一次利息,按复利计算,评价A企业是否可以购买此债券?

(3)假设该债券以800元的价格发行,没有票面利率,到期按面值偿还,则该债券是否值得购买?

■ 技能应用

某公司的投资决策

某公司现有100万元资金,拟累积一笔资金5年后扩大生产规模,现准备进行长期投资,初步决定要么全部购买100万元平价发行的Y债券,要么购买10万股Z股票(每股买入价10元)。Y债券的期限为5年,票面利率为8%,每年付息一次,到期一次还本。Z股票为零成长股票,每股每年股利1.1元,第5年末,该股票可以按其内在价值出售。该公司要求的投资报酬率为10%。

【技能要求】

请代该公司做出投资决策。

■ 案例分析

【情景与背景】

股票投资的应用

某投资者于2022年准备投资购买股票,现有A、B两家公司可供选择,从A公司、B公司2021年12月31日的有关会计报表及补充资料中获知,2021年A公司发放的每股股利为5元,股票每股市价为40元;2021年B公司发放的每股股利为2元,股票每股市价为20元。预期A公司未来5年内股利固定,以后转为正常增长,年增长率为6%;预期B公司股利将持续增长,年增长率为4%。假定目前无风险收益率为8%,市场上所有股票的平均收益率为12%,A公司股票的β系数为2,B公司股票的β系数为1.5。

【分析要求】

(1)通过计算股票价值并与股票市价相比较,判断是否应当购买两公司的股票。

(2)若投资购买这两种股票各1 000股,该投资组合的预期收益率是多少?

(3)求(2)中投资组合的β系数。

项目实训

【实训项目】

证券投资管理。

【实训情境】

股票投资原理的分析

投资者李美安于2021年7月5日在杭州广发证券营业部开设了一个A股股票账户,并与证券公司达成一致意见:投资者进行股票买卖支付给证券公司的交易佣金为成交金额的5‰,最低5元起。2021年7月20日,李美安投入资金50 000元,2021年7月26日,他以每股12.04元的价格(不含各种交易费用)购入1 000股的A股票;2021年7月28日,他以每股11.77元的价格(不含各种交易费用)购入1 000股的B股票;2021年7月30日,他又以16.10元的价格(不含各种交易费用)购入 1 000 股的 C 股票。2021 年 8 月 4 日,李美安以每股 12.78 元的价格(不含各种交易费用)出售其所持有的 1 000 股 A 股票;2021 年 8 月 9 日,他以每股 12.45 元的价格(不含各种交易费用)出售其所持有的 1 000 股 B 股票;2021 年 8 月 10 日,他以每股 17.25 元的价格(不含各种交易费用)出售其所持有的 1 000 股 C 股票。

财务顾问吴斌计算 A 股票的投资收益率为:

投资收益率=[(12.78×1 000－12.78×1 000×0.001－12.78×1 000×0.000 5)
　　　　　－12 058.06]÷12 058.06÷(10÷360)
　　　　＝5.83%

这个收益率与五年期银行定期存款利率(5.5%/年)相接近,但银行存款没有风险,而股票价格变动不稳定,投资者亏损可能性很大,因此,不值得进行股票投资。

【实训任务】

(1)吴斌的这种观点正确吗?

(2)请指出李美安通过其证券账户进行 A 股票交易,其支付的交易费用有哪些? 该如何计算?

(3)计算 2021 年 7 月 26 日、7 月 28 日和 7 月 30 日李美安账户上的人民币余额分别是多少?

(4)计算李美安投资 A 股票、B 股票和 C 股票在各自投资期间的名义投资收益率(一年按 360 天计算)是多少?

(5)计算从 2021 年 7 月 20 日到 2021 年 8 月 10 日,李美安投入资金 50 000 元的名义投资收益率是多少?

《证券投资管理》实训报告		
项目实训班级:	项目小组:	项目组成员:
实训时间:　　年　月　日	实训地点:	实训成绩:
实训目的:		
实训步骤:		
实训结果:		
实训感言:		

用 Excel 解决本项目问题

项目七

营运资金管理

○ **知识目标**

理解：营运资金的概念和特点；营运资金的管理原则、政策；营运资金管理的内容。

熟知：现金管理、应收账款和存货日常管理的内容、目的；企业存货决策。

掌握：现金的持有动机和成本、最佳现金持有量的管理模式；企业应收账款政策的制定、功能和成本；存货的功能与成本、存货资金需要量的预测、存货经济批量决策。

○ **技能目标**

能够结合企业的具体情况，有针对性地预测最佳现金持有量、做出信用政策决策、确定存货资金需要量和做出经济批量决策。

○ **素质目标**

运用所学的营运资金管理知识，能够根据企业的具体情况，对企业营运资金进行全面评估和分析，并对企业营运资金管理进行决策。培养和提高学生在特定业务情境中分析问题与决策设计的能力；结合行业规范或标准，强化学生的职业道德素质。

○ **思政目标**

能够正确地理解"不忘初心"的核心要义和精神实质；树立正确的世界观、人生观和价值观，做到学思用贯通、知信行统一；通过营运资金管理知识，培养对职业的主观体验，树立职业认同感，提升自己的业务能力素质，应明确营运资金管理是对销售工作的控制而不是限制，促进销售部门降低销售风险，提高利润水平。

○ **项目引例**

孙尧的营运资金管理

大连某企业是一个专业从事手表生产与销售的企业。该企业下设一个手表专营公司负责手表的销售，专营公司的副经理叫孙尧。该企业主要生产销售机械表。2012年左右，市场发生了变化，电子表畅销，机械表销售量下降。该企业的产品积压严重，仅专营公司就积压了100多万只机械表。当时孙尧向领导打报告，请示处理积压产品，当时市价为300元一只的机械表，孙尧准备以50元一只处理掉，然后利用回收资金生产销售电子表。领导没有批准孙尧的报告。孙尧又给主管局打报告，主管局也没有批示。在这种情况下，孙尧自作主张，以50元一只的价格处理积压产品。经过三个月的努力，积压产品全部售出，收回资金2 500万元。孙尧用这些资金引进香港表盘、机芯，根据市场需求，生产多花色的产品去争取市场，到2014年，专营公司盈利900多万元。但是由于该手表企业也是个老大难企业，先后换了多名总经理，孙尧的行为让企业领导感到难堪，遂在2015年将专营公司撤销。2017年该手表企业面临破产，累计亏损4 000多万元，银行存款只有4万元，固定资产达8 000万元，并且有几百台进口设备。在这种情况下，2017年4月孙尧被任命为该企业负责人。8个月后，该企业减亏747万元，2018年全面扭亏，实现利税574万元。2017年到2021

年还清了近1亿元债务。

思考与讨论：企业该如何进行有效的营运资金管理？

○ **知识精讲**

任务一 营运资金管理概述

一、营运资金的概念和特点

营运资金是指企业生产经营活动中占用于流动资产上的资金。营运资金有广义和狭义之分。广义的营运资金又称毛营运资金（总营运资金），是指一个企业流动资产的总额；狭义的营运资金又称净营运资金，是指流动资产减去流动负债后的差额。

企业应控制营运资金的持有数量，既要防止营运资金过度，也要避免营运资金不足。营运资金越多，风险越小，收益越低；相反，营运资金越少，风险越大，但收益率越高。企业需要在风险与收益之间进行权衡，从而将营运资金的数量控制在一定范围之内。本项目所讲的营运资金的管理主要是流动资产的管理，即现金、应收账款和存货的管理。

（一）流动资产

流动资产，是指可以在1年以内或者超过1年的一个营业周期内变现或运用的资产。流动资产具有占用时间短、周转快、易变现等特点。企业流动资产多少表明企业短期偿债能力大小，科学合理地安排流动资产投资，可以降低企业财务风险。流动资产可以按照不同标准进行分类，常见的3种分类标准如下：

(1)按其占用形态不同，可分为库存现金、交易性金融资产、应收及预付款项和存货等。

(2)按照其变现能力强弱不同，可分为非速动资产和速动资产。

(3)按照其在生产经营过程中所处环节不同，可分为生产领域中流动资产、流通领域中流动资产以及其他领域中流动资产。

（二）流动负债

流动负债，又称短期负债，是指需要在1年或者超过1年的一个营业周期内偿还的债务。流动负债具有成本低、偿还期短等特点。流动负债可按照不同标准分类，常见的3种分类标准如下：

(1)按应付金额是否确定，分为应付金额确定的流动负债和应付金额不确定的流动负债。

应付金额确定的流动负债是指那些根据合同或法律规定到期必须偿付，并有确定金额的流动负债，如应付票据、应付账款、短期借款和应付短期融资券等。

应付金额不确定的流动负债是指那些根据企业生产经营状况，到一定时期或具备一定条件才能确定的流动负债或应付金额需要估计的流动负债，如应交税费、应付产品质量担保债务、票据兑换债务等。

(2)按形成情况不同，分为自然性流动负债和人为性流动负债。

自然性流动负债是指不需要正式安排，由于结算程序或有关法律法规规定等原因而自然形成的流动负债。

人为性流动负债是指根据企业对短期资金的需求情况，通过人为安排所形成的流动负债。

(3)按照其是否支付利息，分为有息流动负债和无息流动负债。

（三）营运资金特点

企业想要有效管理营运资金，必须研究营运资金的特点。营运资金一般具有如下特点：

1. 多样性

与筹集长期资本方式相比,企业筹集营运资金的方式比较灵活。例如,企业可以向银行短期借款,发行短期融资券,使用票据贴现等内外部筹资方式。

2. 波动性

流动资产数量会随企业内外条件变化而波动,如季节性或非季节性企业。随着流动资产数量变动,流动负债数量也会相应发生变动。

3. 短期性

企业占用在流动资产上的资金通常在1年或超过1年的一个营业周期内收回。

4. 变动性和易变现性

企业实物形态营运资金经常变化,一般按照现金→材料→在产品→产成品→应收账款→现金这样的顺序循环转化。因此,企业在进行流动资产管理时,必须将各项流动资产合理配置,达到结构优化,以促进资金顺利周转。

二、营运资金的管理原则

(一)合理确定营运资金的需要量

企业营运资金的需要量与企业生产经营活动有直接关系,当企业产销两旺时,流动资金会不断增加,流动负债也会相应增加;而当企业产销量不断减少时,流动资产和流动负债也会相应减少。因此,企业财务人员应认真分析生产经营状况,采用一定的方法预测营运资金的需要数量,以便合理使用营运资金。

(二)提高资金使用效率

加速资金周转是提高资金使用效率的主要手段之一。提高营运资金使用效率的关键就是采取得力措施,缩短营业周期,加速变现过程,加快营运资金周转。因此,企业要千方百计地加速存货、应收账款等流动资产的周转,以便用有限的资金服务于更大的产业规模,为企业取得更好的经济效益提供条件。

(三)提高周转速度,充分利用资金

在保证资金需要及其他因素不变的情况下,加速资金的周转,可以达到降低资金占用量的目的,也就相应地提高了资金的利用效果。因此,企业应加速存货、应收账款等流动资产的周转,以便用有限资金取得较好的经济效益。

(四)保持足够的短期偿债能力

偿债能力的高低是企业财务风险高低的标志之一。合理安排流动资产与流动负债的比例关系,保持流动资产结构与流动负债结构的适配性,保证企业有足够的短期偿债能力是营运资金管理的重要原则之一。流动资产、流动负债以及二者之间的关系能较好地反映企业的短期偿债能力。流动负债是在短期内需要偿还的债务,而流动资产则是在短期内可以转化为现金的资产。因此,如果一个企业的流动资产比较多、流动负债比较少,说明企业的短期偿债能力较强;反之,则说明短期偿债能力较弱。但如果企业的流动资产太多、流动负债太少,也不是正常现象,这可能是因流动资产闲置或流动负债利用不足所致。

三、营运资金政策

(一)营运资金持有政策

1. 宽松的营运资金政策

宽松的营运资金政策就是为保证经营活动的安全性而持有较多的营运资本,避免由于营运资本不足而不能偿还到期债务及支付材料价款等带来的风险。

2. 紧缩的营运资金政策

紧缩的营运资金政策就是企业为提高收益率而持有较低的营运资本,但较少的现金、有价证券持有量和较低的存货保险储备量会降低偿债能力和采购的支付能力,可能会造成信用损失,会加大企业的风险。

3. 适中的营运资金政策

适中的营运资金政策就是在权衡收益和风险的情况下,使企业营运资本的持有量既不过高也不过低,恰好能够满足生产经营活动的需要,既不多余,也不会出现短缺。

(二)营运资金筹集政策

营运资金筹集政策主要是就如何安排临时性流动资产和永久性流动资产的资金来源而言的。这里的临时性流动资产和永久性流动资产是按照流动资产的用途加以区分的。临时性流动资产是指那些受季节性、周期性影响的流动资产;永久性流动资产则是指那些即使企业处于经营低谷也仍然需要保留的、用于满足企业长期稳定需要的流动资产。

与流动资产按照用途划分的方法相对应,流动负债也可以分为临时性负债和自发性负债。临时性负债是指为了满足临时性流动资金需要而发生的负债;自发性负债是指直接产生于企业持续经营中的负债,如企业在日常运营中产生的各种应付款项。

营运资金筹集政策一般可以区分为三种:配合型筹资政策、激进型筹资政策和稳健型筹资政策。

1. 配合型筹资政策

配合型筹资政策的特点是:对于临时性流动资产,运用临时性负债筹集资金满足其资金需要;对于永久性流动资产和固定资产(统称为永久性资产,下同),运用长期负债、自发性负债和权益资本筹集资金满足其资金需要。

配合型筹资政策要求企业临时负债筹资计划严密,实现现金流动与预期安排相一致。在季节性低谷时,企业应当除了自发性负债外没有其他流动负债;只有在有临时性流动资产需求时,企业才举借各种临时性债务。

2. 激进型筹资政策

激进型筹资政策的特点是:临时性负债不但融通临时性流动资产的资金需要,而且解决部分永久性资产的资金需要。

激进型筹资政策下临时性负债所占比重较大,企业的资本成本较低,但同时存在较大风险。因此,这种筹资政策是一种收益性和风险性均较高的营运资金筹集政策。

3. 稳健型筹资政策

稳健型筹资政策的特点是:临时性负债只融通部分临时性流动资产的资金需要,另一部分临时性流动资产和永久性资产,则由长期负债、自发性负债和权益资本作为资金来源。

稳健型筹资政策下临时性负债所占比重较小,企业的风险较低,但同时加大了企业的资本成本。因此,这种筹资政策是一种风险性和收益性均较低的营运资金筹集政策。

四、营运资金管理的内容

(一)营运资金管理的综合策略的制定

营运资金管理的综合策略是指流动资产与流动负债的匹配策略,即在满足企业经营需要的流动资产占用量的基础上,其流动资产与流动负债筹资的匹配情况。营运资金管理的综合策略能够体现企业管理者对风险与收益的态度。

（二）现金管理

从企业的角度来说，现金是不产生收益的资产，因此从企业价值最大化的角度来讲，应尽量减少现金的持有量。但企业由于经营的需要，又不能不持有部分现金。现金管理的主要内容就是要在满足企业生产经营需要的前提下，如何降低企业的现金持有量。

（三）应收账款管理

应收账款是企业赊销的结果，并与企业的信用政策密切相关。应收账款的管理一方面要确定企业的信用标准和信用政策，另一方面要制定收款政策，加速应收账款的回收。

（四）存货管理

存货在企业流动资产中所占的比例最大，它涉及企业的供、产、销全过程。存货管理的目标是在确保生产经营活动顺利开展的前提下，尽量降低资金占用。

任务二　现金管理

作为企业营运资金中变现能力最强的流动资产，现金是指在生产经营过程中以货币形态存在的资金，包括库存现金、银行存款和其他货币资金等，这是广义现金；狭义现金仅指库存现金。本任务所介绍的现金是指广义现金。

现金管理过程就是在现金流动性与收益性之间进行权衡选择的过程，其目的是在保证企业经营活动现金需要量的同时，降低企业闲置现金数量，提高资金收益率。因此，保持合理的现金水平是企业现金管理的重要内容。

一、持有现金的动机

（一）交易性需求

企业持有现金的交易性需求是为了维持企业日常周转及正常商业活动所需持有的现金。企业每天都在发生许多收入与支出，这些收入和支出在数额上通常不相等、时间上不匹配，这使得企业需要持有一定现金来调节，以使日常生产经营活动持续进行。例如，企业为了保证正常生产经营活动，必须保持一定数额的现金，如购买原材料、支付工资、缴纳税款、偿付到期债务、派发现金股利等。一般来说，企业为满足交易性需求所持有的现金主要取决于企业销售水平。企业销售扩大，销售额增加，所需现金余额也随之增加；反之则相反。

（二）预防性需求

企业持有现金的预防性需求是指为企业应付突发事件而需要维持充足的现金，例如政治金融环境变化、大客户违约导致企业突发性偿付等。虽然企业试图利用各种方式方法来较准确地预测所需现金，但这些突发事件会使原本预测好的财务计划失效。因此，企业为了应对突发事件，有必要维持比日常运转所需金额更多的现金。

（三）投机性需求

企业持有现金的投机性需求是指企业为了抓住突然出现的获利机会而持有的现金，这种机会通常是短暂的，如金融市场上有价证券出现暴跌后又突然上涨，如果企业暴跌时购入，暴涨时抛售，即企业利用闲置资金抓住了机会就可能获得收益。

二、最佳现金持有量的确定

企业现金管理除了做好日常收支、加速现金周转速度外，还需控制好现金持有量规模，即确定最佳现金持有量。企业确定最佳现金持有量的方法通常有成本模式、存货模式、随机模式、现金周转模式。

(一)成本模式

成本模式是通过分析持有现金发生的相关成本,寻求持有成本最低时的现金持有量。企业持有现金相关的成本有机会成本、管理成本和短缺成本,它们构成了企业持有现金的总成本。

1. 机会成本

机会成本是指企业因持有一定现金而丧失的再投资收益。再投资收益是企业不能同时用该现金进行有价证券投资所产生的机会成本,这种成本在数额上等于资本成本。由于现金资产流动性极佳,但营利性极差,企业为了经营业务,有必要持有一定现金以应付意外的现金需要。但如果企业现金拥有量过多,会导致机会成本代价大幅度上升。

2. 管理成本

管理成本是指企业持有一定现金从而发生的管理费用,如管理人员工资、安全措施费等,这些费用构成现金管理成本。管理成本是一种固定成本,与现金持有量之间无明显的比例关系。

3. 短缺成本

短缺成本是指企业在现金持有量不足又无法及时通过有价证券变现加以补充所造成的损失,包括直接损失与间接损失。现金短缺成本随现金持有量增加而下降,随现金持有量减少而上升,即与现金持有量负相关。

成本分析模式是根据现金相关成本,分析预测其总成本最低时现金持有量的一种方法,其计算公式为:

$$最佳现金持有量下的现金相关成本 = \min(机会成本 + 管理成本 + 短缺成本)$$

其中:机会成本是正相关成本,管理成本属于固定成本,短缺成本是负相关成本。因此,成本分析模式是要找到机会成本、管理成本和短缺成本所组成的总成本曲线中最低点所对应的现金持有量,把它作为最佳现金持有量。

如图7-1所示,机会成本线向右上方倾斜,短缺成本线向右下方倾斜,管理成本线为平行于横轴的直线,总成本线便是一条抛物线,该抛物线最低点即为持有现金的最低总成本。超过这一点,机会成本上升会大于短缺成本下降;这一点之前,短缺成本上升又会大于机会成本下降。这一点在横轴上对应的量,即是最佳现金持有量(C^*)。

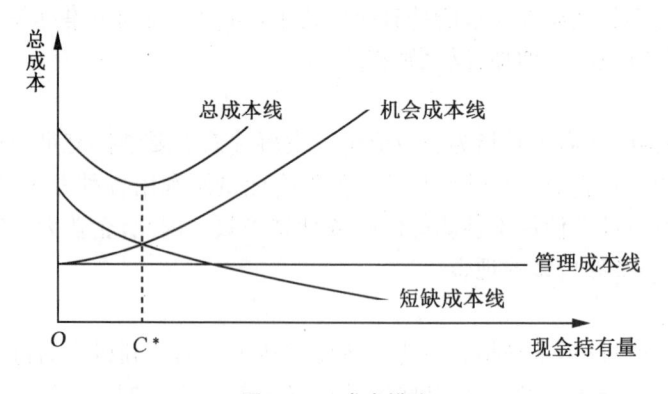

图7-1 成本模式

最佳现金持有量计算,可以先分别计算出各种方案的机会成本、管理成本、短缺成本之和,再从中选出总成本之和最低的现金持有量,即为最佳现金持有量。

【做中学7-1】 企业现有甲、乙、丙、丁四个现金持有方案,现金持有量备选方案如表7-1所示。

表7—1 现金持有量备选方案 单位:元

项 目	甲	乙	丙	丁
现金持有量	20 000	30 000	40 000	50 000
机会成本率	12%	12%	12%	12%
短缺成本	5 000	2 800	1 500	900

根据表7—1,可采用成本模式编制该企业最佳现金持有量测算表,如表7—2所示。

表7—2 最佳现金持有量测算表 单位:元

方案及现金持有量	机会成本	短缺成本	相关总成本
甲(20 000)	2 400	5 000	7 400
乙(30 000)	3 600	2 800	6 400
丙(40 000)	4 800	1 500	6 300
丁(50 000)	6 000	900	6 900

根据表7—2的资料,可以得出各方案总成本,其中,丙方案相关总成本最低,因此企业持有40 000元现金时,持有现金相关总成本最低,即40 000元为最佳现金持有量。

在实务中,企业运用成本模式确定最佳现金持有量通常的步骤为:①根据不同现金持有量测算并确定有关成本。②按照不同现金持有量及其有关成本资料编制最佳现金持有量测算表。③在测算表中找出总成本最低时的现金持有量,即最佳现金持有量。

由成本模式可知,若减少现金持有量,则增加短缺成本;若增加现金持有量,则增加机会成本。改进上述关系的一种方法是:当拥有多余现金时,将现金转换为有价证券;当现金不足时,将有价证券转换成现金。但现金与有价证券之间的转换也需要成本,这种成本称为转换成本。

转换成本是指企业用现金购入有价证券以及用有价证券换取现金时付出的交易费用,即现金同有价证券之间相互转换的成本,如买卖佣金、手续费、证券过户费、印花税、实物交割费等。

(二)存货模式

现金持有量存货模式又称鲍曼模式,是威廉·鲍曼(William Baumol)提出的用以确定最佳现金持有量的模式。

同成本模式相似,存货模式也是着眼于与持有现金相关的总成本最低,但是此模式下相关成本仅包括机会成本和转换成本,即机会成本和转换成本之和保持最低时的现金持有量为最佳现金持有量。

在运用存货模式确定最佳现金持有量时,存在以下假设前提:①所需现金可以通过证券变现取得,证券变现的不确定性很小。②预算期内现金需要总量可以预测。③现金支付过程比较稳定,现金余额降至零时,可以通过部分证券变现得以补足。④证券利率或报酬率以及每次固定性交易费用已知。

在以上假设基础上,可以构建出存货模式的具体表达式。

假设 T 为一个周期内现金总需求量;F 为每次转换有价证券的固定成本;C 为现金持有量(每次证券变现数量);K 为有价证券利息率(机会成本);TC 为现金管理相关总成本(见图7—2)。

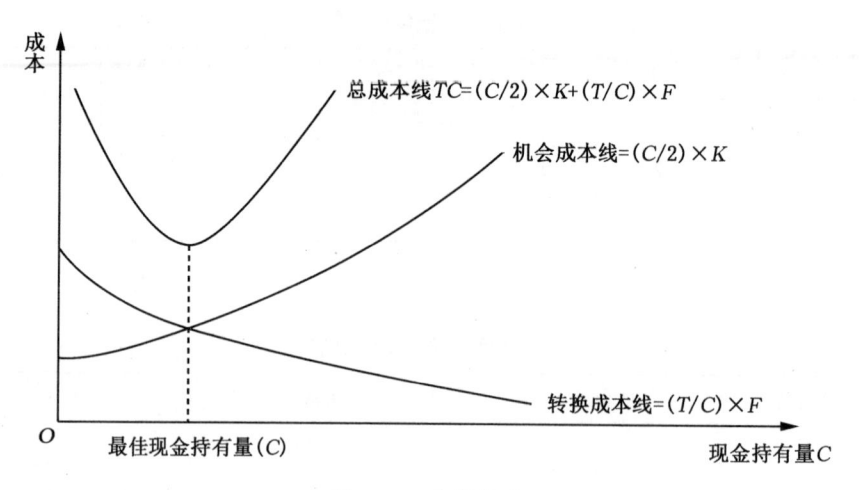

图7-2 存货模式

1. 平均现金持有量

如图7-3所示,企业平均现金持有量为现金持有量的一半。

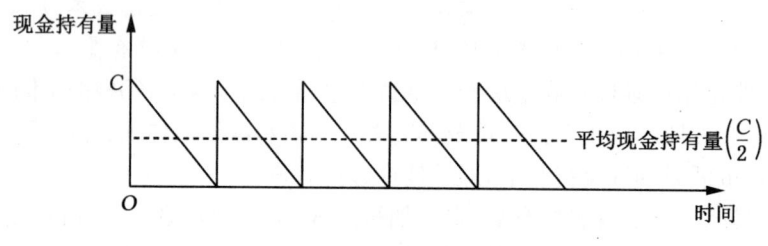

图7-3 平均现金持有量

2. 机会成本

$$机会成本 = 平均现金持有量 \times 有价证券利息率 = \frac{C}{2} \cdot K$$

3. 转换成本

$$转换成本 = \frac{T}{C} \cdot F$$

其中,$\frac{T}{C}$为全年有价证券与现金转换次数。

相关总成本计算公式为:

$$TC = \frac{C}{2} \cdot K + \frac{T}{C} \cdot F$$

将TC对现金持有量(C)求微分并设为0,得最佳现金持有量为:

$$C^* = \sqrt{\frac{2TF}{K}}$$

【做中学7-2】 华兴公司预测全年现金需要量为200 000元,日常现金均匀发生,现金与有价证券转换成本为每次100元,有价证券利息率为10%。

根据上述资料可以得出:

$$最佳现金持有量 = \sqrt{\frac{2TF}{K}} = \sqrt{\frac{2 \times 200\,000 \times 100}{10\%}} = 20\,000(元)$$

$$全年现金转换成本 = \frac{200\,000}{20\,000} \times 100 = 1\,000(元)$$

$$全年现金持有机会成本 = \frac{20\,000}{2} \times 10\% = 1\,000(元)$$

$$全年有价证券交易次数 = \frac{200\,000}{20\,000} = 10(次)$$

$$有价证券交易间隔期 = \frac{360}{10} = 36(天)$$

存货模式可以精确地测算出最佳现金持有量和变现次数,表述了现金管理中的基本成本结构,它对加强企业现金管理有一定作用。但是这种模式以货币支出均匀发生、现金持有成本和转换成本易于预测为前提条件。因此,只有在上述因素假设前提下才能使用此种方法。

(三)随机模式(米勒—奥尔模式)

米勒(M. Miller)和奥尔(D. Orr)设计了一个在现金流入、流出不稳定情况下确定最佳现金持有量的模式。在实务中,企业现金流量通常表现为不确定性。

在随机模式中,假设每日现金净流量分布几乎呈正态分布,每日现金流量可能低于也可能高于期望值,其变化是随机的。由于现金流量波动是随机的,只能对现金持有量确定一个控制区域,即上限和下限。当企业现金持有量在上限和下限之间波动时,则将部分现金转换为有价证券;当现金余额下降到下限时,则卖出部分证券,如图7-4所示。

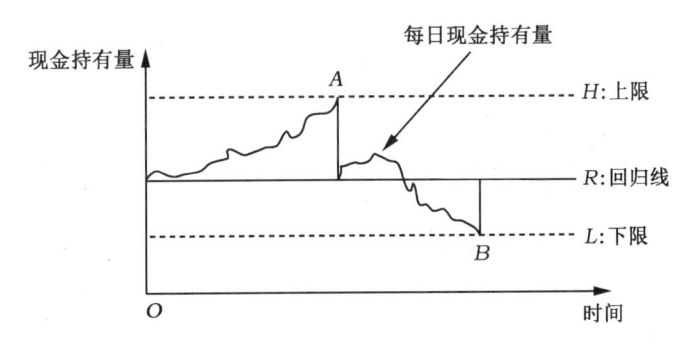

图7-4 随机模式

在图7-4随机模式中,虚线 H 为现金持有量上限,虚线 L 为现金持有量下限,实线 R 为最佳现金持有量回归线。从图7-4可以看出,企业现金持有量(即每日现金持有量)是随机波动的,当其达到 A 点时,即达到了现金控制上限,企业应用现金购买有价证券,使现金持有量下降到现金回归线(R 线)水平;当现金持有量降至 B 点时,即达到了现金控制下限,企业则应出售有价证券换回现金,使其存量回升至现金回归线水平。因此,当每日现金持有量在上下限之间波动属于控制范围内的变化时,即为合理的状态。

图7-4随机模式中上限 H、现金回归线 R、下限 L 存在以下关系,其具体表达式为:

$$R = \sqrt[3]{\frac{3F\delta^2}{4K}} + L$$

$$H = 3R - 2L$$

式中:F 表示每次有价证券转换的固定成本;K 表示有价证券的日利息率;δ 表示预期每日现金持有量变化的标准差(可根据历史资料测算)。

通常情况下,下限 L 的确定要受到企业每日最低现金需要量、管理人员风险承受倾向等因素影响。

【做中学7-3】 企业经过测算,现金持有量下限为8 000元,预期每日现金持有量变化的标准差为1 000元,每次有价证券转换的固定成本为150元,持有现金的年机会成本为15%。

根据上述资料可以得出:

$$R = \sqrt[3]{\frac{3F\delta^2}{4K}} + L = \sqrt[3]{\frac{3\times150\times1\,000^2}{4\times15\%\div360}} + 8\,000 = 14\,463(元)$$

$$H = 3R - 2L = 3\times14\,463 - 2\times8\,000 = 27\,389(元)$$

从上述计算结果可以得出,该企业目标现金余额为14 463元。如现金持有额达到27 389元,则买进12 926元(27 389−14 463)的证券;若现金持有额降至8 000元,则卖出6 463元(14 463−8 000)的证券。

运用随机模式求最佳现金持有量符合随机思想,即企业现金支出是随机的,一方面,收入是无法预知的,所以,适用于所有企业最佳现金持有量的测算;另一方面,随机模型建立在企业现金未来需求总量和收支不可预测的前提下,因此,计算出来的现金持有量比较保守。

(四)现金周转模式

现金周转模式是从现金周转角度出发,根据现金周转速度来确定最佳现金持有量的模式。如图7-5所示,现金周转大致包括以下三个阶段:①存货周转期:从原材料转化成产品直至出售所需时间。②应收账款周转期:从产品销售到现金收回所需时间。③应付账款周转期:从收到尚未付款材料到现金支出所需时间。

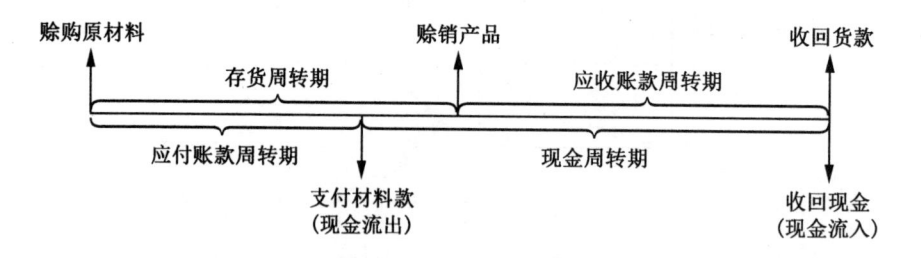

图7-5 现金周转模式

根据图7-5可以得出:

$$现金周转期 = 应收账款周转期 + 存货周转期 - 应付账款周转期$$

$$现金周转率 = \frac{计算期天数}{现金周转期}$$

$$最佳现金持有量 = \frac{全年现金需要量}{现金周转率}$$

式中:计算天数一般以年为单位,通常一年按360天计算。

【做中学7-4】 兴华公司全年现金需要量为720万元,其原材料购买和产品销售均采取赊账方式,应收账款平均收款天数为30天,应付账款平均付款天数为20天,存货平均周转天数为90天。则有:

现金周转期 = 应收账款周转期 + 存货周转期 − 应付账款周转期 = 30 + 90 − 20 = 100(天)

$$现金周转率 = \frac{计算期天数}{现金周转期} = \frac{360}{100} = 3.6(次)$$

$$最佳现金持有量 = \frac{全年现金需要量}{现金周转率} = \frac{720}{3.6} = 200(万元)$$

现金周转模式简单易于计算。但是,此模式假设材料采购与产品销售产生的现金流量在数量上一致,企业生产经营过程在一年中持续稳定地进行,即现金需要和现金供应不存在不确定因素。如果以上假设条件不存在,则求得的最佳现金持有量会发生偏差。

三、现金收支日常管理

(一)现金周转期

为了确定企业的现金周转期,需要了解营运资金的循环过程:企业先要购买原材料,但并不是购买原材料的当天就马上付款,这一延迟的时间段就是应付账款周转期。企业对原材料进行加工最终转变为产成品并将之卖出。这一时间段被称为应收账款周转期。而现金周转期,就是指介于公司支付现金与收到现金之间的时间段,也就是存货周转期与应收账款周转期之和减去应付账款周转期。

用公式来表示如下:

$$现金周转期 = 存货周转期 + 应收账款周转期 - 应付账款周转期$$

其中:

$$存货周转期 = 平均存货 / 每天的销货成本$$

$$应收账款周转期 = 平均应收账款 / 每天的销货收入$$

$$应付账款周转期 = 平均应付账款 / 每天的购货成本$$

要减少现金周转期,可以从以下方面着手:加快制造与销售产成品来减少存货周转期;加速应收账款的回收来减少应收账款周转期;减缓支付应付账款来延长应付账款周转期。现金周转过程如图7-6所示。

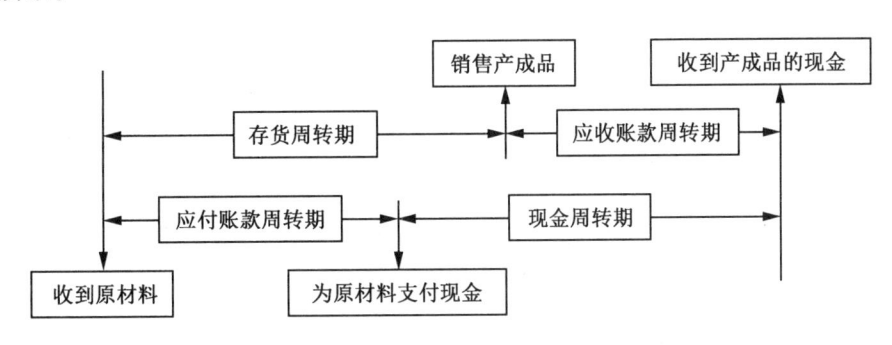

图7-6 现金周转过程

(二)收款管理

1. 收账的流动时间

一个高效率的收款系统能够使收款成本和收款浮动期达到最小,同时能够保证与客户汇款及其他现金流入来源相关的信息的质量。收款系统成本包括浮动期成本、管理收款系统的相关费用(如银行手续费)及第三方处理费用或清算相关费用。在获得资金之前,收款在途项目使企业无法利用这些资金,也会产生机会成本。信息的质量包括收款方得到的付款人的姓名、付款的内容和付款时间。信息要求及时、准确地到达收款人一方,以便收款人及时处理资金,做出发货的安排。

收款浮动期是指从支付开始到企业收到资金的时间间隔。主要有下列三种类型:

(1) 邮寄浮动期:从付款人寄出支票到收款人或收款人的处理系统收到支票的时间间隔。

(2) 处理浮动期:支票的接受方处理支票和将支票存入银行以收回现金所花的时间。

(3) 结算浮动期:通过银行系统进行支票结算所需的时间。

2. 邮寄的处理

纸基支付收款系统主要有两大类：一类是柜台存入体系，另一类是邮政支付系统。

这里主要讨论企业通过邮政收到顾客或其他商业伙伴支票的支付系统。一家企业可能采用内部清算处理中心或者一个锁箱来接收和处理邮政支付。具体采用哪种方式取决于两个因素：支付的笔数和金额。

企业处理中心处理支票和做存单准备都在企业内进行。这一方式主要为那些收到的付款金额相对较小而发生频率很高的企业所采用（如公用事业企业和保险公司）。场内处理中心最大的优势在于对操作的控制。操作控制可以有助于：①对系统做出调整改变；②根据公司需要定制系统程序；③监控掌握客户服务质量；④获取信息；⑤更新应收账款；⑥控制成本。

3. 收款方式的改善

电子支付方式对比纸基（或称纸质）支付方式是一种改进。电子支付方式提供了如下好处：①结算时间和资金可用性可以预计；②向任何一个账户或任何金融机构的支付具有灵活性，不受人工干扰；③客户的汇款信息可与支付同时传送，更容易更新应收账款；④客户的汇款从纸基方式转向电子方式，减少或消除了收款浮动期，降低了收款成本，收款过程更容易控制，并且提高了预测精度。

（三）付款管理

现金支出管理的主要任务是尽可能延缓现金的支出时间。当然，这种延缓必须是合理合法的。

1. 使用现金浮游量

现金浮游量是指由于企业提高收款效率和延长付款时间所产生的企业账户上的现金余额与银行账户上的企业存款余额之间的差额。

2. 推迟应付款的支付

推迟应付款的支付，是指企业在不影响自己的信誉的前提下，充分运用供货方所提供的信用优惠，尽可能地推迟应付款的支付期。

3. 汇票代替支票

汇票分为商业承兑汇票和银行承兑汇票，与支票不同的是，承兑汇票并不是见票即付。这一方式的优点是推迟了企业调入资金支付汇票的实际所需时间。这样企业就只需在银行中保持较少的现金余额。它的缺点是某些供应商可能并不喜欢用汇票付款，银行也不喜欢处理汇票，它们通常需要耗费更多的人力。同支票相比，银行会收取较高的手续费。

4. 改进员工工资支付模式

企业可以为支付工资专门设立一个工资账户，通过银行向职工支付工资。为了最大限度地减少工资账户的存款余额，企业要合理预测开出支付工资的支票到职工去银行兑现的具体时间。

5. 透支

企业开出支票的金额大于活期存款余额。它实际上是银行向企业提供的信用。透支的限额，由银行和企业共同商定。

6. 争取现金流出与现金流入同步

企业应尽量使现金流出与流入同步，这样可以降低交易性现金余额，同时可以减少有价证券转换为现金的次数，提高现金的利用效率，节约转换成本。

7. 使用零余额账户

即企业与银行合作，保持一个主账户和一系列子账户，企业只在主账户保持一定的安全储备，而在一系列子账户不需要保持安全储备。当从某个子账户签发的支票需要现金时，所需要的资金立即从主账户划拨过来，从而使更多的资金可以用作他用。

企业若能有效控制现金支出，同样可带来大量的现金结余。控制现金支出的目标是在不损害企业信誉的条件下,尽可能推迟现金的支出。

任务三　应收账款管理

一、应收账款的功能与成本

在财务管理中,应收账款是指企业因对外销售产品、材料、供应劳务及其他原因应向购货单位或接受劳务单位及其他单位收取的款项,包括应收销售款、其他应收款、应收票据等。对于企业来说,应收账款的管理目标就是在充分发挥应收账款功能的基础上,降低应收账款投资成本,使提供商业信用、扩大销售所增加的收益大于有关各项成本。

(一)应收账款的功能

1. 增加销售

企业通过提供赊销商品或劳务可有效地促进销售。与此同时,企业赊销商品或劳务对于客户来说一方面使得商品同现货销售相比提高了销售收入和增加了利润,另一方面也给客户在一定时间内提供了商业信用。

2. 减少存货

当企业赊销商品或者劳务较少时,往往会带来存货占用资金的增加,并形成相应仓储费用、管理费用等,从而产生成本,而赊销则可减少这些成本。所以,当商品存货较多时,企业一般会采用优惠信用条件进行赊销,将存货转化为应收账款,以达到节约存货相应开支的目的。

(二)应收账款的成本

1. 机会成本

由于应收账款占用一定资金,若不把这部分资金投放于应收账款,企业可将其进行其他投资并可能获得收益,如投资有价证券获得收益。这种因投放于应收账款而放弃其他投资所带来的收益,即为应收账款机会成本。为此,企业应当计量应收账款占用资金所产生的机会成本,具体可用以下公式表示:

$$应收账款机会成本 = 维持赊销业务所需资本 \times 资本成本$$

式中:资本成本一般为有价证券利息率。

维持赊销业务所需资本可按下列步骤计算:

$$维持赊销业务所需资本 = 应收账款平均余额 \times 变动成本率$$

$$应收账款平均余额 = 平均日赊销额 \times 平均收账天数$$

$$平均日赊销额 = \frac{年赊销额}{360}$$

平均收账天数也称应收账款周转天数或周转期。

【做中学 7—5】　远华公司预测年赊销额为 300 000 元,应收账款平均收账天数为 60 天,变动成本率为 50%,有价证券的利息率为 11%。

根据上述资料可计算出应收账款机会成本如下:

$$\begin{aligned}应收账款平均余额 &= 平均日赊销额 \times 平均收账天数 \\ &= \frac{年赊销额}{360} \times 平均收账天数 \\ &= \frac{300\ 000}{360} \times 60\end{aligned}$$

$$=50\ 000(元)$$

维持赊销业务所需资本＝应收账款平均余额×变动成本率
$$=50\ 000×50\%=25\ 000(元)$$

应收账款机会成本＝维持赊销业务所需资本×资本成本＝$25\ 000×11\%=2\ 750$(元)

2. 管理成本

管理成本是指在进行应收账款管理时所增加的成本费用,主要为调查顾客信用状况、收集各种信息、账簿记录及收账等。

3. 坏账成本

在赊销业务中,客户(也称债务人)由于种种原因无力偿还债务,企业(也称债权人)就有可能因无法收回应收账款而发生损失,这种损失就是坏账成本。因此,只要企业存在应收账款,那么发生坏账成本就成为可能,而此项成本一般与应收账款发生金额成正比,可用公式表示为:

$$坏账成本＝赊销额×预计坏账损失率$$

二、应收账款政策

应收账款政策即应收账款管理政策,是指企业为对应收账款投资进行规划与控制而确立的基本原则与行为规范,主要包括信用标准、信用条件与信用政策决策三部分。

(一)信用标准

信用标准是指客户获得企业交易信用所应具备的条件。如果客户达不到信用标准,便不能享受企业信用或只能享受较低的信用优惠。企业在设定信用标准时,往往先要评估客户出现的赊账情况,具体可以通过"5C"系统来进行。所谓"5C"系统,是评估客户信用品质的五个方面,即品质(character)、能力(capacity)、资本(capital)、抵押(collateral)和条件(conditions)。

1. 品质

品质是指客户的信誉,即履行偿债义务的可能性。企业必须设法了解客户过去的付款记录,看其是否有按期如数付款的一贯做法及与其他供货企业的关系是否良好。这一点经常被视为评价顾客信用的首要因素。

2. 能力

能力是指客户的偿债能力,即其流动资产质量和数量以及其与流动负债的比率。客户拥有流动资产越多,其变现支付款项能力越强。同时,还应注意客户流动资产质量,看是否有存货过多、过时或质量下降,影响其变现能力和支付能力的情况。

3. 资本

资本是指客户的财务实力和财务状况,表明客户可能偿还债务的背景。

4. 抵押

抵押是指客户拒付款项或无力支付款项时能被用作抵押的资产。这对于不知情况或信用状况有争议的客户尤为重要。一旦收不到这些客户的款项便以抵押品抵补。如果这些客户提供足够的抵押,就可以考虑向他们提供相应的信用。

5. 条件

条件是指可能影响客户付款能力的经济环境。比如,万一出现经济不景气,会对客户付款产生什么影响,客户会如何做,这需要了解客户在过去困难时期的付款历史。

企业对于上述涉及客户的五个方面资料,可通过以往与客户交往的经验来获得,也可求助于有关信用服务的外部机构。

(二)信用条件

信用条件就是指企业接受客户信用订单时所提出的付款要求,主要包括信用期限、折扣条件等。

1. 信用期限

信用期限是指企业允许客户从购货或提供劳务到付款之间的时间,或者说是企业给予客户的付款期间。如企业允许客户在购货或提供劳务后 20 天内付款,则信用期限为 20 天。为此,企业应当根据不同信用等级客户确定合理的信用期限,否则将会出现如下情况:当信用期限过短时,不足以吸引客户,在竞争中会使销售额下降;当信用期限过长时,对销售额增加固然有利,但只顾及销售增长而盲目放宽信用期限有可能使得所得收益有时被增长费用抵销,甚至造成利润减少。

2. 折扣条件

企业在赊销业务中给予客户的折扣条件主要有折扣期限和现金折扣。其中:

(1)折扣期限是指企业为客户规定的可享受现金折扣的付款时间。

(2)现金折扣是指在客户提前付款时给予的优惠,主要目的在于吸引客户为享受优惠而提前付款,缩短企业的平均收账期。另外,现金折扣也能招揽一些视折扣为减价出售的客户前来购货,借此扩大销售量。

常用折扣表示如"2/20、1/30、N/40"。其中,"2/20"表示 20 天内付款,可享受 2%价格优惠,即只需支付应收账款的 98%,若应收账款为 100 元,只需支付 98 元;"1/30"表示 30 天内付款,可享受 1%优惠,即只需支付应收账款的 99%,若应收账款为 100 元,则只需支付 99 元;"N/40"表示付款最后期限为 40 天,此时付款无优惠。

企业到底采用什么样的折扣条件,须与信用期限结合起来考虑。如果企业要求客户最迟不超过 40 天付款,那么 30 天、20 天客户能付款,须给予多少折扣;或者给予 2%、1%的折扣能吸引客户在多少天内付款? 不论是信用期限还是折扣条件,都可能给企业带来收益,但也会增加成本。现金折扣给企业增加成本,即应收账款折扣上的损失。当企业给予客户一定现金折扣时,应当考虑折扣所能带来的收益与成本孰高孰低,权衡利弊。

(三)信用政策决策

因为现金折扣通常是与信用期限结合起来使用的,所以企业要把所提供的延期付款时间和折扣综合起来,这在实务中主要表现为计算各方案延期与折扣能取得多大收益增量,再计算各方案带来的成本变化,最终确定最佳方案。具体计算步骤为:

1. 各方案信用成本前收益

(1)不存在现金折扣情况:

$$信用成本前收益=赊销额-变动成本=赊销额\times(1-变动成本率)$$

(2)存在现金折扣情况:

$$信用成本前收益=赊销净额-变动成本=赊销净额-赊销额\times变动成本率$$

$$赊销净额=赊销额-现金折扣$$

2. 各方案信用成本

$$信用成本=机会成本+坏账成本+收账费用$$

式中:收账费用通常已知。

$$坏账成本=赊销额\times预计坏账损失率$$

3. 计算各方案信用成本后收益

$$信用成本后收益=信用成本前收益-信用成本$$

4. 方案决策原则

企业根据信用成本后收益大小进行比较,最终选择信用成本后收益最大的方案。

【做中学 7—6】 企业预测 2022 年度赊销额为 3 000 万元,其信用条件为"N/30",变动成本率为 65%,资本成本(或有价证券利息率)为 10%。假设企业收账政策不变,固定成本总额不变。该企业准备了三个信用条件备选方案:方案 A:维持 N/30 的信用条件。方案 B:将信用条件放宽到 N/60。方案 C:将信用条件放宽到 N/90。

为各种备选方案估计赊销水平、坏账百分比和收账费用等有关数据如表 7—3 所示。

表 7—3　　　　　　　　　　　　信用条件备选方案表　　　　　　　　　　　单位:万元

项　目	方案 A	方案 B	方案 C
信用条件	N/30	N/60	N/90
年赊销额	3 000	3 300	3 600
应收账款平均收账天数	30	60	90
应收账款平均余额	3 000÷360×30=250	3 300÷360×60=550	3 600÷360×90=900
维持赊销业务所需资本	250×65%=162.5	550×65%=357.5	900×65%=585
坏账损失率	2%	3%	5%
坏账成本	3 000×2%=60	3 300×3%=99	3 600×5%=180
收账费用	20	40	60

根据上述资料,计算如下指标,如表 7—4 所示。

表 7—4　　　　　　　　　　　　信用条件分析评价表　　　　　　　　　　　单位:万元

项　目	方案 A	方案 B	方案 C
信用条件	N/30	N/60	N/90
年赊销额	3 000	3 300	3 600
变动成本	1 950	2 145	2 340
信用成本前收益	1 050	1 155	1 260
信用成本:			
应收账款机会成本	162.5×10%=16.25	357.5×10%=35.75	585×10%=58.5
坏账成本	60	99	180
收账费用	20	40	60
小计	96.25	174.75	298.5
信用成本后收益	953.75	980.25	961.5

根据表 7—4 可得,在三种方案中,方案 B(N/60)信用成本后收益最大,它比方案 A(N/30)增加收益 26.5 万元(980.25－953.75),比方案 C(N/90)的收益增加 18.75 万元(980.25－961.5)。因此,在其他条件不变的情况下,应选择 B 方案。

【做中学 7—7】 根据做中学 7—6 的资料,如果企业为了加速应收账款回收,决定在 B 方案基础上将赊销条件改为"2/10,1/20,N/60"(方案 D),估计约有 60%客户(按赊销额计算)会利用 2%折扣,15%客户将利用 1%的折扣。坏账损失率降为 2%,收账费用降为 30 万元。根据上述资料,有关指标可计算如下:

应收账款平均收账天数＝60%×10＋15%×20＋(1－60%－15%)×60＝24(天)
应收账款平均余额＝3 300÷360×24＝220(万元)
维持赊销业务所需资本＝220×65%＝143(万元)
应收账款机会成本＝143×10%＝14.3(万元)
坏账成本＝3 300×2%＝66(万元)
现金折扣＝3 300×(2%×60%＋1%×15%)＝44.55(万元)

根据以上资料编制表7－5。

表7－5　　　　　　　　　　信用条件比较计算表　　　　　　　　　　单位:万元

项　目	方案B	方案D
信用条件	N/60	2/10,1/20,N/60
年赊销额	3 300	3 300
减:现金折扣	—	44.55
年赊销净额	3 300	3 255.45
减:变动成本	2 145	2 145
信用成本前收益	1 155	1 110.45
减:信用成本		
应收账款机会成本	35.75	14.3
坏账成本	99	66
收账费用	40	30
小计	174.75	110.3
信用成本后收益	980.25	1 000.15

计算结果表明，实行新现金折扣以后，企业信用成本后收益增加19.9万元(1 000.15－980.25)。因此，企业最终应选择方案D(2/10,1/20,N/60)作为最佳方案。

三、应收账款日常管理

(一)事前预防

1. 建立销售责任制和赊销审批制

对应收账款的回收，应明确规定谁经办，谁负责，对销售人员实行销售量与货款回笼双向考核，建立催收账款的奖惩制度。

2. 加强合同的管理和审查

与客户商谈业务的情况，应及时以协议或书面合同的形式记录下来，以制约少数客户的赖账行为，并为日后的诉讼提供法律凭据。对销售合同的审查主要看合同标的是否正确完整、价格和结算方式是否合理、违约责任是否明确等方面。

3. 积极开展信用调查和信用评估工作

信用调查是获取客户信用资料的基础性工作，信用评估则是根据信用调查收集到的信用资料，采用一定的方法来估计客户的信用状况。只有了解客户的信用情况，才能正确制定和及时调整对客户的信用政策。

(二)事中监控

应收账款一旦为客户所欠,赊销企业就必须考虑如何按期足额收回的问题。

1. 应收账款账龄分析

应收账款账龄是指企业应收账款从产生到编制账龄分析表时的时间长度。一般而言,应收账款的账龄越长,回收的难度及成为呆账、坏账的可能性也就越大。对此,企业应实施严密的监督,随时掌握回收情况。实施对应收账款收回情况的监督,可以通过编制账龄分析表进行。

【做中学7-8】 湘华集团2021年末编制应收账款账龄分析表,如表7-6所示。

表7-6 应收账款账龄分析表 2021年12月31日

应收账款账龄	客户数量	金额(万元)	比重(%)
信用期内(45天)	300	6 000	76.73
逾期1个月内	100	1 000	12.79
逾期3个月内	60	600	7.67
逾期6个月内	10	100	1.28
逾期1年内	8	80	1.02
逾期1年以上	4	40	0.51
合 计	482	7 820	100

根据表7-6的结果可知,湘华集团2021年应收账款金额中,有6 000万元尚在信用期内,占全部应收账款的76.73%。逾期数额1 820万元,占全部应收账款的23.27%,其中逾期在1个月、3个月、6个月内的依次为12.79%、7.67%、1.28%。另有1.53%的应收账款逾期6个月以上。此时,湘华集团应分析逾期账款形成的原因,制定出经济可行的不同收账方法。

2. 应收账款收现保证率分析

应收账款收现保证率是指企业对应收账款收现水平制定的一个控制标准,来满足现金支付的需要。用公式表示为:

$$应收账款收现保证率 = \frac{当期必要现金支付总额 - 当期其他稳定可靠的现金流入量}{当期应收账款总额} \times 100\%$$

其中,当期其他稳定可靠的现金流入量主要包括短期有价证券变现净额、可随时取得的银行贷款等。

应收账款收现保证率指标反映了企业既定会计期间预期现金支付数额扣除各种可靠、稳定来源后的差额,必须通过应收账款有效收现予以弥补的最低保证限度。

计算应收账款收现保证率是因为应收账款未来发生坏账与否,并不是企业最为关注的方面,企业最为关注的是当期收回的现金能否满足当期现金支付的需要。

【做中学7-9】 湘华集团预计2022年必须以现金支付的款项有:支付工人工资80万元,支付所得税40万元,支付应付账款100万元,其他现金支出20万元。预计2022年稳定可靠的现金回收是120万元。2021年年末应收账款期末明细账上有A客户60万元、B客户80万元和C客户60万元。计算应收账款收现保证率。

解:当期现金支付总额=80+40+100+20=240(万元)

当期应收账款总额=60+80+60=200(万元)

应收账款收现保证率=(240-120)÷200×100%=60%

计算结果表明:湘华集团必须在当期收回应收账款的60%,才能最低限度地保证当期必要的现金支出,否则企业将出现支付危机。

(三)事后管理

1. 做好悬账、呆账的清算工作

悬账是指公司与客户因业务纠纷而引起结算过程中断,从而暂时无法收回的账款,常由客户拒付而引起。呆账是指公司的长期逾期未清账款。悬账和呆账拖延越久,越可能转变为坏账。

2. 坏账损失的处理

坏账损失有时无法避免,为了使公司的收入和费用相匹配,企业常按期预提坏账准备。企业可根据具体情况,采用应收账款余额百分比法、账龄分析法、个别认定法等方法先预提坏账准备,计入当期的资产减值损失。在实际发生坏账时,再冲减坏账准备金。

任务四　存货管理

一、存货功能与成本

存货是指企业在日常生产经营过程中为销售或者耗用而储备的物资,包括材料、燃料、低值易耗品、在产品、半成品、产成品、协作件、商品等。存货管理水平高低直接影响着企业日常生产经营活动能否顺利进行,并最终影响企业收益、风险等状况。因此,存货管理也是财务管理的一项重要内容。

企业对存货进行管理一是要在充分发挥存货功能的基础上,最大限度地降低存货成本;二是要在存货成本与效益之间作出权衡,以实现两者最佳组合。

(一)存货功能

1. 满足日常生产经营所需

企业在日常生产经营过程中需要的原材料和在产品,是生产的物质保证,为保障生产经营正常进行,必须储备一定量的原材料等存货;否则可能会造成生产中断、停工待料的现象。

2. 便于销售

企业储存一定数量存货有利于增强企业在生产和销售方面的机动性和适应市场变化的能力。当市场对企业产品需求量增加时,若产品储备不足就有可能失去销售机会,为此保持一定量存货有利于市场销售。

3. 便于维持均衡生产以实现降低产品成本的目的

企业产品由于季节性、偶然性甚至市场份额扩大等原因使得产品需求具有较大的波动性,如产品需求突然加大,此时需要组织大规模超负荷生产,这会造成产品成本上升,或者需求变小导致生产发生停止,这些都不利于生产成本优化。因此,在生产过程中需要合理安排生产,做到均衡生产以实现降低产品成本的目的。

4. 降低存货取得成本

一般情况下,当企业进行采购时,进货总成本与采购物资单价和采购次数成正向关系。而供应商为鼓励客户多购买其产品,往往在客户采购量达到一定数量时给予价格折扣,所以企业通过大批量集中进货,既可以享受价格折扣,降低购置成本,也因此减少订货次数,降低了订货成本,使总的进货成本降低。

5. 防止意外事件发生

企业在采购、运输、生产和销售过程中,都可能发生意料之外的事故,保持必要的存货保险储备,可以避免和减少意外事件带来的损失。

(二)存货成本

1. 取得成本

取得成本是指为取得某种存货而发生的支出,通常用 TC_a 表示,可分为购置成本和订货成本。

(1)购置成本,又称存货进价,是指为购买存货所发生的支出,即存货自身的价值,在金额上等于数量与单价的乘积。通常假设企业全年存货需要量为 A,单价为 P,则购置成本为 A_P。

(2)订货成本,是指取得存货订单的成本,如办公费、差旅费、电信费、运输费等支出。订货成本可分成两部分:

①与订货次数无关的订货固定成本(F_1),是指为了维持一定采购能力而发生的、各期金额比较稳定的成本,如采购部门的基本开支等;

②随订货次数变动成正比例变动的成本,如差旅费、邮资等,称为订货变动成本。

假设每次订货变动成本用 B 表示;订货次数等于存货年需要量 A 与每次进货量 Q 之比。订货成本计算公式为:

$$订货成本=订货固定成本+订货变动成本=F_1+\frac{A}{Q}B$$

订货成本加上购置成本,就等于存货的取得成本,其公式可表示为:

$$取得成本=购置成本+订货成本=购置成本+订货固定成本+订货变动成本$$

即:

$$TC_a=购置成本+订货成本=A_P+F_1+\frac{A}{Q}B$$

2. 储存成本

储存成本指为保持存货而发生的成本,包括存货占用资金所应计的利息、仓库费用、保险费用、存货破损和变质损失等,通常用 TC_c 来表示。

储存成本也分为固定成本和变动成本。

(1)固定成本与存货数量多少无关,如仓库折旧、仓库职工的固定工资等,常用 F_2 表示。

(2)变动成本与存货数量有关,如存货占用资金应计利息、存货破损和变质损失、存货保险费用等,单位储存变动成本用 C 来表示。用公式表示储存成本为:

$$储存变动成本=平均储存量\times 单位储存变动成本=\frac{Q}{2}C$$

$$储存成本=储存固定成本+储存变动成本$$

$$TC_c=F_2+\frac{Q}{2}C$$

3. 缺货成本

缺货成本指由于存货供应中断而造成的损失,包括材料供应中断造成停工损失、产成品库存缺货造成拖欠发货损失和丧失销售机会损失及造成商誉损失等。如果企业的生产以紧急采购代用材料解决库存材料中断之急,那么缺货成本表现为紧急额外购入成本,缺货成本用 TC_s 表示。

如果以 TC 表示存货总成本,其计算公式为:

$$存货总成本=取得成本+储存成本+缺货成本$$

即:

$$TC=TC_a+TC_c+TC_s=A_P+F_1+\frac{A}{Q}B+F_2+\frac{Q}{2}C+TC_s$$

因此,企业存货最优化,就是使企业存货总成本即上式中 TC 的值最小。

二、最佳存货量确定

最佳存货量,也称存货经济进货批量,是指能够使一定时期存货的相关总成本达到最低的进货数量。通过上述对存货成本的分析可知,决定存货经济进货批量的成本因素主要包括变动性进货费用(简称"取得成本")、变动性储存成本(简称"储存成本")以及允许缺货时的缺货成本。不同成本项目与进货批量呈现出不同的变动关系。企业如果减少进货批量,增加进货次数,在使储存成本降低的同时,也会导致取得成本与缺货成本的提高;相反,增加进货批量,减少进货次数,尽管有利于降低取得成本与缺货成本,但同时会使储存成本提高。因此,如何调节各项成本间的关系,使其总成本保持最低水平,是企业组织进货过程中需解决的主要问题。

(一)经济进货批量基本模型

经济进货批量基本模型成立的假设条件为:

(1)企业能够及时补充存货,即需要订货时便可立即取得存货,没有缺货成本,TC_s 为 0。

(2)能集中到货,而不是陆续入库。

(3)全年需求量稳定,并且能预测,即 A 为已知常量。

(4)存货单价不变,即 P 为已知常量。

(5)企业现金充足,不会因现金短缺而影响进货。

(6)所需存货市场供应充足。

在上述假设的基础上,存货相关总成本可以表达为:

$$存货相关总成本 = 取得成本 + 储存成本$$

即:

$$TC = \frac{A}{Q}B + \frac{Q}{2}C$$

当 A、B、C 为常量时,TC 大小取决于 Q。为了求出 TC 的最小值,对其进行求导,可得出存货经济进货批量(Q^*)的基本模型公式:

$$Q^* = \sqrt{\frac{2AB}{C}}$$

全年最佳订货次数(N^*)公式为:

$$N^* = \frac{A}{Q^*} = \frac{A}{\sqrt{\frac{2AB}{C}}} = \sqrt{\frac{AC}{2B}}$$

与批量相关存货总成本 $TC_{(Q^*)}$ 公式为:

$$TC_{(Q^*)} = \frac{AB}{\sqrt{\frac{2AB}{C}}} + \frac{\sqrt{\frac{2AB}{C}}}{2}C = \sqrt{2ABC}$$

最佳订货周期(t^*)公式为:

$$t^* = \frac{1}{N^*} = \frac{1}{\sqrt{\frac{AC}{2B}}} = \sqrt{\frac{2B}{AC}}$$

经济进货批量占用资金(I^*)公式为:

$$I^* = \frac{Q^*}{2}P = \frac{\sqrt{\frac{2AB}{C}}}{2}P = \sqrt{\frac{AB}{2C}}P$$

【做中学 7-10】 东兴每年耗用某种材料 3 600 千克,单价为 10 元/千克,单位存储成本为 2

元,每次订货成本为25元。根据上述资料可得:

存货经济进货批量为:

$$Q^* = \sqrt{\frac{2AB}{C}} = \sqrt{\frac{2\times 3\,600\times 25}{2}} = 300(千克)$$

全年最佳订货次数为:

$$N^* = \sqrt{\frac{AC}{2B}} = \frac{60}{5} = 12(次)$$

与批量相关存货总成本为:

$$TC_{(Q^*)} = \sqrt{2ABC} = \sqrt{2\times 3\,600\times 25\times 2} = 600(元)$$

最佳订货周期为:

$$t^* = \sqrt{\frac{2B}{AC}} = \frac{1}{12}(年) = 1(个月)$$

经济进货批量占用资金为:

$$I^* = \sqrt{\frac{AB}{2C}}P = \frac{300}{2}\times 10 = 1\,500(元)$$

经济进货批量也可以用图解法求得。如表7—7所示,先计算出一系列不同批量各有关成本,然后在坐标图上描绘出由各有关成本构成如取得成本线、储存成本线和总成本线,则总成本线最低点(或者是取得成本线和储存成本线的相交点)相应批量,即经济进货批量。

表 7—7　　　　　　　　　　不同批量下有关成本指标

订货批量(千克)	100	200	300	400	500	600
平均存量(千克)	50	100	150	200	250	300
储存成本(元)	100	200	300	400	500	600
订货次数(次)	36	18	12	9	7.2	6
取得成本(元)	900	450	300	225	180	150
总成本(元)	1 000	650	600	625	680	750

不同批量有关成本变动情况如图7—7所示。根据以上成本指标计算可以得出,当订货批量为300千克时,总成本最低。

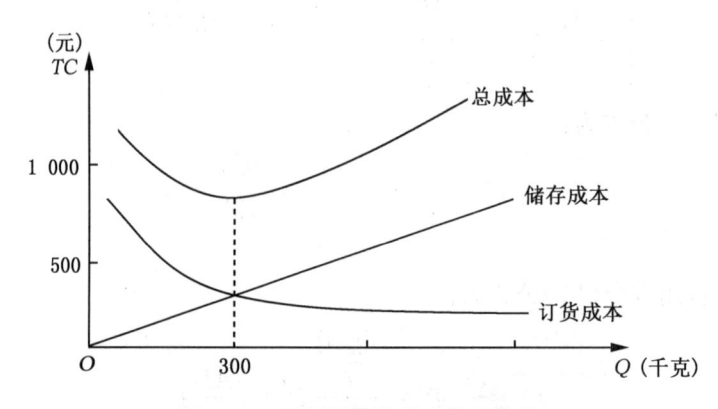

图7—7　不同批量的成本变动情况

(二)经济进货批量扩展模型

经济进货批量基本模型是在前述1~6项假设条件下建立的,但实务中能够满足这些假设条件的情况较少。为使模型更接近于实际情况且有较高的可用性,就需将上述假设放宽,不断改进模型。

1. 需要订货时不一定能够立即取得存货,即提前订货

一般情况下,企业存货不能做到随用随到,因此不能等存货用完再去订货,而需要尚未用完就提前订货。在提前订货的情况下,企业再次发出订货单时尚有的存货库存量,称为再订货点,用R来表示。它等于交货时间(L)和每日平均需用量(d)的乘积。

$$R = L \times d$$

【做中学7-11】 假设做中学7-10中企业订货日至到货期时间间隔为10天,每日存货需要量为10千克,那么:

$R = L \times d = 10 \times 10 = 100$(千克)

企业还剩100千克存货时就应当再次订货,等到下批次订货到达时(再次发出订货单10天后),原有库存刚好用完。此时,有关存货每次订货批量、订货次数、订货间隔时间等并无变化,与基本模型相同,订货提前期情形如图7-8所示。

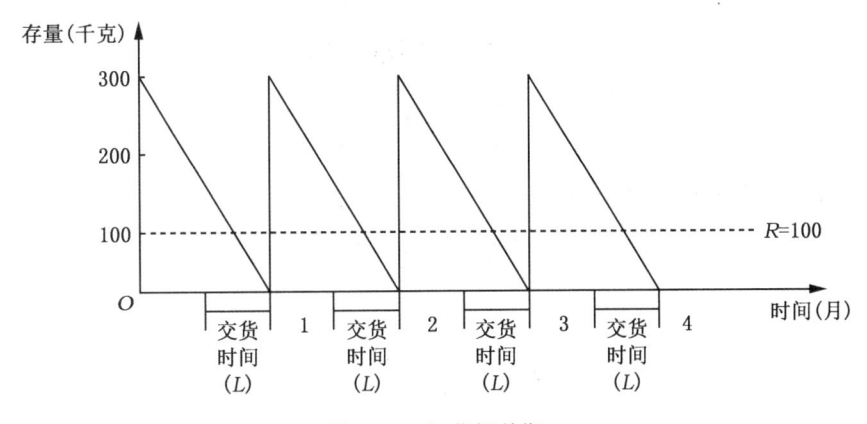

图7-8 订货提前期

在有订货提前期的情况下,订货提前期对经济进货批量并无影响,仍按照基本模型确定的300千克为订货批量,只不过在达到再订货点(库存100千克)时即发出订货单而已。

2. 存货陆续供应和使用

经济进货批量基本模型中是假设存货一次全部入库,但在实务中,各批存货可能陆续入库使存量陆续增加。

【做中学7-12】 企业对甲材料全年需求量为3 600个,每日送货量M为30个,每日耗用量为10个,单价为10元,每次订货成本为25元,单位储存变动成本为2元,存货数量变动如图7-9所示。

假设每批订货批量为Q。由于每日送货量为M,故该批货全部送达所需日数为$\dfrac{Q}{M}$,称之为送货期。

因材料每日耗用量为d,故送货期内全部耗用量为$\dfrac{Q}{M}d$。

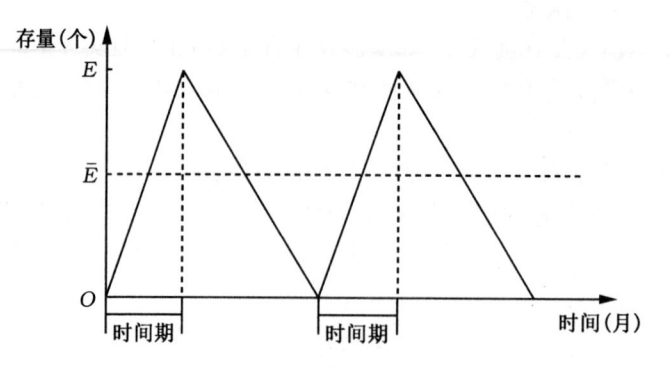

图7-9 陆续供货时存货数量的变动

由于材料是边送边用,所以每批送完时,最高库存量为:$Q-\dfrac{Q}{M}d$。

平均存量则为:$\dfrac{1}{2}\left(Q-\dfrac{Q}{M}d\right)$。

如图7-9所示,E表示最高库存量,$\bar{E}$表示平均库存量。这样,与批量有关的总成本为:

$$TC=\dfrac{A}{Q}B+\dfrac{1}{2}\left(Q-\dfrac{Q}{M}d\right)$$

$$C=\dfrac{A}{Q}B+\dfrac{Q}{2}\left(1-\dfrac{d}{M}\right)C$$

将TC对Q求极值,并令$TC'(Q)=0$,得:

$$\dfrac{A}{Q^2}B=\dfrac{C}{2}\left(1-\dfrac{d}{M}\right)$$

整理得:

$$Q^*=\sqrt{\dfrac{2ABM}{C(M-d)}}$$

将Q^*代入TC,可得出存货陆续供应和使用时的经济进货批量总成本:

$$TC_{(Q^*)}=\sqrt{2ABC\left(1-\dfrac{d}{M}\right)}$$

根据做中学7-12的资料可以得出:

$$Q^*=\sqrt{\dfrac{2ABM}{C(M-d)}}=\sqrt{\dfrac{2\times 3\,600\times 25\times 30}{2\times(30-10)}}=367(个)$$

$$TC_{(Q^*)}=\sqrt{2ABC\left(1-\dfrac{d}{M}\right)}=\sqrt{2\times 3\,600\times 25\times 2\times\left(1-\dfrac{10}{30}\right)}=490(元)$$

【做中学7-13】 企业使用乙辅助材料,既可自制也可外购。若自制,乙辅助材料单位成本3元,每次生产准备成本600元,每日产量50个;若外购,购买单价4元,每次订货成本10元。企业对乙辅助材料全年需求量为3 600个,储存成本为乙辅助材料价值的20%,每日平均需求量为10个。

根据上述资料可以得出:

(1)自制零件。

$$Q^*=\sqrt{\dfrac{2ABM}{C(M-d)}}=\sqrt{\dfrac{2\times 3\,600\times 600\times 50}{3\times 0.2\times(50-10)}}=3\,000(个)$$

$$TC_{(Q^*)}=\sqrt{2ABC\left(1-\frac{d}{M}\right)}=\sqrt{2\times3\,600\times600\times3\times0.2\times\left(1-\frac{10}{50}\right)}=1\,440(元)$$

$$TC=AP+TC_{(Q^*)}=3\,600\times3+1\,440=12\,240(元)$$

(2)外购零件。

$$Q^*=\sqrt{\frac{2AB}{C}}=\sqrt{\frac{2\times3\,600\times10}{4\times0.2}}=300(个)$$

$$TC_{(Q^*)}=\sqrt{2ABC}=\sqrt{2\times3\,600\times10\times4\times0.2}=240(元)$$

$$TC=AP+TC_{(Q^*)}=3\,600\times4+240=14\,640(元)$$

由上述计算可得,外购总成本(14 640元)大于自制总成本(12 240元),故企业应选择自制。

3. 保险储备

在经济进货批量中假设存货供需稳定且可知,即每日需求量不变,交货时间也固定不变。实务中,每日需求量与交货时间都可能变化。按照某一进货批量(如经济进货批量)和再订货点发出订单后,如果需求增大或送货延迟,就会发生缺货或供货中断。为防止由此造成的损失,企业就需要多储备一些存货以备应急之需,这个称为保险储备(安全存量)。这些存货在正常情况下闲置,只有当存货过量使用或送货延迟时才动用,如图7—10所示。

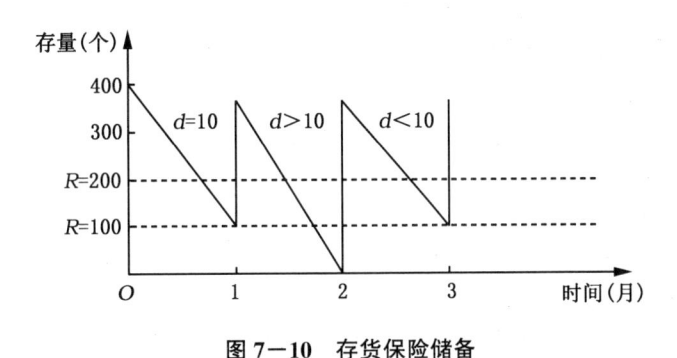

图7—10 存货保险储备

根据图7—10,假设年需用量为3 600个,已计算出经济进货批量为300个,每年订货12次。又知全年平均日需求量为10个,平均每次交货时间为10天。为防止需求变化引起缺货损失,可设保险储备量为100个。

根据上述资料可以得出:

再订货点(R)=交货时间×平均日需求+保险储备=10×10+100=200(个)

在第一个订货周期里,$d=10$,不需要动用保险储备。

在第二个订货周期内,$d>10$,需求量大于供货量,需要动用保险储备。

在第三个订货周期内,$d<10$,不需动用保险储备,正常储备也过剩,下次存货即已送到。

企业建立保险储备可以避免缺货或供应中断造成的损失,但存货平均储备量加大却会使储备成本升高。企业进行保险储备就是要找出合理保险储备量,使缺货或供应中断损失和储备成本之和最小。

企业具体使用保险储备可先测算各种不同保险储备量相应总成本,然后对总成本进行比较,选定其中总成本最低的方案。

假设与企业保险储备有关总成本为TC,缺货成本为CS,保险储备成本为C_b,则:

$$TC=CS+C_b$$

设单位缺货成本为 C_u,一次订货缺货量为 S,年订货次数为 N,保险储备量为 b,单位存货保险储备成本为 C,则:

$$CS=C_uSN$$
$$C_b=bC$$
$$TC=C_uSN+bC$$

实务中,缺货量 S 具有概率性,其概率可根据历史经验估计得出,保险储备量 b 可选择而定。

【做中学 7—14】 佳华公司存货的年需要量为 3 600 个,正常生产经营每日需求量为 10 个,单位储存变动成本为 2 元,单位缺货成本为 4 元,交货时间为 10 天。根据基本模型可以得出经济进货批量为 300 个,每年订货次数为 12 次。交货期内存货需要量及其概率分布如表 7—8 所示。

表 7—8　　　　　　　　　交货期内存货需要量及其概率分布

需要量(10 天)	70	80	90	100	110	120	130
概　率	0.01	0.04	0.20	0.50	0.20	0.04	0.01

根据上述资料可以得出:

(1)保险储备量为 0 时(即 $b=0$)。

当需求量为 100 个或其以下时,不会发生缺货,其概率为 0.75(0.01+0.04+0.20+0.50);

当需求量为 110 个时,缺货 10 个(110-100),其概率为 0.20;

当需求量为 120 个时,缺货 20 个(120-100),其概率为 0.04;

当需求量为 130 个时,缺货 30 个(130-100),其概率为 0.01。

因此,$b=0$ 时,可得:

缺货期望值 $S_0=(110-100)\times0.2+(120-100)\times0.04+(130-100)\times0.01=3.1$(个)

总成本 $TC=C_uSN+bC=4\times3.1\times12+0\times2=148.8$(元)

(2)保险储备量为 10 个时(即 $b=10$)。

当需求量为 110 个或其以下时,不会发生缺货,其概率为 0.95(0.01+0.04+0.20+0.50+0.20);

当需求量为 120 个时,缺货 10 个(120-110),其概率为 0.04;

当需求量为 130 个时,缺货 20 个(130-110),其概率为 0.01。

因此,$b=10$ 个时,可得:

缺货期望值 $S_{10}=(120-110)\times0.04+(130-110)\times0.01=0.6$(个)

总成本 $TC=C_uSN+bC=4\times0.6\times12+10\times2=48.8$(元)

(3)保险储备量为 20 个时(即 $b=20$)。

同上可得:

缺货期望值 $S_{20}=(130-120)\times0.01=0.1$(个)

总成本 $TC=C_uSN+bC=4\times0.1\times12+20\times2=44.8$(元)

(4)保险储备量为 30 个情况(即 $b=30$)。

此种情况下可满足最大需求,不会发生缺货,因此,缺货期望值 $S_{30}=0$。

总成本 $TC=C_uSN+bC=4\times0\times12+30\times2=60$(元)

根据上述各种情况计算汇总,如表 7—9 所示。

表 7-9　　　　　　　　　　　　　　　　不同保险储备与总成本

保险储备(个)	0	10	20	30
总成本(元)	148.8	48.8	44.8	60

根据表 7-9 可知,当 $b=20$ 个时,总成本最低,为 44.8 元,故应选择保险储备量为 20 个,或者应确定以 120 个为再订货点。本例中解决了由于需求量变化引起的缺货问题。至于延迟交货引起的缺货,也可以通过建立保险储备量的方法来解决。确定其保险储备量时,可将延迟天数折算为增加的需求量,其余计算过程与前述方法相同。如做中学 7-14 中,若企业延迟到货 3 天的概率为 0.01,则可认为缺货 30 个(3×10)或者交货期内需求量为 130 个($10\times10+30$)的概率为 0.01。这样就把交货延迟问题转换成了需求过量问题。

三、存货日常管理

以下对两个典型的存货控制系统所涉及的存货日常管理内容进行介绍。

(一)适时制库存控制系统

适时制库存控制系统,又称零库存管理、看板管理系统。它最早是由日本丰田公司提出并将其应用于实践的,是指制造企业事先与供应商和客户协调好,只有当制造企业在生产过程中需要原料或零件时,供应商才会将原料或零件送来;而每当产品生产出来就被客户拉走。这样,制造企业库存持有水平就可以大大下降。显然,适时制库存控制系统需要的是稳定而标准的生产程序以及与供应商的诚信;否则,任何一环出现差错将导致整个生产线停止。目前,已有越来越多的企业利用适时制库存控制系统减少甚至消除对库存的需求,即实行零库存管理,如沃尔玛、丰田、海尔等企业。适时制库存控制系统进一步发展,被应用于企业整个生产管理过程中,集开发、生产、库存和分销于一体,大大提高了企业运营管理的效率。

(二)ABC 库存控制系统

ABC 库存控制系统就是把企业种类繁多的存货依据其重要程度、价值大小或者资金占用等标准分为三大类:

A 类:高价值库存,品种数量占全部库存的 10%～15%,价值占全部库存的 50%～70%。
B 类:中等价值库存,品种数量占全部库存的 20%～25%,价值占全部库存的 15%～20%。
C 类:低价值库存,品种数量多,占全部库存的 60%～70%,价值占全部库存的 10%～35%。

针对不同类别的库存分别采用不同的管理方法,A 类库存应作为重点管理对象,实行重点控制、严格管理;而对 B 类和 C 类库存重视程度则可依次降低,采取一般管理。

【做中学 7-15】　企业生产耗用原材料达 20 多种,总金额为 200 000 元,按金额大小顺序排列并将其划分成 A、B、C 三类,如表 7-10 所示。

表 7-10　　　　　　　　　　　　　　　ABC 分类表　　　　　　　　　　　　　　　单位:%

材料编号	金额(元)	金额比重	累计金额比重	类别	各类存货数量比重	各类存货金额比重
1	80 000	40	40	A	10	70
2	60 000	30	70			
3	15 000	7.5	77.5	B	20	20
4	12 000	6	83.5			
5	8 000	4	87.5			
6	5 000	2.5	90			

续表

材料编号	金额(元)	金额比重	累计金额比重	类别	各类存货数量比重	各类存货金额比重
7	3 000	1.5	91.5			
8	2 500	1.25	92.75			
9	2 200	1.1	93.85			
10	2 100	1.05	94.9			
11	2 000	1	95.9			
12	1 800	0.9	96.8			
13	1 350	0.675	97.475	C	70	10
14	1 300	0.65	98.125			
15	1 050	0.525	98.65			
16	700	0.35	99			
17	600	0.3	99.3			
18	550	0.275	99.575			
19	450	0.225	99.8			
20	400	0.2	100			
合计	200 000	100%	—	—	100%	100%

关键术语

营运资金　　成本分析模式　　现金周转模式　　因素分析法　　进货成本　　储存成本　　缺货成本

应知考核

一、单项选择题

1. 广义的营运资金是指占用在(　　)上的资金。

A. 流动资产　　B. 存货　　C. 现金　　D. 应收账款

2. 流动负债不包括(　　)。

A. 短期借款　　B. 未分配利润　　C. 应付股利　　D. 应付职工薪酬

3. 营运资金的特点不包括(　　)。

A. 营运资金周转期短　　B. 营运资金形态波动大
C. 营运资金变现性强　　D. 营运资金投资风险大

4. 现金作为一种资产,它的(　　)。

A. 流动性强,营利性也强　　B. 流动性强,营利性差
C. 流动性差,营利性强　　D. 流动性差,营利性也差

5. 持有现金的动机主要有(　　)需要。

A. 交易性、预防性、收益性　　B. 交易性、投机性、收益性
C. 交易性、预防性、投机性　　D. 预防性、收益性、投机性

二、多项选择题

1. 流动资产的特点有(　　)。

A. 占有时间短 B. 占有时间长
C. 周转快 D. 易变现
2. 营运资金管理的内容包括( )。
A. 流动资产管理 B. 流动负债管理
C. 债券筹资管理 D. 项目投资管理
3. 营运资金的特点有( )。
A. 周转期短 B. 形态波动大 C. 变现性强 D. 来源多而灵活
4. 一般来说,营运资金管理的目的是通过管理活动的实施( )。
A. 保证企业具有足够的流动性 B. 努力提高企业的盈利能力
C. 拥有足够的偿债能力 D. 保证企业实现利润最大化
5. 确定最佳现金持有量的模式包括( )。
A. 存货模式 B. 现金周转期模式
C. 成本分析模式 D. 随机模式

三、判断题

1. 营运资金管理就是流动资产管理。 ( )
2. 现金浮游量是指企业实际现金余额与最佳现金持有量之差。 ( )
3. 在一般情况下,企业持有的营运资金越多,企业的违约风险就越小,举债融资的能力就越强。 ( )
4. 现金周转期越长,说明现金使用效率越高。 ( )
5. 经济进货批量基本模型包括取得成本、管理成本、缺货成本。 ( )

四、简答题

1. 简述营运资金的特点。
2. 简述营运资金管理的原则。
3. 简述营运资金管理的内容。
4. 简述如何加强现金收支管理。
5. 简述企业如何加强应收账款的日常控制。

五、计算题

1. 大力公司现有甲、乙、丙、丁四种现金持有量方案,它们各自的机会成本率、短缺成本和管理成本如表 7-11 所示。

表 7-11　　　　　　　　　现金持有量备选方案　　　　　　　　　单位:元

方案项目	甲	乙	丙	丁
现金持有量	60 000	120 000	180 000	240 000
机会成本率(%)	8	8	8	8
短缺成本	22 400	12 950	4 500	0
管理成本	45 000	45 000	45 000	45 000

假设该公司投资有价证券的收益率为 8%。计算这四种现金持有量方案各自的总成本,并为

该公司做出最佳现金持有量决策提供建议。

2. 某公司现金收支平衡,预计全年(按 360 天计算)现金需要量为 250 000 元,现金与有价证券的转换成本为每次 500 元,有价证券年利率为 10%。

要求:

(1)计算最佳现金持有量。

(2)计算最佳现金持有量下的全年现金管理相关总成本、全年现金转换成本和全年现金持有机会成本。

3. A 公司是一个商业企业,由于目前的收账政策过于严厉,不利于扩大销售,且收账费用较高,该公司正在研究修改现行的收账政策。现有甲和乙两个放宽收账政策的备选方案,有关数据如表 7—12 所示。

表 7—12

项　目	现行收账政策	甲方案	乙方案
销售额(万元/年)	2 400	2 600	2 700
收费费用(万元/年)	40	20	10
所有账户的平均收账期	2 个月	3 个月	4 个月
所有账户的坏账损失率	2%	2.5%	3%

已知 A 公司的销售毛利率为 20%,应收账款投资要求的最低报酬率为 15%。坏账损失率是指预计年度坏账损失和销售额的百分比。假设不考虑所得税的影响。

要求:通过计算分析,是否改变现行的收账政策? 若要改变,是选择甲方案还是选择乙方案?

4. B 公司每年需要耗用甲材料 5 000 千克,该材料的单位采购成本为 8 元,单位存货年变动储存成本为 3 元,平均每次订货成本为 1 200 元。

要求:

(1)计算经济订货批量;

(2)计算最佳订货次数;

(3)计算最佳订货周期;

(4)计算与批量有关的存货总成本;

(5)计算经济订货批量占用的资金;

(6)假设材料的订货提前期为 4 天,保险储备量为 50 千克,计算再订货点。

应会考核

■ 观念应用

【背景资料】

存货管理的应用

甲公司是计算机经销商,预计 2022 年度需求量为 7 200 台,购进计算机平均单价为 3 000 元,平均每日供货量为 100 台,每日销售量为 20 台(一年按 360 天计算),单位缺货成本为 100 元。与订货和储存有关的成本资料预计如下:

(1)采购部门全年办公费为 10 万元,平均每次差旅费为 2 000 元,每次装卸费为 200 元;

(2)仓库职工的工资每月为 3 000 元,仓库年折旧为 6 万元,每台计算机平均占用资金为 1 500

元,银行存款利率为2%,平均每台计算机的破损损失为200元,每台计算机的保险费用为210元;

(3)从发出订单到第一批货物运到需要的时间有五种可能,分别是8天(概率10%)、9天(概率20%)、10天(概率40%)、11天(概率20%)、12天(概率10%)。

【考核要求】
(1)计算经济订货批量、送货期和订货次数;
(2)确定合理的保险储备量和再订货点;
(3)计算2022年与批量相关的存货总成本;
(4)计算2022年与储备存货相关的总成本。(单位:万元)

■ 技能应用

最佳现金持有量——随机模式(米勒-奥尔模式)的应用

甲公司有价证券的年利率为10.8%,每次证券交易的成本为5 000元。该公司认为任何时候其银行活期存款及现金余额都不能低于2 000元,又根据以往的经验测算出现金余额波动的标准离差为100元。

【技能要求】
计算该公司的最佳现金持有量和现金持有量的最高上限。

■ 案例分析
【分析情境】

应收账款管理的应用

某企业只生产和销售一种产品,每年该产品的赊销额为240万元,产品变动成本率为80%,资金利润率为25%。该企业现有A、B两种收款政策可供选用。有关资料如表7—13所示。

表7—13　　　　　　　　　　A、B两种收款政策资料

项目	A政策	B政策
平均收账期(天)	60	45
坏账损失率	3%	2%
应收账款平均余额(万元)		
收账成本	—	—
应收账款机会成本(万元)		
坏账损失(万元)		
年催收账款费用(万元)	1.8	3.2
收账成本合计(万元)		

【分析要求】
要求:(1)计算填列表中的空白部分(一年按360天计算)。
(2)对上述收账政策进行决策,判断该企业应选择哪种策略更为合理。

项目实训

【实训项目】
营运资金管理。
【实训情境】

营运资金管理——信用政策

海生公司于1990年注册登记成立,其主要经营范围是生产和销售家用电器。在成立初期,公司凭借着产品质量过硬、售后服务周到等特点,在市场中不断扩大销售份额、扩充自身经营领域。公司的财务总监方先生属于风险厌恶者,对于风险一般采取规避的态度,因而,公司的信用政策制定得非常严格,对客户的信用要求标准很高。然而,鉴于当时的市场供求环境和竞争程度,公司的销售未受到很大影响,客户的数量仍然呈现逐步上升的趋势。

但是,随着市场经济的发展,家电企业不断涌现,竞争对手不断增加,家电行业的竞争逐渐加剧,海生公司的销售开始出现下滑的态势。公司管理层为此召开会议,分析产生这种情况的原因。与会人员包括总经理高先生、财务总监方先生、技术总监王先生、销售部门经理姚先生等。经过调研取证、讨论分析,与会人员发表了各自的意见。

技术总监王先生通过对现有证据的充分论证认为,公司产品在质量、功能、品种、特性等方面是处于行业前列的,而且公司的生产技术也在不断更新,已经采用了FMS(弹性制造系统),可以依据市场需求的变化来调整生产,因而销售下滑的原因不是出自技术问题。

销售部门经理姚先生通过在销售过程中客户对产品的反馈意见证实,王先生所说的确属实,并且姚先生依据销售部对市场进行的调研指出,公司售后服务工作周到,得到了现有客户的认可;公司销售环节采取了有奖销售、商业折扣等促销手段,然而成效不大,客户数量有减无增,其主要原因是公司信用政策制定得过于严格,信用期限短,对客户信用要求的标准太高,提供的信用优惠政策范围限制较大。同时,姚先生还指出,家电行业的主要客户是家电销售超市和销售公司,由于家电产品的单位价格比较高,因而这些客户为了避免占用大量资金,在管理上倾向于先赊购商品,待商品销售后再结算货款。然而,海生公司由于信用政策严格,使得部分客户望而生怯。因此,姚先生建议,适当调整现有信用政策,适当放宽优惠政策的范围,降低标准,以吸引更多客户。姚先生的建议将矛头指向了财务总监方先生,方先生对此陈述了自己的观点。

方先生认为,放宽信用政策、延长信用期限、降低标准,虽然可以增加销售量,但也会将一些信用度较低的客户引入企业,使得客户群鱼龙混杂,不利于公司的管理。同时,这也会加大发生坏账的可能性,增加公司的机会成本、呆账损失和后期收账费用,因而此举有可能会得不偿失。

在双方僵持不下时,总经理高先生决定,由财务总监方先生、销售部门经理姚先生牵头组成工作小组,对放宽信用政策后公司收益变化的情况进行调研分析,并在三个月内提交分析报告,届时公司将依据该报告做出相应决策。

会议后,财务总监方先生、销售部门经理姚先生立即商讨并研究成立了工作小组,该小组成员由财务部门、销售部门、市场调研部门的工作人员组成。工作小组成立后,方先生、姚先生召开会议商榷工作方案,分配工作任务。最后,工作小组制订出工作计划。该计划的简要内容如下:①首先由市场调研部门对现在的市场状况进行调查分析,搜集同行业企业的信用政策信息,并进行归类总结,以供参考;②由销售部门依据市场调研部门的调查结果及销售情况的历史资料,对在不同信用政策情况下,本公司的销售状况进行市场分析预测,估算出赊销收入金额;③以销售部门的预测为基础,由财务部门会同信用管理等相关部门,对在不同信用政策情况下,本公司的收益、成本费用等相关资料进行预测搜集和计算分析;④依据财务部门的计算分析结果,形成分析报告,提交管理当局决策。

按照工作计划,小组成员开始分头行动。经过两个多月的努力,小组成员的数据采集工作结束了,其数据的基本情况为:

1. 公司目前执行的信用政策

这包括:信用期限为30天;不提供现金折扣;对信用等级评价为A+和A的客户提供赊销。

公司目前的年赊销收入为 2 000 万元,坏账损失率为 3%,年收账费用为 50 万元。公司的变动成本率为 40%,资金成本率为 15%。

2. 公司可选择的信用政策的三种方案

(1)信用期限延长至 60 天,将客户的信用标准放宽为 A+、A、A- 三个等级,仍然不提供现金折扣。在这种信用政策条件下,公司的年赊销收入额将增至 3 500 万元,坏账损失率为 5%,年收账费用为 80 万元。

(2)信用期限延长至 90 天,将客户的信用标准放宽为 A+、A、A-、B+ 四个等级,并为在 30 天内付款的客户提供 2% 的折扣。在这种信用政策条件下,公司的年赊销收入额将增至 5 500 万元,约有 40% 的客户能享受现金折扣优惠,此时的坏账损失率为 10%,年收账费用为 120 万元。

(3)信用期限延长至 120 天,将客户的信用标准放宽为 A+、A、A-、B+ 四个等级,并为在 30 天内付款的客户提供 5% 的折扣,为在 60 天内付款的客户提供 2% 的折扣。在这种信用政策条件下,公司的年赊销收入额将增至 6 500 万元,约有 20% 的客户能享受 5% 的现金折扣优惠,约有 30% 的客户能享受 2% 的现金折扣优惠,此时的坏账损失率为 15%,年收账费用为 250 万元。

【实训任务】

(1)计算公司目前信用政策的收益。
(2)分别计算(1)(2)(3)三种信用政策的收益。
(3)你建议公司采取哪一种信用政策?
(4)海生公司的信用政策决策在营运资金管理方面给我们哪些启示?

《营运资金管理》实训报告		
项目实训班级:	项目小组:	项目组成员:
实训时间: 年 月 日	实训地点:	实训成绩:
实训目的:		
实训步骤:		
实训结果:		
实训感言:		

用 Excel 解决本项目问题

项目八

收益与分配管理

○ **知识目标**

理解：收益与分配管理的意义、原则和内容；收入的概念和作用；收入管理的要求。

熟知：商品销售价格的制定和新产品定价的基本方法；利润的概念、作用和要求。

掌握：收入的日常管理、成本归口分级管理、成本性态分析、标准成本管理、作业成本管理、利润的预测、影响股利分配的因素；股利支付程序；股利支付方式；股利政策的类型；股票分割和股票回购。

○ **技能目标**

能够理解不同的公司在不同条件下的收入管理、成本费用管理、利润管理、股票分配政策、股票回购与分割的目的和相关计算。

○ **素质目标**

运用所学的收益与分配管理知识，正确解读收益与分配管理的意义，并根据企业的具体情况确定利润分配程序，进行股利分配决策。培养和提高学生在特定业务情境中分析问题与决策设计的能力；结合行业规范或标准，强化学生的职业道德素质。

○ **思政目标**

能够正确地理解"不忘初心"的核心要义和精神实质；树立正确的世界观、人生观和价值观，做到学思用贯通、知信行统一；通过收益与分配管理知识，深知企业的利润分配不仅影响到企业的投资和筹资决策，而且涉及国家、企业、职工、投资者等多方面利益关系，关系到企业整体利益和局部利益的协调，关系到企业近期利益与长远利益的平衡。利润分配必须兼顾各方面的利益，坚持投资与收益对等，做到公平公正。如果企业的利润分配不公，将会影响到企业的长远利益，影响企业持续稳定发展。

○ **项目引例**

上市公司的股利政策

某上市公司自1995年以来经营状况和收益状况长期处于相对稳定状态，且在收益分配上，每年均发放了一定比例的现金股利（0.2～0.5元/股）。然而，2021年由于环境因素的影响，公司获利水平大幅下降，总资产报酬率从上年的15%下降至4.5%，且现金流量也明显趋于恶化。公司于2022年初召开了董事会，会议的重要议题是就2022年度的股利分配进行讨论，形成预案，以供股东大会决议。以下是两位董事的发言：

董事张兵：我认为公司2022年度应分配一定比例的现金股利，理由在于：第一，公司长期以来均分配了现金股利，且呈逐年递增趋势，若2022年停止分配股利，难免会影响公司的市场形象和理财环境。第二，根据测算，公司若按上年分配水平（0.5元/股）支付现金股利，约需现金2 500万元，而公司目前的资产负债率仅为40%，尚有约20%的举债空间，按目前的总资产（约5亿元）测算,可增加举债约 1 亿元,因此,公司的现金流量不会存在问题。

董事刘强:我认为公司 2022 年度应暂停支付现金股利,理由在于:第一,公司 2022 年经营及获利状况的不利变化主要是因环境因素所导致的,这些环境因素能否在短期内有明显改观尚难以预测。因此,为保护公司的资本实力,公司不宜分配现金股利。第二,公司尽管有较大的负债融资空间,但由于资产报酬率下降,使得举债的财务风险较大,因此,不宜举债发放现金股利。鉴于公司目前尚有近 8 000 万元的未分配利润,建议可实行股票股利,这样一方面有利于稳定公司市场形象,另一方面能节约现金支出。

思考与讨论:公司如何制定股利政策?

○ 知识精讲

任务一 收益与分配管理概述

企业经过筹资、投资、营运资金管理等一系列财务活动产生了收益,需要对收益分配进行相应的管理。收益分配管理是对企业收益分配主要活动及其形成财务关系的组织与调节,是企业将一定时期内所创造的经营成果合理地在企业内、外部各利益相关者之间进行有效分配的过程。一般而言,企业广义收益分配是对其收入和净利润进行分配。而狭义收益分配则仅仅是对净利润进行分配。本项目主要介绍狭义收益分配,即对企业净利润分配。

一、收益与分配管理的意义

(一)收益分配集中体现了企业所有者、经营者与职工之间的利益关系

企业所有者是企业权益资金的提供者,按照谁出资、谁受益的原则,其应得的投资收益须通过企业的收益分配来实现,而获得投资收益的多少取决于企业盈利状况及利润分配政策。通过收益分配,投资者能实现预期的收益,提高企业的信誉程度,有利于增强企业未来融通资金的能力。

企业的债权人在向企业投入资金的同时也承担了一定的风险,企业的收益分配应体现出对债权人利益的充分保护。除了按时支付到期本金、利息外,企业在进行收益分配时也要考虑债权人未偿付本金的保障程度,否则将在一定程度上削弱企业的偿债能力,从而降低企业的财务弹性。

职工是价值的创造者,是企业收入和利润的源泉。通过薪资的支付以及各种福利的提供,可以提高职工的工作热情,为企业创造更多价值。因此,为了正确、合理地处理好企业各方利益相关者的需求,就必须对企业所实现的收益进行合理分配。

(二)收益分配是企业再生产的条件以及优化资本结构的重要措施

企业在生产经营过程中所投入的各类资金,随着生产经营活动的进行不断地发生消耗和转移,形成成本费用,最终构成商品价值的一部分。销售收入的取得,为企业成本费用的补偿提供了前提,为企业简单再生产的正常进行创造了条件。通过收益分配,企业能形成一部分自行安排的资金,可以增强企业生产经营的财力,有利于企业适应市场需要扩大再生产。

此外,留存收益是企业重要的权益资金来源,收益分配的多少会影响企业积累的多少,从而影响权益与负债的比例,即资本结构。企业价值最大化的目标要求企业的资本结构最优,因而收益分配便成了优化资本结构、降低资本成本的重要措施。

(三)收益分配是国家建设资金的重要来源之一

在企业正常的生产经营活动中,职工不仅为自己创造了价值,而且为社会创造了一定的价值,即利润。利润代表企业的新创财富,是企业收入的重要构成部分。除了满足企业自身的生产经营性积累外,通过收益分配,国家财政也能够集中一部分企业利润,由国家有计划地分配使用,实现国

二、收益与分配管理的原则

(一)依法分配原则

企业的收益分配必须依法进行。为了规范企业的收益分配行为,维护各利益相关者的合法权益,国家颁布了相关法规。这些法规规定了企业收益分配的基本要求、一般程序和重要比例,企业应当认真执行,不得违反。

(二)分配与积累并重原则

企业的收益分配必须坚持积累与分配并重的原则。企业通过经营活动赚取收益,既要保证企业简单再生产的持续进行,又要不断巩固企业扩大再生产的财力基础。恰当处理分配与积累之间的关系,留存一部分净收益以供未来分配之需,能够增强企业抵抗风险的能力,同时,也可以提高企业经营的稳定性与安全性。

(三)兼顾各方利益原则

企业的收益分配必须兼顾各方面的利益。企业是经济社会的基本单元,企业的收益分配涉及国家、企业股东、债权人、职工等多方面的利益。正确处理它们之间的关系,协调其矛盾,对企业的生存发展是至关重要的。企业在进行收益分配时,应当统筹兼顾,维护各利益相关者的合法权益。

(四)投资与收益对等原则

企业进行收益分配应当体现谁投资谁受益、收益大小与投资比例相对等的原则。这是正确处理投资者利益关系的关键。企业在向投资者分配收益时,应本着平等一致的原则,按照投资者的投资额比例进行分配,不允许任何一方随意多分多占,以从根本上实现收益分配中的公开、公平和公正,保护投资者的利益。

(五)资本保全的原则

合理的利润分配关系必须建立在资本保全的原则基础之上。为此,企业应正确确认一定时期的盈利,确保向投资者分配的利润是投资者资本增值的部分,而不是投资者资本金的返还。

三、收益与分配管理的内容

企业在日常生产经营活动中生产的产品或劳务销售等活动产生了收入后,需要进行相应的分配。这些收入分配主要体现为:①弥补为取得收入而发生的耗费,这部分称为成本费用;②弥补成本费用之后剩余部分形成的利润要按一定顺序分配。具体关系可以表达为:

$$收入-成本费用=利润$$

由此可以得出,企业广义收益分配管理不仅包括收入弥补成本费用管理,而且包括收入扣除成本费用之后的利润分配管理。

利润分配是收益分配的第二层内容,也是狭义的收益分配。利润是收入弥补成本费用后的余额。由于成本费用包括的内容与表现的形式不同,利润所包含的内容与形式也有一定的区别。若成本费用不包括利息和所得税,则利润表现为息税前利润;若成本费用包括利息而不包括所得税,则利润表现为利润总额;若成本费用包括了利息和所得税,则利润表现为净利润。

需要说明的是,本项目所指利润分配是指对净利润的分配。根据我国《公司法》及相关法律制度的规定,公司净利润的分配应按照下列顺序进行:

(一)弥补以前年度亏损

企业在提取法定公积金之前,应先用当年利润弥补亏损。企业年度亏损可以用以下年度的税前利润弥补,下一年度不足弥补的,可以在五年之内用税前利润连续弥补,连续五年未弥补的亏损则用税后利润弥补。其中,税后利润弥补亏损可以用当年实现的净利润,也可以用盈余公积转入。

【做中学 8—1】 某企业 2015 年度发生年度亏损 100 万元,假设该企业 2015—2021 年度应纳税所得额如表 8—1 所示。

表 8—1　　　　　　　　　　　2015—2021 年度应纳税所得额　　　　　　　　　　单位:万元

年　度	2015	2016	2017	2018	2019	2020	2021
应纳税所得额	−100	20	20	10	15	15	60

根据企业所得税法规定,所得可以全部用来弥补 2015 年度亏损的年份有哪几年?

解:该企业 2015 年的 100 万元亏损,可分别用 2016—2020 年的 20 万元、20 万元、10 万元、15 万元和 15 万元来弥补,由于 2016—2020 年的应纳税所得额共计 80 万元,低于 2015 年的亏损。这样从 2015—2020 年,该企业都不需要缴纳企业所得税,应纳税所得额可以全部弥补亏损。剩余未弥补亏损 20 万元,可用 2021 年的税后利润弥补。

(二)提取法定盈余公积金

根据《公司法》的规定,法定盈余公积金的提取比例为当年税后利润(弥补亏损后)的 10%。当年法定盈余公积的累积额已达注册资本的 50% 时,可以不再提取。法定盈余公积金提取后,根据企业的需要,可用于弥补亏损或转增资本,但企业用盈余公积金转增资本后,法定盈余公积金的余额不得低于转增前公司注册资本的 25%。提取法定盈余公积金的目的是为了增加企业内部积累,以利于企业扩大再生产。

(三)提取任意盈余公积金

根据《公司法》的规定,公司从税后利润中提取法定公积金后,经股东会或股东大会决议,还可以从税后利润中提取任意盈余公积。这是为了满足企业经营管理的需要,控制向投资者分配利润的水平,以及调整各年度利润分配的波动。

企业提取的公积金(包括法定公积金和任意公积金),主要用于以下几方面:

(1)用于弥补企业的亏损。企业以前年度的亏损按税法规定不能用税前利润弥补时,可用税后利润弥补,也可用公积金来弥补。弥补亏损后如果当年利润以及以前年度累计未分配利润不够分配股利时,经股东会议决议也可以用公积金支付股利,但其支付金额不得超过股票面值的 6%,且在支付股利后企业法定盈余公积金不能低于企业注册资本的 25%。

(2)增加企业注册资本。企业的公积金经股东大会特别决议以后,也可以用于增加企业的注册资本,但增加注册资本后,法定公积金不得低于企业注册资本的 25%。

(四)向股东(投资者)分配股利(利润)

根据《公司法》的规定,公司弥补亏损和提取公积金后所余税后利润,可以向股东(投资者)分配股利(利润)。其中,有限责任公司股东按照实缴的出资比例分取红利,全体股东约定不按照出资比例分取红利的除外;股份有限公司按照股东持有的股份比例分配,但股份有限公司章程规定不按照持股比例分配的除外。

【做中学 8—2】 某公司 2014 年年初未分配利润账户的贷方余额为 37 万元,2014 年发生亏损 100 万元,2015—2019 年的每年税前利润均为 10 万元,2020 年税前利润为 15 万元,2021 年税前利润为 20 万元。所得税税率为 25%,公积金(含法定公积金和任意公积金)计提比例为 15%。

要求:(1)2020 年是否缴纳所得税?是否计提公积金?

(2)2021 年可供投资者分配的利润为多少?

解:(1)2020 年年初未分配利润 = 37 − 100 + 10 × 5 = −13(万元)

2020年应缴纳所得税＝15×25%＝3.75(万元)
2020年税后利润＝15－3.75＝11.25(万元)
企业可供分配的利润＝11.25－13＝－1.75(万元)
不能计提公积金。
(2)2021年税后利润＝20×(1－25%)＝15(万元)
可供给分配的利润＝15－1.75＝13.25(万元)
计提公积金＝13.25×15%＝1.99(万元)
可供投资者分配的利润＝13.25－1.99＝11.26(万元)

任务二　收入管理

一、收入的概念与作用

(一)收入的概念

收入是指企业在销售商品、提供劳务及让渡资产使用权等日常活动中所形成的经济利益的总流入。取得收入是企业从事生产或经营活动的主要目的之一,也是企业实现利润最大化的必要途径。各种类型的收入按其在企业中的重要性可分为基本业务收入和其他业务收入。

基本业务收入是指企业在其主要的或主体业务活动中所取得的收入,也称主营业务收入。

其他业务收入是指企业在其次要的或者附带的业务活动中所取得的收入,也称附营业务收入。

将企业的收入划分为基本业务收入和其他业务收入,目的是为了加强收入的管理,据以向管理部门和外界提供有用的决策信息,从而对生产经营和其他投资活动进行有效的控制和管理。

(二)收入的作用

收入的作用包括:①是衡量企业生产经营成果的重要标志;②是企业现金流入量的主要组成部分;③是企业再生产顺利进行的必要条件;④是实现企业利润的主要源泉。

二、收入管理的要求

(一)合理地制定商品价格

作为最有效的一种理性竞争工具,价格对于企业而言,具有重要的战略意义。价格策略的制定,应考虑市场供求状况、竞争激烈程度、消费者心理和市场定位等因素。

(二)正确预测收入

收入的预测分析实际上就是市场动态与销售情况的预测分析。在市场经济体制下,企业依靠市场生存,以销促产,因而销售预测变得极为重要。

(三)有效地进行收入的日常管理

要保证企业销售活动有计划地进行,并取得预计的收入,必须加强日常管理控制,即企业主要根据市场需求组织安排生产,及时签订并严格履行销售合同,加快组织货款回笼,节约销售费用,建立健全销售岗位责任制度和控制制度,进行经营组织销售及收入的考核与分析,并与奖惩措施挂钩,从而使销售管理工作逐步实现科学化和规范化。

三、商品销售价格的制定

在市场经济条件下,企业拥有商品的定价权,应根据各自的定价目标选择科学可行的定价方法,合理确定商品的销售价格。常用的定价方法主要有以下几种:

(一)标准产品定价的基本方法

对标准产品制定正常的长期价格时,最常用的就是成本加成定价法。其基本点就是所确定的售价除需补偿全部成本费用外,还应为投资者提供合理的报酬。其基本表达式为:

$$产品售价 = 单位产品制造成本 + 单位产品应负担的期间费用 + 单位产品目标利润$$

式中:单位产品制造成本可根据企业会计核算资料确定;单位产品应负担的期间费用是指其应负担的销售费用、管理费用和财务费用。在定价时,单位产品应负担的期间费用通常按照销售收入的一定比例计算。即:

$$单位产品应负担的期间费用 = 产品售价 \times 期间费用率$$

单位产品目标利润可根据销售收入利润率计算,即:

$$单位产品目标利润 = 产品售价 \times 销售收入利润率$$

将上述公式整理可得:

$$产品售价 = 单位产品制造成本 + 产品售价 \times 期间费用率 + 产品售价 \times 销售收入利润率$$

整理得出产品定价的基本公式为:

$$产品售价 = \frac{单位产品制造成本}{1 - (期间费用率 + 销售收入利润率)}$$

【做中学 8-3】 A 产品单位制造成本为 80 元,期间费用率为 10%,销售收入利润率为 18%,则 A 产品单位售价为:

$$产品售价 = \frac{80}{1 - (10\% + 18\%)} = 111.11(元)$$

(二)新产品定价的基本方法

对于新产品的定价,企业可以采用"撇脂性"定价或"渗透性"定价两种截然不同的定价方法。

1. "撇脂性"定价

"撇脂性"定价是一种高价策略,即在新产品刚进入市场阶段,利用消费者求新求奇的心理,在产品价格的可行范围内尽可能制定高价,以便在短期内赚取最大利润。

2. "渗透性"定价

"渗透性"定价是一种低价策略,它与"撇脂性"定价策略相反,是指企业向市场推出新产品时,利用顾客的求廉心理,在产品价格的可行范围内,采取保本微利、薄利多销、尽量低价的方法。这是一种考虑未来利益的长远定价方法。

(三)特殊情况下的定价问题

这里所说的特殊情况,主要是指企业尚有剩余生产能力未被充分利用、市场需求发生特殊变化、遇到强劲的竞争对手等。在这种特殊情况下,前述的定价方法无法应用。此时,可按变动成本(边际贡献)定价法确定价格。其定价原则可用如图 8-1 来说明:

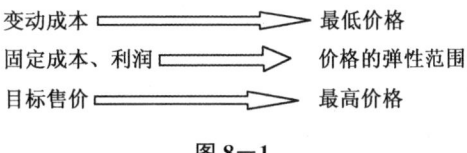

```
变动成本    ━━━▶              最低价格
固定成本、利润 ━━━▶          价格的弹性范围
目标售价    ━━━━━━━▶         最高价格
```

图 8-1

这一模式表明,在遇到特殊情况时,企业可以根据具体情况,把价格定在最高价格和最低价格之间,而不一定使价格高于企业的全部成本。

如果企业有多余的生产能力,暂时又不能作为其他利用,此时的订货价格,可以不考虑价格对总成本的补偿,只考虑价格对变动成本的补偿,只要所确定的价格不低于单位变动成本,也即只要有边际贡献能用于补偿固定成本或形成利润,该价格即为可行。由于边际贡献＝销售收入－变动成本,当边际贡献＞变动成本时,其超过部分的收益可用于补偿固定成本;如果边际贡献刚好能全部补偿变动成本,则只能补偿变动成本,不能补偿固定成本;如果边际贡献＜变动成本,则既不能补偿固定成本,也不能完全补偿变动成本,这两种情况下企业就亏损。

如果企业遇到较强的竞争对手,为了增强产品的竞争能力,也可以变动成本为基础,而将价格暂时定在全部成本之下;如果市场上某产品需求突然减少,迫使企业不得不降价出售时,只要价格略高于变动成本就能补偿一部分固定成本,比完全停产损失要小些。现举例说明如下:

【做中学8-4】 某公司生产乙产品的年生产能力为10 000件,销售单价为100元,单位制造成本为80元,其中直接材料费用为40元、直接人工费用为18元、制造费用中的变动制造费用为8元、制造费用中的固定制造费用为14元。该公司目前每年尚有40%的生产能力闲置。

某日,一客户欲与该公司签订如下条件的订货合同:以每件70元的价格为其生产4 000件乙产品,且该批订货中有某种额外要求,需购置一台专用设备价值5 000元。那么,这批订货能否接受呢?

按传统观念来看,该订货价格不可能接受,宁可让机器设备闲置。因为每件产品单位制造成本为80元,而订货合同价却只有70元,每件亏损10元,同时要额外增加5 000元的固定资产投资,会产生高达45 000元的损失。但是,按照边际贡献法分析,该价格或者说该批订货是完全可以接受的。因为在该企业目前的状况下,无论是否要将闲置生产能力加以利用,生产中需发生的固定成本额是一定的,因而它不是该项决策的相关成本,无须加以考虑。只要对方出价高于本次订货的相关成本——包括变动成本和专属固定成本即可,即能提供贡献毛益。因为只要有贡献毛益,那就必然会增加本企业利润总额或减少本企业的亏损总额。

$$\begin{aligned}该批订货提供的贡献毛益额&=该批订货的销售收入额-该批订货的变动成本额\\&\quad-该批订货追加的专属固定成本额\\&=4\ 000\times70-4\ 000\times(40+18+8)-5\ 000\\&=11\ 000(元)\end{aligned}$$

不难看出,该批订货会使该企业增加利润或减少亏损计11 000元,这个价格是可行的。从理论上讲,价格只要高于单位变动成本67.25元(66+5 000÷4 000)即为可行。

四、收入的日常管理

(一)销售合同的签订与履行

销售合同是企业为取得营业收入而与购货人或劳务接受人就双方在购销或服务过程中的权利和义务关系所签订的具有法律效力的书面文件。对企业财务状况影响较大的销售合同签订,财务部门和经营部门要事先协商取得一致意见。财务部门和财务人员在销售合同的签订和履行中要做好以下工作:

1. 审查对方的资信状况

合同签约方的资信状况的好坏对合同的签订和未来的履约有很大影响,财务部门负责销售后的收款工作,应掌握有关企业资信状况的第一手资料。财务部门一旦发现客户的资信状况有可疑之处,应当立即提醒经营部门选择采用下列措施:①要求客户结清货款;②收取一定数额或比例的定金;③要求客户提供抵押担保物品;④要求客户提供履约保证人,并出具该保证人具有保证能力的有关证明文件。

2. 检查合同价格,控制商业折扣

经营部门有时为追求经营实绩,会在合同签订过程中对客户作不适当让步。对于经营部门在其职权范围内的必要的让步,财务部门应当予以支持。但如果在价格方面减让过多或者给予的商业折扣比例过大,就会影响企业既定的商品定价策略的实施,减少企业营业收入。因此,财务部门如果发现经营部门减价过多或者商业折扣比例过大,应及时与经营部门联系,提请更正,必要时可要求企业行政负责人出面协调。

3. 控制信用规模和信用期限

为了促进销售,大部分企业会对客户提供一定的商业信用,如赊销、分期付款、接受商业汇票等。但商业信用本身会在一定程度上挤占企业的资金,影响企业营运资金的周转,导致企业利息费用增加,增加了企业的财务风险。因而,企业对外提供的商业信用规模不宜过大,期限不可太长。

4. 监督结算方式的选择

不同的结算方式,其安全性是不一样的。现金销售,钱货两讫,安全性最高,但除商业零售外,大部分企业不可能完全做到这一点。在现金销售中,除收取结算货币现款以外,银行本票和银行汇票的安全性取决于出票银行的信誉状况。企业的销售合同应规定款项的结算方式,财务部门应该提醒经营部门尽可能选择对本企业有利、能及时收回价款的结算方式。

5. 及时收回价款

在向对方提交商品或提供劳务以后,财务部门要按照合同规定的期限、结算方式向对方收取款项。对未能按期收回的价款,应立即查明原因;如果对方款项已经付出,属于银行方面的原因,应通过开户银行追款;如果对方拒付,要立即反馈给经营部门,属于本企业责任的,要责成有关部门或人员及时处理;属于对方无理拒付的,要采取一定的措施组织催收。

6. 监督解除合同的善后处理

销售合同签订以后,因己方或对方原因致使合同无法履行时,要解除合同。如果是因为己方原因解除合同,除法律规定可以不予承担责任的部分以外,要赔偿对方的损失,但此项赔偿以合同规定的违约责任为限。如果是因对方原因解除合同,除法律规定可以不承担责任的部分以外,应没收定金并追偿造成的损失。财务部门应监督解除合同的处理过程,以保证本企业的合法利益不受侵害。

(二)销售市场的扩展

为了扩大营业收入,企业必须不断地开拓新的市场,扩展市场可以采取的措施主要有以下方面:

1. 进行市场细分,选定商品目标市场

市场细分是企业在市场调查的基础上,根据客户的需要、购买行为、购买习惯等,将本企业商品的整体市场划分为具有明显区分标准的若干个"小市场"。市场的细分化能为企业选择目标市场指明方向,有助于企业发掘新的市场,可以使企业以较少的营业费用支出,获取较多的营业收入。

2. 正确进行广告宣传

广告是企业利用一定的媒体向公众宣传企业及产品的一种营销手段。得当的广告宣传可以提高企业知名度,诱导潜在客户购买本企业商品。但是广告宣传要付出可观的广告费用,所以必须重视广告的效果。首先,要选择适当的媒体;其次,要精心制作广告内容;最后,要选择广告发布的时间和频率。

3. 做好售后服务

企业成本费用的开支并不因销售的实现而停止,售后服务费用在企业营业费用中占不小比重。企业的售后服务包括送货、安装、调试、退换、修理等许多方面。完善的售后服务可以解除客户的后顾之忧,不但对巩固现有市场不可或缺,而且能以此招揽新的客户,提高企业的市场占有率。

任务三 成本费用管理[*]

成本费用是企业生产经营过程中资金消耗的体现,可以理解为企业为取得预期收益而发生的各项支出,主要包括制造成本费用和期间费用等。

成本费用管理是指企业对在生产经营过程中全部费用的发生和产品成本的形成所进行的计划、控制、核算、分析和考核等一系列科学管理工作的总称。主要的成本费用管理模式有成本归口分级管理、成本性态分析、标准成本管理、作业成本管理等。

一、成本归口分级管理

成本归口分级管理,又称成本管理责任制,它是在企业总部(如厂部)的集中领导下,按照费用发生的情况,将成本计划指标进行分解,并分别下达到有关部门、车间(或分部)和班组,以便明确责任,把成本管理纳入岗位责任制。其目的是要进行全过程、全员性的成本费用管理,使成本费用管理人员能够监测企业生产经营过程中的成本消耗,同时使生产技术人员参与企业的成本费用管理。

成本归口分级管理可以分为成本的归口管理和分级管理两个部分。其中,成本的归口管理主要是指将企业成本与费用预算指标进行分解,按照其所发生的地点和人员进行归口,具体落实到每一个责任人,将成本与费用预算指标作为控制标准,把成本费用管理工作建立在广泛的群众基础上,实现全员性成本费用管理。成本的分级管理主要是指按企业的生产组织形式,从上到下依靠各级、各部门的密切配合来进行成本费用管理。一般分为三级,即厂部、车间和班组,同时开展企业的成本费用管理。

成本归口管理和分级管理是密切联系、相辅相成的。在企业分为厂部、车间和班组三级的情况下,各级成本费用管理的权责和内容概括如下:

(一)厂部的成本费用管理

厂部主要负责全厂的成本费用指标,并将其分解归口到有关部门中,随时进行调节和控制。其成本费用管理的主要内容有:制定和组织全厂成本管理制度;进行成本预测分析,编制成本计划;加强成本控制,核算产品成本,编制成本报表;综合分析、考核全厂成本计划的完成情况;组织和指导各车间、部门开展成本管理工作。

厂部对成本费用的管理是在厂长(经理)领导下,通过财务部门进行的。同时,要按照各职能部门的分工和生产费用的发生地点,分解、落实各职能部门归口管理的成本指标,并在此基础上确定各分管部门的责任、权限和管理内容。

(二)车间的成本费用管理

车间的成本管理处于企业成本与费用管理的中心环节,是成本控制的重点。其主要工作有:根据厂部下达的成本计划或费用指标,编制车间成本或节约措施计划;根据厂部批准的车间成本计划,向各班组下达有关消耗指标和费用指标;组织车间成本核算,按计划控制车间生产费用;检查和分析车间成本计划和班组有关指标的完成情况,不断提高车间成本管理水平。

车间成本费用管理工作,是在车间主任直接领导下,由车间成本组或成本核算员负责组织执行的。在车间内部也应实行归口管理,即按照生产费用的内容,规定各有关职能人员分管费用的职责。

以前,车间一般只进行费用核算或成本核算,但随着车间管理职能的加强,近些年来,不少企业

---

[*] 非财会类专业可以选讲本任务内容。

已把车间列作企业内部的利润核算单位,或者将某些重要的车间单独设置为分厂,实行单独核算。

(三)班组的成本费用管理

班组是车间具体活动的执行者,在成本费用管理上主要遵循"干什么、用什么,就管什么"的原则,调动直接生产人员来参与成本费用的控制,从加工的工序或工艺过程中节约费用消耗,达到有效控制成本费用的目的。其成本费用管理的主要内容有:讨论全厂和车间的成本费用计划,拟订班组各项消耗定额和费用计划;根据消耗定额和费用计划,控制班组所发生的各种消耗和费用开支;核算班组负责执行的计划指标,并及时公布;检查、分析消耗定额和费用指标的执行情况等。

班组成本费用管理是在班组长领导下,由工人核算员负责组织执行的,并要与其他工人管理员密切配合、共同努力,以降低生产消耗。

二、成本性态分析

成本性态,又称成本习性,是指成本的变动与业务量(产量或销售量)之间的依存关系。成本性态分析就是对成本与业务量之间的依存关系进行分析,从而在数量上具体掌握成本与业务量之间的规律性关系,以便为企业正确地进行最优管理决策和改善经营管理提供有价值的资料。按照成本性态,通常可以把成本区分为固定成本、变动成本和混合成本。

(一)固定成本

1. 固定成本的概念和基本特征

固定成本是指其总额在一定时期及一定产量范围内,不直接受业务量变动的影响而保持固定不变的成本。例如,固定折旧费用、房屋租金、行政管理人员工资、财产保险费、广告费、职工培训费、办公费、产品研究开发费用等,均属于固定成本。其基本特征是:固定成本总额不因业务量的变动而变动,但单位固定成本(单位业务量负担的固定成本)会与业务量的增减呈反向变动。

2. 固定成本的分类

固定成本按其支出额是否可以在一定期间内改变,分为约束性固定成本和酌量性固定成本。

(1)约束性固定成本是指管理当局的短期(经营)决策行动不能改变其具体数额的固定成本,如保险费、房屋租金、管理人员的基本工资等。这些固定成本是企业的生产能力一经形成就必然要发生的最低支出,即使生产中断也仍然要发生。由于约束性固定成本一般是由既定的生产能力所决定的,是维护企业正常生产经营必不可少的成本,所以也称为经营能力成本,最能反映固定成本的特性。降低约束性固定成本的基本途径只能是合理利用企业现有的生产能力、提高生产效率,以取得更大的经济效益。

(2)酌量性固定成本是指管理当局的短期经营决策行动能改变其数额的固定成本,如广告费、职工培训费、新产品研发费等。这些费用发生额的大小取决于管理当局的决策行动。一般是由管理层在会计年度开始前,斟酌计划期间企业的具体情况和财务负担能力,对这类固定成本项目的开支情况分别作出决策。酌量性固定成本并非可有可无,它关系到企业的竞争能力,因此,要想降低酌量性固定成本,只有厉行节约、精打细算,编制出积极可行的费用预算并严格执行,防止浪费和过度投资等。

(二)变动成本

1. 变动成本的概念和基本特征

变动成本是指在特定的业务量范围内,其总额会随业务量的变动而成正比例变动的成本。例如,直接材料、直接人工,按销售量支付的推销员佣金和装运费,以及按产量计提的固定设备折旧等,都是与单位产品的生产直接联系的,其总额会随着产量的增减成正比例地增减。其基本特征是:变动成本总额因业务量的变动而成正比例变动,但单位变动成本(单位业务量负担的变动成本)

不变。

2. 变动成本的分类

变动成本可以分为两大类：技术变动成本和酌量性变动成本。

(1)技术变动成本是指与产量有明确的技术或实物关系的变动成本，如生产一辆汽车需要使用一台发动机、一个底盘和若干个轮胎等。这种成本只要生产就必然会发生，若不生产，技术变动成本便为零。

(2)酌量性变动成本是指通过管理层的决策行动可以改变的变动成本，如按销售收入的一定百分比支付的销售佣金、技术转让费等。这类成本的特点是其单位变动成本的发生额可由企业最高管理层决定。

(三)混合成本

1. 混合成本的概念和基本特征

从成本习性来看，固定成本和变动成本只是两种极端的类型。在现实经济生活中，大多数成本与业务量之间的关系处于两者之间，即混合成本。顾名思义，混合成本就是"混合"了固定成本和变动成本两种不同性质的成本。其基本特征：一方面，它们要随业务量的变化而变化；另一方面，它们的变化又不能与业务量的变化保持纯粹的正比例关系。

2. 混合成本的分类

混合成本兼有固定与变动两种性质，可进一步将其细分为半变动成本、半固定成本、延期变动成本和曲线变动成本。

(1)半变动成本。半变动成本是指在有一定初始量的基础上，随着产量的变化而成正比例变动的成本。其特点是：它通常有一个初始的固定系数，在此基数内与业务量的变化无关，这部分成本类似于固定成本；在此基数之上的其余部分，则随着业务量的增加成正比例增加。例如，电费、水费等均属于半变动成本。

(2)半固定成本。半固定成本也称阶梯式变动成本，这类成本在一定业务量范围内的发生额是固定的，但当业务量增长到一定限度，其发生额就突然跳跃到一个新的水平，然后在业务量增长到一定限度内，发生额又保持不变，直到发生另一个新的跳跃。例如，企业的管理员、运货员、检验员的工资等成本项目就属于这一类。

(3)延期变动成本。延期变动成本在一定的业务量范围内有一个固定不变的基数，当业务量增长超出了这个范围，它就与业务量的增长成正比例变动。例如，职工的基本工资在正常工作时间情况下是不变的，但当工作时间超出正常标准，企业则需按加班时间的长短成比例地支付加班工资。

(4)曲线变动成本。曲线变动成本通常有一个不变的初始量，相当于固定成本，在这个初始量的基础上，随着业务量的增加，成本也逐步变化，但它与业务量的关系是非线性的。这种曲线成本又可以分为以下两种类型：一是递增曲线成本，如累进计件工资、违约金等，随着业务量的增加，成本逐步增加，并且增加幅度是递增的。二是递减曲线成本，如有价格折扣或优惠条件下的水、电消费成本，"费用封顶"的通信服务费等，其曲线达到高峰后就会下降或持平。

在实际经济生活中，企业大量的费用项目属于混合成本，为了经营管理的需要，必须把混合成本分为固定与变动两个部分。混合成本的分解主要有以下几种方法：

①高低点法。它是以过去某一会计期间的总成本和业务量资料为依据，从中选取业务量最高点和最低点，将总成本进行分解，得出成本性态的模型。其计算公式为：

$$单位变动成本 = 最高点业务量 - 最低点业务量$$

$$固定成本总额 = 最高点业务量成本 - 单位变动成本 \times 最高点业务量$$

或：

$$= 最低点业务量成本 - 单位变动成本 \times 最低点业务量$$

采用高低点法计算较简单,但它只采用了历史成本资料中的高点和低点两组数据,故代表性较差。

②回归分析法。这是一种较为精确的方法。它是根据过去一定期间的业务量和混合成本的历史资料,应用最小二乘法原理,算出最能代表业务量与混合成本关系的回归直线,借以确定混合成本中固定成本和变动成本的方法。

③账户分析法。它又称会计分析法,是根据有关成本账户及其明细账的内容,结合其与产量的依存关系,判断其比较接近哪一类成本,就视其为哪一类成本。这种方法简便易行,但比较粗糙且带有主观判断性。

④技术测定法。它又称工业工程法,是根据生产过程中各种材料和人工成本消耗量的技术测定来划分固定成本和变动成本的方法。该方法通常只适用于投入成本与产出数量之间有规律性联系的成本分解。

⑤合同确认法。它是根据企业订立的经济合同或协议中关于支付费用的规定,来确认并估算哪些项目属于变动成本,哪些项目属于固定成本的方法。合同确认法要配合账户分析法来使用。

(四)根据成本性态建立总成本公式

在将混合成本按照一定的方法区分为固定成本和变动成本之后,根据成本性态,企业的总成本公式就可以表示为:

$$总成本 = 固定成本总额 + 变动成本总额$$
$$= 固定成本总额 + (单位变动成本 \times 业务量)$$

这个公式在变动成本计算、本量利分析、正确制定经营决策和评价各部门工作业绩等方面具有不可或缺的重要作用。

三、标准成本管理

(一)标准成本管理及相关概念

标准成本是指通过调查分析、运用技术测定等方法制定的,在有效经营条件下所能达到的目标成本。标准成本主要用来控制成本开支,衡量实际工作效率。

标准成本管理又称标准成本控制,是以标准成本为基础,将实际成本与标准成本进行对比,揭示成本差异形成的原因和责任,进而采取措施,对成本进行有效控制的管理方法。标准成本管理以标准成本的确定作为起点,通过差异的计算、分析等得出结论性报告,然后据以采取有效措施,巩固成绩或克服不足。

(二)标准成本的确定

企业在确定标准成本时,可以根据自身的技术条件和经营水平,在以下类型中进行选择:一是理想标准成本,这是一种理论标准。它是指在现有条件下所能达到的最优成本水平,即在生产过程无浪费、机器无故障、人员无闲置、产品无废品的假设条件下制定的成本标准。二是正常标准成本,是指在正常情况下,企业经过努力可以达到的成本标准,这一标准考虑了生产过程中不可避免的损失、故障和偏差等。通常来说,正常标准成本大于理想标准成本。由于理想标准成本要求异常严格,一般很难达到,而正常标准成本具有客观性、现实性和激励性等特点,所以,正常标准成本在实践中得到广泛应用。

产品成本由直接材料、直接人工和制造费用三个项目组成。无论是确定哪一个项目的标准成本,都需要分别确定其用量标准和价格标准,两者的乘积就是每一个成本项目的标准成本,将各项目的标准成本汇总,即得到单位产品的标准成本。其计算公式为:

$$单位产品的标准成本 = 直接材料标准成本 + 直接人工标准成本 + 制造费用标准成本$$

1. 直接材料标准成本的制定

单位产品耗用的直接材料的标准成本是由材料的价格标准和材料的用量标准来确定的。

材料的价格标准通常采用企业编制的计划价格,它通常是以订货合同的价格为基础,并考虑到未来物价、供求等各种变动因素后,按材料种类分别计算的。一般由财务部门和采购部门等共同制定。

材料的用量标准是指在现有生产技术条件下,生产单位产品所需的材料数量。它包括构成产品实体的材料和有助于产品形成的材料,以及生产过程中必要的损耗和难以避免的损失所耗用的材料。材料的用量标准一般应根据科学的统计调查,以技术分析为基础计算确定。

在制定直接材料标准成本时,其基本程序是:首先,区分直接材料的种类;其次,逐一确定它们在单位产品中的标准价格和标准用量;再次,按照种类分别计算各种直接材料的标准成本;最后,汇总得出单位产品的直接材料标准成本。

【做中学8-5】 假定某企业A产品耗用甲、乙、丙三种直接材料,其直接材料标准成本的计算如表8-2所示。

表8-2　　　　　　　　　　　A产品直接材料标准成本

项目	标准		
材料种类	甲材料	乙材料	丙材料
价格标准①	45元/千克	15元/千克	30元/千克
用量标准②	3千克/件	6千克/件	9千克/件
成本标准③=①×②	135元/件	90元/件	270元/件
单位产品直接材料标准成本④=Σ③	495元		

2. 直接人工标准成本的制定

直接人工是由直接人工的价格标准和直接人工的用量标准决定的。

直接人工的价格标准就是标准工资率,它通常由劳动工资部门根据用工情况制定。当采用计时工资时,标准工资率就是单位标准工资率。它是由标准工资总额与标准总工时的商来确定的,即:

$$标准工资率 = \frac{标准工资总额}{标准总工时}$$

直接人工的用量标准,即工时用量标准,是指在现有的生产技术条件下,生产单位产品所耗用的必要工作时间,包括对产品直接加工工时、必要的间歇或停工工时以及不可避免的废次品所耗用的工时等。一般由生产技术部门、劳动工资部门等运用特定的技术测定方法和分析统计资料来确定。

因此:

$$直接人工标准成本 = 标准工资率 \times 工时用量标准$$

【做中学8-6】 沿用做中学8-5中的资料,A产品直接人工标准成本的计算如表8-3所示。

表8-3　　　　　　　　　　　A产品直接人工标准成本

项目	标准
月标准总工时①	15 600 小时
月标准总工资②	168 480 元

续表

项目	标准
标准工资率 ③=②÷①	10.8元/小时
单位产品工时用量标准 ④	1.5小时/件
直接人工标准成本 ⑤=③×④	16.2元/件

3. 制造费用标准成本的制定

制造费用标准成本是由制造费用的价格标准和制造费用的用量标准两项因素决定的。

制造费用的价格标准,即制造费用的分配率标准。制造费用的用量标准,即工时用量标准,其含义与直接人工用量标准相同。

因此,

制造费用标准成本=制造费用分配率标准×工时用量标准

成本按照其性态分为变动成本和固定成本。前者随着产量的变动而变动;后者相对固定,不随产量波动。制定费用标准时,应分别制定变动制造费用和固定制造费用的成本标准。

【做中学8—7】 沿用做中学8—5中的资料,甲产品制造费用的标准成本计算如表8—4所示。

表8—4　　　　　　　　　　　甲产品制造费用标准成本

	项目	标准
工　时	月标准总工时 ①	15 600 小时
	单位产品工时标准 ②	1.5小时/件
变动制造费用	标准变动制造费用总额 ③	56 160 元
	标准变动制造费用分配率 ④=③÷①	3.6小时/件
	变动制造费用标准成本 ⑤=②×④	5.4元/件
固定制造费用	标准固定制造费用总额 ⑥	187 200 元
	标准固定制造费用分配率 ⑦=⑥÷①	12元/小时
	固定制造费用标准成本 ⑧=②×⑦	18元/件
单位产品制造费用标准成本 ⑨=⑤+⑧		23.4元

(三)成本差异的计算及分析

在标准成本管理模式下,成本差异是指一定时期生产一定数量的产品所发生的实际成本与相关的标准成本之间的差额。凡实际成本大于标准成本的称为超支差异;凡实际成本小于标准成本的则称为节约差异。

从标准成本的制定过程可以看出,任何一项费用的标准成本都是由用量标准和价格标准两个因素决定的,因此,差异分析就应该从这两个方面进行。实际产量下的总差异计算公式为:

总差异=实际价格×实际用量-标准价格×标准用量
　　　=(实际价格×实际用量-标准价格×实际用量)+(标准价格×实际用量
　　　　-标准价格×标准用量)
　　　=(实际价格-标准价格)×实际用量+标准价格×(实际用量-标准用量)
　　　=价格差异+用量差异

其中:

价格差异＝(实际价格－标准价格)×实际用量

用量差异＝标准价格×(实际用量－标准用量)

1. 直接材料成本差异的计算分析

直接材料成本差异,是指直接材料的实际总成本与实际产量下标准总成本之间的差异。它可进一步分解为直接材料价格差异和直接材料用量差异两部分。有关计算公式如下:

直接材料成本差异＝实际产量下实际总成本－实际产量下标准总成本

＝实际价格×实际用量－标准价格×标准用量

＝直接材料价格差异＋直接材料用量差异

直接材料价格差异＝(实际价格－标准价格)×实际用量

直接材料用量差异＝标准价格×(实际用量－实际产量下标准用量)

直接材料价格差异的形成受各种主客观因素的影响,较为复杂,如市场价格、供货厂商、运输方式、采购批量等的变动,都可以带来材料的价格差异。但由于它与采购部门的关系更为密切,所以其差异应主要由采购部门承担责任。

直接材料用量差异形成的原因是多方面的,有生产部门的原因,也有非生产部门的原因。如产品设计结构、原料质量、工人的技术熟练程度、废品率的高低等都会导致材料用量差异。材料用量差异的责任需要通过具体分析才能确定,但主要应由生产部门承担。

【做中学8-8】 沿用做中学8-5中的资料,A产品甲材料的标准价格为45元/千克,用量标准为3千克/件。假定企业本月投产A产品8 000件,领用甲材料32 000千克,其实际价格为40元/千克。其直接材料成本差异计算如下:

直接材料成本差异＝40×32 000－45×3×8 000＝200 000(元)(超支)

其中:材料价格差异＝(40－45)×32 000＝－160 000(元)(节约)

材料用量差异＝45×(32 000－8 000×3)＝360 000(元)(超支)

通过以上计算可以看出,A产品本月耗用甲材料发生200 000元超支差异。由于生产部门耗用材料超过标准,导致超支360 000元,应该查明材料用量超标的具体原因,以便改进工作,节约材料。从材料价格而言,由于材料价格降低节约了160 000元,从而抵消了一部分由于材料超标耗用而形成的成本超支。这是材料采购部门的工作成绩,也应查明原因,巩固和发扬。

2. 直接人工成本差异的计算分析

直接人工成本差异,是指直接人工的实际总成本与实际产量下标准总成本之间的差异。它可分为直接人工工资率差异和直接人工效率差异两部分。有关计算公式如下:

直接人工成本差异＝实际总成本－实际产量下标准总成本

＝实际工资率×实际人工工时－标准工资率×标准人工工时

＝直接人工工资率差异＋直接人工效率差异

直接人工工资率差异＝(实际工资率－标准工资率)×实际人工工时

直接人工效率差异＝标准工资率×(实际人工工时－实际产量下标准人工工时)

直接工资率差异是价格差异,其形成原因比较复杂,工资制度的变动、工人的升降级、加班或临时工的增减等都将导致工资率差异。一般来说,这种差异的责任不在生产部门,劳动人事部门更应对其承担责任。

直接人工效率差异是效率差异,其形成原因也是多方面的,工人技术状况、工作环境和设备条件的优劣等,都会影响效率的高低,但其主要责任还是在生产部门。

【做中学8-9】 沿用做中学8-6中的资料,A产品标准工资率为10.8元/小时,工时标准为1.5小时/件,工资标准为16.2元/件。假定企业本月实际生产A产品8 000件,用工10 000小时,实际应付直接人工工资110 000元。其直接人工差异计算如下：

　　直接人工成本差异＝110 000－16.2×8 000＝－19 600(元)(节约)

　　其中：直接人工工资率差异＝(110 000÷10 000－10.8)×10 000＝2 000(元)(超支)

　　　　　直接人工效率差异＝10.8×(10 000－1.5×8 000)＝－21 600(元)(节约)

通过以上计算可以看出，该产品的直接人工成本总体上节约19 600元。其中，人工效率差异节约21 600元，但工资率差异超支2 000元。工资率超过标准，可能是为了提高产品质量，调用了一部分技术等级和工资级别较高的工人，使小时工资率增加了0.2元(110 000÷10 000－10.8)。但也因此在提高产品质量的同时，扩大了销路，使工时的耗用由标准的12 000小时(8 000×1.5)降低为10 000小时，节约工时2 000小时，从而促使了最终的成本节约。可见，生产部门在生产组织上的成绩是值得肯定的。

3. 变动制造费用成本差异的计算分析

变动制造费用成本差异是指实际发生的变动制造费用总额与实际产量下标准变动费用总额之间的差异。它可以分解为耗费差异和效率差异两部分。其计算公式如下：

变动制造费用成本差异＝实际变动制造费用总额－实际产量下标准变动制造费用

　　　　　　　　　　＝实际变动制造费用分配率×实际工时－标准变动制造费用分配率×标准工时

　　　　　　　　　　＝变动制造费用耗费差异＋变动制造费用效率差异

变动制造费用耗费差异＝(变动制造费用实际分配率－变动制造费用标准分配率)×实际工时

变动制造费用效率差异＝变动制造费用标准分配率×(实际工时－实际产量下标准工时)

其中，耗费差异属于价格差异，效率差异属于用量差异。变动制造费用效率差异的形成原因与直接人工效率差异的形成原因基本相同。

【做中学8－10】 沿用做中学8－7中的资料，A产品标准变动费用分配率为3.6元/小时，工时标准为1.5小时/件。假定企业本月实际生产A产品8 000件，用工10 000小时，实际发生变动制造费用40 000元。其变动制造费用成本差异计算如下：

　　变动制造费用成本差异＝40 000－3.6×1.5×8 000＝－3 200(元)(节约)

　　其中：变动制造费用耗费差异＝(40 000÷10 000－3.6)×10 000＝4 000(元)(超支)

　　　　　变动制造费用效率差异＝3.6×(10 000－1.5×8 000)＝－7 200(元)(节约)

通过以上计算可以看出，A产品变动制造费用节约3 200元，这是由于提高效率，工时由12 000小时(1.5×8 000)降为10 000小时的结果。由于费用分配率由3.6元提高到4元(40 000÷10 000)，使变动制造费用发生超支，从而抵消了一部分变动制造费用的节约额。应该查明费用分配率提高的具体原因。

4. 固定制造费用成本差异的计算分析

固定制造费用成本差异是指实际发生的固定制造费用与实际产量下标准固定制造费用的差异。其计算公式为：

固定制造费用成本差异＝实际产量下实际固定制造费用－实际产量下标准固定制造费用

　　　　　　　　　　＝实际分配率×实际工时－标准分配率×实际产量下标准工时

其中：

　　　　　　　标准分配率＝固定制造费用预算总额÷预算产量下标准总工时

由于固定制造费用相对固定，实际产量与预算产量的差异会对单位产品所应承担的固定制造费用产生影响，所以，固定制造费用成本差异的分析有其特殊性，分为两差异分析法和三差异分析法。

(1)两差异分析法。它是指将总差异分为耗费差异和能量差异两部分。其计算公式如下：

耗费差异＝实际固定制造费用－预算产量下标准固定制造费用
　　　　＝实际固定制造费用－标准分配率×工时标准×预算产量
　　　　＝实际固定制造费用－标准分配率×预算产量下标准工时

能量差异＝预算产量下标准固定制造费用－实际产量下固定制造费用
　　　　＝标准分配率×(预算产量下标准工时－实际产量下标准工时)

【做中学8－11】 沿用做中学8－7中的资料，A产品固定制造费用标准分配率为12元/小时，工时标准为1.5小时/件。假定企业A产品预算产量为10 400件，实际生产A产品8 000件，用工10 000小时，实际发生固定制造费用190 000元。其固定制造费用的成本差异计算如下：

固定制造费用成本差异＝190 000－12×1.5×8 000＝46 000(元)(超支)

其中：耗费差异＝190 000－12×1.5×10 400＝2 800(元)(超支)

能量差异＝12×(1.5×10 400－1.5×8 000)＝43 200(元)(超支)

通过以上计算可以看出，该企业A产品固定制造费用超支46 000元，主要是由于生产能力不足，实际产量小于预算产量所致。

(2)三差异分析法。它是将两差异分析法下的能量差异进一步分解为产量差异和效率差异，即将固定制造费用成本差异分为耗费差异、产量差异和效率差异三个部分。其中，耗费差异的概念和计算与两差异法下一致。相关计算公式为：

耗费差异＝实际固定制造费用－预算产量下标准固定制造费用
　　　　＝实际固定制造费用－标准分配率×工时标准×预算产量
　　　　＝实际固定制造费用－标准分配率×预算产量下标准工时

产量差异＝标准分配率×(预算产量下标准工时－实际产量下实际工时)

效率差异＝标准分配率×(实际产量下实际工时－实际产量下标准工时)

【做中学8－12】 沿用做中学8－7中的资料，计算其固定制造费用的成本差异如下：

固定制造费用成本差异＝190 000－12×1.5×8 000＝46 000(元)(超支)

其中：耗费差异＝19 000－12×1.5×10 400＝2 800(元)(超支)

产量差异＝12×(1.5×10 400－10 000)＝67 200(元)(超支)

效率差异＝12×(10 000－1.5×8 000)＝－24 000(元)(节约)

通过上述计算可以看出，采用三差异法能够更好地说明生产能力利用程度和生产效率高低所导致的成本差异情况，便于分清责任。

5. 分析结果的反馈

标准成本差异分析是企业规划与控制的重要手段。通过差异分析，企业管理人员可以进一步揭示实际执行结果与标准不同的深层次原因。差异分析的结果，可以更好地凸显实际生产经营活动中存在的不足或在必要时修改成本标准，这对企业成本的持续降低、责任的明确划分以及经营效率的提高具有十分重要的意义。

四、作业成本管理

(一)作业成本计算法及相关概念

所谓作业，是指在一个组织内为了某一目的而进行的耗费资源的工作。它是作业成本计算系统中最小的成本归集单元。作业贯穿产品生产经营的全过程，从产品设计、原材采购、生产加工，直至产品的发运销售。在这一过程中,每个环节、每道工序都可以视为一项作业。

成本动因,也称成本驱动因素,是指导致成本发生的因素,即成本的诱因。成本动因通常以作业活动耗费的资源来进行度量,如质量检查次数、用电度数等。在作业成本法下,成本动因是成本分配的依据。成本动因又可以分为资源动因和作业动因。资源动因反映作业量与耗费之间的因果关系,而作业动因反映产品产量与作业成本之间的因果关系。按照统一的作业动因,将各种资源耗费项目归结在一起,便形成了作业中心,也称成本库。

作业成本计算法是指通过对所有作业活动动态地追踪反映,进行作业和成本对象的成本计量,并评价作业业绩和资源利用情况的方法。它基于资源耗用的因果关系进行成本分配,根据作业耗用资源的情况,将资源分配给作业,再依照成本对象消耗作业的情况,把作业成本分配给成本对象。

在作业成本法下,对于直接费用的确认和分配与传统的成本计算方法一样,而间接费用的分配对象不再是产品,而是作业。分配时,首先根据作业中心对资源的耗费情况将资源耗费的成本分配到作业中心,然后将上述分配至作业中心的成本按照各自的成本动因,依据作业的耗用数量分配到各产品。作业成本法很好地克服了传统成本方法中间接费用责任划分不清的缺点,使以往一些不可控的间接费用变为可控,这样可以更好地发挥决策、计划和控制的作用,以促进作业管理和成本控制水平的不断提高。

(二)作业成本管理

作业成本管理是以提高客户价值、增加企业利润为目的,基于作业成本法的新型集中化管理方法。它通过对作业及作业成本的确认、计量,最终计算产品成本,同时将成本计算深入作业层次,对企业所有作业活动进行追踪并动态反映,同时还要进行成本链分析,包括动因分析、作业分析等,从而为企业决策提供准确的信息,指导企业有效地执行必要的作业,消除和精简不能创造价值的作业,以达到降低成本、提高效率的目的。作业成本管理是一种符合战略管理思想要求的现代成本计算和管理模式。它既是精确地成本计算系统,也是改进业绩的工具。作业成本管理包含两个维度的含义:成本分配观和流程观,如图8-2所示。

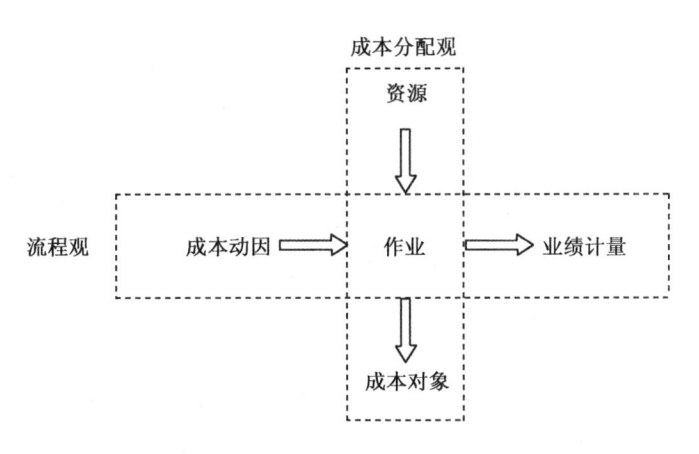

图8-2 作业成本管理结构

图8-2中垂直部分反映了成本分配观,它说明成本对象引起作业需求,而作业需求又引起对资源的需求。因此,成本分配是从资源到作业,再从作业到成本对象,而这一流程正是作业成本计算的核心。图中水平部分反映了流程观,它为企业提供所引起作业的原因(成本动因)以及作业完成情况(业绩计量)的信息。流程观关注的是确认作业成本的根源、评价已经完成的工作和已实现的结果。企业利用这些信息,可以改进作业链,提高从外部顾客获得的价值。

(三)流程价值分析

流程价值分析的基本思想是：以作业来识别资源，将作业分为增值作业和非增值作业，并把作业和流程联系起来，确认流程的成本动因，计量流程的业绩，从而促进流程的持续改进。

1. 成本动因分析

要进行作业成本管理，必须找出导致作业成本的原因。每项作业都有投入和产出。作业投入是为取得产出由作业消耗的资源，而作业产出则是一项作业的结果或产品。比如说，原料搬运，搬运到指定地点的材料数量是该"搬运"作业的产出量，也可以称为作业动因。然而，产出量指标不一定是作业发生的根本原因，必须进一步进行动因分析，找出形成作业成本的根本原因。例如，搬运材料的根本原因，可能是车间布局不合理造成的。一旦得知了根本原因，就可以采取相应的措施改善作业，如改善车间布局、减少搬运成本。

2. 作业分析

作业分析的主要目标是认识企业的作业过程，以便从中发现持续改善的机会及途径。分析和评价作业、改进作业与消除非增值作业构成了流程价值分析与管理的基本内容。改进流程首先需要将每一项作业分为增值作业或非增值作业，明确增值成本和非增值成本，然后进一步确定如何将非增值成本减至最低。

(1)增值作业，就是那些顾客认为可以增加其购买的产品或服务的有用性，有必要保留在企业中的作业。一项作业必须同时满足下列三个条件才可断定为增值作业：①该作业促使了状态的改变；②该状态的变化不能由其他作业来完成；③该作业使其他作业得以进行。

(2)非增值作业，是指即便消除也不会影响产品对顾客服务的潜能，即不必要的或可消除的作业。如果一项作业不能同时满足增值作业的三个条件，就可断定其为非增值作业。例如检验工作，只能说明产品是否符合标准，而不能改变其形态，不符合第一个条件；次品返工作业是重复作业，在其之前的加工作业本就应提供符合标准的产品，因此也属于非增值作业。执行非增值作业发生的成本全部是非增值成本。持续改进和流程再造的目标就是寻找非增值作业，将非增值成本降至最低。

在区分了增值成本与非增值成本之后，企业要尽量消除或减少非增值成本，最大化利用增值作业，以减少不必要的耗费，提升经营效率。作业成本管理中进行成本节约的途径，主要有以下四种形式：①作业消除：消除非增值作业或不必要的作业，降低非增值成本。②作业选择：对所有能够达到同样目的的不同作业，选取其中最佳的方案。③作业减少：以不断改进的方式降低作业消耗的资源或时间。④作业共享：利用规模经济来提高增值作业的效率。

作业分析是流程价值分析的核心。通过对作业的分析研究，进而采取措施，消除非增值作业，改善低效作业，优化作业链，对于削减成本、提高效益具有非常重要的意义。

3. 业绩考核

实施作业成本管理，其目的在于找出并消除所有非增值作业，提高增值作业的效率，削减非增值成本。当利用作业成本计算系统识别出流程中的非增值作业及其成本动因后，就为业绩改善指明了方向。如果要评价作业和流程的执行情况，就必须建立业绩指标，可以是财务指标，也可以是非财务指标，以此来评价是否改善了流程。财务指标主要集中在增值成本和非增值成本上，可以提供增值与非增值成本报告以及作业成本趋势报告。而非财务指标主要体现在效率、质量和时间三个方面，如投入产出比、次品率和生产周期等。

任务四　利润管理*

一、利润的概念、作用和管理要求

(一)利润的概念

利润是指企业在一定时期内的经营成果,包括营业利润、利润总额和净利润。

营业利润是指主营业务收入减去主营业务成本和主营业务税金及附加,加上其他业务利润,减去营业费用、管理费用和财务费用后的金额。

利润总额是指企业在一定时期所获得的利润总数,是营业利润加上投资收益、补贴收入、营业外收入,减去营业外支出后的金额。

净利润是指利润总额减去所得税后的金额。其中,所得税是指企业计入当期损益的所得税费用。净利润是归企业所有者的利润,是企业进行利润分配的基础。在股份公司中,它是制约股份公司发展、影响股东收益高低的首要因素,对实现股东财富最大化目标具有十分重要的意义。

(二)利润的作用

做好利润管理,不断提高企业的利润水平,无论是对企业还是对国家,都具有十分重要的意义。

1. 利润是衡量企业生产经营水平的一项综合性指标

从利润的构成内容看,企业利润包括营业利润、投资利润和营业外利润。这就概括了企业的全部生产经营工作。因此,利润的多少反映了企业生产经营水平的高低。企业获得的利润越多,说明企业经营管理有方,生产经营活动中的消耗少,产品成本低,产品适销对路、质量好、产销数量多。

2. 利润是国家财政收入的重要来源

企业作为国民经济的基本单位,有义务将其实现的利润在国家与企业之间进行分配,企业要依法向国家缴纳所得税。由于所得税具有强制性、无偿性、固定性和及时性等特点,因此构成了国家财政收入的重要来源。

3. 利润是企业实现财务目标的基础

现代化企业财务管理的总体目标是企业价值最大化,而企业价值最大化是利润与风险的最佳组合,因而企业只有实现足够的利润,才能完成企业财务目标,企业债权人、股东的利益才能得到保障。利润是一项综合性很强的指标,企业经营管理的质量、市场开拓能力、成本费用的开支、各种财务风险最终都会在企业利润上体现出来,因而利润也是对企业作出评价的最重要的指标。

4. 利润是企业扩大再生产的资金保障

在社会主义市场经济条件下,企业是一个独立的经济实体。在激烈的市场竞争中,企业要想发展壮大,站稳脚跟,必须积累充裕的资金用以扩大再生产。企业的资金来源是多方面的,其中利润是一项重要的资金来源。企业要扩大生产经营规模、提高生产技术,主要应依靠企业自身的内部积累。这不仅能给企业带来更多的未来利润,而且有利于提高企业的安全性。

(三)利润管理的要求

这包括:树立正确的盈利观念,不断提高盈利水平;实行利润目标分管责任制,保证利润目标的完成;严格执行有关财经法规,合理进行利润分配。

＊ 非财会类专业可以选讲本任务内容。

二、利润的预测

(一)营业利润的预测

营业利润预测的方法有很多,主要有量本利分析法、目标利润法、比例测算法和因素测算法。

1. 量本利分析法

量本利分析法,就是根据商品销售数量、成本和利润之间的相互关系,进行综合分析,从而预测营业利润的方法。运用量本利分析法预测企业利润,关键是要解决成本和销售量之间的数量关系。首先将成本分解为固定成本和变动成本,再把收入和利润考虑进来,成本、销量和利润的关系就可以统一于下面这个数学公式中:

$$利润 = 单价 \times 销量 - 单位变动成本 \times 销量 - 固定成本$$

它可用来预测企业盈亏平衡点、目标利润以及各有关因素变动对利润的影响。

(1)盈亏平衡点预测

①单一产品盈亏平衡点的确定。盈亏平衡点也称保本点,它是区分盈利和亏损的分界点,在这点上销售利润等于零,即销售净收入总额与成本总额(变动成本总额加固定成本总额)相等。其计算公式如下:

$$盈亏平衡点销售量 = \frac{固定成本总额}{销售单价 - 单位变动成本} = \frac{固定成本总额}{单位边际贡献}$$

上式两边同时乘以产品销售单价,则可得:

$$盈亏平衡点销售额 = \frac{固定成本总额}{1 - 变动成本率} = \frac{固定成本总额}{边际贡献率}$$

【做中学 8-13】 某企业生产甲产品,固定成本总额为 10 000 元,单位变动成本为 22 元,单位售价为 30 元,则:

盈亏平衡点销售量 = 10 000÷(30-22) = 1 250(件)

盈亏平衡点销售额 = 10 000÷(1-22÷30) = 37 500(元)

②多产品盈亏平衡点的确定。现代经济社会中,只生产一种产品的企业只占少数,大部分企业产销多种产品。如果企业生产经营多种产品,在采用量本利分析法预测盈亏平衡点时,可先求出各种产品的综合边际贡献率,计算公式为:

综合边际贡献率 = Σ(各种产品的边际贡献率×各种产品销售收入占全部销售收入总额的比重)

然后,计算出企业综合的盈亏平衡点销售收入。其计算公式为:

$$综合盈亏平衡点销售收入 = \frac{固定成本总额}{综合边际贡献率}$$

最后,计算出各产品盈亏平衡点的销售收入。其计算公式为:

$$某种产品盈亏平衡点销售收入 = 综合盈亏平衡点销售收入 \times 该种产品销售收入占全部销售收入总额的比重$$

【做中学 8-14】 某企业生产甲、乙、丙三种产品,固定成本总额为 900 000 元,三种产品边际贡献率分别为 30%、42%、50%,其销售比重分别为 40%、40%、20%,则:

综合边际贡献率 = 30%×40%+42%×40%+50%×20% = 38.8%

综合盈亏平衡点销售收入 = 900 000÷38.8% = 2 319 587.63(元)

甲产品盈亏平衡点销售收入 = 2 319 587.63×40% = 927 835.05(元)

乙产品盈亏平衡点销售收入 = 2 319 587.63×40% = 927 835.05(元)

丙产品盈亏平衡点销售收入 = 2 319 587.63×20% = 463 917.53(元)

③盈亏平衡点作业率与安全边际。盈亏平衡点作业率是指盈亏平衡点销售量占企业正常销售量的比重。所谓正常销售量,是指在正常市场和正常开工情况下,企业产品的销售数量或销售额。其计算公式为:

$$盈亏平衡点作业率=\frac{盈亏平衡点销售量}{正常销售量}\times 100\%$$

这个比例表明企业保本的业务量在正常业务量中所占的比重。由于多数企业的生产经营能力是按正常销售量来规划的,生产经营能力与正常销售量基本相同,因此,盈亏平衡点作业率还表明保本状态下的生产经营能力的利用程度。

安全边际是指正常销售额超过盈亏平衡点销售额的差额。它表明销售额下降多少,企业仍不至于亏损。安全边际率是安全边际与正常销售额(或当年实际订货额)的比值。其计算公式为:

$$安全边际=正常销售额-盈亏平衡点销售额$$

$$安全边际率=安全边际\div 正常销售额(或实际订货额)$$

安全边际和安全边际率的数值越大,企业发生亏损的可能性就越小,企业就越安全。安全边际率是相对指标,便于不同企业和不同行业的比较。

盈亏平衡点把正常销售分为两部分:一部分是盈亏平衡点销售额,另一部分是安全边际。即:

$$正常销售额=盈亏平衡点销售额+安全边际$$

上述公式两边同时除以正常销售额,得:

$$1=盈亏平衡点作业率+安全边际率$$

(2)实现目标利润的销售量及销售收入的预测

预测实现目标利润的销售量和销售收入,只需在盈亏平衡点销售量或销售额计算公式的分子中加上目标利润即可。其计算公式为:

$$实现目标利润的销售量=\frac{固定成本总额+目标利润}{销售单价-单位变动成本}$$

$$实现目标利润的销售收入=\frac{固定成本总额+目标利润}{1-变动成本率}$$

(3)各有关因素变动对利润影响的预测

企业利润额的增加或减少,是各有关因素变动影响的结果,因此,在决定任何生产经营问题时,都应事先分析拟采取的行动对利润有何影响。如果该行动产生的收益大于它所引起的支出,可以增加企业的盈利,则这项行动在经济上是可取的。虽然企业在决策时需要考虑各种非经济因素,但是经济分析总是最基本的,甚至是首要的分析。

分析影响利润的各有关因素,主要方法是将变化了的参数代入本量利公式中,测定其对利润变动的影响。

【做中学 8-15】 甲企业 2021 年(基期)有关资料如表 8-5 所示。

表 8-5　　　　　　　　　　　　　　　　　　　　　　　　　　　　　　　　　单位:元

销售收入(1 000×20 元/件)	20 000
销售成本:	
变动成本(1 000×12 元/件)	12 000
固定成本	4 000
销售和管理费(全部固定)	2 000
利　润	2 000

显然，如果销售量、单价、单位变动成本、固定成本诸因素中的一项或多项同时变动，都会对利润产生影响。

①外界单一因素发生变化的影响。假设由于原材料涨价，使单位变动成本上升到14元，则利润将变为：

利润＝1 000×20－1 000×14－(4 000＋2 000)＝0(元)

可见，由于单位变动成本上升2元，使企业最终利润减少2 000元。企业应根据这种预见到的变化，采取措施，设法抵消这种影响。如果价格、固定成本或销售量发生变动，也可以用上述统一方法测定其对利润的影响。

②甲企业拟采取某项行动对利润的影响。由于企业拟采取某项行动，使有关因素发生变动，则企业需要测定其对利润的影响，作为评价该行动经济合理性的尺度。

A. 假设甲企业拟采取更有效的广告方式，从而使销售量增加10％。利润将因此变为：

利润＝1 000×(1＋10％)×20－1 000×(1＋10％)×12－(4 000＋2 000)＝2 800(元)

这项措施将使企业利润增加800元，它是增加广告开支的上限。如果这次广告宣传的支出超过800元，就可能得不偿失。

B. 假设甲企业拟实施一项技术培训计划，以提高工作效率，使单位变动成本由12元降至10元。利润将因此变为：

利润＝1 000×20－1 000×10－(4 000＋2 000)＝4 000(元)

这项计划将使企业利润增加2 000元，它是培训计划开支的上限。如果培训计划的开支不超过2 000元，则可从当年新增利润中得到补偿，并可获得长期收益。如果开支超过2 000元，则要慎重考虑这项计划是否真的有意义。

C. 假设甲企业拟自建销售门市部，售价由目前的20元提高到22元，而能维持销售量不变。利润将因此变为：

利润＝1 000×22－1 000×12－(4 000＋2 000)＝4 000(元)

这项计划将使企业利润增加2 000元，它是门市部每年开支的上限。

由于企业的任何经济活动都要消耗钱物，因此，权衡得失总是必要的。利用量本利分析法，可以具体计算出对最终利润的影响，有利于经营者决策。

③有关因素发生相互关联变化对利润的影响。由于外界因素变化或企业拟采取某项行动，引致有关因素发生相互关联的影响，则企业需要测定其引起的利润变动，以便选择决策方案。

假设甲企业按国家规定普调工资，使单位变动成本增加4％、固定成本增加1％，结果将会导致利润下降。为了抵消这种影响，企业有两个应对措施：一是提高价格5％，而提价会使销售量减少10％；二是增加产量20％，为使这些产品能销售出去，要追加500元广告费。

调整工资后不采取措施的利润为：

利润＝1 000×[20－12×(1＋4％)]－(4 000＋2 000)×(1＋1％)＝1 460(元)

采取第一种方案的预计利润为：

利润＝1 000×(1－10％)×[20×(1＋5％)－12×(1＋4％)]－(4 000＋2 000)×(1＋1％)
　　＝1 608(元)

采取第二种方案的预计利润为：

利润＝1 000×(1＋20％)×[20－12×(1＋4％)]－[(4 000＋2 000)×(1＋1％)＋500]
　　＝2 464(元)

通过比较可知，第二种方案较好。

2. 目标利润法

确定目标利润的方法主要有利润公式确定法和递增率确定法。

(1) 利润公式确定法。利润公式确定法是指在销售收入一定的情况下，根据目标成本确定目标利润的一种方法。其计算公式为：

$$目标利润＝商品销售收入－目标制造成本－目标期间费用$$

对目标制造成本和目标期间费用的确定，可以按同行业类似或相同商品的先进水平确定，也可以根据本企业基期的实际水平以及预测期降低的目标计算确定。

(2) 递增率确定法。递增率确定法是根据企业的基期利润和利润递增比例来确定目标利润的一种方法。其计算公式是：

$$P_n = P_o \times (1+i)^n$$

式中：P_n 为第 n 期的目标利润；P_o 为基期利润；i 为利润的递增比例；n 为利润递增的期数。

3. 比例测算法

比例测算法是根据各种利润率和其他相关指标来确定目标利润的一种方法。我国目前主要有两种形式：一是根据企业占用的资金额和资金利润率来确定；二是根据销售收入和销售利润率来确定。它们的计算公式分别是：

$$目标利润＝预计资金平均占用额 \times 目标资金利润率$$
$$目标利润＝预计销售收入 \times 目标销售利润率$$

这里，预计资金平均占用额和预计销售收入是根据资金或销售预测的数据来确定的。目标资金利润率或目标销售利润率则是根据企业的历史资料和现实条件，参考同行业的先进水平确定的。

4. 因素测算法

因素测算法是在基期利润水平的基础上，考虑预测期影响销售利润增减变动的各种因素，来预测企业产品销售利润的一种方法。该种方法主要用于可比产品销售利润的测算。

用因素测算法预测可比产品销售利润，一般包括以下两个步骤：

第一步，确定基年利润额和利润率，计算预测年度生产的应销可比产品利润。

利润预测一般在计划年度开始前一个季度着手进行，要根据基年 1~3 季度实现的实际利润和实际成本与基年第四季度预计利润和预计成本来计算。计算公式如下：

$$基年销售利润＝基年前三季度实际销售利润＋基年第四季度预计销售利润$$
$$基年销售成本＝基年前三季度实际销售成本＋基年第四季度预计销售成本$$

$$基年成本利润率 = \frac{基年销售利润总额}{基年销售成本总额} \times 100\%$$

在计算上一年成本利润率时，必须注意两点：一是上一年生产而预测年度不再继续生产的产品，其有关数字应在计算时予以扣除；二是如果上一年曾经调整过产品销售价格或者税率，应将上一年的利润全部按变动后的价格或者税率加以调整。

上一年成本利润率确定以后，应计算预测年度可比产品的销售利润。计算公式如下：

$$\begin{matrix}预测年度生产的\\应销可比产品利润\end{matrix} = \begin{matrix}按上一年单位成本计算的\\预测年度可比产品总成本\end{matrix} \times \begin{matrix}预测年度生产的可比\\产品应销比例\end{matrix} \times \begin{matrix}上一年成本\\利润率\end{matrix}$$

公式中的应销比例是预测期产品销售量占生产量的百分比，是对预测期按上一年单位成本计算的总成本打一个折扣，相当于可以实现销售的产品的销售生产成本，再按上一年成本利润率计算可以实现的销售利润。

在这个公式中，由于成本和利润都保持在上一年水平，所以这一指标仅包括了销售数量变动对利润的影响。在其他因素不变的情况下，销售数量的变化同产品销售利润的变化是成正比的，销售越多,利润也越多。

【做中学 8-16】 乙企业生产 A、B 两种可比产品,上一年实际及预计的有关资料如下:

(1)上一年 1—9 月份实际产品销售利润　　　　　　　　　405 720 元
(2)上一年 10—12 月份预计产品销售利润　　　　　　　　124 200 元
(3)上一年 1—9 月份实际产品销售成本　　　　　　　　1 242 000 元
(4)上一年 10—12 月份预计产品销售成本　　　　　　　　414 000 元
(5)按上一年单位成本和计划产量计算的总成本　　　　　2 349 000 元
(6)计划年度可比产品应销比例　　　　　　　　　　　　　　95%

根据以上资料计算:

$$上一年成本利润率 = \frac{405\ 720 + 124\ 200}{124\ 200 + 414\ 000} \times 100\% = 32\%$$

预测年度生产的应销可比产品销售利润 = 2 349 000 × 95% × 32% = 714 096(元)

第二步,测算各因素变动对销售利润的影响。

预测年度影响销售利润变动的因素包括销售数量、品种、成本和销售价格。销售数量的变动对利润的影响在前面已经予以确定。其中:

(1)单位产品销售数量变动对利润的影响作为第 1 个影响因素

$$\begin{matrix}销售数量变动\\对利润的影响\end{matrix} = \left(\begin{matrix}按上一年单位成本计算的预测\\年度可比产品成本总额\end{matrix} \times \begin{matrix}应销\\比例\end{matrix} - \begin{matrix}上一年销售\\总成本\end{matrix}\right) \times \begin{matrix}上一年成本\\利润率\end{matrix}$$

$$= (2\ 349\ 000 \times 95\% - 1\ 656\ 000) \times 32\%$$
$$= 184\ 176(元)$$

(2)预测年度可比产品品种结构变动对利润的影响

企业生产和销售的产品在多品种的情况下,利润的变动会受到产品品种结构的影响。产品品种结构是指各种产品销售额(或销售成本)占全部产品销售总额或销售成本总额的比重。在各种产品的成本利润率都相等的情况下,品种结构的变化销售利润不会产生任何影响。品种结构之所以会对利润的增减产生影响,是因为各种产品的利润率不同,这样,利润率高的产品品种结构提高,会促使销售利润的增长;反之,利润率高的产品品种结构降低会导致销售利润的减少。这里,利润的增长和减少是品种结构变动通过企业的综合利润率来影响的。企业综合利润率的计算公式为:

$$企业综合利润率 = \Sigma(各种产品的个别利润率 \times 各种产品的品种结构比重)$$

换言之,产品品种结构的变动,会直接引致企业的综合利润率的变动;同时,综合利润率的高低变化,又引致了企业销售利润的增减变化。计算公式为:

$$\begin{matrix}因可比产品品种\\结构变动而增加\\或减少的利润\end{matrix} = \begin{matrix}按上一年单位成本计算\\的预测年度可比\\产品成本总额\end{matrix} \times \begin{matrix}预测年度生产的可比\\产品的应销比例\end{matrix} \times \left(\begin{matrix}预测年度的\\综合利润率\end{matrix} - \begin{matrix}上一年度的\\综合利润率\end{matrix}\right)$$

【做中学 8-17】 承做中学 8-16,乙企业 A、B 两种产品的利润率及品种结构的资料如表 8-6 所示。

表 8-6　　　　　　　　A、B 两种产品的利润率及品种结构

产品种类	上一年成本利润率	上一年综合成本利润率		预测年度综合成本利润率		差异
		品种结构	乘积	品种结构	乘积	
	(1)	(2)	(3)=(1)+(2)	(4)	(5)=(1)+(4)	(6)=(5)-(3)
A	32.5%	60%	19.5%	80%	26%	6.5%

续表

产品种类	上一年成本利润率	上一年综合成本利润率 品种结构	上一年综合成本利润率 乘积	预测年度综合成本利润率 品种结构	预测年度综合成本利润率 乘积	差异
B	31.25%	40%	12.5%	20%	6.25%	−6.25%
合计	—	100%	32%	100%	32.25%	0.25%

可比产品品种结构变动对销售利润的影响 = 2 349 000×95%×(32.25%−32%)
 = 5 578.88

(3) 预测年度可比产品成本变动对利润的影响

在价格不变的情况下，计划年度成本降低，就会促使利润增加；反之，利润减少。其计算公式为：

$$\begin{matrix}\text{可比产品成本降低}\\ \text{而增加的利润}\end{matrix} = \begin{matrix}\text{按上一年单位成本计算的预测}\\ \text{年度可比产品成本总额}\end{matrix} \times \begin{matrix}\text{预测年度生产的}\\ \text{可比产品的应销比例}\end{matrix} \times \begin{matrix}\text{预测年度}\\ \text{成本降低率}\end{matrix}$$

【做中学8-18】 承做中学8-16，乙企业预测年度的成本降低率为5%，则：

可比产品成本降低而增加的利润 = 2 349 000×95%×5% = 111 577.5(元)

(4) 预测可比产品销售价格变动对利润的影响

产品销售价格的变动会直接影响利润数额的增减，在其他因素不变的情况下，销售价格提高，利润就会增加；反之，就会减少。在确定销售价格变动对利润数额的影响时，应当具体考虑销售价格变动的时间。在价格变动前发出的产品，仍按原价计算，不受价格变动的影响。其计算公式如下：

$$\begin{matrix}\text{因可比产品价格}\\ \text{变动而增减的利润}\end{matrix} = \begin{matrix}\text{预测年度可比}\\ \text{产品的销售量}\end{matrix} \times \left(\begin{matrix}\text{计划年度}\\ \text{单位售价}\end{matrix} - \begin{matrix}\text{上一年单位}\\ \text{售价}\end{matrix}\right)$$

【做中学8-19】 承做中学8-16，乙企业预测年度A产品的销售量为2 000件，上一年单价为12元，计划单价为10元，则：

由于价格变动而增减的利润 = 2 000×(10−12) = −4 000(元)

【做中学8-20】 汇总以上计算结果，便可确定预测年度可比产品的销售利润数额，如表8-7所示。

表8-7　　　　　　　乙企业预测年度可比产品销售利润计算汇总表　　　　　　　单位：元

项目	计算依据	结果
①按上一年成本利润率计算的可比产品销售利润	2 349 000×95%×32%	714 096
②因预测年度产品品种结构变动而增减的利润	2 349 000×95%×(32.25%−32%)	5 578.88
③因预测年度成本降低而增加的利润	2 349 000×95%×5%	111 577.7
④预测年度由于价格变动而增减的利润	2 000×(10−12)	−4 000
⑤预测年度可比产品销售利润		827 252.38

(二) 投资净收益和营业外收支净额的预测

1. 投资净收益的预测

投资净收益的预测是对未来时期企业投资所实现的净收益进行的预测。进行投资净收益预测，一方面，必须对过去投资净收益的实现情况进行分析，找出投资净收益与投资总额之间的内在联系;另一方面,根据未来一段时期投资总额以及可能引起投资收益发生变化的因素,对投资净收益作出综合判断。

2. 营业外收支净额的预测

营业外收入和支出的项目一般由国家统一规定,非经财政部门批准,企业不得自行变更。因此,对营业外收支净额的预测,主要是指对其中可以事先预计的项目进行测算。一般可以采用按上期实际发生额作为预测数的方法确定。

任务五　股利分配政策

一、股利政策与企业价值

股利政策是指在法律允许的范围内,企业是否发放股利、发放多少以及何时发放股利的方针及对策。而股利分配作为财务管理的一部分,同样要考虑其对企业价值的影响。在股利分配政策对企业价值影响这一问题上,存在不同的理论观点,从而带来了不同的股利政策。

(一)股利分配理论

股利分配理论是指涉及企业相关利益者对股利分配客观规律的科学认识与总结,其核心问题是股利政策与企业价值关系问题。在市场经济条件下,股利分配要符合企业价值最大化的目标。针对股利分配,在理论上主要有以下两种常见观点:股利无关论和股利相关论。

1. 股利无关论

股利无关论认为,在一定的假设条件下,股利政策不会对企业价值或股票价格产生任何影响,投资者不关心企业股利的分配。企业价值高低是由企业所选择投资决策的获利能力和风险组合所决定的,与企业利润分配政策无关。

这一观点建立在以下假设基础上:①市场具有良好的效率;②不存在任何公司或个人所得税;③不存在任何筹资费用,包括发行费用和各种交易费用;④公司的投资决策与股利决策彼此独立,即投资决策不受股利分配的影响;⑤股东对股利收入与资本增值之间并无偏好。

这些假设描述的是一种完美无缺的市场,因而股利无关理论又被称为完全市场理论。

在股利无关理论中,一方面,投资者并不关心企业股利分配。若企业留存较多的利润用于再投资,会促使企业股票价格上升;此时尽管股利较低,但需要现金的投资者可以出售股票换取现金。若企业发放较多股利,投资者又可以用现金再买入一些股票以扩大投资。也就是说,投资者对股利和资本利得并无偏好。

另一方面,股利支付比率不影响企业价值。既然投资者不关心股利分配,企业价值就完全由其投资的获利能力所决定,企业盈余在股利与保留盈余之间分配并不影响企业价值(即使企业有好的投资机会而又支付了高额股利,也可以募集新股,新投资者会认可企业投资机会)。

2. 股利相关论

股利相关论认为,企业股利政策会影响股票价格和企业价值。主要观点包括以下几种:

(1)"一鸟在手"理论。在手之鸟:当期股利收益。在林之鸟:未来的资本利得。一鸟在手,强于二鸟在林——股东更偏好于现金股利而非资本利得,倾向于选择股利支付率高的股票。该理论认为,用留存收益再投资,给投资者带来的收益具有较大的不确定性,股东偏好现金股利优于资本利得。该理论还认为公司的股利政策与公司的股票价格是密切相关的,即当公司支付较高的股利时,公司的股票价格会随之上升,公司的价值将得到提高。

(2)信号传递理论。在信息不对称的情况下,公司可以通过股利政策向市场传递有关公司未来盈利能力的信息。股利政策所产生的信息效应会影响股票的价格。

鉴于股利与投资者对股利信号信息的理解不同,所做出的对企业价值的判断也不同。股利增长——可能传递的是未来业绩大幅增长的信号,也可能传递的是企业没有前景好的投资项目的信号。股利减少——可能传递企业未来出现衰退的信号,也可能传递企业有前景看好的投资项目的信号。

(3)税差理论。税差理论认为,如果不考虑股票交易成本,分配股利的比率较高,股东的股利收益纳税负担就会明显高于资本利得纳税负担,企业应采取低现金股利比率的分配政策。如果存在股票的交易成本,甚至当资本利得税与交易成本之和大于股利收益税时,偏好定期取得股利收益的股东自然会倾向于企业采用高现金股利支付率政策。

(4)代理理论。该理论认为,股利政策有助于缓解管理者与股东之间的代理冲突,即股利政策是协调股东与管理者之间代理关系的一种约束机制。该理论认为,股利的支付能够有效地降低代理成本。一方面,股利的支付减少了管理者对自由现金流量的支配权,这在一定程度上可以抑制公司管理者的过度投资或在职消费行为,从而保护外部投资者的利益;另一方面,较多的现金股利发放,减少了内部融资,导致公司进入资本市场寻求外部融资,从而公司将接受资本市场上更多、更严格的监督,这样便通过资本市场的监督减少了代理成本。因此,高水平的股利政策降低了企业的代理成本,但同时增加了外部融资成本,理想的股利政策应当使两种成本之和最小。

(5)客户效应理论。边际税率较高的投资者(如富有的投资者)偏好低股利支付率的股票,偏好少分现金股利、多留存。边际税率较低的投资者(如养老基金)喜欢高股利支付率的股票。较高的现金股利满足不了高边际税率阶层的需要,而较少的现金股利又会引起低边际税率阶层的不满。

(二)股利政策的影响因素

1. 法律限制

为了保护债权人和股东的利益,《公司法》等有关法规对企业股利分配常作如下限制:

(1)资本保全。规定企业不能用资本(包括股本和资本公积)发放股利。

(2)企业积累。规定企业必须按净利润一定比例提取法定盈余公积金。

(3)净利润。规定企业年度累积净利润必须为正数时才可发放股利,以前年度亏损必须足额弥补。

(4)超额累积利润。由于股东接受股利缴纳所得税高于其进行股票交易的资本利得税,于是许多国家规定企业不得超额累积利润,一旦企业保留盈余超过法律认可标准,将被加征额外税额。在中国,法律对企业累积利润尚未作出限制性规定。

2. 经济影响

股东从自身经济利益需要出发,对企业股利分配往往产生这样一些影响:

(1)稳定收入和避税。一些依靠股利维持生活的股东往往要求企业支付稳定的股利,若企业留存较多的利润,将受到这部分股东的反对。另外,一些高股利收入的股东又出于避税考虑(股利收入所得税高于股票交易资本利得税),往往反对企业发放较多股利。

(2)防止控制权稀释。企业支付较高股利,就会导致留存盈余减少,这又意味着将来发行新股的可能性加大,而发行新股必然稀释企业控制权,这是企业原有持有控制权股东所不愿看到的局面。因此,若拿不出更多资金购买新股以满足企业需要,大股东宁肯不分配股利而反对募集新股。

3. 财务限制

(1)盈余稳定性。企业是否能获得长期稳定的盈余,是股利分配决策的重要基础。盈余相对稳定的企业能够较好地把握股利分配决策,有可能支付比盈余不稳定的企业较高的股利;而盈余不稳定的企业一般采取低股利政策。对于盈余不稳定的企业来讲,低股利分配政策可以减少因盈余下降而带来的股利无法支付、股价急剧下降的风险,还可将更多盈余再投资,以提高企业权益资本比重,减少财务风险。

(2)资产流动性。企业较多地支付现金股利,会减少现金持有量,使资产流动性降低;而保持一定的资产流动性,是企业经营所必需的。

(3)举债能力。有较强的举债能力(与企业资产流动性相关)的企业能够及时地筹措到所需的现金,有可能采取较宽松的股利政策;而举债能力弱的企业则不得不多滞留盈余,因而往往采取较紧的股利政策。

(4)投资机会。具有良好投资机会的企业需要大量资金,因而往往少发放股利,将大部分盈余用于投资;缺乏良好投资机会的企业保留大量现金会造成资金闲置,于是倾向于支付较高的股利。正因为如此,处于成长中的企业多采取低股利政策,而处于经营收缩中的企业多采取高股利政策。

(5)资本成本。与发行新股相比,保留盈余不需花费筹资费用,是一种比较经济的筹资渠道。从资本成本考虑,如果企业有扩大资金的需要,也应当采取低股利政策。

(6)债务需要。具有较高债务偿还需要的企业既可以通过举借新债、发行新股筹集资金偿还债务,也可以直接用经营积累偿还债务。如果企业认为后者适当的话(比如,前者资本成本高或受其他限制难以进入资本市场),将会减少股利的支付。

4. 其他影响因素

(1)债务合同约束。企业债务合同,特别是长期债务合同,往往存在限制企业现金支付程度的条款,这使企业只得采取低股利政策。

(2)通货膨胀。在通货膨胀情况下,企业折旧基金*购买力水平下降,会导致没有足够的资金来源重置固定资产。这时,盈余被当作弥补折旧基金购买力水平下降的资金来源,因此,通货膨胀时期企业股利政策往往偏紧。

由于存在上述种种影响股利分配的限制,股利政策与股票价格、企业价值并不是无关的,企业价值与股票价格不仅仅由其投资的获利能力决定。

(三)股利政策

股利政策是企业在遵守国家有关法律、法规的前提下,根据企业自身具体情况制定的股利分配政策。在实务中,通常有以下几种股利政策可供企业选择。

1. 剩余股利政策

剩余股利政策是在企业有良好投资机会时,根据一定目标资本结构(最佳资本结构),测算出投资所需权益资本,先从盈余当中留用,然后将剩余盈余作为股利予以分配。

企业采用剩余股利政策时,应按照以下四个步骤进行:

(1)设定目标资本结构,即确定权益资本与债务资本比例,在此资本结构下,综合资本成本将达到最低水平。

(2)确定目标资本结构下投资所需的股东权益金额。

(3)最大限度地使用保留盈余来满足投资方案所需的权益资本金额。

(4)在投资方案所需权益资本已满足后,若有剩余盈余,再将其作为股利发放给股东。

【做中学8-21】 某公司2018年提取了公积金和法定公益金后的税后净利润为800万元,2022年的投资计划所需资金为700万元,公司的目标资金结构为权益资金占60%、债务资金占40%。按照目标资金结构的要求,公司投资方案所需的权益资金数额为:

700×60%=420(万元)

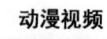

---

* 折旧基金是企业根据国家规定(一般按固定资产的预计使用分类平均计年折旧)计提的专用于固定资产更新的基金。

按照剩余股利政策的要求,该公司2021年向投资者分红(发放股利)数额为:
800－420＝380(万元)

剩余股利政策,意味着企业只将剩余盈余用于发放股利。这样做的根本理由是保持目标资本结构,使综合资本成本最低。

剩余股利政策优点:净利润优先保证再投资的需要,有助于降低再投资的资本成本,保持最佳资本结构,实现企业价值长期最大化。

剩余股利政策缺点:若完全遵照执行剩余股利政策,股利发放额就会每年随着投资机会和盈利水平变化而波动。在盈利水平不变的前提下,股利发放额与投资机会多少呈反方向变动;而在投资机会维持不变的情况下,股利发放额将与企业盈利呈同方向变动。剩余股利政策不利于投资者安排收入与支出,也不利于企业树立良好的形象,一般适用于企业初创阶段。

2. 固定或持续增长股利政策

固定或持续增长股利政策,是指企业将每年派发的股利数额固定在某一特定水平或是在此基础上维持某一固定比率逐年稳定增长。企业只有在确定未来不会发生逆转时才会宣布实施固定或持续增长股利政策。在这一政策下,应首先确定股利分配额,而且该分配额一般不随资金需求的波动而变化。

固定或持续增长股利政策主要目的是避免出现由于经营不善而削减股利的情况。

固定或持续增长股利政策优点:①稳定的股利政策向市场传递着企业正常发展的信息,有利于树立企业良好形象,增强投资者对企业的信心,稳定股票价格。②稳定的股利发放额有利于投资者安排股利收入和支出,特别是那些对股利有着很高依赖性的股东更是如此。而股利忽高忽低的股票,则不会受这些股东青睐,股票价格会因此而下降。③稳定的股利政策可能会不符合剩余股利理论,但考虑到股票市场会受到多种因素影响,其中包括股东心理状态和其他要求,因此为了使股利维持在稳定水平上,即使推迟某些投资方案或者暂时偏离目标资本结构,也可能比降低股利或降低股利增长率更为有利。

固定或持续增长股利政策缺点:股利支付与盈余相脱节。当盈余较低时仍要支付固定股利,这可能导致资金短缺,财务状况恶化;同时,不能像剩余股利政策那样保持较低的资本成本。

因此,采用固定或持续增长股利政策,要求企业对未来盈利和支付能力作出准确判断。一般来说,企业确定固定股利发放额不宜太高,以免陷入无力支付的被动局面。固定或持续增长股利政策通常适用于经营比较稳定或正处于成长期的企业,且很难被长期采用。

3. 固定股利支付率政策

固定股利支付率政策,是指企业每年按净利润的某一固定百分比作为股利分派给股东。这一百分比通常被称为股利支付率,股利支付率一经确定,一般不得随意变更。在这一股利政策下,只要企业税后利润一经计算确定,所派发股利也就相应确定。固定股利支付率越高,企业留存的净利润越少。

【做中学8－22】 企业自上市以来采用固定股利支付率政策进行股利分配且股利支付率为25%,企业于2021年实现税后净利润500万元。根据上述资料可得:

企业2021年支付股利＝500×25%＝125(万元)

若企业预测2022年有更多投资机会,对资金需求量大,则企业欲对2021年实现的税后净利润采用剩余股利政策。又设企业2022年投资预算为800万元,目标资本结构中权益资本占60%。

按照目标资本结构要求:

企业2022年投资所需权益资本额＝800×60%＝480(万元)

2022年发放股利＝500－480＝20(万元)

固定股利支付率优点：①采用固定股利支付率政策，股利与企业盈余紧密配合，体现了"多盈多分、少盈少分、无盈不分"的股利分配原则。②由于企业获利能力在年度间是经常变动的，因此，每年股利也应当随着企业收益变动而变动。采用固定股利支付率政策，企业每年按固定比例从税后利润中支付现金股利，从企业支付能力角度看，这是一种稳定的股利政策。

固定股利支付率缺点：①大多数企业每年收益很难保持稳定不变，导致年度间股利波动较大，由于股利信号传递作用，波动股利很容易给投资者带来企业经营状况不稳定、投资风险较大等不良印象，成为企业不利因素。②容易使企业面临较大的财务压力。这是因为企业实现盈利多，并不能代表企业有足够的现金流用来支付较多股利额。③适合的固定股利支付率确定难度比较大。由于企业每年可能面临的投资机会、筹资渠道都不同，而这些都可能影响企业股利分派，所以，一成不变地奉行固定股利支付率政策的企业在实务中并不多见。

固定股利支付率政策比较适用于那些处于稳定发展且财务状况也较稳定的企业。

4. 低正常股利加额外股利政策

低正常股利加额外股利政策，是指一般情况下企业每年只支付固定的、数额较低的股利；在盈余多的年份，再根据实际情况向股东发放额外股利。但是，额外股利并不固定，这就意味着企业不是永久地提高了股利支付率。可以用以下公式表示：

$$y = a + bx$$

式中：y 表示每股股利，a 表示低正常股利，b 表示股利支付率，x 表示每股收益。

低正常股利加额外股利政策优点：①这种股利政策赋予企业较大的灵活性，使企业在股利发放上留有余地，并具有较大的财务弹性。企业可根据每年的具体情况，选择不同的股利发放水平，以稳定和提高股价，进而实现企业价值最大化。②这种股利政策可以满足对固定股利有需求且每年至少可获得虽较低但比较稳定的股利收入的股东。

低正常股利加额外股利政策缺点：①企业各年盈利波动使得股利变化容易给投资者带来收益不稳定。②当企业较长时期内持续发放额外股利，则容易被股东误认为"正常股利"，一旦取消发放额外股利可能会传递出使股东认为企业财务状况恶化的信号，进而导致股价下跌。

相对来说，对那些盈利随着经济周期波动较大的企业或者企业在盈利与现金流量很不稳定时，低正常股利加额外股利政策是一种较好的选择。

（四）股利政策的选择

四种股利政策各有利弊，上市公司选取股利政策时，必须结合自身情况，选择最适合本公司当前和未来发展的股利政策。其中居主导地位的影响因素是，公司目前所处的发展阶段，因为对发展阶段的定位决定了公司未来的发展取向，并会间接地带动其他诸多因素相应地变化。

公司的发展阶段一般分为初创阶段、高速增长阶段、稳定增长阶段、成熟阶段和衰退阶段。由于每个阶段生产特点、资金需要、产品销售等不同，股利政策的选取类型也不同。

1. 初创阶段

在初创阶段，公司面临的经营风险和财力风险都很高，公司急需大量资金投入，融资能力差，即使获得了外部融资，资金成本一般也很高。因此，为降低财务风险，公司应贯彻先发展后分配的原则，剩余股利政策为最佳选择。

2. 高速增长阶段

在高速增长阶段，公司的产品销售急剧上升，投资机会快速增加，资金需求大而紧迫，不宜宣派股利。但此时公司的发展前景已相对较明朗，投资者有分配股利的要求。为了平衡这两方面的要求，应采取正常股利加额外股利政策，股利支付方式应采用股票股利的形式，避免现金支付。

3. 稳定增长阶段

在稳定增长阶段,公司产品的市场容量、销售收入稳定增长,对外投资需求减少,EPS值呈上升趋势,公司已具备持续支付较高股利的能力。此时,理想的股利政策应是稳定增长的股利政策。

4. 成熟阶段

在成熟阶段,产品市场趋于饱和,销售收入不再增长,利润水平稳定。此时,公司通常已积累了一定的盈余和资金。为了与公司的发展阶段相适应,公司可考虑由稳定增长的股利政策转为固定股利支付率政策。

5. 衰退阶段

在衰退阶段,产品销售收入减少,利润下降,公司为了不被解散或被其他公司兼并重组,需要投入新的行业和领域,以求新生。因此,公司已不具备较强的股利支付能力,应采用剩余股利政策。

总之,上市公司制定股利政策应综合考虑各种影响因素,分析其优缺点,并根据公司的成长周期,恰当地选取适宜的股利政策,使股利政策能够与公司的发展相适应。

二、股利支付的程序

股份有限公司向股东支付股利主要经历股利宣告日、股权登记日、除息日和股利支付日。

(一)股利宣告日

股利宣告日,即公司董事会将股利支付情况予以公告的日期。公告中将宣布每股支付的股利、股权登记期限、除去股息的日期和股利支付日期。

(二)股权登记日

股权登记日,即有权领取股利的股东有资格登记的截止日期,也称为除权日。只有在股权登记日前在公司股东名册上有名字的股东,才有权分享股利。

(三)除息日

除息日,也称除权日,是指股利所有权与股票本身分离的日期,即将股票中含有的股利分配权予以解除,即在除息日当日及以后买入的股票不再享有本次股利分配的权利。我国上市公司的除息日通常是在登记日的下一个交易日。

(四)股利支付日

股利支付日,即向股东发放股利的日期。

【做中学8-23】 2022年3月10日,某上市企业公告2021年度最后股利分配方案,其公告如下:"2022年3月9日在企业总部上海召开股东大会,通过了董事会关于每股分派0.24元的2021年股利分配方案。股权登记日为3月25日,除息日为3月26日,股东可在4月10日至25日之间通过上海交易所按照交易方式领取股息。特此公告。"

该上市企业2022年股利支付程序如图8-3所示。

图8-3 股利支付程序

三、股利支付的形式

(一)现金股利

现金股利,是以现金支付的股利,它是股利支付的最常见的方式。以现金支付股利,可以满足投资者希望有一定数额的现金到手这种实在的投资收益需求。但是,以现金支付股利,必然使公司对现金需求量大幅增加,使得公司保留现金购买固定资产和再投资的发展要求受到一定的限制。

(二)财产股利

财产股利,是以现金以外的其他资产支付的股利,主要是以公司所拥有的其他公司的有价证券,如公司债券、公司股票等,作为股利发放给股东。

(三)负债股利

负债股利,是以负债方式支付的股利,通常以公司的应付票据支付给股东,有时也以发行公司债券的方式支付股利。

财产股利和负债股利实际上都是现金股利的替代方式,但目前这两种股利形式在我国公司实务中极少使用。

(四)股票股利

股票股利是指企业以增发股票方式所支付的股利,在中国企业实务中通常也称其为"红股"。股票股利对于企业来说,并没有现金流出企业,也不会导致企业财产减少,而只是将企业留存收益转化为股本和资本公积。但股票股利会增加流通在外的股票数量,同时降低股票每股价值。股票股利虽然不改变企业股东权益总额,但会改变股东权益构成。

【做中学8-24】某企业采用发放股票股利进行股利支付,如表8-8所示。

表8-8 企业发放股票股利前股东权益情况 单位:元

项目	金额
普通股股本(面值1元,已发行200 000股)	200 000
盈余公积(包含公益金)	400 000
资本公积	400 000
未分配利润	2 000 000
股东权益合计	3 000 000

若该企业宣告发放10%的股票股利,即20 000股(200 000×10%)普通股股票,现有股东每持10股可得到1股新股票。如该股票当时市价20元,发放股票股利以市价计算,则发放股票股利会对股东权益产生什么影响?

根据上述资料可得:

未分配利润划出金额=20×200 000×10%=400 000(元)

普通股股本增加=1×200 000×10%=20 000(元)

资本公积增加=400 000-20 000=380 000(元)

发放股票股利后,企业股东权益各项目如表8-9所示。

表8-9 企业发放股票股利后股东权益情况 单位:元

项目	金额
普通股股本(面值1元,已发行220 000股)	220 000
盈余公积(包含公益金)	400 000
资本公积	780 000
未分配利润	1 600 000
股东权益合计	3 000 000

由此可见，发放股票股利，不会对企业股东权益总额产生影响，但会使股东权益结构发生变化。

四、股票分割与股票回购

(一)股票分割

股票分割，又称拆股，即将一股股票拆分成多股股票的行为。股票分割一般只会增加发行在外的股票总数，不会对企业资本结构产生任何影响。股票分割与股票股利非常相似，都是在不增加股东权益情况下增加了股票数量；所不同的是，股票股利虽不会引起股东权益总额的改变，但股东权益内部结构会发生变化，而股票分割之后，股东权益总额及其内部结构都不会发生变化，变化的只是股票面值。

【做中学 8-25】 企业现有股本 1 000 万股(每股面值 10 元)，资本公积 20 000 万元，留存收益 70 000 万元，股票市价为每股 30 元。现按照 100%发放股票股利与按照 1:2 进行股票分割两种方式进行股利分配政策(见表 8-10)。

表 8-10　　　　　　　　　　股票分割对股东权益影响情况　　　　　　　　　　单位：万元

现有普通股股东权益	
股本(1 000 万股,面值为 10 元)	10 000
资本公积	20 000
留存收益	70 000
股东权益合计	100 000
按照 100%发放股票股利	
股本(2 000 万股,面值为 10 元)	20 000
资本公积	40 000
留存收益	40 000
股东权益合计	100 000
按照 1:2 进行股票分割	
股本(2 000 万股,面值为 5 元)	10 000
资本公积	20 000
留存收益	70 000
股东权益合计	100 000

从本例来看，由于股票分割与股票股利非常接近，所以一般要根据证券管理部门具体规定对二者加以区别。例如，有些国家证券交易机构规定，发放 25%以上的股票股利即属于股票分割。

与股票分割相反，如果企业认为其股票价格过低，不利于其在市场上的声誉和未来再筹资时，为提高股票价格，企业会采取反分割措施。反分割又称股票合并或逆向分割，是指企业将多股股票合并为一股股票的行为。反分割显然会降低股票的流通性，提高企业股票投资门槛，它向市场传递的信息通常是不利的。

(二)股票回购

1. 股票回购概念及方式

股票回购，是指上市企业出资将其发行在外的普通股以一定的价格购买回来予以注销或作为库存股的一种资本运作方式。企业不得随意收购自身股份，只有在满足相关法律规定的情况下才允许股票回购。《公司法》规定，企业只有在以下四种情形下才能回购自身股份：①减少企业注册资本；②与持有本企业股份的其他企业合并；③将股份奖励给本企业职工；④股东因对股东大会做出企业合并、分立的决议持异议态度，要求企业收购其股份。

企业因上述①情况收购本企业股份的，应当自收购之日起10日内注销；属于②④情况的，应当在6个月内转让或者注销。企业因奖励职工回购股份的，回购的股票不得超过本企业已发行股份总额的5%。企业用于回购的资金应当从企业税后利润中支出，所收购股份应当在1年内转让给职工。

股票回购主要包括公开市场回购、要约回购和协议回购三种方式。其中，公开市场回购，是指企业在公开交易市场上以当前市价回购股票；要约回购是指企业在特定期间向股东发出的以高于股票当前市价的某一价格回购既定数量股票的要约；协议回购则是指企业以协议价格直接向一个或几个主要股东回购股票。

【做中学8-26】 企业每股收益、每股市价等资料如表8-11所示。

表8-11　　　　　　　　　　　　企业普通股资料表

税后利润(元)	4 000 000
流通在外股数(股)	1 000 000
每股收益(4 000 000÷1 000 000)	4
每股市价(元)	40
市盈率*(40÷4)	10

若企业准备从盈余中提出1 000 000元发放现金股利，每股可得股利1元，那么每股市价将为41元(原市价40元+预期股利1元)。

若企业将提出的1 000 000元以每股41元价格回购股票，可购得24 390股(1 000 000÷41)，那么每股收益将为：

$$EPS = 4\,000\,000 \div (1\,000\,000 - 24\,390) = 4.1(元)$$

如果市盈率仍为10，股票回购后每股市价将为41元(4.1×10)，这与支付现金股利后每股市价相同。

2. 股票回购动机

(1)替代现金股利。现金股利政策会对企业未来派现产生压力，而股票回购不会。当企业有富余资金时，通过回购股东所持有的股票从而将现金分配给股东，这样，股东就可以根据自己的需要选择继续持有股票或出售股票获得现金。

(2)改变企业资本结构。无论是现金回购还是举债回购股份，都会提高企业的财务杠杆水平，改变企业资本结构。企业通常认为权益资本在资本结构中所占比例较大时，为了调整资本结构而进行股票回购，可以在一定程度上降低整体的资本成本。

(3)传递信息。由于信息不对称和预期差异，金融市场上企业股票价格可能被低估，而股价过低将会对企业产生负面影响。一般情况下，投资者会认为股票回购意味着企业认为其股票价值被低估而采取的应对措施。

(4)基于控制权的考虑。控股股东为了保证其控制权，往往采取直接或间接方式回购股票，从而巩固既有控制权。另外，股票回购使流通在外的股份数变少，股价上升，从而可以有效地防止被

---

* 市盈率=每股市价÷每股收益。

恶意收购。

3. 股票回购影响

(1)股票回购需要支付大量资金,容易造成企业资金紧张,降低资产的流动性,影响企业后续发展。

(2)股票回购无异于股东退股和企业资本减少,也可能会使企业发起人股东更注重利润的实现,从而不仅在一定程度上削弱了对债权人利益的保护,而且忽视了企业长远发展,损害了根本利益。

(3)股票回购容易导致企业操纵股价。企业回购自身股票容易导致其利用内幕消息进行炒作,加剧企业行为的非规范化,损害投资者的利益。

关键术语

收入　　标准成本管理　　成本差异　　因素分析法　　量本利分析法　　剩余股利政策　　固定或稳定增长的股利政策　　固定股利支付率政策　　低正常股利加额外股利政策　　股票分割　　股票回购

应知考核

一、单项选择题

1. 下列各项中,正确反映公司净利润分配顺序的是(　　)。
A. 提取法定公积金、提取任意公积金、弥补以前年度亏损、向投资者分配股利
B. 弥补以前年度亏损、提取法定公积金、提取任意公积金、向投资者分配股利
C. 向投资者分配股利、弥补以前年度亏损、提取法定公积金、提取任意公积金
D. 弥补以前年度亏损、向投资者分配股利、提取法定公积金、提取任意公积金

2. 下列股利政策中,有利于保持企业最优目标资本结构的是(　　)。
A. 固定或持续增长的股利政策　　　B. 固定股利支付率政策
C. 低正常股利加额外股利政策　　　D. 剩余股利政策

3. 确定股东是否有权领取本期股利的截止日期是(　　)。
A. 除息日　　　B. 股权登记日　　　C. 股利宣告日　　　D. 股利发放日

4. 公司采用固定或持续增长股利政策发放股利的好处主要表现为(　　)。
A. 实现资本保全　　B. 提高支付能力　　C. 维持股价稳定　　D. 降低资本成本

5. 公司当年税前利润最多可以先用来弥补前(　　)年的亏损,之后再按所得税税率缴纳所得税。
A. 1　　　　　　B. 3　　　　　　C. 5　　　　　　D. 10

二、多项选择题

1. 股利支付的方式包括(　　)。
A. 现金股利　　B. 财产股利　　C. 负债股利　　D. 股票股利

2. 剩余股利政策的优点有(　　)。
A. 留存收益优先保证再投资的需要,从而有助于降低再投资的资金成本
B. 保持最佳的资本结构,实现企业价值的长期最大化

C. 有利于吸引那些打算作长期投资的股东
D. 股利与公司盈余紧密结合

3. 公司股利的发放必须遵循相关的要求,按照日程安排来进行,股东应关注以下时间( )。
A. 预案公布日　　　B. 股利宣布日　　　C. 股权登记日　　　D. 除息日

4. 下列关于发放股票股利的说法不正确的有( )。
A. 直接增加股东的财富
B. 对公司股东权益总额产生影响
C. 改变每位股东所持股票的市场价值总额
D. 改变股东权益内部项目的比例关系

5. 股票分割之后,( )。
A. 公司价值不变
B. 股东权益内部结构发生变化
C. 股东权益总额不变
D. 每股面额降低

三、判断题

1. 股票回购一定会损害股东的利益。　　　　　　　　　　　　　　　　( )
2. 可以用资本发放股利,但不能在没有累计盈余的情况下提取公积金。( )
3. 法定盈余公积金达到注册资本的50%时,可不再提取。　　　　　　( )
4. 收益分配中提取盈余公积金和未分配利润都形成了公司的留存收益。( )
5. 企业在进行收益分配时将股东的回报放在第一位考虑。　　　　　　( )

四、简述题

1. 简述收益与分配管理的意义。
2. 简述收益与分配的原则和要求。
3. 简述标准成本的确定。
4. 简述流程价值分析。
5. 简述影响股利分配的因素、股票回购的影响。

五、计算题

1. 某公司2021年实现的税后净利为1 000万元,法定盈余公积金、任意盈余公积金的提取比例为15%。如果2022年的投资计划所需资金为800万元,公司的目标资金结构为自有资金占70%。

要求:
(1)如果公司采用剩余股利政策,则2021年末可发放多少股利?
(2)如果公司发行在外的股数为1 000万股,计算每股利润及每股股利。
(3)如果2022年公司决定将股利政策改为逐年稳定增长的股利政策,设股利的逐年增长率为2%,投资者要求的必要报酬率为12%,计算该股票的价值。

2. 东方公司2021年税后净利为2 000万元,2022年的投资计划需要资金900万元,公司的目标资本结构为自有资金占80%、借入资金占20%。该公司采用剩余股利政策。

要求:(1)计算公司投资所需自有资金的数额;
(2)计算公司投资需从外部筹集的资金数额;
(3)计算公司2022年度可向投资者分配的利润。

应会考核

■ 观念应用

【背景资料】

晨辉股份有限公司2021年有关资料如下：

(1)公司该年年初未分配利润贷方余额为181.92万元,该年息税前利润为800万元,适用的所得税税率为25%。

(2)公司股东大会决定本年度按10%的比例计提法定公积金,按10%的比例计提任意盈余公积金,该年按可供投资者分配利润的40%向普通股股东发放现金股利。

【考核要求】

(1)该公司该年度的净利润。

(2)该公司该年应计提盈余公积。

(3)该公司该年末可供投资者分配的利润。

(4)该公司每股支付的现金股利。

■ 技能应用

华夏公司经营的前8年中实现的税前利润(发生亏损以"一"号表示)如表8—12所示。

表8—12　　　　　　　　　　　　华夏公司税前利润　　　　　　　　　　　　　单位:万元

年份	1	2	3	4	5	6	7	8
利润	−100	−40	30	10	10	10	60	40

假设除弥补亏损以外无其他纳税调整事项,该公司的所得税税率一直为25%,华夏公司按规定享受连续5年税前利润弥补亏损的政策,税后利润(弥补亏损后)按10%计提法定盈余公积金,公司不提取任意盈余公积金。

【技能要求】

该公司第7年是否需要缴纳企业所得税?是否有利润用于提取法定盈余公积金?

■ 案例分析

【情景与背景】

股利分配的应用

2021年度股东大会于2022年3月9日在重庆某股份有限公司五楼会议室召开,本次会议采用现场投票表决方式,审议并通过了公司2021年度利润分配方案:以2021年末股本总数453 781 000股为基数,按每10股派0.7元(含税)的比例向全体股东派发现金股利,共计派发现金股利3 177.097万元,并按每10股送4.5股(含税)的比例向全体股东送股,共送股20 424.195万股,本年净利润结余8 398.25万元作为未分配利润,转以后年度分配。同时,以2021年末股本总数453 871 000股为基数,按每10股转增5.5股比例向全体股东进行资本公积金转增股本,共计转增24 962.905万股。

公司2021年度股利分配方案的股权登记日为2022年4月23日,除权日为2022年4月24日,股利发放日为2022年4月24日下午3:00。甲股东在2022年4月23日下午3:00时是公司的在册股东,持有该公司股份1 000股,乙投资者于2022年4月24日上午10:00购入1 000股该公司股份。二者均持有该股票至2022年年底。

假设2022年6月30日前我国红利所得税实际税率为10%,用税后利润送红股要按面值缴纳所得税,用资本公积金转增股本不需要缴纳红利所得税。该公司股本每股面值为1元。

【分析要求】

1. 甲、乙投资者能否参加公司的2021年年度股利分配？为什么？

2. 如果能够参与该公司的2021年度股利分配，那么投资者在2022年4月25日账户上拥有多少股该公司股份？

3. 如果能够参与公司的2021年度股利分配，那么投资者实际能分到手的现金是多少？

项目实训

【实训项目】

收益与分配管理。

【实训情境】

W股份有限公司是一家从事药品制造的上市公司。上市5年来，公司一直保持着较好的发展势头和较高的盈利水平，每年的净利润基本上以10%的速度持续增长。公司总股本为8 000万股。近5年来，公司每年均分配现金股利，没有分配股票股利，也没有实施资本公积金转增股本的方案。2020年，公司实现净利润5 800万元，分配现金股利2 610万元。2021年，公司实现税后利润8 400万元，尚未分配。2021年年末，公司的资本结构为权益资本占55%、债务资本占45%。公司2022年准备扩大生产能力，需要增加资本总额10 000万元。2022年年初，公司董事会讨论了2021年度的股利分配方案。财务部门设计了以下几种利润分配方案：①采用稳定增长的股利政策，每年分配的现金股利按照10%的速度稳定增长。②采用固定股利支付率政策，保持上年的股利支付率。③如果公司管理层认为，目前公司的资本结构是较为理想的资本结构，公司将继续采用剩余股利政策。2022年，公司投资所需债务资本通过长期借款来满足，所需权益资本通过2021年的留存收益来满足，多余的利润分配现金股利。④采用低正常股利加额外股利政策，公司确定的低正常股利为每股0.3元；由于2021年的盈利状况较为理想，考虑再额外增加每股0.2元的股利。

W股份有限公司2022年2月28日公布了2021年度报告，并提出了2021年度的利润分配预案：以2021年年末的总股本为基数，向全体股东每10股派发现金股利0.5元；同时提出了按10∶3的比例以资本公积金转增股本的方案。2022年3月26日，公司召开股东大会，审议通过了公司2021年度利润分配及资本公积金转增股本方案。公司董事会于2022年4月13日发布分红派息公告称："以2021年年末总股份205 085 492股为基数，每10股转增3股派0.5元(含税)。股权登记日为2022年4月18日，除权除息日为2022年4月19日，新增可流通股份上市日为2022年4月20日，现金股利发放日为2022年4月26日。"

【实训任务】

1. 针对财务部门设计的各种利润分配方案，分别计算该公司2021年度应分配的现金股利。

2. 写出W股份有限公司股利发放的具体日程安排。

3. 如果某一股东在2022年4月20日购入该公司1 000股流通股，那么该股东是否可以享受此次股利分配？

《收益与分配管理》实训报告		
项目实训班级：	项目小组：	项目组成员：
实训时间：　年　月　日	实训地点：	实训成绩：
实训目的：		
实训步骤：		
实训结果：		
实训感言：		

项目九

财务预算控制管理

○ **知识目标**

理解:财务预算的概念;预算工作组织;财务预算的作用;财务控制的概念、特征和基本原则。

熟知:预算的分类与体系、财务预算方法、财务控制的分类和主要内容。

掌握:财务预算的内容及编制方法;财务控制的方法、内部控制业绩评价。

○ **技能目标**

能够结合企业财务预算的实际情况,有针对性地根据企业财务管理需要和不同预算的特点,正确选择预算的编制方法。

○ **素质目标**

运用所学的财务预算管理知识,以企业的财务预算为主线,全方位地综合计划和分析企业的经济活动,提高企业财务风险控制的意识。培养和提高学生在特定业务情境中分析问题与决策设计的能力;结合行业规范或标准,强化学生的职业道德素质。

○ **思政目标**

能够正确地理解"不忘初心"的核心要义和精神实质;树立正确的世界观、人生观和价值观,做到学思用贯通、知信行统一;通过财务预算管理知识,培养自己的职业预算能力和控制力、职业道德素养,加强内部控制,提高业务能力,激发自己的职业成就和职业素养。

○ **项目引例**

亚星集团的财务预算

亚星集团公司拥有两个控股子公司、三个全资子公司和十几个分支机构。近年来,亚星集团逐步建立和完善了一套切合该公司实际以财务管理为中心的企业经济运行新机制,把公司财务预算控制制度作为贯彻落实以财务管理为中心的基本制度。

亚星集团财务预算的编制按时间分为年度预算编制和月度预算编制。公司预算编制的6个要点为:①预算编制原则:先急后缓、统筹兼顾、量入为出。②预算编制程序:自上而下、自下而上、上下结合。③预算编制基础:集团年度预测目标。④预算编制重点:销售预算。⑤预算前提:企业方针、目标、利润。⑥预算指标的确定:年度预算由股东大会审议批准,月度预算由董事会审议批准。

全面预算编制紧紧围绕资金收支两条线,涉及公司生产经营活动的方方面面,将产供销、人财物全部纳入预算范围,每个环节有序进行。具体细化到:①销售收入、税金、利润及利润分配预算;②产品产量、生产成本、销售费用、财务费用预算;③材料、物资、设备采购预算;④工资及奖金支出预算;⑤大、中、小修预算;⑥固定资产基建、技改、折旧预算;⑦各项基金提取及使用预算;⑧对外投资预算;⑨银行借款及还款预算;⑩货币资金收支预算等。预算编制过程中,每一收支项目的数字指标要依据充分确实的材料,并总结出规律,进行严密的计算,不能随意编造。全面预算确定后,层层分解到各分公司、车间、部门、处室,各部门再落实到每个员工,从而使每个员工都紧紧围绕预算目标各负其责、各司其职。

财务预算实现了财务部门对整个生产经营活动的动态监控,规范了公司生产经营活动的行为,基本上在物资和货币资金及经营等方面实现了企业资金流、信息流、实物流的同步控制,为企业进入市场、以市场为导向打下了基础。

思考与讨论:企业如何做好预算管理?

○ 知识精讲

任务一　财务预算概述

一、财务预算概念

财务预算是一系列专门反映企业未来一定预算期内预计的财务状况和经营成果,以及现金收支等价值指标的各种预算总称,具体包括现金预算表、预计利润表、预计资产负债表和预计现金流量表等内容。

二、预算分类与体系

(一)预算分类

1. 根据预算内容不同,企业预算可分为业务预算、专门决策预算和财务预算

(1)业务预算是指与企业日常经营活动直接相关的经营业务的各种预算。它主要包括销售预算、生产预算、材料采购预算、直接材料消耗预算、直接人工预算、制造费用预算、产品生产成本预算、经营费用和管理费用预算等。

(2)专门决策预算是指企业不经常发生的、一次性的重要决策预算。专门决策预算直接反映相关决策的结果,是实际中选方案的进一步规划。如资本支出预算,其编制依据可以追溯到决策之前搜集到的有关资料,只不过预算比决策估算更细致、更准确一些。例如,企业对一切固定资产的购置都必须在事先做好可行性分析的基础上来编制预算,具体反映投资额需要多少,何时进行投资,资金从何筹集,投资期限多长,何时可以投产,未来每年的现金流量多少。

(3)财务预算是指企业在计划期内反映有关预计现金收支、财务状况和经营成果的预算。财务预算作为全面预算体系的最后环节,它是从价值方面总括地反映企业业务预算与专门决策预算的结果,也就是说,业务预算和专门决策预算中的资料都可以用货币金额反映在财务预算内;那么,财务预算就成了各项业务预算和专门决策预算的整体计划,故也称财务预算为总预算,其他预算则相应称为辅助预算或分预算。显然,财务预算在全面预算中占有举足轻重的地位。

2. 根据预算指标覆盖时间长短,企业预算可分为长期预算和短期预算

通常将预算期在1年以内(含1年)的预算称为短期预算,预算期在1年以上的预算称为长期预算。预算的编制时间可视预算内容和实际需要而定,可以是1周、1月、1季、1年或若干年等。

在预算编制的过程中,企业往往应结合各项预算的特点,将长期预算和短期预算结合使用。一般情况下,企业业务预算和财务预算多以1年为期进行短期预算,年内再按季或月进行细分,而且预算期间往往与会计期间保持一致。

(二)预算体系

各种预算是一个有机联系的整体。一般将业务预算、专门决策预算和财务预算组成的预算体系,称为全面预算体系,如图9—1所示。

```
                    ┌─ 业务预算 ─┐
         ┌─ 全面  ─┤           ├─ 分预算、辅助预算
         │  预算   │  专门决策预算 ┘
         │  体系   │              ┌─ 现金预算
         │        └─ 财务预算(总预算)┤           ┌─ 预计利润表
         │                        └─ 预计财务报表 ┤
         │                                      └─ 预计资产负债表
```

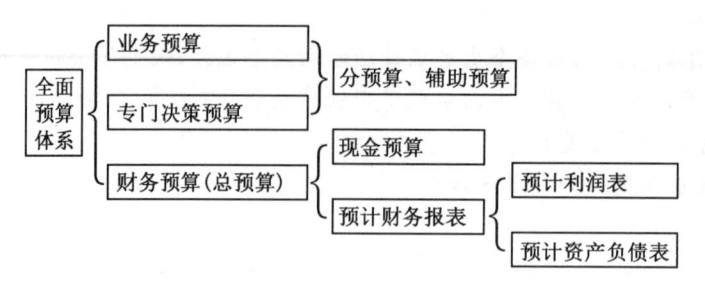

图 9-1 全面预算体系

三、预算工作组织

预算工作组织包括决策层、管理层、执行层和考核层,具体如下:

(一)企业董事会或类似机构

企业董事会或类似机构应当对企业预算管理工作负总责。企业董事会或者经理办公会可以根据情况设立预算委员会或指定财务管理部门负责预算管理事宜,并对企业法人代表负责。

(二)预算委员会或财务管理部门

预算委员会或财务管理部门主要拟定预算目标、政策,制定预算管理具体措施和办法,审议、平衡预算方案,组织下达预算,协调解决预算编制和执行中的问题,组织审计、考核预算执行情况,督促企业完成预算目标。

(三)企业财务管理部门

企业财务管理部门具体负责企业预算跟踪管理,监督预算执行情况,分析预算与实际执行的差异及原因,提出改进管理意见与建议。

(四)企业各个职能部门

企业内部生产、投资、物资、人力资源、市场营销等职能部门具体负责本部门业务,涉及预算编制、执行、分析等工作,并配合预算委员会或财务管理部门做好企业总预算综合平衡、协调、分析、控制与考核等工作。其主要负责人参与企业预算委员会工作,并对本部门预算执行结果承担责任。

(五)企业所属基层单位

企业所属基层单位是企业预算基本单位,在企业财务管理部门指导下,负责本单位现金流量、经营成果和各项成本费用的预算编制、控制、分析工作,接受企业检查、考核。其主要负责人对本单位财务预算执行结果承担责任。

四、财务预算的作用

(一)财务预算有利于明确具体的工作目标

在现代企业管理中,财务预算以货币为尺度,规划了企业一定时期的总体财务目标以及各级、各部门的具体财务目标,便于各部门从价值上了解本单位的经济活动与整个企业经营目标之间的关系,有利于明确各自的职责及工作目标,从各自角度去实现企业总的财务目标。

(二)财务预算有利于协调单位内部各部门关系

财务预算可以把企业一定时期的供、产、销及其他经济活动等纳入统一规划。企业内部各部门的业务预算是相互协调、相互联系的统一整体,从而使企业内部各相关部门在组织生产经营活动时,需要协调与其相关部门的关系,以保证企业总体目标的实现。

(三)财务预算有利于控制日常活动

编制预算是预算管理的起点,也是控制日常经济活动的依据。在预算执行过程中,各部门通过对实际发生的经济业务的计算、计量,并与预算指标相对比,及时发现实际脱离预算的差异并分析其原因,以便采取必要措施,消除薄弱环节,保证预算目标的顺利实现。

(四)财务预算可以作为业绩考核的标准

企业财务预算的各项指标,可以作为考核各部门工作业绩的基本尺度。在年终评定各部门工作业绩时,可以围绕财务预算相关指标的完成情况进行考核,并分析偏离预算的程度和原因,划清责任,奖罚分明,发挥财务预算的考核功能,促使各部门为实现预算规定的目标努力工作。

任务二 财务预算方法

一、按编制预算时业务量是否固定,财务预算方法可分为固定预算方法和弹性预算方法

(一)固定预算方法

固定预算方法又称静态预算法,是指在编制预算时,只根据预算期内正常的、可实现的某一固定业务量(如生产量、销售量)水平作为唯一基础来编制预算的一种方法。

固定预算方法的基本特征:只按照预算期内计划业务量编制预算指标,将实际结果与按预算期内计划业务水平确定的预算数进行比较分析,并据以进行业绩评价。这种方法简便易行,较为直观,但可比性差,不利于正确地控制、考核和评价预算的执行情况。固定预算方法一般适用于实际业务水平和预算业务水平差异不大的企业。

(二)弹性预算方法

弹性预算方法简称弹性预算,又称变动预算或滑动预算,是为克服固定预算方法缺点而设计的,以业务量、成本和利润之间的依存关系为依据,以预算期内可预见的各种业务量水平为基础,编制能够适应多种情况的预算的一种方法。

弹性预算的基本特征:针对不同时期内在某一相关范围内的多种业务活动水平确定不同的预算指标,预算期末将实际执行指标与实际业务量对应的预算指标进行对比,使预算执行情况的评价和考核建立在更加客观可比的基础上,从而更好地发挥预算控制作用。弹性预算适用于业务量水平经常变动的企业。

一般来讲,编制弹性预算所依据的业务量可以是产量、销售量、直接人工工时、机器工时、材料消耗量或直接人工工资等。实务中,该方法主要用于编制弹性成本预算和弹性利润预算。

用弹性预算方法来编制成本预算时,其关键在于根据成本与业务量之间的依存关系,将所有成本分为变动成本和固定成本。变动成本主要根据单位业务量来控制,固定成本按总额控制。成本的弹性预算公式如下:

$$弹性成本预算 = 固定成本预算数 + \sum(单位变动成本预算数 \times 预计业务量)$$

编制弹性成本预算,首先,应选择适当的业务量并确定业务量的变动范围。根据企业的具体情况,业务量可以是产品实物量、人工工时、机器工时、直接人工等。业务量的变动区间可定在正常生产能力的70%~120%,或以历史上最高业务量或最低业务量为其上下限。其次,在成本性态分析的基础上,将成本项目近似地表示为 $y=a+bx$(当 $a=0$ 时,$y=bx$ 为变动成本;当 $b=0$ 时,$y=a$ 为固定成本;当 a 和 b 均不为零时,$y=a+bx$ 为混合成本;x 为业务量指标)。最后,预测预算期内业务量水平并利用多栏式表格分别编制不同业务量的预算。

【做中学9-1】 A公司生产丙产品,预计售价为1 000元,预计单位变动成本为500元,预计固定制造费用总额为100 000元。预计销售量适用范围为800～1 100台。

根据上述资料以100台为销售量的间隔编制产品的弹性成本及利润预算,如表9-1所示。

表9-1　　　　　　　　　　　A公司弹性成本及利润预算

（生产量的变动范围:800～1 100台）　　　　　　　金额单位:元

销售量(台)	800	900	1 000	1 100
单价	1 000	1 000	1 000	1 000
单位变动成本	500	500	500	500
销售收入	800 000	900 000	1 000 000	1 100 000
减:变动成本	400 000	450 000	500 000	550 000
边际贡献	400 000	450 000	500 000	550 000
减:固定成本	100 000	100 000	100 000	100 000
营业利润	300 000	350 000	400 000	450 000

二、按编制成本费用预算出发点的特征不同,财务预算方法可分为增量预算方法和零基预算方法

(一)增量预算方法

增量预算方法简称增量预算,又称调整预算方法,是指以基期成本费用水平为基础,结合预算期业务水平及有关影响成本的因素的未来变动情况,通过调整有关原有费用项目而编制预算的一种方法。

增量预算方法的基本特征:增量预算假定现有的业务活动是企业所必需的,原有各项开支是合理的,未来预算期的费用变动是在现在费用的基础上调整的结果。采用这种方法,预算数容易受到原有费用的限制,不利于企业未来发展。

(二)零基预算方法

零基预算方法是指在编制预算时,以零为基础,从根本上考虑各开支项目的必要性、合理性,从而确定预算金额的一种预算方法。

零基预算方法由于冲破了传统预算框架的限制,以零为起点,观察分析一切费用开支项目,确定预算金额,能合理、有效地进行资源分析,有助于企业内部的沟通、协调,激励各基层单位参与预算编制的积极性和主动性。但由于一切开支均以零为起点进行分析研究,预算工作量大,费用较高,重点不突出,编制时间较长。同时,由于评级和资源分析具有不同程度的主观性,易引起部门间的矛盾。这种方法适用于服务性部门费用预算的编制。针对零基预算的缺陷与不足,合理的解决办法是,每3～5年编制一次零基预算,以后几年内再作适当调整,以减少浪费和避免低效。

三、按照预算期时间特征不同,财务预算方法可以分为定期预算和滚动预算

(一)定期预算方法

定期预算方法简称定期预算,是指在编制预算时以不变的会计期间作为预算期的一种编制预算的方法。定期预算编制工作量不大,但预算的及时性、连续性、完整性会受到影响。

(二)滚动预算方法

滚动预算方法简称滚动预算,又称连续预算或永续预算,是指在编制预算时,将预算期与会计年度脱离,随着预算的执行不断延伸补充预算,逐期向后滚动,使预算期永远保持为一个固定期间的一种预算编制方法。

滚动预算按预算编制和滚动的时间单位不同,可分为逐月滚动、逐季滚动和混合滚动三种方式。

(1)逐月滚动方式是指在预算编制过程中,以月份为预算的编制和滚动单位,每个月调整一次预算的方法。如在2021年1月到12月的预算执行过程中,需要在1月末根据当月预算的执行情况,修订2月至12月的预算,同时补充2022年1月份的预算;到2月末可根据当月执行情况,修订2021年3月到2022年1月的预算,同时补充2022年2月的预算……以此类推。按照逐月滚动方式编制的预算比较精确,但工作量太大,如图9—2所示。

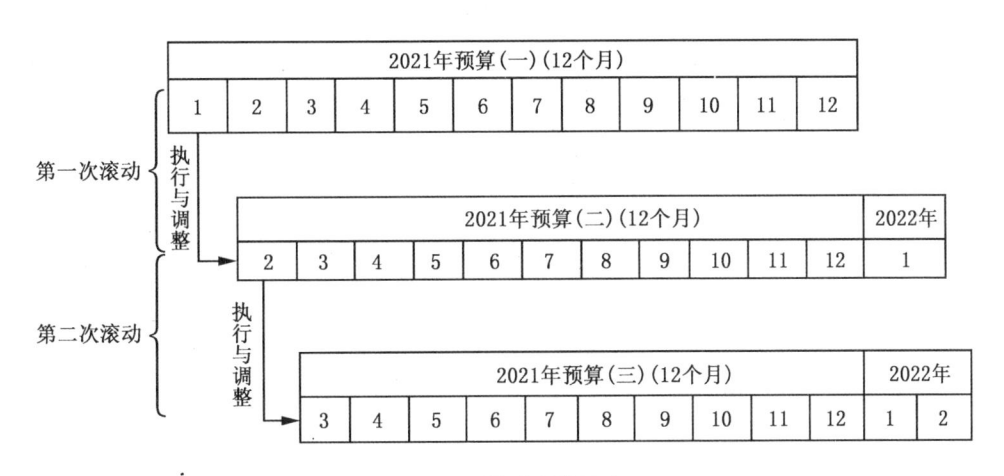

图9—2 滚动预算示意

(2)逐季滚动方式是指在预算编制过程中,以季度为预算的编制和滚动单位,每个季度调整一次预算的方法。如在2021年第1季度至第4季度的预算执行过程中,需要在第1季度末根据当季预算的执行情况,修订第2季度至第4季度的预算,同时补充2022年第1季度的预算;到第2季度末根据当季预算的执行情况,修订第3季度至2022年第1季度的预算,同时补充2022年第2季度的预算……以此类推。逐季滚动编制预算比逐月滚动编制预算的工作量小,但预算精确度较差。

(3)混合滚动方式是指在预算编制过程中,同时使用月份和季度作为预算的编制和滚动单位的方法。它是滚动预算的一种变通方式。如对2021年1月至3月逐月编制详细预算,其余4月到12月分别按季度编制粗略预算;到3月末根据第1季度预算的执行情况,编制4月至6月的详细预算,并修订第3季度至第4季度的预算,同时补充2022年第1季度的预算……以此类推。

与定期预算相比,滚动预算可以保持预算的连续性与完整性,使有关人员能从动态的预算中把握企业的未来,了解企业的总体规划和近期目标;可以根据前期预算的执行结果,结合各种新的变化信息,不断调整或修订预算,从而使预算与实际情况相适应,有利于充分发挥预算的指导和控制作用;可以使各级管理人员始终保持对未来12个月甚至更加长远的生产经营活动作周密的考虑和全盘规划,确保企业各项工作有条不紊地进行。但滚动预算的不足之处是编制的工作量较大。为克服滚动预算的不足,可以适当地简化预算的编制工作:按季度滚动来编制预算,而在执行预算的那个季度里,再按月份具体地编制各月份的预算。

任务三　财务预算编制

一、企业年度预算目标与目标利润预算

制定预算目标是企业预算管理的基础工作。预算目标是企业根据战略规划及年度经营计划，运用财务指标对企业及下属单位预算年度全面经营活动目标的概括。为充分发挥预算机制的重要作用，推进预算管理工作的顺利进行，便于日常管理的协调工作，企业必须确定合理的年度预算目标。

目标利润是预算目标体系中的核心指标，为发挥预算机制的作用，企业应该确定一个既积极又可靠可行的目标利润。企业在确定目标利润时，应该综合考虑若干因素，如企业利益相关者的利益要求、企业经营经济上的合理性、技术与经营上的可行性、企业发展的要求、经营流程的综合平衡等。下面以产品销售利润预算为例，在已知有关产品的销售价格、经营成本、产销结构的基础上，企业未来预算期的目标利润可选择以下方法：

（一）本量利分析法

本量利分析法是在成本性态分析的基础上，根据有关产品的销售数量、销售价格、变动成本和固定成本等因素与利润之间的相互关系来确定企业目标利润的方法。其计算公式如下：

$$目标利润＝预计产品销售数量×（单价－单位变动成本）－固定成本费用$$

（二）比例预算法

比例预算法是利用利润指标与其他经济指标之间存在的内在比例关系来确定目标利润的方法。由于销售利润与产品销售收入、产品成本、资金问题有着密切的关系，因此可以采用以下比例预算法测定企业的目标利润。

1. 销售收入利润率法

它是利用销售收入与销售利润的比例关系确定目标利润的方法。其计算公式为：

$$目标利润＝预计销售收入×预计销售利润率$$

2. 成本利润率法

它是利用营业成本费用总额与成本费用利润率之间的比例关系确定目标利润的方法。其计算公式为：

$$目标利润＝预计营业成本费用总额×核定的成本费用利润率$$

3. 投资成本回报率法

它是利用投资资本平均总额与资本回报率的比例关系确定目标利润的方法。其计算公式为：

$$目标利润＝预计投资资本平均总额×核定的投资资本回报率$$

4. 利润增长百分比法

它是根据有关产品上一期间实际获得的利润和过去连续若干期间的平均利润增长百分比，并全面考虑影响利润的有关因素的预期变动而确定企业目标利润的方法。计算公式为：

$$目标利润＝上期利润总额×（1＋利润增长百分比）$$

二、主要预算的编制

（一）销售预算

遵循"以销定产"原则，全面预算通常以销售预算为起点，总预算中的其他经营预算和绝大多数的财务预算要以销售预算为基础。销售预算是在销售预测的基础上，根据企业年度目标利润确定

的预计销售量、销售单价和销售收入等参数编制的,用于规划预算期销售活动的一种业务预算。企业其他预算的编制都必须以销售预算为基础,因此,销售预算是编制全面预算的起点。

在编制过程中,企业应根据年度内各季度市场预测的销售量和单价,确定预计销售收入,并根据各季现销收入与收回前期的应收账款反映现金收入额,以便为编制现金收支预算提供资料。根据销售预测确定的销售量和销售单价确定各期销售收入,并根据各期销售收入和企业信用政策,确定各期的销售现金流量,是销售预算的两个核心问题。

【做中学9—2】 A公司2022年只生产和销售一种产品,每季的产品销售货款有60%于当季收到现金,有40%属赊销,于下一个季度收到现金。上一年年末的应收账款余额为175 000元。该公司计划年度的销售预算如表9—2所示。

表9—2　　　　　　　　　　　　A公司销售预算表

2022年度

金额单位:元

项目	第1季度	第2季度	第3季度	第4季度	全年
预计销售(台)	2 000	2 500	3 000	2 500	10 000
单价	250	250	250	250	250
预计销售收入	500 000	625 000	750 000	625 000	2 500 000
期初应收账款	175 000				175 000
第1季度收现	300 000	200 000			500 000
第2季度收现		375 000	250 000		625 000
第3季度收现			450 000	300 000	750 000
第4季度收现				375 000	375 000
现金收入合计	475 000	575 000	700 000	675 000	2 425 000

(二)生产预算

生产预算是根据销售预算编制的,用来规划预算期生产数量并作为编制材料采购预算和生产成本预算的依据。编制生产预算的主要依据是预算期各种产品的预计销售量及存货期初期末资料。预计生产量的计算公式为:

预计生产量＝预计销售量＋预计期末结存量－预计期初结存量

生产预算的预计销售量可以从销售预算中查到,预计期初结存量等于上期末存货结存量。编制生产预算的关键是正确确定各季预计期末存货量。实践中,企业需要考虑影响存货数量的各种因素加以合理估计。

【做中学9—3】 A公司2022年年初结存成品300台,本年各季度末结存数分别为500台、550台、500台、400台,预计销量见表9—2。A公司生产预算如表9—3所示。

表9—3　　　　　　　　　　　　A公司生产预算表

2022年度

单位:台

项目	第1季度	第2季度	第3季度	第4季度	全年
预计销量	2 000	2 500	3 000	2 500	10 000
加:预计期末结存	500	550	500	400	400
预计需要量	2 500	3 050	3 500	2 900	10 400

续表

项 目	第1季度	第2季度	第3季度	第4季度	全年
减:期初结存	300	500	550	500	300
预计生产量	2 200	2 550	2 950	2 400	10 100

(三)材料采购预算

材料采购预算是根据规划预算期材料消耗情况及采购活动而编制的,用于反映预算期各种材料消耗量、采购量、材料消耗成本和材料采购成本等计划信息的业务预算。材料采购预算首先需要依据预计产品生产量和材料单位耗用量,确定生产需要耗用量;其次根据材料的期初期末结存情况,确定材料采购量;最后根据款项支付情况,确定现金流出情况。

$$材料消耗量=预计产品生产量×单位产品定额消耗量$$

$$材料采购量=预计材料消耗量+预计期末结存量-预计期初结存量$$

材料采购预算的关键是确定预算期材料消耗量、采购量和期末结存量,并确定各预算期材料采购现金支出。材料期末结存量的确定可以为编制期末存货预算提供依据,现金支出的确定可以为编制现金预算提供依据。

【做中学9-4】 A公司2022年期初材料结存是720千克,本年各季度末结存材料分别是820千克、980千克、784千克、860千克,每季度的购料款于当季支付40%,剩余60%于下一个季度支付,应付账款年初余额为120 000元,其他资料见表9-3。A公司材料预算如表9-4所示。

表9-4　　　　　　　　　　　　A公司材料采购预算表

2022年度　　　　　　　　　　　　　　　金额单位:元

项 目	第1季度	第2季度	第3季度	第4季度	全年
预计生产量(台)	2 200	2 550	2 950	2 400	10 100
材料定额消耗(千克)	5	5	5	5	5
预计生产需要量(千克)	11 000	12 750	14 750	12 000	50 500
加:期末结存(千克)	820	980	784	860	860
预计需要量合计(千克)	11 820	13 730	15 534	12 860	51 360
减:期初结存(千克)	720	820	980	784	720
预计采购量(千克)	11 100	12 910	14 554	12 076	50 640
计划单价	20	20	20	20	20
预计采购金额	222 000	258 200	281 080	241 520	1 012 800
应付账款期初余额	120 000				120 000
第1季度付现	88 800	133 200			222 000
第2季度付现		103 280	154 920		258 200
第3季度付现			116 432	174 648	281 080
第4季度付现				96 608	96 608
现金支出合计	208 800	236 480	271 352	271 256	987 888

(四)直接人工预算

直接人工预算是反映预期期内人工工时消耗水平和人工成本开支的业务预算。直接人工预算根据生产预算中的预计生产量以及单位产品直接人工定额工时和单位工时工资率编制。产品定额工时是由产品生产工艺和技术水平决定的,由产品技术和生产部门提供定额标准;产品预计生产量来自生产预算;单位工时工资率来自企业人事部门工资标准和工资总额。有关计算公式如下:

$$预计产品直接人工工时总额=单位产品定额工时×产品预计生产量$$

$$预计直接人工总成本=单位工时工资率×直接人工工时总数$$

编制直接人工预算时,一般认为各预算期直接人工都是直接以现金发放的,因此不再特别列示直接人工的现金支出。

【做中学9—5】 假设A公司单位产品耗用工时为6小时,单位工时的工资率为5元。A公司计划年度人工工资预算如表9—5所示。

表9—5 A公司直接人工预算表
2022年度   金额单位:元

项　目	第1季度	第2季度	第3季度	第4季度	全　年
预计生产量(台)	2 200	2 550	2 950	2 400	10 100
单位工时(小时)	6	6	6	6	6
直接人工工时数(小时)	13 200	15 300	17 700	14 400	60 600
单位工时工资率	5	5	5	5	5
预计直接人工成本	66 000	76 500	88 500	72 000	303 000

(五)制造费用预算

制造费用预算是反映生产成本中除直接材料、直接人工以外的一切不能直接计入产品制造成本的间接制造费用的预算。

当以变动成本法为基础编制制造费用预算时,需要按变动性制造费用和固定性制造费用分别编制预算。

变动性制造费用预算应区分不同费用项目,根据单位变动制造费用分配率和业务量逐一确定各项目的变动制造费用预算数。其中:

$$变动性制造费用分配率=\frac{变动性制造费用总额}{业务量预算数}$$

式中:分母业务量预算数可以选择预算生产量或直接人工工时总数。

固定性制造费用也应区分不同费用项目,逐一确定各项目预算期的固定费用预算。

在编制制造费用预算时,为方便现金预算编制,还需要确定预算期内制造费用预算的现金支出部分。由于固定资产折旧费用是非付现成本项目,在计算时应予剔除。

【做中学9—6】 A公司在编制预算时采用变动成本法,变动性制造费用按各种产品直接人工工时比例分配,2022年预计的直接人工工时资料如上表9—5所示,制造费用预算如表9—6所示,除折旧费用以外的各项制造费用均以现金支付。全年直接人工工时合计为60 600小时,间接人工分配率为0.2元/小时,间接材料分配率为0.1元/小时,维修费分配率为0.15元/小时,水电费分配率为0.25元/小时,机物料分配率为0.05元/小时。

表 9—6　　　　　　　　　　　　　　公司直接人工预算表
2022 年度　　　　　　　　　　　　　　　　单位:元

变动费用项目	金　额	固定费用项目	金　额
间接人工	12 120	维护费用	4 000
间接材料	6 060	折旧费用	73 200
维修费	9 090	管理费用	35 000
水电费	15 150	保险费用	6 000
机物料	3 030	财产税	3 000
合　计	45 450	合　计	121 200
变动费用现金支出		45 450
固定费用合计		121 200
减:折旧费用		73 200
固定费用现金支出合计		48 000
制造费用全年现金支出		93 450
第 1 季度现金支出		25 000
第 2 季度现金支出		25 000
第 3 季度现金支出		24 000
第 4 季度现金支出		19 450

(六)产品成本预算

产品成本预算是指为规划一定预算期内每种产品的单位产品成本、生产成本、销售成本等项内容而编制的业务预算。这种预算需要在生产预算、直接材料预算、直接人工预算和制造费用预算的基础上编制。

产品成本预算包括单位产品生产成本预算、产品生产成本预算、产品销售成本预算等。

1. 单位产品生产成本预算

单位产品生产成本的计算公式为:

单位产品生产成本＝单位产品直接材料成本＋单位产品直接人工成本＋单位产品制造费用

其中:

单位产品直接材料成本＝单位产品材料消耗定额×材料计划单价

单位产品直接人工成本＝单位产品人工工时×小时工资率

单位产品制造费用＝单位变动制造费用＋单位固定制造费用

单位变动制造费用＝单位产品人工工时×单位小时制造费用

$$单位固定制造费用 = \frac{固定制造费用全年预算数}{全年直接人工工时数}$$

2. 生产成本预算

某期生产成本的计算公式为:

某期生产成本＝预计直接材料成本＋预计直接人工成本＋预计制造费用

其中:

预计直接材料成本＝单位产品直接材料成本×预计生产量

预计直接人工成本＝单位产品直接人工成本×预计生产量

预计制造费用＝单位产品制造费用×预计生产量

3. 产品生产成本预算

产品生产成本的计算公式为：

产品生产成本＝在产品成本期初余额＋预计生产成本－在产品成本期末余额

为简化预算编制过程，通常假定在产品成本期初和期末余额为零，或均为已知数。

4. 产品销售成本预算

本期预计销售成本的计算公式为：

本期预计销售成本＝产成品期初余额＋产品生产成本－产成品期末余额

产成品期初余额等于期初单位产成品成本与产成品期初存量的乘积；产成品期末余额等于单位产品生产成本与产成品期末存量的乘积。

5. 期末结存产品成本预算

期末结存产品成本的计算公式为：

期末结存产品成本＝期初结存产品成本＋本期产品生产成本－本期产品销售成本

期初结存产品成本和本期产品销售成本，应该根据具体的存货计价方法确定。

为简化程序，假定企业只编制全年的产品成本预算，不编制分季度预算。

【做中学9-7】 A公司采用制造成本法计算成本，生产成本包括变动生产成本和固定生产成本。根据前面的资料，单位产品直接材料耗用量为5千克，计划单价为20元；单位产品直接人工工时为6小时，小时工资率为5元；变动制造费用分配率为0.75元/小时；全年直接人工工时总数为60 600小时，全年固定制造费用为121 200元；期初产品数量为300台，期末产品数量为400台；全年生产量为10 100台。编制产品成本预算如表9-7所示。

表9-7　　　　　　　　　　　　　公司产品成本预算表

2022年度　　　　　　　　　　　　　　　　　　　金额单位：元

成本项目	单位用量	单位价格	单位成本
直接材料	5千克	20元/千克	100
直接人工	6小时	5元/小时	30
变动制造费用	6小时	0.75元/小时	4.5
固定制造费用	121 200÷60 600×6＝12		
单位生产成本	146.5		
本期生产成本	10 100×146.5＝1 479 650		
加：期初在产品成本	0		
减：期末在产品成本	0		
本期产品生产成本	1 479 650		
加：期初产成品成本	300×146.5＝43 950		
减：期末产成品成本	400×146.5＝58 600		
预计产品销售成本	1 465 000		

（七）销售及管理费用预算

销售及管理费用预算是为规划一定预算期内企业为销售产品和维持一般行政管理工作所发生的各项目费用而编制的一种业务预算。该预算与制造费用预算一样，需要划分固定费用和变动费用列示。

变动性销售及管理费用预算应区分不同费用项目,根据单位变动销售及管理费用分配率和业务量逐一确定各项目的变动销售及管理费用预算数。其中:

$$变动性销售及管理费用分配率 = \frac{变动性销售及管理费用总额}{业务量预算数}$$

式中:业务量预算数可以选择预算生产量或直接人工工时总数。

固定性销售及管理费用也应区分不同费用项目,逐一确定项目预算期的固定费用预算。

在编制销售及管理费用预算时,为方便现金预算编制,还需要确定预算期内销售及管理费用预算的现金支出部分。由于固定资产折旧费用是非付现成本项目,在计算时应予剔除。

【做中学9—8】 A公司销售及管理部门根据计划期间的具体情况,预计全年工时为60 600小时,编制销售及管理费用预算表如表9—8所示。

表9—8 公司销售及管理费用预算表
2022年度 单位:元

	费用明细项目	预算资金
变动费用	销售佣金(0.1×60 600)	6 060
	办公费用(0.2×60 600)	12 120
	运输费用(0.2×60 600)	12 120
	……	……
	合计	42 420
固定费用	广告费用	80 000
	管理人员工资	125 000
	保险费用	8 000
	折旧费用	50 000
	财产税	4 000
	……	……
	合计	287 000
预计现金支出	销售及管理费用总额	329 420
	减折旧费用	50 000
	销售及管理费用现金支出总额	279 420
	每季度销售及管理费用现金支出	69 855

(八)专门决策预算

专门决策预算主要是长期投资预算,又称资本预算,通常是指与项目投资决策相关的专门预算。它往往涉及长期建设项目的资金投放与筹集,并经常跨越多个年度。编制专门决策预算的依据是项目财务可行性分析资料,以及企业筹资决策资料。

【做中学9—9】 假设A公司决定于2022年新建一项目,年内完工,并于年末投入使用,有关投资与融资预算如表9—9所示。

表9—9 公司投资与融资预算表
2022年度 单位:元

项 目	第1季度	第2季度	第3季度	第4季度	全年
投资支出预算	50 000	40 000	70 000	80 000	240 000
借入长期资金	40 000			80 000	120 000

(九)现金预算

现金预算是以业务预算和专门决策预算为依据编制的,专门反映预算期内预计现金收入与现金支出,以及为满足理想现金余额而进行现金投融资的预算。

现金预算由期初现金余额、现金收入、现金支出、现金余缺、现金投放与筹措五部分构成。其中:

$$期初现金余额+现金收入-现金支出=现金余缺$$

财务管理部门应根据现金余缺与期末现金余额的比较,来确定预算期内现金投放或筹措。当现金余缺大于期末现金余额时,应将超过期末余额以上的多余现金进行投资;当现金余缺小于期末现金余额时,应筹措现金,直到现金总额达到要求的期末现金余额。

$$现金余缺+现金筹措(现金不足时)=期末现金余额$$
$$现金余缺-现金投放(现金多余时)=期末现金余额$$

【做中学9-10】 根据前面编制的各业务预算和决策预算表的资料,编制现金预算。假设A公司2022年年初现金余额为80 000元,每季度支付各种流转税35 000元,前三季度每季度预交所得税50 000元,年末汇缴89 440元,年末支付股利250 000元。最低现金持有量为50 000元。A公司的现金预算如表9-10所示。

表9-10   公司现金预算表
2022年度
单位:元

项 目	第1季度	第2季度	第3季度	第4季度	全 年
期初现金余额	80 000	80 000	80 000	80 000	80 000
经营现金流入	475 000	575 000	700 000	675 000	2 425 000
现金收入合计	555 000	655 000	780 000	755 000	2 505 000
直接材料付现	208 800	236 480	271 352	271 256	987 888
直接人工付现	66 000	76 500	88 500	72 000	303 000
制造费用付现	25 000	25 000	24 000	19 450	93 450
销售及管理费用付现	69 855	69 855	69 855	69 855	279 420
支付流转税	35 000	35 000	35 000	35 000	140 000
预交所得税	50 000	50 000	50 000	89 440	239 440
分配股利				250 000	250 000
投资付现	50 000	40 000	70 000	80 000	240 000
现金支出合计	504 655	532 835	608 707	887 001	2 533 198
现金余缺	50 345	122 165	171 293	-132 001	-28 198
资金筹措与投资					
长期借款	40 000			80 000	120 000
支付利息	-15 345	-15 165	-13 293	-11 999	-55 802
取得短期借款	5 000			20 000	25 000
偿还短期借款		-5000			-5 000
进行短期投资		-22000	-78000		-100 000

续表

项 目	第1季度	第2季度	第3季度	第4季度	全 年
出售短期投资				100 000	100 000
期末现金余额	80 000	80 000	80 000	56 000	56 000

(十)预计利润表

预计利润表是综合反映企业预算期内企业经营成果的财务预算。该预算需要在销售预算、产品成本预算、制造费用预算、销售及管理费用预算等日常业务预算的基础上编制。

【做中学9—11】 以前面所编制的各种预算资料为依据,假设A公司每季预提的财务费用为20 000元。编制A公司预计利润表(简表)如表9—11所示。

表9—11　　　　　　　　　　　公司预计利润表(简表)

2022年度　　　　　　　　　　　　　　　　　　　　　　单位:元

项 目	第1季度	第2季度	第3季度	第4季度	全 年
销售收入	500 000	625 000	750 000	625 000	2 500 000
减:销售成本	293 000	366 250	439 500	366 250	1 465 000
销售毛利	207 000	258 750	310 500	258 750	1 035 000
减:销售及管理费用	82 355	82 355	82 355	82 355	329 420
财务费用	20 000	20 000	20 000	20 000	80 000
营业利润	104 645	156 395	208 145	156 395	625 580
减:所得税	50 000	50 000	50 000	89 440	239 440
净利润	54 645	106 395	158 145	66 955	386 140

(十一)预计资产负债表

预计资产负债表是反映企业在预算期末财务状况的一种财务预算。预计资产负债表的编制需要以预算期开始日的资产负债表为基础,结合预算期间各项业务预算、专门决策预算、现金预算和预计利润表进行分析编制。它是编制全面预算的终点。

【做中学9—12】 根据A公司期初资产负债表及预算期各项预算中的有关资料进行调整,编制出2022年年末的预计资产负债表(简表)如表9—12所示。

表9—12　　　　　　　　　　　公司预计资产负债表(简表)

2022年12月31日　　　　　　　　　　　　　　　　　　单位:元

资　产	金　额	负债及权益	金　额
流动资产:		流动负债:	
库存现金	56 000	短期借款	20 000
应收账款	250 000	应付账款	144 912
存货	75 800	应交税费	10 000
流动资产合计	381 800	预收款项	24 198
长期资产:		流动负债合计	199 110

续表

资产	金额	负债及权益	金额
固定资产	800 000	长期负债	120 000
减:累计折旧	200 000	股东权益:	
固定资产净值	600 000	股本	500 000
在建工程	240 000	资本公积	100 000
无形资产	184 200	留存收益	486 890
长期资产合计	1 024 200	权益合计	1 086 890
资产总计	1 406 000	负债及权益总计	1 406 000

任务四　财务控制管理

一、财务控制的概念和特征

(一)财务控制的概念

财务控制是按照一定的程序和方法,确保企业及其内部机构和人员全面落实、实现对企业资金的取得、投放、使用和分配过程的控制。作为现代企业管理水平的重要标志,它是运用特定的方法、措施和程序,通过规范化的控制手段,对企业的财务活动进行控制和监督。

(二)财务控制的特征

1. 财务控制是一种价值控制

财务控制的对象以实现财务预算为目标,而财务预算所包含的现金预算、预计利润表和预计资产负债表都是以价值形式反映的,这就决定了财务控制必须实行价值控制。

2. 财务控制是一种全面控制

财务控制用价值手段来实施其控制过程,因此,它不仅可以将各种不同性质的业务综合起来控制,而且可以将不同层次、不同部门的业务综合起来控制,体现财务控制的全面性。

3. 财务控制以现金流量为控制重点

企业日常的财务活动表现为组织现金流量的过程,因此,财务控制的重点应放在现金流量的控制上,通过现金预算、现金流量表等保证企业资金活动的顺利进行。

二、财务控制的基础

(一)组织基础

财务控制的首要基础是围绕控制目标所建立的组织机构。比如,为确定财务预算建立的决策和预算编制机构,为组织和实施日常财务控制建立的监督、协调、仲裁机构,为便于内部结算建立的内部结算组织,为考评预算的执行结果建立的考评机构等。实践中,可以根据需要将这些机构的职能合并到企业的常设机构中。

(二)制度基础

内部控制制度是企业为了顺利实施控制过程所进行的组织机构的设计、控制手段的采取及各种措施的制定。这些方法和措施的主要作用在于检查财务预算目标的制定、会计信息的准确性和可靠性,确保财务预算的有效执行,以提高财务控制效率。

三、财务控制的基本原则

(一)相互制约

处理每一项经济业务的全过程,必须由两人或两人以上共同分工负责,彼此的工作可以相互监督,以起到相互牵制的作用。

(二)会计独立

资金实物形态的保管、处理必须与反映资金变化的记录完全独立开来。即会计工作与其他业务工作分开,会计部门不与其他部门合并。经营财产实物的部门必须由管理层授权。

(三)记录完备

在会计制度设计中,从设计起就应规定,利用完备的会计记录对企业的经济业务进行分类、整理、总结、监督,以保证企业所发生的所有重要经济业务都有详细的记录并反映在会计报表上。这些记录包括计划、预算、定额标准、会计凭证、账簿及各类报表。

(四)稽核对证

会计部门要充分利用内部稽核办法,保证账账相符。控制实物和货币支出不超过预算定额,并要经常进行实物盘点,及时与账簿记录相互复核对证。

(五)内部审计

在企业中要建立独立于会计部门之外的内部审计部门,对企业的会计记录和会计报告、会计制度执行情况进行经常性检查和监督。

四、财务控制的分类

(一)按控制时间分类,分为事前财务控制、事中财务控制、事后财务控制

(1)事前财务控制是在财务收支活动尚未发生之前所进行的控制,如申报审批制度。

(2)事中财务控制是在财务收支活动发生过程中所进行的控制,如监督财务预算的执行情况、监督各项收支的去向等。

(3)事后财务控制是对财务收支活动的结果进行的考核及相应的奖惩。

(二)按控制的依据分类,分为预算控制、制度控制

(1)预算控制是以财务预算为依据,对预算执行主体的财务收支活动进行监督、调整的一种控制形式。预算表明了执行主体的责任和奋斗目标,规定了预算执行主体的行为。

(2)制度控制是指通过制定企业内部规章制度,并以此为依据约束企业和各责任中心财务收支活动的一种控制形式。制度控制带有防护性的特征,预算控制带有激励性的特征。

(三)按控制的对象分类,分为收支控制、现金控制

(1)收支控制是指对企业和各责任中心的财务收入和支出活动所进行的控制。企业可以通过收支控制来促使企业收入达到既定目标,并使成本达到最小,以实现企业利润最大化。

(2)现金控制是指对企业和各责任中心的现金流入和现金流出活动所进行的控制。现金控制的目的在于实现企业现金流入、流出的基本平衡,既要防止因现金短缺而可能出现的支付危机,也要防止现金沉淀而可能带来机会成本的增加。

(四)按控制的手段分类,分为绝对控制、相对控制

(1)绝对控制是指对企业和各责任中心的财务指标采用绝对数控制。一般而言,对于激励性指标,是通过绝对数控制其最低限度;对于约束性指标,是通过绝对数控制其最高限度。

(2)相对控制是指对企业和各责任中心的财务指标采用相对比率控制。一般而言,相对指标具有反映投入与产出对比、开源与节流并重的特征。

五、财务控制的主要内容

财务控制的主要内容包括制度控制、预算控制、评价控制和激励控制等内容。

(一)制度控制

企业要搞好财务控制,必须建立严密的财务控制制度。财务控制制度的目的在于能够细化并明确企业财务机构和会计人员的职责、工作要求、工作流程,能够规范约束财务机构、人员的行为,保证企业能够正确核算经营成果,对财务管理工作有条不紊地进行具有重要推动作用,能够使财务管理的监管作用更好发挥。主要体现在三个方面:第一,不相容职务分离制度;第二,授权批准控制制度;第三,会计系统控制制度。

制度控制的优点在于操作简单,便于全员执行,但也限制了管理者及职工的主观能动性。

(二)预算控制

预算控制是指通过预算的形式规范企业的目标和经济行为过程,调整与修正管理行为与目标偏差,保证各级目标、策略、政策和规划的实现。财务控制包括将与目标有关的财务数字与标准数字,进行比较,以找出差异。不利的差异就是警告的信号,可能会引发一系列的作业活动,以便找出产生不利业绩的原因并加以改善。

预算控制的优点在于企业行为量化标准明确,企业总体目标与个体目标紧密衔接,可以及时发现问题、纠正偏差。其缺点在于财务预算定制比较复杂,某种程度上限制了人员的主观能动性。

(三)评价控制

评价控制是企业通过评价的方式规范企业中的各级管理者及员工的经济目标和经济行为。财务控制中的各个业绩指标是有所不同的,因此必须了解各个责任的性质和角色。责任中心包括成本中心、利润中心和投资中心。评价控制的目标从总体上与管理控制相一致,即追求经营效率和效果。评价控制的作用在于使各级管理者和员工明确自己的工作效果与自身利益及上级、同级目标的关系,从而调动其主观能动性、规范其行为,为实现个体目标而努力。

评价控制的优点在于既有明确的控制目标,又有相应的灵活性,有利于管理者及员工在实现目标过程中主观能动性的发挥。缺点在于企业文化需要得到职工的认同。

(四)激励控制

激励控制是企业通过激励的方式控制管理者的行为,使管理者的行为与企业战略目标相协调。激励控制的目标从总体上与企业战略控制目标一致,激励控制与评价控制密不可分,如果激励控制与评价控制能很好地衔接,实现以长期业绩为中心的激励目标,管理者与所有者的利益及目标就会协调一致,必然为企业创造更大的价值。

激励控制的优点在于将管理者的利益与所有者的利益相联系,通过利益约束机制来规范管理者的行为,管理者可根据环境的变化及时调整目标和战略,但缺点是对管理者要求较高。

六、财务控制的方法

(一)组织规划控制

根据财务控制的要求,单位在确定和完善组织结构的过程中,应当遵循不相容职务相分离的原则:一个人不能兼任同一部门财务活动中的不同职务。单位的经济活动通常划分为五个步骤:授权、签发、核准、执行和记录。如果上述每一步骤由相对独立的人员或部门实施,就能够保证不相容职务的分离,便于财务控制作用的发挥。

(二)授权批准控制

授权批准控制是对单位内部部门或职员处理经济业务的权限控制。单位内部某个部门或某个职员在处理经济业务时,必须经过授权批准才能进行,否则就无权审批。授权批准控制可以保证单位既定方针的执行和限制滥用职权。授权批准的基本要求是:首先,要明确一般授权与特定授权的界限和责任;其次,要明确每类经济业务的授权批准程序;最后,要建立必要的检查制度,以保证经授权后所处理的经济业务的工作质量。

(三)预算控制

预算控制是财务控制的一个重要方面,包括筹资、融资、采购、生产、销售、投资、管理等经营活动的全过程。其基本要求是:第一,所编制预算必须体现单位的经营管理目标,并明确责任;第二,预算在执行中,应当允许经过授权批准对预算进行调整,以便预算更加切合实际;第三,应当及时或定期反馈预算的执行情况。

(四)成本控制

成本控制分粗放型成本控制和集约型成本控制。粗放型成本控制是从原材料采购到产品的最终售出进行控制的方法,具体包括原材料采购成本控制、材料使用成本控制和产品销售成本控制三个方面。集约型成本控制,一是通过改善生产技术来降低成本,二是通过产品工艺的改善来降低成本。

(五)风险控制

风险控制就是尽可能地防止和避免出现不利于企业经营目标实现的各种风险。在这些风险中,经营风险和财务风险显得极为重要。经营风险是指因生产经营方面的原因给企业盈利带来的不确定性,而财务风险是指由于举债而给企业财务带来的不确定性。由于经营风险和财务风险对企业的发展具有很大的影响,企业在进行各种决策时必须尽力规避这两种风险。

(六)审计控制

审计控制主要是指内部审计,它是对会计的控制和再监督。内部审计是在一个组织内部对各种经营活动与控制系统的独立评价,以确定既定政策的程序是否贯彻、建立的标准是否有利于资源的合理利用,以及单位的目标是否达到。内部审计对会计资料的监督、审查,不仅是财务控制的有效手段,而且是保证会计资料真实、完整的重要措施。

七、内部控制业绩评价

财务控制强调通过衡量和评估公司财务成果来评价公司取得财务成功的过程,财务控制中经常使用的业绩指标包括收入、成本、利润等。而公司整体的业绩目标,需要落实到内部各部门和经营单位,因此组织内运用财务控制的不同类型的部门实质上就是责任中心。也可以说,财务控制的基础就是责任中心的概念。企业根据内部各部门控制成本、收入、利润和投资回报的能力来对其责任进行分类。

(一)责任中心的概念和特征

责任中心是指承担一定经济责任,并享有一定权利的企业内部(责任)单位。凡是管理上可以分离、责任可以辨认、成绩可以单独考核的单位,都可以划分为责任中心,大到分公司、地区工厂或部门,小到车间、班组。如酒店连锁集团中的一家酒店、邮件订货业务中的传运部门。责任中心通常包括以下特征:

1. 责任中心是一个责、权、利相结合的实体

每一个责任中心都要对财务指标的完成情况负责任。同时,责任中心被赋予与其承担责任的范围大小相适应的权利。

2. 责任中心具有承担责任的条件

责任中心具有履行经济责任中心条款的行为能力,责任中心一旦不能履行经济责任,应对其后

果承担责任。

3. 责任中心所承担的责任和行使的权利都应是可控的

责任中心对其职责范围内的成本、收入、利润和投资负责。因此,这些内容必定是该责任中心所能控制的内容。在对责任中心进行责任预算和业绩考核时,也只能包括该中心所能控制的项目。一般而言,责任中心层次越高,其可控范围越大。

4. 责任中心具有相对独立的经营业务和财务收支活动

这是确定经济责任的客观对象及责任中心得以存在的前提条件。

5. 责任中心便于进行责任核算、业绩考核与评价

责任中心不仅要划清责任,而且要能够进行单独的责任核算。划清责任是前提,单独核算是保证。只有既划清责任又能进行单独核算的企业内部单位才能作为一个责任中心。按照责任对象的特点和责任范围的大小,责任中心可以分为成本中心、利润中心和投资中心。

(二)成本中心

1. 成本中心的概念和特征

成本中心是指只产生成本而不取得收入的责任单位,是最基本的责任中心。成本中心只考核责任成本,不考核其他内容。任何发生成本的责任领域都可以成为成本中心。生产工厂的生产部门就是成本中心。成本中心相对于其他层次的责任中心其自身的特征,主要表现在以下方面。

(1)成本中心只考评成本费用,不考评收益

成本中心一般不具有经营权和销售权,其经济活动的结果不会形成可以用货币计量的收入;工作成果不会形成可以用货币计量的收入,或其工作成果仅计量和考核发生的成本。工作业绩的评价考核,主要是通过一定期间实际发生的成本,与其预定的尺度(通常为"预算成本")进行对比,编制业绩报告,剖析差异形成的原因和责任。

(2)成本中心只对可控成本承担责任

可控成本是指可以预先知道的、有办法计量的、能为该责任中心所控制、为其工作好坏所影响的成本。成本的可控性,是就特定的责任中心、特定的期间和特定的权限而言的。

一般来说,成本中心的变动成本大多是可控成本,固定成本大多是不可控成本;各成本中心发生的直接成本大多是可控成本,其他部门分配的间接成本大多是不可控成本。

(3)成本中心只对责任成本进行考核和控制

责任成本是各成本中心当期确定或发生的各项可控成本之和。对成本费用进行控制,应以各成本中心的预算责任成本为依据,确保实际责任成本不会超过预算责任成本。

2. 成本中心的业绩考核与评价

成本中心的考核指标包括责任成本的增减额和升降率两类指标。其计算公式为:

$$责任成本的增减额 = 实际责任成本 - 预算责任成本$$

$$责任成本的升降率 = 责任成本增减额 \div 预算责任成本 \times 100\%$$

【做中学9-13】 假设M公司有甲、乙、丙三个成本中心,三个成本中心某日的责任成本预算值分别为4 000元、5 000元、6 000元,其可控成本实际发生额分别为3 800元、5 500元、5 800元。根据上述公式计算得到责任成本预算完成情况,如表9-13所示。

表9-13　　　　　　　　　　　责任成本预算完成情况表　　　　　　　　　　　单位:元

成本中心	预算	实际	增减额	升降率(%)
甲	4 000	3 850	-150	-3.75

续表

成本中心	预算	实际	增减额	升降率(%)
乙	5 000	5 500	+500	10
丙	6 000	5 800	-200	-3.33

显然,在三个成本中心中,甲和丙成本中心的实际成本都比预算节约超过3%,其中,甲成本中心的成本预算完成情况最好,而乙成本中心的成本完成情况最差。

(三)利润中心

1. 利润中心的概念

利润中心是组织中对实行销售和控制成本负责的责任中心。利润中心管理人员一般有权进行产品定价、决定产品组合等。利润中心就像一个独立的公司,只有一点不同,即在公司中是高层管理人员而不是责任中心经理来控制责任中心的管理水平。如连锁店中的一家经销店经理有责任进行产品定价、选择买入产品以及对产品进行打折,从而使经销店满足了作为一个利润中心的条件。

2. 利润中心的业绩考核与评价

利润中心的考核指标为可控利润,即责任利润。如果利润中心获得的利润中有该利润中心不可控因素的影响,则必须进行调整。由于不同类型、不同层次的利润中心的可控范围不同,因而用于评价的责任利润指标也不同,主要有边际贡献、可控边际贡献和部门营业利润三种收益形式。

【做中学9-14】 根据M公司的一分公司下有两个利润中心的某一个部门的有关数据,利润中心的责任预算如表9-14所示。

表9-14 利润中心的责任预算表 单位:元

项 目	成本费用	收 益
销售净额		20 000
减:销售成本	12 000	
变动费用	2 000	
①边际贡献		6 000
可控固定成本	1 000	
②部门可控边际贡献		5 000
不可控固定成本	800	
③部门营业利润		4 200

显然,以边际贡献6 000元作为利润中心的业绩评价依据不够全面。部门经理至少可以控制某些固定成本,并且在固定成本和变动成本的划分上有一定选择余地。这样有可能导致部门经理尽可能多地支出固定成本以减少变动成本。

以可控边际贡献5 000元作为利润中心的业绩评价依据可能是最好的。部门经理可控制收入以及变动成本和部分固定成本,因而可以对可控边际贡献承担责任。

以部门营业利润4 200元作为业绩评价依据,可能更适合评价该部门对公司利润和管理费用的贡献,而不适用于对部门经理的评价。如果要决定该部门的取舍,部门营业利润是有重要意义的信息。如果要评价部门经理的业绩,因为有一部分固定成本是过去最高管理层决策的结果,部门营业利润已经超出了部门经理的控制范围。

3. 内部转移价格

分散经营的组织单位之间相互提供产品或劳务时，需要制定一个内部转移价格。转移价格对于提供产品或劳务的生产部门来说表示收入，对于使用这些产品或劳务的购买部门来说则表示成本。因此，转移价格会影响到这两个部门的获利水平，使得部门经理非常关心转移价格的制定。制定转移价格的目的有两个：一是防止成本转移带来的部门间责任转嫁，使每块利润都能作为单独的组织单位进行业绩评价；二是作为一种价格引导促使下级部门采取明智的决策，生产部门据此确定提供产品的数量，购买部门据此确定所需要的产品数量。但是，这两个目的往往有矛盾。我们要根据公司的具体情况，来尽量寻求能够兼顾业绩评价和制定决策的转移价格。

（四）投资中心的业绩考核与评价

1. 投资中心的概念

投资中心是指除了能够控制成本中心、收入中心和利润中心外，还能对投入的资金进行控制的中心。投资中心是最高层次的责任中心，它拥有最大的决策权，也承担最大的责任。投资中心必然是利润中心，但利润中心并不一定是投资中心。例如，石化企业的油气勘探、化工生产都是投资中心。

2. 投资中心的考核指标

投资中心的考核指标有以下三种：

（1）投资报酬率

投资报酬率是部门税前经营利润除以该部门所拥有的净经营资产。这是最常见的考核投资中心业绩的指标。该指标既能揭示投资中心的销售利润水平，又能反映资产的使用效果。其计算公式为：

$$部门投资报酬率 = 部门税前经营利润 \div 部门平均经营资产$$

【做中学 9-15】 假设 M 公司有 A 和 B 两个部门，相关数据如表 9-15 所示。

表 9-15　　　　　　　　　　A 和 B 部门相关数据表　　　　　　　　　　单位：元

项　目	A 部门	B 部门
部门税前经营利润	108 000	90 000
所得税（税率 25%）	27 000	22 500
部门税后经营净利润	81 000	67 500
部门平均经营资产	900 000	600 000
部门平均经营负债	50 000	40 000
部门平均净经营资产（部门平均净投资资本）	850 000	560 000

下面计算投资报酬率，并进一步将各投资中心的业绩进行分解。

A 部门投资报酬率 = 108 000 ÷ 850 000 = 12.71%

B 部门投资报酬率 = 90 000 ÷ 560 000 = 16.07%

投资报酬率综合反映了投资中心的经营业绩，考虑了投资规模，是一个相对指标，可以用于不同的投资中心的横向比较，也可以用于不同规模的企业和同一企业不同时期的比较。但是投资报酬率存在着自身的缺陷。该指标可能会使部门经理拒绝接受超出企业平均水平的投资报酬率而低于该投资中心现有报酬率的投资项目，有损企业的整体利益。另外，投资报酬率有可能导致决策的短视行为而损坏公司的长远利益。由于管理层常常想方设法减少经营成本和管理费用，首先会减少诸如研发费用投入等企业未来增长所必要的投资。

【做中学9—16】 依据做中学9—15,假设M公司要求的投资税前报酬率为11%。目前B部门面临一个税前投资报酬率为13%的投资机会,投资额为100 000元,每年部门税前营业利润为13 000元。这个项目远远高于公司要求的投资报酬率,值得投资。

B部门追加投资后的投资报酬率=(90 000+13 000)÷(560 000+100 000)×100%
=15.61%

若B部门现有一项资产价值50 000元,每年税前获利6 500元,税前投资报酬率也达到了13%。同样为了业绩评价,B部门拟放弃这项资产,以提高部门的投资报酬。

B部门放弃资产后的投资报酬率=(90 000−6 500)÷(560 000−50 000)×100%
=16.37%

B部门追加投资后投资报酬率由原来的16.07%下降到15.61%,即使高于公司要求的投资报酬率,但B部门可能因为业绩评价而放弃这项投资机会;然而,B部门却愿意放弃一项资产,因为投资报酬率由原来的16.07%上升到16.37%。

由此可见,使用投资报酬率作为业绩评价标准时,部门经理会容易考虑自身部门利益而忽视整体利益,从引导部门经理顾全大局方面的决策来看,投资报酬率不是很理想的选择。

(2)剩余收益

剩余收益是投资中心获得的利润扣减其投资额(或净资产占用额)按规定的最低收益率计算的投资收益后的余额。其计算公式为:

剩余收益=部门税前经营利润−部门平均净资产应计报酬
=部门税前经营利润−部门平均净经营资产×资本成本率

【做中学9—17】 依据做中学9—15、9—16,假设A部门资本成本率为10%,B部门的资本成本率为12%,计算剩余收益如下:

A部门剩余收益=108 000−850 000×10%=23 000(元)
B部门剩余收益=90 000−560 000×12%=22 800(元)

若B部门接受追加投资额为100 000元(投资报酬率为13%)的投资机会,可知:

追加投资后的剩余收益=(90 000+13 000)−(560 000+100 000)×12%=238 00(元)

若B部门放弃一项价值为50 000元的资产(投资报酬率为13%)的投资机会,可知:

放弃资产后的剩余收益=(90 000−6 500)−(560 000−50 000)×12%=22 300(元)

根据剩余收益的计算结果可知,B部门追加投资后剩余收益增加了1 000元,放弃资产后的剩余收益减少了500元。B部门会选择追加投资的决策,与公司总目标一致。只要投资项目收益高于资本成本率或要求的最低收益率,就会给企业带来利润,也会给投资中心增加剩余收益,从而保证投资中心的决策行为与企业总体目标一致。

因此,剩余收益正是克服投资报酬率的缺点而设计的,它可以使业绩评价与公司的目标协调一致,引导部门经理采取与总公司总体利益一致的决策。另外,剩余收益允许使用不同的风险调整资本成本,比较符合实际。但剩余收益是一个绝对数指标,不便于不同规模的公司和部门的比较。

(3)经济附加值(Economic Value Added,EVA)

经济附加值实质是对剩余收益加以调整后的变形。其计算公式为:

经济附加值=税后利润+调整项目−(总资产−流动负债)×加权平均资本成本

【做中学9—18】 依据做中学9—15、9—16,假设加权平均资本成本为9%,所得税率为25%,无调整项目。

A 部门经济附加值＝108 000×(1－25％)－(900 000－50 000)×9％＝4 500(元)
B 部门经济附加值＝90 000×(1－25％)－(600 000－40 000)×9％＝17 100(元)
若 B 部门追加接受投资额为 100 000 元(投资报酬率为 13％)的投资机会,可知:
追加投资后经济附加值＝(90 000＋13 000)×(1－25％)－(600 000－40 000＋100 000)×9％
$$=17\ 850(元)$$
若 B 部门放弃一项价值为 50 000 元的资产(投资报酬率为 13％)的投资机会,可知:
放弃资产后的经济附加值＝(90 000－6 500)×(1－25％)－(600 000－40 000－50 000)×9％
$$=16\ 725(元)$$

根据计算结果可知,B 部门追加投资后经济附加值增加了 750 元,放弃资产后的剩余收益减少了 375 元。B 部门会选择追加投资的决策,与公司总目标一致。只要投资项目收益高于资本成本率或要求的最低收益率,就会给企业带来利润,也会给投资中心增加剩余收益,从而保证投资中心的决策行为与企业总体目标一致。

以 EVA 作为考核评价体系的目的就是基于资本市场的计算方法,资本市场上权益成本和债务成本变动时,公司要随之调整加权平均资本成本。而剩余收益根据投资要求的报酬率计算,该资本投资报酬率带有一定主观性。当然,税费也是一个重要因素,经济附加值比剩余收益可以更好地反映部门盈利能力。当然,经济附加值的计算时,净收益的调整事项以及资本成本的确定还无法有统一意见,也不利于建立统一的业绩评价指标。

以上都属于财务指标基础上的业绩评价,事实上,责任中心都有重要的非财务业绩考评指标,如商品或服务的质量、顾客满意度、员工满意度和市场占有量等。这些非财务指标的重要性因责任中心的划分而各不相同。

关键术语

财务预算　　增量预算法　　零基预算法　　定期预算法　　滚动预算法　　固定预算法
弹性预算法　　财务控制　　预算控制　　成本中心　　利润中心　　投资中心

应知考核

一、单项选择题

1. (　　)是其他预算的起点。
 A. 销售预算　　B. 现金预算　　C. 生产预算　　D. 产品成本预算
2. 下列项目中,能够克服固定预算方法缺点的是(　　)。
 A. 固定预算　　B. 弹性预算　　C. 滚动预算　　D. 零基预算
3. 下列各项中,能够揭示滚动预算基本特点的表述是(　　)。
 A. 预算期是相对固定的　　　　B. 预算期是连续不断的
 C. 预算期与会计年度一致　　　D. 预算期不可随意变动
4. 不仅考核成本,而且能根据收入与成本配比计算利润的责任单位是(　　)。
 A. 成本中心　　B. 收入中心　　C. 利润中心　　D. 投资中心
5. 下列考核指标适合作为利润中心的业绩评价依据的是(　　)。
 A. 边际贡献　　　　　　　　　B. 可控边际贡献
 C. 销售毛利　　　　　　　　　D. 部门营业利润

二、多项选择题

1. 编制弹性预算所用业务量可以是(　　)。
   A. 产量　　　B. 销售量　　　C. 直接人工工时　　　D. 机器工时
2. 下列各项中,能揭示弹性预算优点的有(　　)。
   A. 可比性强　　　　　　　　　　B. 预算范围宽
   C. 各预算期预算相互衔接　　　　D. 不受现有费用项目的限制
3. 零基预算与传统的增量预算相比较,其不同之处在于(　　)。
   A. 一切从可能出发　　　　　　　B. 以零为基础
   C. 以现有的费用水平为基础　　　D. 一切从实际需要出发
4. 销售预算的主要内容有(　　)。
   A. 销售收入　　　B. 销售费用　　　C. 销售数量　　　D. 销售单价
5. 利润中心是组织中对实行销售以及控制成本负责的责任中心,一般的权限有(　　)。
   A. 产品定价　　　　　　　　　　B. 决定产品组合
   C. 对产品进行打折　　　　　　　D. 决定投资效果

三、判断题

1. 现金预算也称现金收支预算,是以日常业务预算和特种决策预算为基础所编制的反映现金收支情况的预算。(　　)
2. 预计资产负债表是指用于总括反映企业预算期末财务状况的一种财务预算。预计资产负债表中的项目均应在前述各项日常业务预算和专门决策预算的基础上分析填列。(　　)
3. 零基预算是指在编制预算时,对于所有的预算支出均以零为基础,不考虑其以往情况如何,从根本上研究、分析每项费用是否有支出的必要性和支出数额的大小。(　　)
4. 在编制零基预算时,应以企业现有的费用水平为基础。(　　)
5. 增量预算与零基预算相比能够调动各部门降低费用的积极性。(　　)

四、简述题

1. 简述财务预算的作用。
2. 简述财务预算的步骤。
3. 简述财务控制的特征及应遵循的基本原则。
4. 简述财务控制的主要内容和方法。
5. 简述责任中心和成本中心的特征。

五、计算题

1. 某企业期初存货250件,本期预计销售500件。
   要求:
   (1)如果预计期末存货300件,本期应生产多少件?
   (2)如果预计期末存货260件,本期应生产多少件?
2. 假设M公司只生产一种产品,销售单价为200元,预算年度内四个季度的销售量经测算分别为200件、250件、300件和350件。根据以往经验,销货款在当季可收到60%,下一季度可收到其余的40%。预计预算年度第一季度可收回上一年第四季度的应收账款20 000元。
   要求:计算本年各季度的现金收入。

3. 假定预算期生产量为 50 件,每件产品耗费人工 25 小时,小时工资率为 8 元。
要求:计算直接人工预算额。

应会考核

■ 观念应用

【背景资料】

财务控制原理的应用

已知某集团下设三个投资中心,有关资料如表 9—16 所示。

表 9—16　　　　　　　　　　　　　三个投资中心

指　标	集团公司	A 投资中心	B 投资中心	C 投资中心
净利润(万元)	34 560	10 400	15 800	8 450
净资产平均占用额(万元)	315 000	94 500	145 000	75 500
规定的最低投资报酬率	10%			

【考核要求】

(1)计算该集团公司和各投资中心的投资利润率,并据此评价各投资中心的业绩。
(2)计算各投资中心的剩余收益,并据此评价各投资中心的业绩。
(3)综合评价各投资中心的业绩。

■ 技能应用

某公司制造费用的成本性态如表 9—17 所示。

表 9—17　　　　　　　　　　　　制造费用的成本性态

成本项目	间接人工	间接材料	维修费用	折旧费用	其他费用
固定部分(元)	6 000	1 000	220	100	880
单位变动率(元/小时)	1.0	0.6	0.15	—	0.05

【技能要求】

(1)如果该公司正常生产能力为 10 000 小时,试用列表法编制生产能力在 70%~110% 范围内的弹性制造费用预算(间隔为 10%)。
(2)如果该公司 5 月份实际生产能力只达到正常生产能力的 80%,实际发生的制造费用为 23 000 元,则其制造费用的控制业绩为多少?

■ 案例分析

【情景与背景】

财务预算分析

2021 年度,同大公司持续扩大生产规模和新品种研发投入,按计划分步完成"生态超纤高仿真面料扩大生产规模"募投项目和超募资金使用项目的建设,同时通过精益生产体系的构建等,不断加强公司管理水平和研发实力,提高经济效益。

根据公司 2021 年生产经营发展计划确定的经营目标,编制公司 2022 年度财务预算方案如下:
一、主要财务预算指标
1. 营业总收入:52 905.00 万元。

2. 营业总成本:40 642.00 万元。
3. 利润总额:7 769.00 万元。
4. 净利润:6 629.00 万元。

其他:2021 年度,公司计划实现年产各类超纤产品 1 287 万平方米。

二、公司 2022 年度财务预算与 2021 年度经营成果比较如表 9—18 所示。

表 9—18　　　　　　　　　　　　　　　　　　　　　　　　　　　　　　　　　　　　单位:万元

项　目	2022 年预算	2021 年度实际	增减变动率(%)
营业总收入	52 905.00	43 015.00	22.99
营业总成本	40 642.00	33 085.00	22.84
利润总额	7 769.00	6 106.00	27.24
净利润	6 629.00	5 286.00	25.41

三、2022 年度预算编制说明

主营业务收入按照公司生产能力、销售目标、市场预测编制,产品销售价格和主要原材料采购价格按照市场价格测定编制,各主要材料消耗指标以公司 2021 年实际情况并结合公司考核指标要求测定编制。销售费用、管理费用结合公司 2021 年实际水平,考虑到人工费用、差旅费用、折旧摊销等预计将增加的费用测定编制,财务费用结合公司经营和投资计划测定编制。

【分析要求】

(1)同大公司编制 2022 年度预算有什么意义?
(2)同大公司编制财务预算的依据是什么?
(3)如何正确编制财务预算?

项目实训

【实训项目 1】

财务预算控制管理。

【实训情境】

天元公司生产经营甲产品,2022 年年初应收账款和各季度预测的销售价格和销售数量等资料如表 9—19 所示。

表 9—19　　　　　　　　　　　　　　　　　　　　　　　　　　　　　　　　　　　　单位:万元

季　度		1	2	3	4	应收账款年初值	收现率	
							当季度	下季度
甲产品	单价	65	65	65	65	19 000	60%	40%
	销售量(件)	800	1 000	1 200	1 000			

天元公司年初产成品存货量 80 件,年末产成品存货量 120 件,预计季末产成品存货量占下季度销量的 10%。另外,年初产成品单位成本为 40 元/件。

天元公司生产甲产品使用 A 材料,1、2、3 季度生产甲产品对于 A 材料的消耗定量均为 3 千克/件,4 季度的消耗定量为 4 千克/件。年初 A 材料存货量为 1 500 千克,年末存货量为 1 800 千克,预计期末材料存货量占下季度需用量的 20%,材料价款当期支付 60%,下期支付 40%。应付账款年初余额 4 400 元,材料销售单价为 4 元/件。

天元公司单位产品工时定额为3小时/件,单位工时工资率前三季度均为3元/小时,第四季度为4元/小时。全部费用当季支付。

天元公司变动制造费用的工时分配率为1.2,预计年度固定制造费用合计6 000元,其中折旧费用为1 200元。需用现金支付的费用当季支付。

天元公司变动管理和销售费用的单位产品标准费用额为4元/件,全年的固定管理和销售费用为10 000元,其中折旧费用为2 000元。需用现金支付的费用当季支付。

天元公司季度末现金最低限额为2 000元。银行借款利息为5%。预计缴纳全年所得税费用为10 000元,各季度平均分配。期初现金余额为2 400元。产成品存货采用先进先出法计价。

【实训任务】

请仔细阅读天元公司的有关资料,编制业务预算、现金预算和预计利润表。

【实训项目2】

财务控制管理。

【实训情境】

恒大陷财务危机,恒驰汽车何去何从

恒大集团因负债过高又遇政策严控终陷财务危机,虽然恒大手中仍有巨量地产,但恒大汽车作为其产业的一部分是去是留仍待商讨。

恒大地产发布公告称:恒大地产目前所有存续的公司债券停牌调整,明日复牌后以新的方式交易债券。那么,恒大集团何以陷入如此境地呢?

冰冻三尺,非一日之寒。除去债券到期未兑付事件外,负债也是一大导火索。据恒大集团发布的2021年中报显示,约2 400.49亿人民币债务将于一年内到期;可供支配的流动资金为867.72亿元。恒大现在资金吃紧,部分房地产项目因资金紧缺被迫停工,部分供货商和承包商的项目款仍未结算。

对此,中国恒大、恒大汽车、恒大物业联合发布公告称,集团正在接触几家潜在的买家,探讨出售集团旗下部分资产,包括但不限于恒大新能源汽车集团及物业集团的部分权益。

据恒大集团2021年中报显示,恒大仍有778个土储项目,在土地储备方面排名全国第二。单土地估值就高达4 000亿元。另有数据显示,2021年1—7月,我国有十余家房企的新增土地货值超千亿人民币。

恒大集团布局新能源汽车行业的决定有其意义。截至2019年,新能源汽车的概念已经深入人心,生产也已具备相当规模。以特斯拉、比亚迪和蔚来等为代表的车企占据了很大的市场份额。恒大另辟蹊径,要做纯电动车,那就避开了发动机制造问题。加上恒大在全球范围内的一系列技术、专利采购,人才任用、企业合作与战略投资、生产基地建设等资源整合等一套组合拳下来,其供应链体系已相对完备。

毫无疑问,新能源汽车市场的发展势头可观,市场潜力极大。恒大在这一块的投资是明智的。但恒驰迟迟没有投入量产始终是一个大问题。恒大称将于2021年年底量产纯电动汽车,但届时它的债务也将到期,造车的资金从何而来?以恒大的资源储备,年底前还清到期债务是可能的。但以什么为代价就是个大问题了。但无论如何,也绕不开资产售出。

资料来源:"恒大陷财务危机,恒驰汽车何去何从",中车网,2021年9月16日。

【实训任务】

(1)财务控制的要素包括哪些内容?

(2)恒大的财务资金吃紧的原因是什么?通过恒大事件对您有什么启示?

《财务预算、财务控制管理》实训报告		
项目实训班级：	项目小组：	项目组成员：
实训时间： 年 月 日	实训地点：	实训成绩：
实训目的：		
实训步骤：		
实训结果：		
实训感言：		

项目十

财务分析

○ **知识目标**

理解:财务分析的概念和意义;财务综合指标分析的概念和特点。

熟知:财务分析的目的和内容;财务分析方法。

掌握:偿债能力、运营能力、获利能力和发展能力的分析;财务综合指标分析的内容和方法。

○ **技能目标**

能够对企业的偿债能力、运营能力、获利能力、发展能力作出分析与评价;能够运用财务综合指标分析方法对企业的财务状况和经营业绩作出分析和评价。

○ **素质目标**

运用所学的财务分析知识,结合企业具体规模和行业特点,对企业的财务状况和财务能力进行客观的分析和评价,并根据分析的结果提出合理化建议。培养和提高学生在特定业务情境中分析问题与决策设计的能力;结合行业规范或标准,强化学生的职业道德素质。

○ **思政目标**

能够正确地理解"不忘初心"的核心要义和精神实质;树立正确的世界观、人生观和价值观,做到学思用贯通、知信行统一;通过财务分析知识,明确会计信息的失真将导致国家宏观经济决策失误,给国家带来重大经济损失,并使社会公众对会计诚信基础产生怀疑,从根本上动摇市场经济的信用基础,危害宏观经济的正常运行。所以,只有保障会计信息的真实性,才能根据财务数据的分析结果确定合理的资源配置方案,进而对国家、企业资源进行充分运用,最终推动社会经济的健康发展。通过利用不同的分析方法,分析财务数据存在的异常情况,辨别财务舞弊造假案例,并认识财务舞弊案例产生的社会后果,提高自身的社会责任感,塑造自身诚实守信的优良职业品质和职业素养。

○ **项目引例**

如何分析财务报表

某年4月份,张华在证券公司开户并在资金账户存入了10 000元准备炒股,他购买股票主要从以下几个方面来分析:

(1)判断当前经济形势。此时正值经济处于低谷期,国家各个相关部门正在考虑出台相应刺激经济的政策,他认为这是一个购入股票的绝佳时期,于是决定在一个星期之内将资金账户内资金购买具有投资价值的股票。

(2)判断当前的行业情况。他认为国家出台相关刺激政策,蓝筹股会率先领涨,他判断医药股涨幅会比较大。

(3)他在医药行业中选择具体的上市公司时比较困惑,但希望选择财务状况和经营成果最好的上市公司。此时需要他了解上市公司财务报告,能够对具体财务报表进行分析。

思考与讨论：

针对企业财务报表应当如何分析，从哪些财务指标进行分析，需要运用哪些财务分析方法？

○ 知识精讲

任务一　财务分析概述

一、财务分析的概念

财务分析是根据企业财务报表等信息资料，采用专门方法，系统分析和评价企业财务状况、经营成果以及未来发展趋势的过程。

财务分析以企业财务报告及其他相关资料为主要依据，对企业财务状况和经营成果进行评价和剖析，反映企业在营运过程中的利弊得失和发展趋势，从而为改进企业财务管理工作和优化经济决策提供重要的财务信息。

二、财务分析的目的

（一）企业所有者

企业所有者是企业的出资者。他们最关心企业资产保值增值状况，也就是对投资回报率的关注。当然，他们还十分关注企业风险程度，不但要求企业有短期获利能力，而且关注企业长期发展能力。

（二）企业债权人

企业债权人不能参与企业剩余收益分享，这决定了债权人必须对其资金安全性首先给予关注。因此，债权人在进行财务分析时，最关心的是企业是否有足够的偿债能力。

（三）企业经营决策者

企业经营决策者是企业实际经营者。为了满足不同利益主体经营者的需要与各方面的协调利益关系，企业经营者必须详尽地了解和掌握企业经营理财等各方面信息，以便及时发现问题、采取对策，为企业持续稳定发展理顺关系。

（四）政府

政府是宏观经济管理者，既为企业提供一个良好的经营环境，同时又通过税务、财政和审计等部门对企业实施监督管理职能，不同监管部门监管的侧重点有所不同。政府部门通过分析企业财务信息来了解企业是否依法纳税，检查企业是否存在违法违纪行为，了解企业发展能力。

总体上说，财务分析可以概括为以下四个方面：偿债能力分析、营运能力分析、盈利能力分析和发展能力分析。其中，偿债能力是实现企业财务目标的稳健保证，营运能力是实现企业财务目标的物质基础，盈利能力是前两者共同作用的结果，同时也对前两者的增强起着推动作用。它们相辅相成，共同构成企业财务分析的基本内容。

三、财务分析的意义

（一）可以判断企业财务实力

通过对企业资产负债表和利润表等有关资料进行分析，计算相关指标，可以了解企业资产结构和负债水平是否合理，从而判断企业偿债能力、营运能力及盈利能力等财务实力，揭示企业财务可能存在的问题。

(二)可以评价和考核企业经营业绩以揭示财务活动存在的问题

通过指标计算、分析和比较,能够评价和考核企业盈利能力和资金周转状况,揭示其经营管理各个方面和各个环节存在的问题,找出差距,得出分析结论。

(三)可以挖掘企业潜力以寻求提高企业经营管理水平和经济效益的途径

企业进行财务分析的目的不仅仅是发现问题,更重要的是分析问题和解决问题。通过财务分析,应保持和进一步发挥生产经营管理中的成功经验,对存在的问题应提出解决策略和措施,以达到扬长避短、提高经营管理水平和经济效益的目的。

(四)可以评价企业发展趋势

通过各种财务分析,可以判断企业发展趋势,预测其生产经营前景及偿债能力,从而为企业领导层进行生产经营决策、投资者进行投资决策和债权人进行信贷决策提供重要依据,避免因决策错误给其带来重大的损失。

四、财务分析的依据

财务分析使用的数据大部分来自公开发布的财务报表,财务报表是财务分析最直接、最主要的依据。常用的财务报表主要有资产负债表、利润表和现金流量表。

(一)资产负债表

利用资产负债表,财务分析者可以了解企业资产、负债和所有者权益的金额及结构情况,分析、评价企业资产质量以及短期偿债能力、长期偿债能力、利润分配能力等。表10-1为星海公司的资产负债表(简表)。

表10-1　　　　　　　　　　　资产负债表(简表)
编制单位:星海公司　　　　　　2021年12月31日　　　　　　　　　　　单位:万元

资　产	年末余额	年初余额	负债和股东权益	年末余额	年初余额
流动资产:			流动负债:		
货币资金	585	325	短期借款	430	298
交易性金融资产	136	76	应付票据	53	26
应收票据	30	55	应付账款	480	550
应收账款	1290	1 150	预收款项	45	30
预付款项	140	50	应付职工薪酬	10	8
应收利息			应交税费	23	20
应收股利			应付利息	68	82
其他应收款	56	59	应付股利	270	50
存货	866	1067	其他应付款	113	100
一年内到期的非流动资产	268	30	一年内到期的非流动负债	325	170
其他流动资产	36		其他流动负债	24	33
流动资产合计	3 407	2 812	流动负债合计	1 841	1 367
非流动资产:			非流动负债:		
债权投资	430	503	长期借款	2 100	1 200
长期股权投资	120		应付债券	1 096	1 270

续表

资　　产	年末余额	年初余额	负债和股东权益	年末余额	年初余额
固定资产	6 670	5 298	长期应付款	325	270
在建工程	126	258	其他非流动负债		68
无形资产	50	78	非流动负债合计	3 521	2 808
长期待摊费用	44	98	负债合计	5 362	4 175
其他非流动资产	40		股东权益：		
非流动资产合计	7 480	6 235	股本	2 450	2 450
			资本公积	860	860
			减：库存股		
			其他综合收益		
			盈余公积	874	582
			未分配利润	1 341	980
			股东权益合计	5 525	4 872
资产总计	10 887	9 047	负债和股东权益总计	10 887	9 047

(二) 利润表

利润表是企业经营业绩的综合体现，是评价企业绩效的基础，为财务分析者提供企业生产经营成果、盈利能力等重要信息，有助于帮助财务分析者考核企业管理人员的业绩，预测企业发展趋势等。表10－2为星海公司的利润表（简表）。

表 10－2　　　　　　　　　　　星海公司利润表（简表）
编制单位：星海公司　　　　　　　　2021 年度　　　　　　　　　　　单位：万元

项　　目	本年金额	上年金额
一、营业收入	14 740	14 030
减：营业成本	12 700	12 260
税金及附加	146	130
销售费用	105	99
管理费用	285	280
财务费用	380	353
资产减值损失		
加：公允价值变动收益（损失以"－"号填列）		
投资收益（损失以"－"号填列）	57	
二、营业利润	1 181	908
加：营业外收入	85	140
减：营业外支出	23	50
三、利润总额（亏损总额以"－"号填列）	1 243	998

续表

项　目	本年金额	上年金额
减：所得税费用	320	265
四、净利润（净亏损以"－"号填列）	923	733

(三)现金流量表

企业编制现金流量表的目的是通过如实反映企业各项活动的现金流入、流出情况，从而有助于使用者评价企业的现金流和资金周转情况。表10－3为星海公司的现金流量表。

表10－3　　　　　　　　　　星海公司现金流量表(简表)
编制单位：星海公司　　　　　　　2021年度　　　　　　　　　单位：万元

项　目	金　额
一、经营活动产生的现金流量	
销售商品、提供劳务收到的现金	14 600
收到的税费返还	400
收到的其他与经营活动有关的现金	650
经营活动现金流入小计	15 650
购买商品、接受劳务支付的现金	12 600
支付给职工以及为职工支付的现金	650
支付的各种税费	1 146
支付的其他与经营活动有关的现金	365
经营活动现金流出小计	14 761
经营活动产生的现金流量净额	889
二、投资活动产生的现金流量	
收回投资所收到的现金	160
取得投资收益所收到的现金	50
处置固定资产、无形资产和其他长期资产所收到的现金净额	352
处置子公司及其他营业单位收到的现金净额	
收到的其他与投资活动有关的现金	20
投资活动现金流入小计	582
购建固定资产、无形资产和其他长期资产所支付的现金	1 462
投资所支付的现金	412
取得子公司及其他营业单位支付的现金净额	
支付的其他与投资活动有关的现金	
投资活动现金流出小计	1 874
投资活动产生的现金流量净额	－1 292
三、筹资活动产生的现金流量	

续表

项　目	金　额
吸收投资所收到的现金	
借款所收到的现金	1 630
收到的其他与筹资活动有关的现金	
筹资活动现金流入小计	1 630
偿还债务所支付的现金	619
分配股利、利润或偿付利息所支付的现金	348
支付的其他与筹资活动有关的现金	
筹资活动现金流出小计	967
筹资活动产生的现金流量净额	663
四、汇率变动对现金的影响	
五、现金及现金等价物净增加额	260
加：期初现金及现金等价物余额	325
六、期末现金及现金等价物余额	585

五、财务分析内容

(一)偿债能力分析

偿债能力是指企业偿还到期债务的能力。通过对企业财务报告等会计资料进行分析,可以了解企业的资产流动性、负债水平以及偿还债务能力,从而评价企业财务风险,为管理者、投资者和债权人提供企业偿债能力的财务信息。

(二)营运能力分析

营运能力反映了企业对资产利用和管理的能力。企业的生产经营过程就是利用资产取得收益的过程。资产是企业生产经营活动的经济资源,对资产利用和管理的能力直接影响到企业收益,它体现了企业经营能力。对营运能力进行分析,可以了解到企业资产保值增值情况,分析企业资产利用效率、管理水平、资金周转状况、现金流量状况等,为评价企业经营管理水平提供依据。

(三)盈利能力分析

获取利润是企业的主要经营目标之一,它反映了企业的综合素质。企业要生存和发展,必须争取获得较高利润,这样才能在竞争中立于不败之地。投资者和债权人都非常关注企业的盈利能力,盈利能力可以提高企业偿还债务的能力,提升企业信誉。对企业盈利能力的分析不能仅看其获取利润的绝对数,还应分析其相对指标,这些都可以通过财务分析来实现。

(四)发展能力分析

无论是企业管理者还是投资者、债权人,都非常关心企业的发展能力,因为这关系到他们的切身利益。通过对企业发展能力进行分析,可以判断企业发展潜力,预测企业经营前景,从而为企业管理者和投资者进行经营决策和投资决策提供重要依据,避免决策失误给其带来重大经济损失。

任务二　财务分析方法

一、趋势分析法

趋势分析法又称水平分析法,是通过对比两期或连续数期财务报告中的相同指标,确定其增减变动的方向、数额和幅度来说明企业财务状况或经营成果的变动趋势的一种方法。采用这种方法,可以分析引起变化的主要原因、变动的性质,并预测企业未来的发展前景。趋势分析法的具体运用主要有三种方式:重要财务指标的比较、会计报表的比较、会计报表项目构成的比较。

(一)重要财务指标的比较

重要财务指标的比较,是指将不同时期财务报告中的相同指标或比率进行比较,直接观察其增减变动情况及变动幅度,考查其发展趋势,预测其发展前景。对不同时期财务指标的比较,可以用以下两种比率:

1. 定基动态比率

定基动态比率是以某一时期的数额为固定的基期数额而计算出来的动态比率。其计算公式为:

$$定基动态比率 = \frac{分析期数额}{固定基期数额} \times 100\%$$

2. 环比动态比率

环比动态比率是以每一分析期的前期数额为基期数额而计算出来的动态比率。其计算公式为:

$$环比动态比率 = \frac{分析期数额}{前期数额} \times 100\%$$

(二)会计报表的比较

会计报表的比较是指将连续数期的会计报表的金额并列起来,比较其相同指标的增减变动金额和幅度,据以判断企业财务状况和经营成果发展变化的一种方法。会计报表的比较,具体包括资产负债表比较、利润表比较和现金流量表比较等。比较时,既要计算出表中有关项目增减变动的绝对额,又要计算出其增减变动的百分比。

(三)会计报表项目构成的比较

这是在会计报表比较的基础上发展而来的。它是以会计报表中的某个总体指标作为100%,再计算出其各组成项目占该总体指标的百分比,从而比较各个项目百分比的增减变动,以此来判断有关财务活动的变化趋势。这种方式比前述两种方式能更准确地分析企业财务活动的发展趋势。它既可用于同一企业不同时期财务状况的纵向比较,又可用于不同企业之间的横向比较。同时,这种方法能消除不同时期(不同企业)之间业务规模差异的影响,有利于分析企业的耗费水平和盈利水平。

二、比率分析法

比率分析法是通过计算各种比率指标来确定财务活动变动程度的方法。比率是相对数,采用这种方法,能够把某些条件下的不同可比指标变为可比指标,以利于分析。比率指标的类型主要有构成比率、效率比率和相关比率。

(一)构成比率

构成比率又称结构比率,是指某项财务分析指标的各构成部分数值占总体数值的百分比,反映部分与总体的关系。其计算公式为：

$$构成比率 = \frac{某个组成部分数值}{总体数值} \times 100\%$$

例如：企业资产中流动资产、固定资产和无形资产占资产总额的百分比（资产构成比率），企业负债中流动负债和非流动负债占负债总额的百分比（负债构成比率）等。利用构成比率，可以考查总体中某个部分的形成和安排是否合理，以便协调各项财务活动。

（二）效率比率

效率比率是指某项财务活动中所费与所得的比率，反映投入与产出的关系。利用效率比率指标可以进行得失比较，考查经营成果，评价经济效益。比如，将利润项目与销售成本、销售收入、资本金等项目加以对比，可以算出成本利润率、销售利润率以及资本金利润率等利润率指标，也可以从不同角度观察比较企业获利能力的高低及其增减变化情况。

（三）相关比率

相关比率是指将某个项目和与其有关但又不同的项目加以对比所得出的比率，反映有关经济活动的相互关系。利用相关比率指标可以考查企业相互关联的业务安排是否合理，以保障经营活动顺畅进行。比如，将流动资产与流动负债加以对比，计算出流动比率，据以判断企业的短期偿债能力。

三、因素分析法

因素分析法是依据指标与影响因素的关系，从数量上确定各因素对分析指标影响方向和影响程度的一种方法。因素分析法又可以分为连环替代法和差额分析法两种。

（一）连环替代法

连环替代法是将分析指标分解为各个可以计量的因素，并根据各个因素之间的依存关系，顺次用各因素的比较值（实际值、本期值、本企业值）替代基准值（计划值、上期值、其他企业值），据以测定各因素对分析指标的影响。

连环替代法的基本步骤为：

(1)确定影响分析指标的各项构成因素，并用代数式表达它们之间的关系。

下面以乘积关系为例，设某一经济指标 T 由相互联系的 A、B、C 三个因素的乘积组成，则：

$$T = A \times B \times C$$

(2)确定分析指标的差异，即财务指标比较值与基准值的差异，该差异是因素分析的对象。

设 T 的比较值为 T_1（$T_1 = A_1 \times B_1 \times C_1$），基准值为 T_0（$T_0 = A_0 \times B_0 \times C_0$），则比较值与基准值的差异为：

$$\Delta T = T_1 - T_0$$

(3)确定各影响因素的替代顺序。此处，假设按 A、B、C 的先后顺序替代。

(4)连环替代并计算各因素的影响。从分析指标的基准值开始，按顺序用每个影响因素的比较值替代基准值，每次替换一个因素，直到将所有的因素替换为比较值。替换后的结果与替换前的结果的差额，就是所替换因素对分析指标的影响。

图 10—1 中 A、B、C 各因素的影响之和等于指标 T 的比较值 T_1 与基准值 T_0 的差异 ΔT，即：

$$(T' - T_0) + (T'' - T') + (T_1 - T'') = T_1 - T_0 = \Delta T$$

（二）差额分析法

差额分析法是连环替代法的一种简化形式，是利用各个因素的比较值与基准值之间的差额来直接计算各因素对分析指标的影响。

基准值：$T_0 = A_0 \times B_0 \times C_0$

第一次替代：$T' = A_1 \times B_0 \times C_0$ $\quad\}\; T' - T_0\; (A因素的影响)$

第二次替代：$T'' = A_1 \times B_1 \times C_0$ $\quad\}\; T'' - T'\; (B因素的影响) \;\Big\}\; T_1 - T_0 = \Delta T$

第三次替代：$T_1 = A_1 \times B_1 \times C_1$ $\quad\}\; T_1 - T''\; (C因素的影响)$
（比较值）

图 10—1　连环替代法

A 因素对 T 的影响 $= (A_1 - A_0) \times B_0 \times C_0$
B 因素对 T 的影响 $= (B_1 - B_0) \times A_1 \times C_0$
C 因素对 T 的影响 $= (C_1 - C_0) \times A_1 \times B_1$

因素分析法既可以全面分析各因素对某一经济指标的影响，又可以单独分析某个因素对该经济指标的影响，在财务分析中应用颇为广泛。

【做中学 10—1】 企业 2021 年 12 月份某种原材料费用实际数是 220 000 元,而计划数是 240 000 元,实际比计划减少了 20 000 元,由于原材料费用是由产品产量、单位产品材料耗用量和材料单价三个因素乘积构成的,因此,就可以把材料费用这一总指标分解为三个因素,然后逐个来分析它们对材料费用总额的影响程度。假定这三个因素的数值如表 10—4 所示。

表 10—4　　　　　　　　　　　　产品原材料构成情况

项　目	单　位	计划数	实际数
产品产量	千克	200	220
单位产品材料消耗量	件/千克	30	20
材料单价	元/件	40	50
材料费用总额	元	240 000	220 000

根据表 10—4 中数据,材料费用总额实际数较计划数减少 20 000 元,这是分析的对象。运用连环替代法,可以计算各因素变动对材料费用总额的影响程度如下：

计划指标：$200 \times 30 \times 40 = 240\,000$（元）　①
第一次替代：$220 \times 30 \times 40 = 264\,000$（元）　②
第二次替代：$220 \times 20 \times 40 = 176\,000$（元）　③
第三次替代：$220 \times 20 \times 50 = 220\,000$（元）　④

②－① $= 24\,000$（元）,这是产量增加的影响。
③－② $= -88\,000$（元）,这是材料消耗节约的影响。
④－③ $= 44\,000$（元）,这是价格提高的影响。

所以,（②－①）+（③－②）+（④－③）$= -20\,000$（元）,这是全部因素的影响。

【做中学 10—2】 差额分析法运用举例：仍以表 10—4 所列数据为例,采用差额分析法计算确定各个因素变动对材料费用的影响。

①产量增加对材料费用的影响为：$(220 - 200) \times 30 \times 40 = 24\,000$（元）
②材料消耗节约对材料费用的影响为：$(20 - 30) \times 220 \times 40 = -88\,000$（元）
③原材料单价提高对材料费用的影响为：$(50 - 40) \times 220 \times 20 = 44\,000$（元）

四、财务分析的局限性

财务分析的局限性主要表现在以下三个方面：

(一)资料来源的局限性

1. 报表数据的时效性问题

财务报表中的数据，均是企业过去经济活动的结果和总结，用于预测未来发展趋势，只有参考价值，并非绝对合理。

2. 报表数据的真实性问题

在企业形成其财务报表之前，信息提供者往往对信息使用者所关注的财务状况以及对信息的偏好进行仔细分析与研究，并尽力满足信息使用者对企业财务状况和经营成果信息的期望；其结果极有可能使信息使用者所看到报表信息与企业实际状况相距甚远，从而误导信息使用者决策。

3. 报表数据的可靠性问题

财务报表虽然是按照会计准则编制的，但不一定能准确地反映企业的客观实际。例如：报表数据未按通货膨胀进行调整；某些资产以成本计价，并不代表其现在的真实价值；许多支出在记账时存在灵活性，既可以作为当期费用，也可以作为资本项目在以后年度摊销；很多资产以估计值入账，但未必正确；偶然事件可能歪曲本期的损益，不能反映正常的盈利水平。

4. 报表数据的可比性问题

根据会计准则规定，不同企业或同一企业不同时期都可以根据情况采用不同的会计政策和会计处理方法，这使得很多时候报表上的数据在企业不同时期或不同企业之间对比失去意义。

5. 报表数据的完整性问题

由于报表本身的原因，其提供的数据是有限的。对于报表使用者来说，可能不少需要的信息在报表或附注中根本找不到。

(二)财务分析方法的局限性

在实际操作时，对于比较分析法来说，比较双方必须具备可比性才有意义。对于比率分析法来说，比率分析是针对单个指标进行分析，综合程度较低，在某些情况下无法得出令人满意的结论；比率指标计算一般都是建立在历史数据基础上，这使比率指标提供的信息与决策之间的相关性大打折扣。对于因素分析法来说，在计算各因素对综合经济指标的影响额时，主观假定各因素变化顺序而且规定每次只有一个因素发生变化，这些假定往往与事实不符。并且，无论何种分析法均是对过去经济事项的反映，随着环境变化，这些比较标准也会发生变化。而在分析时，分析者往往只注重数据比较，而忽略经营环境变化，这样得出的分析结论也是不全面的。

(三)财务分析指标的局限性

1. 财务指标体系不严密

每一个财务指标只能反映企业财务状况或经营状况的某一方面，如果每一类指标都过分强调本身所反映方面的内容，会导致整个指标体系不严密。

2. 财务指标所反映的情况具有相对性

在判断某个具体财务指标是好是坏，或根据一系列指标对企业综合判断时，必须注意财务指标本身所反映情况的相对性。因此，在利用财务指标进行分析时，必须掌握好对财务指标的"信任度"。

3. 财务指标的评价标准不统一

比如，对流动比率，人们一般认为标准值为 2 比较合理，速动比率则认为标准值为 1 比较合适，但许多发展较好的企业流动比率低于 2，不同行业的速动比率也有很大差别；如采用大量现金销售的企业,几乎没有应收账款,速动比率低于1是很正常的。相反,一些应收账款较多的企业,速动比率可能要大于1。因此,在不同企业之间用财务指标进行评价时没有一个统一标准,不便于不同行业间的对比。

4.财务指标的计算口径不一致

比如,反映企业营运能力的指标,分母计算可用年末数,也可用平均数,而平均数计算又有不同的方法,这些都会导致计算结果不一样,不利于评价比较。

任务三　财务能力分析

如前所述,不同的财务分析主体对财务分析有着不同的侧重,但从总体来看,主要涉及四个方面能力的分析,包括偿债能力分析、营运能力分析、盈利能力分析和发展能力分析。此外,投资者在对上市公司进行财务分析时,还应进一步分析其股票是否具有投资价值。这些分析主要通过计算、比较相关财务指标来进行。

一、偿债能力分析指标

偿债能力是指企业偿还到期债务(包括本金和利息)的能力。企业债务分为短期负债和长期负债,故偿债能力分析指标可相应分为短期偿债能力分析指标和长期偿债能力分析指标。

(一)短期偿债能力分析指标

短期偿债能力是指公司以其流动资产支付在1年内即将到期的流动负债的能力。其对于一个公司来说相当重要。一个公司一旦缺乏短期偿债能力,不仅无法获得有利的机会,而且会因为无力支付到期的债务而被迫变卖资产,最终导致破产。短期偿债能力主要通过流动资产对流动负债的保障程度来反映。分析企业短期偿债能力的指标主要有流动比率、速动比率、现金比率和现金流动负债比率。通过这些比率还可以衡量企业流动资产的变现能力和资产的流动性,因此,这些比率也称为变现能力比率。

1.流动比率

流动比率是指企业流动资产与流动负债的比率。其计算公式为:

$$流动比率 = \frac{流动资产}{流动负债} \times 100\%$$

该比率表明企业每1元流动负债有多少流动资产作为偿还保证。一般来说,分析期期末的流动资产将在下一个期间转变为现金,而分析期期末的流动负债将需要下一个期间动用现金支付,因此二者的比值能够在一定程度上反映企业短期债务的偿还能力。

一般认为,流动比率越高,流动负债的安全程度越高,企业短期偿债能力越强,短期债权人到期收回本息的可能性越大。但从企业的角度看,流动比率并不是越高越好,流动比率过高,可能说明企业的流动资产占用资金过多,资金的使用效率较低,这样必然造成企业机会成本的增加和获利能力的降低。

根据经验,国际上通常认为流动比率等于2比较合理。因此,在财务分析中,往往以2作为流动比率的比较标准。另外,流动比率太高也可能是企业流动资产或流动负债管理存在问题所导致的,如存货大量积压、大量应收账款迟迟不能收回、企业没能充分利用商业信用和现有的借款能力等。因此,对流动比率要具体情况具体分析。

【做中学10-3】　根据表10-1的资料,星海公司2021年年初与年末的流动比率计算如下:

$$年初流动比率=\frac{2\,812}{1\,367}=2.06 \qquad 年末流动比率=\frac{3\,407}{1\,841}=1.85$$

以上计算结果表明,星海公司年初流动比率略高于公认标准2,年末流动比率比年初有所下降,低于2,年末流动资产为每1元流动负债提供的保障比年初降低了0.21元(2.06-1.85),说明其短期偿债能力有所下降,分析者需进一步查明偿债能力下降的原因。

2. 速动比率

速动比率也称酸性实验比率,是指企业速动资产与流动负债的比率。速动资产是指企业可以在较短时间内变现的资产。速动比率的计算公式为:

$$速动比率=\frac{速动资产}{流动负债}\times 100\%$$

流动资产中各项资产的变现能力不同,一般来说,货币资金本身不存在变现问题,交易性金融资产可以在需要时随时转化为现金,应收账款、应收票据等应收款项是企业可以强制对方兑现的债权,也可能在较短时间内变现,因此,以上资产被称为速动资产。而存货由于受类别、结构以及销售市场等因素的制约,在短期内按预期价格出售的可能性很值得怀疑,在公司清算时也最容易贬值,属于非速动资产。

由于企业流动资产中非速动资产主要由存货构成,因此速动资产常常简单地用"流动资产-存货"表示。速动比率通常表示为:

$$速动比率=\frac{流动资产-存货}{流动负债}\times 100\%$$

与流动比率相比,速动比率反映了企业运用能够迅速变现的资产偿还短期负债的能力。由于剔除了存货等变现能力较弱且不稳定的资产,因此,速动比率较之流动比率能够更加准确、可靠地评价企业资产的流动性及偿还短期负债的能力。一般情况下,速动比率越高,企业偿还流动负债的能力越强,对债权人越有利。但是,速动比率过高,说明企业现金及应收账款资金占用过多,这样就会大大增加企业的机会成本,造成企业盈利能力降低。

一般速动比率保持在1左右比较适宜。该比率过低,表明公司短期偿债能力弱,风险大;但比率过高,则表明公司滞留的现金或近似于现金的资产过多,利用效率差,会影响到公司的盈利能力。但是该比率也不是绝对的,不同行业也会有差别,应该根据同行业的资料和本公司的历史情况进行判断。

【做中学10-4】 根据表10-1的资料,星海公司2021年年初与年末的速动比率计算如下:

$$年初速动比率=\frac{325+76+55+1\,150+50+59}{1\,367}=1.25$$

$$年末速动比率=\frac{585+136+30+1\,290+140+56}{1\,841}=1.21$$

以上计算结果表明,星海公司年末速动比率比年初略有降低,但均超过了1。结合上例,星海公司年末流动比率虽然比年初下降了,且低于2,但根据速动比率的计算结果分析,该公司快速偿还短期债务的能力并不弱。

3. 即付比率

即付比率是指企业现金类资产与流动负债的比率,也称现金比率。现金类资产包括货币资金、交易性金融资产等。即付比率的计算公式为:

$$即付比率=\frac{现金类资产}{流动负债}\times 100\%$$

由于现金类资产是流动性最强、可直接用于偿债的资产,所以,在反映偿债能力方面即付比率比流动比率、速动比率更加稳健,反映企业随时还债的能力。即付比率越高,表明企业短期偿债能力越强。但过高的即付比率可能意味着存在过多的资金没有投入企业生产经营活动中,会影响企业的盈利能力。

【做中学 10-5】 根据表 10-1 的资料,星海公司 2021 年年初与年末的即付比率计算如下:

$$年初即付比率 = \frac{325+76}{1\ 367} = 0.30$$

$$年末即付比率 = \frac{585+136}{1\ 841} = 0.39$$

以上计算结果表明,星海公司年末即付比率比年初有所上升,年末现金资产为每 1 元流动负债提供的保障增加了 0.09 元(0.39-0.30)。

4. 现金流动负债比率

现金流动负债比率是指企业经营现金净流量与流动负债的比率。这里的经营现金净流量,通常是指现金流量表中的"经营活动产生的现金流量净额"。它代表了企业生产经营产生现金的能力,已经扣除了经营活动自身所需的现金流出,是可以用来偿债的现金流量。现金流动负债比率的计算公式为:

$$现金流动负债比率 = \frac{经营活动产生的现金流量净额}{流动负债}$$

与前述短期偿债能力指标比较,现金流动负债比率不再停留在对资产负债表的静态分析上,而从动态角度反映经营活动取得的现金净流量对流动负债的保障程度,属动态指标。用该指标评价企业偿债能力要更加谨慎。该指标越大,表明企业经营活动产生的现金净流量对短期债务的保障程度越高。

【做中学 10-6】 根据表 10-1、表 10-3 的资料,并假设星海公司 2020 年度经营活动产生的现金流量净额为 580 万元,则该公司 2020 年度和 2021 年度现金流动负债比率为:

$$2020 年度现金流动负债比率 = \frac{580}{1\ 367} = 0.42$$

$$2021 年度现金流动负债比率 = \frac{889}{1\ 841} = 0.48$$

以上计算结果表明,与 2020 年相比,星海公司 2021 年每 1 元流动负债的经营现金流量的保障程度有所提高。

5. 到期债务本息偿付比率

到期债务本息偿付比率是指本期经营活动产生的现金流量净额与本期到期债务本息的比率,反映企业用经营活动创造的现金支付到期债务本金及利息的能力。其计算公式为:

$$到期债务本息偿付比率 = \frac{经营活动产生的现金流量净额}{本期到期债务本金+现金利息支出}$$

到期债务本息偿付比率越高,企业的偿债能力越强;反之,越弱。如果该指标小于 1,表明企业本期经营活动产生的现金不足以偿付本期到期的债务本息,企业必须通过对外筹资或出售资产才能保证债务本息的偿还。

【做中学 10-7】 根据表 10-3 的资料,并假设星海公司 2020 年度经营活动产生的现金流量净额为 580 万元,到期债务本金为 540 万元,现金利息支出为 210 万元;2021 年度现金利息支出为 298 万元,则该公司 2020 年度和 2021 年度到期债务本息偿付比率为:

$$2020\text{ 年度到期债务本息偿付比率} = \frac{580}{540+210} = 0.77$$

$$2021\text{ 年度到期债务本息偿付比率} = \frac{889}{619+298} = 0.96$$

以上计算结果表明,与 2020 年相比,星海公司 2021 年的到期债务本息偿付比率有较大程度提高,但仍不足 1,表明企业经营活动产生的现金不足以偿付到期的债务本息,企业必须通过对外筹资或出售资产才能保证债务本息的偿还。

(二)长期偿债能力分析指标

长期偿债能力是指企业偿还长期债务的能力,主要通过计算资产、负债和所有者权益之间的关系指标来分析企业资本结构是否合理,进而评价企业的长期偿债能力。反映企业长期偿债能力的指标主要有资产负债率、产权比率、权益乘数、已获利息倍数和现金利息保障倍数等。

1. 资产负债率

资产负债率又称负债比率,是指企业负债总额与资产总额的比率。其计算公式为:

$$\text{资产负债率} = \frac{\text{负债总额}}{\text{资产总额}} \times 100\%$$

资产负债率表明企业资产总额中债权人提供的资本所占的比重,反映企业资产对债权人权益的保障程度。

一般情况下,资产负债率越低,说明借入资金占全部资金的比重越小,负债越安全,企业长期偿债能力越强;资产负债率越高,说明借入资金占全部资金的比重越大,企业不能偿还负债的风险越高。因此,对债权人来说,该指标越小越好。但是,对企业所有者来说,如果该指标过小则表明企业对债务的财务杠杆利用不够,即没能充分利用负债经营的好处。世界 500 强的公司负债率一般不超过 10%。按一般经验判断,资产负债率的最高标准为 50%,若该比率高于 50%,则表明担保每 1 元负债的自有资金不足 1 元钱,债权人风险较大。

【做中学 10-8】 根据表 10-1 的资料,星海公司 2021 年年初与年末的资产负债率为:

$$\text{年初资产负债率} = \frac{4\,175}{9\,047} \times 100\% = 46.01\%$$

$$\text{年末资产负债率} = \frac{5\,362}{10\,887} \times 100\% = 49.25\%$$

以上计算结果表明,与年初相比,星海公司 2021 年年末的负债程度有所提高,接近 50%,虽然长期偿债能力有所下降,但星海公司加强了对财务杠杆的利用,资本结构比以前得到了优化。

2. 产权比率

产权比率也称权益负债率,是指企业负债总额与所有者权益总额的比率。其计算公式为:

$$\text{产权比率} = \frac{\text{负债总额}}{\text{所有者权益总额}} \times 100\%$$

该指标反映了所有者权益对债权人权益的保障程度。一般情况下,产权比率越低,表明所有者权益对债权人权益的保障程度越高,企业的长期偿债能力越强,偿债风险越小,但同时导致企业财务杠杆利用不足;产权比率越高,负债程度越高,财务杠杆利用程度越高,但同时财务风险越大。所以,如同对资产负债率的评价,对于债权人来说,产权比率越低越好;对于企业所有者来说,则希望产权比率要适度。因此,公司在评价产权比率适度与否时,应从提高获利能力和增强偿债能力两个方面综合进行,在保障债务偿还安全的前提下,尽可能提高产权比率。

【做中学 10-9】 根据表 10-1 的资料,星海公司 2021 年年初与年末的产权比率为:

$$年初产权比率 = \frac{4\ 175}{4\ 872} \times 100\% = 86\%$$

$$年末产权比率 = \frac{5\ 362}{5\ 525} \times 100\% = 97\%$$

以上计算结果表明,与年初相比,星海公司 2021 年年末的产权比率有所提高,增加了负债,与资产负债率反映的结果一致。

3. 权益乘数

权益乘数是指资产总额与所有者权益总额的比值。其计算公式为:

$$权益乘数 = \frac{资产总额}{所有者权益总额}$$

该指标反映了每 1 元权益资本驱动多少总资本在运行,它实际上反映了企业对债务资本的利用情况。在西方国家,权益乘数又被称为财务杠杆,它可以反映权益净利率与资产净利率之间的倍数关系。权益乘数越高,意味着负债程度越高,财务杠杆的作用越大,当然财务风险也会越大,此时,企业的长期偿债能力也就越低;权益乘数越低,偿债能力越强,但财务杠杆利用程度越不足。因此,权益乘数要适度。

【做中学 10-10】 根据表 10-1 的资料,星海公司 2021 年年初与年末的权益乘数为:

$$年初权益乘数 = \frac{9\ 047}{4\ 872} = 1.86$$

$$年末权益乘数 = \frac{10\ 887}{5\ 525} = 1.97$$

以上计算结果表明,与年初相比,星海公司 2021 年年末负债程度有所提高,权益乘数增大了,与资产负债率和产权比率反映的结果是一致的。

实际上,资产负债率、产权比率、权益乘数三者在本质上是一回事,都是反映资产、负债、所有者权益这三大会计要素之间的关系,三者呈同方向变动:资产负债率越大,产权比率和权益乘数就越大;反之,资产负债率越小,产权比率和权益乘数也越小。它们之间的关系如下:

$$权益乘数 = \frac{1}{1-资产负债率} = 1 + 产权比率$$

另外,权益乘数的倒数又称为权益比率,即:

$$权益比率 = \frac{1}{权益乘数} = \frac{所有者权益总额}{资产总额}$$

4. 已获利息倍数

已获利息倍数又称利息保障倍数,是指企业一定时期息税前利润与利息支出的比值,反映了企业用经营业务收益偿付借款利息的能力。其计算公式为:

$$已获利息倍数 = \frac{息税前利润}{利息支出}$$

公式中的分子"息税前利润"是指利润表中未扣除利息费用和所得税之前的利润,即:

$$息税前利润 = 利润总额 + 利息费用 = 净利润 + 所得税费用 + 利息费用$$

其中,利息费用是指计入利润表财务费用中的利息费用,而公式中的分母"利息支出"是指支付的全部利息,不仅包括财务费用中的利息费用,而且包括计入固定资产成本的资本化利息。

已获利息倍数表明 1 元的债务利息有多少元的息税前收益作保障。如果企业一直保持按时付息的信誉,则不仅原有负债可以正常延续,而且举借新债也比较容易。已获利息倍数越大,利息支付越有保障。从长期来看,要维持正常偿债能力,已获利息倍数至少应当大于1,若小于1,意味着企业实现的经营成果不足以支付当期利息,此时,财务风险较高,需引起高度重视。同时应注意,对于企业和所有者来说,也并非已获利息倍数越大越好。如果一个很大的已获利息倍数不是高利润带来的,而是低利息导致的,则说明企业财务杠杆程度很低,未能充分利用举债经营的优势。

【做中学 10-11】 根据表10-2的资料,并假设星海公司2021年财务费用中利息费用为280万元,2020年财务费用中利息费用为260万元,两年均无资本化利息,则该公司2020年和2021年已获利息倍数分别为:

$$2020\text{年已获利息倍数} = \frac{998+260}{260} = 4.84$$

$$2021\text{年已获利息倍数} = \frac{1\,243+280}{280} = 5.44$$

以上计算结果表明,星海公司的已获利息倍数较高,能较好地保障利息的顺利支付。与2020年相比,2021年的息税前利润对利息的保障程度更是有所提高。

5. 现金利息保障倍数

现金利息保障倍数是指企业所得税前经营现金流量净额与现金利息支出的比值,反映的是企业用当期经营活动增加的现金支付当期利息的能力。其计算公式为:

$$\text{现金利息保障倍数} = \frac{\text{税前经营活动现金流量净额}}{\text{现金利息支出}}$$

$$= \frac{\text{经营活动现金流量净额} + \text{付现所得税}}{\text{现金利息支出}}$$

现金利息保障倍数表明1元的现金利息支出有多少元的经营现金流量作保障。由于并非所有的利润都是当期的现金流入,也并非所有的利息支出和所得税都需要在当期用现金支付,因此用已获利息倍数来反映企业支付利息的能力并不十分准确。将已获利息倍数中的息税前利润用税前经营活动现金流量净额代替,利息支出用现金利息支出代替,就得到了现金利息保障倍数。它更明确地反映了企业实际偿付利息的能力。

【做中学 10-12】 根据表10-3的资料,并假设星海公司2020年经营活动产生的现金流量净额为580万元,付现所得税为260万元,现金利息支出为210万元;2021年付现所得税为310万元,现金利息支出为298万元,则该公司2020年和2021年的现金利息保障倍数分别为:

$$2020\text{年现金利息保障倍数} = \frac{580+260}{210} = 4$$

$$2021\text{年现金利息保障倍数} = \frac{889+310}{298} = 4.02$$

以上计算结果表明,星海公司2020年和2021年两年的现金利息保障倍数基本相同,每1元的现金利息支出就有4元的经营活动产生的现金流量作保障,能较好地保障利息的顺利支付。

(三)影响偿债能力的其他因素

1. 可动用的银行贷款指标

可动用的银行贷款指标是指银行已经同意而企业尚未办理贷款手续的银行贷款限额。这种指标可以随时使用,增加企业的现金,提高支付能力。但这一数据不反映在财务报表中,而在董事会决议中可能会有所记录,分析者在分析企业偿债能力时应予以关注。

2. 可以随时变现的非流动资产

企业可能有一些长期资产可以随时出售变现,而不出现在"1年内到期的非流动资产"项目中。

例如,储备的土地、未开采的采矿权等,在企业发生周转困难时,将其出售,可在不影响企业的持续经营的情况下增强企业的偿债能力。

3. 经营租赁

租赁资产是企业的一种筹资方式,包括融资租赁和经营租赁。融资租赁形成的负债都已反映于资产负债表中,而经营租赁形成的负债则没有反映于资产负债表中。当企业的经营租赁量比较大、期限比较长或具有经常性时,就形成了一种长期性筹资,这种长期性筹资,需要支付租金,对企业的偿债能力会产生影响。因此,如果企业经常发生经营租赁业务,应考虑租金对偿债能力的影响。

4. 或有负债

或有负债是企业在经营活动中有可能发生的债务,如未决诉讼、未决仲裁、担保责任、已贴现商业承兑汇票等。根据我国《企业会计准则》的规定,或有负债不在资产负债表中反映。这些或有负债在资产负债表日还不能确定未来的结果如何,将来一旦成为企业的现实负债,就会对企业的财务状况产生重大影响。尤其是金额较大的或有负债,在评价偿债能力时必须予以关注。

5. 偿债能力声誉

具有良好偿债能力声誉的企业,在偿债出现困难时,通常有能力筹集到资金,提高偿债能力。

二、营运能力分析指标

营运能力是指企业组织、管理和运营相关资产的效率和能力,常用资产周转速度来反映。衡量指标主要有周转率和周转期,衡量资产主要包括总资产、固定资产、流动资产、应收账款和存货。

周转率是指企业资产在一定时期内周转的次数,通常用企业一定时期资产的周转额与同期资产平均资金占用额的比值来反映。一般来说,周转次数越多,表明周转速度越快,企业营运能力越强。其计算公式为:

$$周转率 = \frac{一定时期内资产周转额}{同期资产平均资金占用额}$$

周转期是指资产周转一次所需要的时间(天数),可用计算期天数与周转次数之比反映。一般来说,周转期越短,表明周转速度越快,资产营运能力越强。其计算公式为:

$$周转期 = \frac{计算期天数}{周转次数}$$

为简化起见,计算期天数一般每月按 30 天计算,每季按 90 天计算,每年按 360 天计算。

下面就不同资产分析其各自的营运能力。

(一)总资产周转速度

反映总资产周转速度的指标包括总资产周转率和总资产周转期。

总资产周转率是企业一定时期的营业收入与总资产平均资金占用额的比值。其计算公式如下:

$$总资产周转率 = \frac{营业收入}{总资产平均资金占用额}$$

总资产周转期是计算期天数与总资产周转率的比值。其计算公式如下:

$$总资产周转期 = \frac{计算期天数}{总资产周转率}$$

总资产周转速度可以反映企业全部资产的使用效率。一般来说,如果企业总资产周转率较高、周转期较短,说明企业利用全部资产进行经营的效果好、效率高;反之,如果总资产周转率较低、周转期较长,说明企业利用全部资产进行经营的效果差、效率低,最终会影响企业的获利能力。

总资产周转速度主要受到固定资产和流动资产周转速度的影响,因此,在分析总资产周转速度时需进一步分析固定资产和流动资产的周转速度。

【做中学 10-13】 根据表 10-1、表 10-2 的资料,并假设星海公司 2020 年年初资产总额为 9 100 万元,则该公司 2020 年和 2021 年的总资产周转率和周转期分别为:

$$2020 年总资产周转率 = \frac{14\ 030}{\frac{9\ 100 + 9\ 047}{2}} = 1.55(次)$$

$$2020 年总资产周转期 = \frac{360}{1.55} = 232.26(天)$$

$$2021 年总资产周转率 = \frac{14\ 740}{\frac{9\ 047 + 10\ 887}{2}} = 1.48(次)$$

$$2021 年总资产周转期 = \frac{360}{1.48} = 243.24(天)$$

以上计算结果表明,与 2020 年相比,星海公司 2021 年的总资产周转速度变慢,该公司需进一步分析导致总资产周转速度变慢的原因,并分析固定资产和流动资产的周转速度。

(二)固定资产周转速度

反映固定资产周转速度的指标包括固定资产周转率和固定资产周转期。

固定资产周转率是企业一定时期的营业收入与固定资产平均资金占用额的比值。其计算公式如下:

$$固定资产周转率 = \frac{营业收入}{固定资产平均资金占用额}$$

固定资产周转期是计算期天数与固定资产周转率的比值。其计算公式如下:

$$固定资产周转期 = \frac{计算期天数}{固定资产周转率}$$

一般情况下,固定资产周转率越高、周转期越短,表明企业固定资产周转速度越快、利用效率越高,营运能力越强,反映出企业固定资产投资得当,结构分布合理;反之,固定资产周转率越低、周转期越长,表明企业固定资产周转速度越慢、利用效率越低,营运能力越弱,反映出企业固定资产可能数量过多或结构分布不合理,没有得到充分利用,最终影响企业的获利能力。

【做中学 10-14】 根据表 10-1、表 10-2 的资料,并假设星海公司 2020 年年初固定资产净值为 5 560 万元,则该公司 2020 年和 2021 年的固定资产周转率和周转期分别为:

$$2020 年固定资产周转率 = \frac{14\ 030}{\frac{5\ 560 + 5\ 298}{2}} = 2.58(次)$$

$$2020 年固定资产周转期 = \frac{360}{2.58} = 139.53(天)$$

$$2021 年固定资产周转率 = \frac{14\ 740}{\frac{5\ 298 + 6\ 670}{2}} = 2.46(次)$$

$$2021 年固定资产周转期 = \frac{360}{12.46} = 146.34(天)$$

以上计算结果表明,与 2020 年相比,星海公司 2021 年的固定资产周转速度有所减慢,主要原因为该公司 2021 年新增了 1 000 多万元的固定资产。结合上例,这也是导致该公司 2021 年总资产周转速度变慢的一个原因。

(三) 流动资产周转速度

反映流动资产周转速度的指标包括流动资产周转率和流动资产周转期。

流动资产周转率是企业一定时期的营业收入与流动资产平均资金占用额的比值。其计算公式如下：

$$流动资产周转率 = \frac{营业收入}{流动资产平均资金占用额}$$

流动资产周转期是计算期天数与流动资产周转率的比值。其计算公式如下：

$$流动资产周转期 = \frac{计算期天数}{流动资产周转率}$$

一般而言，流动资产周转率越高、周转期越短，表明企业流动资产周转速度越快、利用效果越好，营运能力越强，意味着在一定期间内以相同的流动资产完成的周转额越多，在一定程度上会增强企业的盈利能力；而流动资产周转速度越慢，就越需要不断补充流动资产参加周转，造成资金浪费，降低企业盈利能力。

【做中学 10-15】 根据表 10-1、表 10-2 的资料，并假设星海公司 2020 年年初流动资产合计为 2 795 万元，则该公司 2020 年和 2021 年的流动资产周转率和周转期分别为：

$$2020 年流动资产周转率 = \frac{14\ 030}{\frac{2\ 795+2\ 812}{2}} = 5(次)$$

$$2020 年流动资产周转期 = \frac{360}{5} = 72(天)$$

$$2021 年流动资产周转率 = \frac{14\ 740}{\frac{2\ 812+3\ 407}{2}} = 4.74(次)$$

$$2021 年流动资产周转期 = \frac{360}{4.74} = 75.95(天)$$

以上计算结果表明，与 2020 年相比，星海公司 2021 年的流动资产周转速度有所减慢，结合前面的例子，这是导致该公司 2021 年总资产周转速度变慢的另一个原因。分析者需进一步分析流动资产中应收账款和存货的周转速度，进一步挖掘导致流动资产周转速度变慢的原因。

(四) 应收账款周转速度

反映应收账款周转速度的指标包括应收账款周转率和应收账款周转期。

应收账款周转率是企业一定时期的营业收入与应收账款平均资金占用额的比值。其计算公式如下：

$$应收账款周转率 = \frac{营业收入}{应收账款平均资金占用额}$$

应收账款周转期是计算期天数与应收账款周转率的比值。其计算公式如下：

$$应收账款周转期 = \frac{计算期天数}{应收账款周转率}$$

应收账款周转率和周转期反映企业应收账款的变现速度和管理效率。一般而言，应收账款周转率越高、周转期越短，表明企业应收账款收账速度越快，账龄越短，营运能力越强。收账速度快可以减少应收账款的机会成本、收账费用和坏账损失，增强资产的流动性和短期偿债能力。但有时候，应收账款周转率过高、周转期过短，可能是由于企业采用了更多现金销售的方式，或者执行了更加严格的信用政策,这种情况往往造成企业销售受到限制,存货周转不灵,最终会影响企业的盈利水平。

【做中学 10-16】 根据表 10-1、表 10-2 的资料,并假设星海公司 2020 年年初应收账款为 920 万元,则该公司 2020 年和 2021 年的应收账款周转率和周转期分别为:

$$2020 年应收账款周转率 = \frac{14\,030}{\frac{920+1\,150}{2}} = 13.56(次)$$

$$2020 年应收账款周转期 = \frac{360}{13.56} = 26.55(天)$$

$$2021 年应收账款周转率 = \frac{14\,740}{\frac{1\,150+1\,209}{2}} = 12.08(次)$$

$$2021 年应收账款周转期 = \frac{360}{12.08} = 29.8(天)$$

以上计算结果表明,与 2020 年相比,星海公司 2021 年的应收账款周转速度有所减慢,结合前面的例子,这是导致该公司 2021 年流动资产周转速度变慢的一个原因。星海公司需进一步查明应收账款回收速度变慢的原因,加强对应收账款的管理,以免以后应收账款周转进一步恶化。

(五)存货周转速度

反映存货周转速度的指标包括存货周转率和存货周转期。

存货周转率是企业一定时期的营业成本与存货平均资金占用额的比值。其计算公式如下:

$$存货周转率 = \frac{营业成本}{存货平均资金占用额}$$

存货周转期是计算期天数与存货周转率的比值。其计算公式如下:

$$存货周转期 = \frac{计算期天数}{存货周转率}$$

通过计算存货周转率和周转期可以测定企业存货的变现速度,衡量企业的销售能力及存货管理水平。一般而言,存货周转率越高、周转期越短,表明企业存货变现速度越快、销售能力越强、存货管理水平越高。存货周转率低、周转期长,往往表明企业库存管理不力、销售状况不好、存货存在积压现象,这样会进一步影响企业的偿债能力和获利水平,此时,企业应当采取更加积极的销售策略,提高销售能力,减少存货资金的占用。但是,过高的存货周转率也未必表明企业存货管理一定就好,周转率高可能是存货不足形成的,如存货水平过低,缺货风险较高,或存货采购批量太小,采购次数过于频繁等,这些都会影响企业正常的生产经营。在计算存货周转率的时候,可以采用平均存货,它取决于计算的目的。如果我们对花多长时间来出售现有的存货更感兴趣,那么采取期末数据会更好。在接下来的存货周转率的计算中,我们都将采用期末数据进行计算。

【做中学 10-17】 根据表 10-1、表 10-2 的资料,并假设星海公司 2020 年年初存货为 1 105 万元,则该公司 2020 年和 2021 年的存货周转率和周转期分别为:

$$2020 年存货周转率 = \frac{12\,260}{\frac{1\,105+1\,067}{2}} = 11.29(次)$$

$$2020 年存货周转期 = \frac{360}{11.29} = 31.89(天)$$

$$2021 年存货周转率 = \frac{12\,700}{\frac{1\,067+866}{2}} = 13.14(次)$$

2021年存货周转期 = $\frac{360}{13.14}$ = 27.4(天)

以上计算结果表明,与2020年相比,星海公司2021年存货的周转速度有所加快,结合前面的例子,可以看出星海公司2021年加强了销售,可能由于采取了更宽松的赊销政策,使得存货的周转加快,而应收账款收账期延长。

三、盈利能力分析指标

(一)日常经营盈利能力分析指标

日常经营盈利能力分析是通过研究一定期间企业日常生产经营所获利润与企业收入、成本费用之间的关系来评价企业获利能力的行为。分析指标主要有销售毛利率、经营利润率、营业净利率和成本费用利润率。

1. 销售毛利率

销售毛利率是指企业一定时期销售毛利与销售收入的比率。其中,销售毛利是销售收入与销售成本的差额。其计算公式为:

$$销售毛利率 = \frac{销售毛利}{销售收入} \times 100\% = \frac{销售收入 - 销售成本}{销售收入} \times 100\%$$

毛利可以在补偿各项期间费用后形成盈利,是企业最终实现利润的基础。没有足够大的毛利率,企业就难以盈利。毛利率越高,表明企业通过销售活动实现利润的能力越强。公式中的销售收入和销售成本是指利润表中的营业收入和营业成本。不同行业的毛利率往往有较大差异,因此,在分析企业的毛利率时,必须与企业的目标利润率、同行业平均水平及先进水平加以比较,以正确评价本企业的盈利能力,并分析差距及其产生的原因,寻找提高盈利能力的途径。

【做中学10-18】 根据表10-2的资料,星海公司2020年和2021年的销售毛利率分别计算如下:

2020年销售毛利率 = $\frac{14\,030 - 12\,260}{14\,030} \times 100\%$ = 12.62%

2021年销售毛利率 = $\frac{14\,740 - 12\,700}{14\,740} \times 100\%$ = 13.84%

以上计算结果表明,星海公司2021年的销售毛利率比2020年提高了1.22个百分点,盈利能力有所加强。

2. 经营利润率

经营利润率是指企业一定时期息税前利润与营业收入的比率。其计算公式为:

$$经营利润率 = \frac{息税前利润}{营业收入} \times 100\%$$

经营利润率反映企业基本盈利能力。我们知道,息税前利润是利润表中未扣除利息费用和所得税费用之前的利润,是企业利用全部资本(债务资本和权益资本的总和)进行生产经营产生的收益。因此,经营利润率反映了排除不同财务杠杆和不同税制环境影响下,公司使用所拥有的资产从事经营获取利润的能力,它对企业盈利能力的考察更趋全面。经营利润率越高,表明企业市场竞争力越强,发展潜力越大,盈利能力越强。

在销售毛利率一定的情况下,要想提高经营利润率,主要靠控制、降低销售费用、管理费用等来实现。

【做中学10-19】 根据表10-2的资料,并假设星海公司2021年财务费用中利息费用为280

万元,2020年财务费用中利息费用为260万元,则星海公司2020年和2021年的经营利润率分别为:

$$2020年经营利润率=\frac{998+260}{14\ 030}\times 100\%=8.97\%$$

$$2021年经营利润率=\frac{1\ 243+280}{14\ 740}\times 100\%=10.33\%$$

以上计算结果表明,星海公司2021年的经营利润率比2020年提高了1.36个百分点,盈利能力有所加强。

3. 营业净利率

营业净利率是指企业一定时期净利润与营业收入的比率。其计算公式为:

$$营业净利率=\frac{净利润}{营业收入}\times 100\%$$

营业利润率反映了企业净利润占销售收入的比例。营业净利率越高,盈利能力越强。

【做中学 10-20】 根据表10-2的资料,星海公司2020年和2021年的营业净利率分别计算如下:

$$2020年营业净利率=\frac{733}{14\ 030}\times 100\%=5.22\%$$

$$2021年营业净利率=\frac{923}{14\ 740}\times 100\%=6.26\%$$

以上计算结果表明,星海公司2021年的营业净利率比2020年提高了1.04个百分点,盈利能力有所加强。

4. 成本费用利润率

成本费用利润率是指企业一定时期息税前利润与成本费用的比率。其计算公式为:

$$成本费用利润率=\frac{息税前利润}{成本费用}\times 100\%$$

这里,成本费用利润率反映企业在生产经营领域中所得与所费的关系,而不涉及筹资领域。此处,采用的利润为息税前利润,采用的成本费用为经营性费用,包括营业成本、税金及附加、管理费用、销售费用等,但不包括利息费用。成本费用利润率越高,表明企业为取得利润而付出的代价越小,成本费用控制得越好,盈利能力越强。

【做中学 10-21】 根据表10-2的资料,并假设星海公司2021年财务费用中利息费用为280万元,2020年财务费用中利息费用为260万元,则星海公司2020年和2021年的成本费用利润率分别为:

$$2020年成本费用利润率=\frac{998+260}{12\ 260+130+99+280}\times 100\%=9.85\%$$

$$2021年成本费用利润率=\frac{1\ 243+280}{12\ 700+146+105+285}\times 100\%=11.51\%$$

以上计算结果表明,星海公司2021年的成本费用利润率比2020年提高了1.66个百分点。

(二)资产经营盈利能力分析指标

资产经营盈利能力分析指标主要有总资产报酬率和总资产净利率。

1. 总资产报酬率

总资产报酬率,又称投资报酬率,是指企业在一定时期内获得的息税前利润总额与平均资产总

额的比率。其计算公式为:

$$总资产报酬率 = \frac{息税前利润总额}{平均资产总额} \times 100\%$$

总资产报酬率指标不受资本结构的影响,能够全面地反映企业全部资产(不管资金来源)的获利水平,揭示企业综合利用资产的效果。一般情况下,该指标越高,表明企业的资产利用效果越好,整个企业盈利能力越强,经营管理水平越高。

【做中学 10-22】 根据表 10-1、表 10-2 的资料,并假设星海公司 2020 年年初资产总额为 9 100 万元,2020 年财务费用中利息费用为 260 万元,2021 年财务费用中利息费用为 280 万元,则星海公司 2020 年和 2021 年的总资产报酬率分别为:

$$2020 年总资产报酬率 = \frac{998 + 260}{\frac{9\,100 + 9\,047}{2}} \times 100\% = 13.86\%$$

$$2021 年总资产报酬率 = \frac{1\,243 + 280}{\frac{9\,047 + 10\,887}{2}} \times 100\% = 15.28\%$$

以上计算结果表明,星海公司 2021 年的总资产报酬率比 2020 年提高了 1.42 个百分点。

2. 总资产净利率

总资产净利率,又称投资净利率,是指净利润与平均资产总额的比率。其计算公式为:

$$总资产净利率 = \frac{净利润}{平均资产总额} \times 100\%$$

总资产净利率指标可以综合反映企业总资产为企业所有者创造利润的能力,它不仅受总资产报酬率的影响,而且与企业的资本结构密切相关。该指标值越高,表明企业在增收节支和节约资金使用等方面取得的效果越好,盈利能力越强。

【做中学 10-23】 根据表 10-1、表 10-2 的资料,并假设星海公司 2020 年年初资产总额为 9 100 万元,则星海公司 2020 年和 2021 年的总资产净利率分别为:

$$2020 年总资产净利率 = \frac{733}{\frac{9\,100 + 9\,047}{2}} \times 100\% = 8.08\%$$

$$2021 年总资产净利率 = \frac{923}{\frac{9\,047 + 10\,887}{2}} \times 100\% = 9.26\%$$

以上计算结果表明,星海公司 2021 年的总资产净利率比 2020 年提高了 1.18 个百分点。

(三)资本经营盈利能力分析指标

资本经营盈利能力是站在所有者的立场来衡量企业盈利能力的,反映企业的所有者通过投入资本在生产经营过程中所取得利润的能力。分析指标主要包括:股东权益报酬率、资本金利润率。

1. 股东权益报酬率

股东权益报酬率,又称权益净利率、净资产收益率、净值报酬率,是企业一定时期净利润与平均股东权益的比率。其计算公式为:

$$股东权益报酬率 = \frac{净利润}{平均股东权益} \times 100\%$$

股东权益报酬率能够反映企业资本运营的综合效益,揭示企业利用自有资本及其积累获取报酬的水平高低。它受到企业偿债能力、营运能力及盈利能力共同作用的影响,综合性与代表性非常强。股东权益报酬率越高,表明企业利用自有资本获取收益的能力越强,运营效益越好,对企业投资人、债权人利益的保证程度越高。

【做中学 10-24】 根据表 10-1、表 10-2 的资料,并假设星海公司 2020 年年初股东权益合计为 4 500 万元,则星海公司 2020 年和 2021 年的股东权益报酬率分别为:

$$2020 年股东权益报酬率 = \frac{733}{\frac{4\ 500 + 4\ 872}{2}} \times 100\% = 15.64\%$$

$$2021 年股东权益报酬率 = \frac{923}{\frac{4\ 872 + 5\ 525}{2}} \times 100\% = 17.75\%$$

以上计算结果表明,星海公司 2021 年的股东权益报酬率比 2020 年提高了 2.11 个百分点。

2. 资本金利润率

资本金利润率是企业一定时期净利润与平均资本金的比率。其计算公式为:

$$资本金利润率 = \frac{净利润}{平均资本金} \times 100\%$$

其中:

$$平均资本金 = \frac{期初实收资本(股本) + 期末实收资本(股本)}{2}$$

资本金利润率能够反映企业所有者直接投入资本的回报水平,揭示了所有者投资的效益好坏,是所有者考核其投入企业的资本保值增值程度的基本方式。该指标值越大,说明投入资本的获利能力越强,对投资者越具有吸引力。

【做中学 10-25】 根据表 10-1、表 10-2 的资料,并假设星海公司 2020 年资本金未发生变化,则星海公司 2020 年和 2021 年的资本金利润率分别为:

$$2020 年资本金利润率 = \frac{733}{2\ 450} \times 100\% = 29.92\%$$

$$2021 年资本金利润率 = \frac{923}{2\ 450} \times 100\% = 37.76\%$$

以上计算结果表明,星海公司 2021 年的资本金利润率比 2020 年提高了 7.75 个百分点。

四、发展能力分析指标

发展能力是指企业通过自身的生产经营活动,不断扩大规模、壮大实力而形成的发展潜能,也称企业的成长性。财务分析者可从企业营业收入、利润、资产、资本等多方面的增长趋势来考察企业的发展能力。

(一)收入增长能力分析指标

收入增长能力分析指标主要有营业收入增长率和营业收入 3 年平均增长率。

1. 营业收入增长率

营业收入增长率是指企业本年营业收入增长额与上年营业收入总额的比率,反映与上年相比,本年营业收入的增减变动情况。其计算公式为:

$$营业收入增长率 = \frac{本年营业收入增长额}{上年营业收入总额} \times 100\%$$

其中:

$$本年营业收入增长额 = 本年营业收入总额 - 上年营业收入总额$$

营业收入增长率是评价企业发展能力的重要指标,通过分析该指标可以考察企业经营状况和市场占有情况,预测企业经营业务拓展趋势。若营业收入增长率大于零,表明企业本年与上年相比营业收入有所增长。一般认为,该指标值越高,企业营业收入的增长速度越快,企业的市场前景越好,发展能力越强。

【做中学 10-26】 根据表 10-2 的资料,星海公司 2021 年营业收入增长率为:

$$2021 \text{ 年营业收入增长率} = \frac{14\,740 - 14\,030}{14\,030} \times 100\% = 5.06\%$$

以上计算结果表明,星海公司 2021 年的营业收入比 2020 年增长了 5.06 个百分点。

2. 营业收入 3 年平均增长率

营业收入 3 年平均增长率表明企业营业收入连续 3 年的增长情况,反映企业持续的发展态势和市场扩张能力。其计算公式为:

$$\text{营业收入 3 年平均增长率} = \left(\sqrt[3]{\frac{\text{本年营业收入总额}}{3 \text{ 年前营业收入总额}}} - 1\right) \times 100\%$$

其中,3 年前是指从本年起向前倒推 3 年之后的那一年。例如,计算截至 2021 年的营业收入 3 年平均增长率时,3 年前营业收入总额是指 2018 年的营业收入总额。

【做中学 10-27】 根据表 10-2 的资料,并假设星海公司 2018 年的营业收入为 12 590 万元,则到 2021 年星海公司营业收入 3 年平均增长率为:

$$\text{营业收入 3 年平均增长率} = \left(\sqrt[3]{\frac{14\,740}{12\,590}} - 1\right) \times 100\% = 5.4\%$$

以上计算结果表明,截至 2021 年星海公司营业收入 3 年平均每年增长了 5.4 个百分点。

(二)利润增长能力分析指标

利润增长能力分析是从企业利润的增长来考察企业的发展能力,分析指标主要有营业利润增长率和净利润增长率。

1. 营业利润增长率

营业利润增长率是指企业本年营业利润增长额与上年营业利润总额的比率,反映与上年相比,本年营业利润的增减变动情况。其计算公式为:

$$\text{营业利润增长率} = \frac{\text{本年营业利润增长额}}{\text{上年营业利润总额}} \times 100\%$$

其中:

$$\text{本年营业利润增长额} = \text{本年营业利润总额} - \text{上年营业利润总额}$$

一般认为,营业利润增长率越高,企业经营业绩越突出,业务扩张能力和发展能力越强。

【做中学 10-28】 根据表 10-2 的资料,星海公司 2021 年营业利润增长率为:

$$2021 \text{ 年营业利润增长率} = \frac{1\,181 - 908}{908} \times 100\% = 30.07\%$$

以上计算结果表明,星海公司 2021 年的营业利润比 2020 年增长了 30.07 个百分点,公司有较好的发展潜力,发展较快。

2. 净利润增长率

净利润增长率是指企业本年净利润增长额与上年净利润的比率,反映与上年相比,本年净利润的增减变动情况。其计算公式为:

$$\text{净利润增长率} = \frac{\text{本年净利润增长额}}{\text{上年净利润}} \times 100\%$$

其中：

$$本年净利润增长额＝本年净利润－上年净利润$$

净利润的增长情况是企业发展能力的基本表现。一般认为，净利润增长率越大，企业收益增长得越快，市场竞争能力和发展能力越强。

【做中学 10－29】 根据表10－2的资料，星海公司2021年净利润增长率为：

$$2021年净利润增长率＝\frac{923－733}{733}×100\%＝25.92\%$$

以上计算结果表明，星海公司2021年的净利润比2020年增长了25.92个百分点，表明公司发展较快。

(三) 资产增长能力分析指标

资产增长能力分析是通过分析企业资产规模的变化来衡量企业的发展能力，评价指标主要是总资产增长率。总资产增长率是指企业本年总资产增长额与年初资产总额的比率，反映企业当年资产规模的增长情况。其计算公式为：

$$总资产增长率＝\frac{本年总资产增长额}{本年年初资产总额}×100\%$$

其中：

$$本年总资产增长额＝本年年末资产总额－本年年初资产总额$$

【做中学 10－30】 根据表10－1的资料，星海公司2021年总资产增长率为：

$$2021年总资产增长率＝\frac{10\,887－9\,047}{9\,047}×100\%＝20.34\%$$

以上计算结果表明，星海公司2021年年末的总资产比2020年年末增长了20.34个百分点。

(四) 资本增长能力分析指标

资本增长能力分析是从资本实力的变化来评价企业的发展能力，分析指标主要有资本积累率、资本保值增值率和资本3年平均增长率。

1. 资本积累率

资本积累率是指企业本年股东权益增长额与年初股东权益的比率，也称资本增长率。其计算公式为：

$$资本积累率＝\frac{本年股东权益增长额}{本年年初股东权益}×100\%$$

其中：

$$本年股东权益增长额＝本年年末股东权益－本年年初股东权益$$

资本积累率反映了企业股东权益总额在当年的变动水平，体现了企业资本的增长情况。资本积累是企业扩大再生产的源泉，是企业发展强盛的基础。资本积累率越高，表明企业的资本积累越多，越有发展潜力，应付风险、持续增长的能力越强。

【做中学 10－31】 根据表10－1的资料，星海公司2021年资本积累率为：

$$2021年资本积累率＝\frac{5\,525－4\,872}{4\,872}×100\%＝13.4\%$$

以上计算结果表明，星海公司2021年年末的股东权益比2020年年末增长了13.4个百分点。

2. 资本保值增值率

资本保值增值率是指企业本年年末股东权益总额与年初股东权益总额的比率，反映企业当年资本的增减变动情况。其计算公式为：

$$资本保值增值率=\frac{年末股东权益总额}{年初股东权益总额}\times100\%$$

资本保值增值率通常应当大于100%。一般认为，资本保值增值率越高，企业的资本保全状况越好，股东权益增长速度越快，对债权人的保障程度越高，企业的发展能力越强。

【做中学 10-32】 根据表 10-1 的资料，星海公司 2021 年资本保值增值率为：

$$2021年资本保值增值率=\frac{5\,525}{4\,872}\times100\%=113.4\%$$

以上计算结果表明，星海公司 2021 年资本得到了增值。

3. 资本 3 年平均增长率

资本 3 年平均增长率反映企业资本连续 3 年的积累情况，在一定程度上体现了企业的持续发展水平和发展趋势。其计算公式为：

$$资本3年平均增长率=\left(\sqrt[3]{\frac{本年末股东权益总额}{3年前年末股东权益总额}}-1\right)\times100\%$$

其中，3 年前是指从本年起向前倒推 3 年之后的那一年。例如，计算截至 2021 年年末的资本 3 年平均增长率时，3 年前年末股东权益总额是指 2018 年年末的股东权益总额。

一般认为，资本 3 年平均增长率越高，表明企业股东权益增长速度越快，对债权人的保障程度越高，企业可以长期使用的资本越充足，应付风险、持续增长的能力越强，越有发展潜力。

五、上市公司股票投资价值分析指标

反映股票投资价值的财务指标主要有每股盈余、每股现金流量、每股股利、每股净资产、市盈率、市净率等。

（一）每股盈余

每股盈余，也称每股收益或每股利润，是指公司一定期间的净利润与发行在外的普通股平均股数之比。其计算公式为：

$$每股盈余=\frac{净利润}{发行在外的普通股平均股数}$$

每股盈余是针对普通股股东而言的，反映普通股每股的收益状况。如果公司发行了优先股，则计算该比率时应剔除优先股股数及其应分享的股利。其计算公式如下：

$$每股盈余=\frac{净利润-优先股股利}{发行在外的普通股平均股数}$$

具体计算时，"发行在外的普通股平均股数"应采用加权平均的方法计算。例如，某公司年初发行在外的普通股为 8 000 万股，4 月初又增发了 2 000 万股，则全年的加权平均股数为 9 500 万股（8 000×3/12+10 000×9/12）。

每股盈余是衡量上市公司盈利能力和股票投资价值的一项重要指标。它不仅反映上市公司普通股的获利水平，而且可以反映投资者有望从公司获取股利收益的最高水平。该指标值越高，表明公司的获利能力越强，投资者有望从公司获取的股利收益越大，进而一定程度上说明公司股票的投资价值越大；否则，则相反。

【做中学 10-33】 根据表 10-2 的资料，并已知星海公司 2020 年和 2021 年股数无变化，发行在外的普通股均为 2 000 万股，且无优先股，则 2020 年和 2021 年星海公司每股盈余分别为：

$$2020年每股盈余=\frac{733}{2\,000}=0.37(元/股)$$

$$2021年每股盈余=\frac{923}{2\,000}=0.46(元/股)$$

以上计算结果表明,星海公司2021年每股盈余比2020年增长了0.09元,从每股盈余角度来看公司股票的投资价值有所提升。

(二)每股现金流量

每股现金流量是指公司经营活动所产生的现金流量净额与发行在外的普通股平均股数的比率。其计算公式为:

$$每股现金流量=\frac{经营活动产生的现金流量净额}{发行在外的普通股平均股数}$$

此处,每股现金流量同样是针对普通股股东而言的,如果公司发行了优先股,则计算该比率时应剔除优先股股数及其应分享的股利。其计算公式如下:

$$每股现金流量=\frac{经营活动产生的现金流量净额-优先股股利}{发行在外的普通股平均股数}$$

同样,具体计算时,"发行在外的普通股平均股数"应采用加权平均的方法计算。

每股现金流量越高,表明公司生产经营获取现金的能力越强,越有能力支付现金股利。该指标隐含了上市公司在维持期初现金流量的情况下,有能力发给股东的最高现金股利金额。每股盈余的高低虽然与股利分配有密切的关系,但是它不是决定股利分配的唯一因素。如果某一公司的每股盈余很高,但是缺乏现金,那么该公司将无法正常分配现金股利,此处,每股现金流量比每股收益更实际、更直接。更重要的是每股现金流量高,很大程度上揭示了公司产品竞争性强,主营业务收入回款力度大,公司现金充足,经营发展潜力大,股票投资价值高。

【做中学10-34】 根据表10-2和前例资料,且星海公司2020年经营活动产生的现金流量净额为580万元,则2020年和2021年星海公司每股现金流量分别为:

$$2020年每股现金流量=\frac{500}{2\,000}=0.29(元/股)$$

$$2021年每股现金流量=\frac{889}{2\,000}=0.44(元/股)$$

以上计算结果表明,星海公司2021年每股现金流量比2020年增长了0.15元,说明公司股票的投资价值在提升。

(三)每股股利

每股股利是指公司分配的普通股现金股利总额与期末发行在外的普通股股数的比率。其计算公式为:

$$每股股利=\frac{普通股现金股利总额}{期末发行在外的普通股股数}$$

计算时同样应注意,该比率仅针对普通股股东,分母为普通股股数,分子为普通股股利,而不包括优先股股数及优先股股东应分配的股利。

每股股利反映企业净利润的对外分配情况,揭示普通股每股获得现金股利的多少,可以在一定程度上反映公司股票的投资价值(尤其适用于倾向于分配现金股利的投资者进行股票投资价值分析)。

【做中学10-35】 根据表10-2和做中学10-33的资料,且星海公司2020年度的现金股利总额为50万元,2021年度的现金股利总额为270万元,则2020年和2021年星海公司每股股利分别为:

$$2020\text{年每股股利}=\frac{50}{2\,000}=0.025(\text{元/股})$$

$$2021\text{年每股股利}=\frac{270}{2\,000}=0.135(\text{元/股})$$

以上计算结果表明,星海公司 2021 年每股股利比 2020 年多发 0.11 元,对于倾向于分配现金股利的投资者来说是利好消息。

(四)每股净资产

每股净资产是指期末净资产(即股东权益)与期末发行在外的普通股股数的比率,也称每股账面价值或每股权益。其计算公式为:

$$\text{每股净资产}=\frac{\text{期末股东权益}}{\text{期末发行在外的普通股股数}}$$

每股净资产反映了公司发行在外的每股普通股的账面权益额,同样仅针对普通股股东。若公司发行了优先股,计算时应先从股东权益额中减去优先股权益。该比率在理论上提供了股票的最低价值,但在投资分析时,只能有限地使用这个指标,因净资产主要是用历史成本计量的,既难以说明公司股票的真实财富含量,也不反映净资产的变现价值和产出能力。分析时常与每股市价进行比较,一般来说,市价高于账面价值,表明企业资产的质量好,有发展潜力;反之,则资产质量差,没有发展前景。

【做中学 10-36】 根据表 10-1 和做中学 10-33 的资料,星海公司 2020 年年末和 2021 年年末每股净资产分别为:

$$2020\text{年年末每股净资产}=\frac{4\,872}{2\,000}=2.44(\text{元/股})$$

$$2021\text{年年末每股净资产}=\frac{5\,525}{2\,000}=2.76(\text{元/股})$$

以上计算结果表明,星海公司 2021 年年末每股净资产比 2020 年年末增加了 0.32 元。

(五)市盈率

市盈率是指普通股每股市价与每股盈余的比率。其计算公式为:

$$\text{市盈率}=\frac{\text{每股市价}}{\text{每股盈余}}$$

市盈率反映了股票投资者对每 1 元净利润所愿意支付的价格,是股票市场上用于反映股票投资价值的首选比率,因此,备受投资者的关注。一般来说,市盈率越高,表明投资者对公司的发展前景越看好,公司股票的投资价值越大,投资者越愿意出较高的价格购买该公司的股票。

【做中学 10-37】 根据做中学 10-33 的资料,且假设星海公司 2020 年年末每股股价为 8 元,2021 年年末每股股价为 10 元,则星海公司 2020 年年末和 2021 年年末的市盈率分别为:

$$2020\text{年年末市盈率}=\frac{8}{0.37}=21.62$$

$$2021\text{年年末市盈率}=\frac{10}{0.46}=21.74$$

以上计算结果表明,与 2020 年年末相比,星海公司 2021 年年末的市盈率增长不大,此时,股票投资者对星海公司每 1 元净利润所愿意支付的价格为 21.74 元。

(六)市净率

市净率是指普通股每股市价与每股净资产的比率。其计算公式为:

$$市净率 = \frac{每股市价}{每股净资产}$$

市净率指标揭示了市场对公司资产质量的评价,反映了投资者对公司经营效率和发展前景的判断。如前所述,每股净资产是公司股票的账面价值,它主要是用历史成本计量的;每股市价是公司股票的现实价值,它是证券市场上交易的结果。一般来说,市价高于账面价值,即市净率大于 1,表明企业资产的质量好,有发展潜力。事实表明,资产利用率高、盈利能力强、发展前景好的企业往往有较高的市净率。

【做中学 10-38】 根据做中学 10—36、10—37 的资料,星海公司 2020 年年末和 2021 年年末的市净率分别为:

$$2020 年年末市净率 = \frac{8}{2.44} = 3.28$$

$$2021 年年末市净率 = \frac{10}{2.76} = 3.62$$

以上计算结果表明,与 2020 年年末相比,星海公司 2021 年年末的市净率有所增长,2021 年年末股票投资者对星海公司每 1 元净资产所愿意支付的价格为 3.62 元,表明公司资产的质量良好,有投资价值。

综上所述,通过计算分析相关财务指标可以评价企业相应的财务能力。企业本期财务指标实际值除了可以与本企业历史水平进行对比以外,还可以与竞争对手、同行业先进水平以及本企业计划值等进行对比,为的是找出差距及其形成的原因,以便从根本上解决问题,提高企业财务管理水平。

任务四 财务综合指标

一、财务综合指标分析的概念和特点

(一)财务综合指标分析的概念

财务综合指标分析就是将反映企业的偿债能力、营运能力、盈利能力等诸方面的财务指标纳入一个有机的整体中,系统、全面、综合地对企业财务状况、经营成果和财务状况的变动进行剖析、解释和评价,从而对企业经营绩效的优劣作出准确的评判。

(二)财务综合指标分析的特点

1. 分析方法不同

基本财务比率分析采用由一般到个别的方法,把企业财务活动总体分解为每个具体部分,然后逐一分析;而综合指标分析则是通过归纳综合,从个别财务现象分析入手,再从财务活动的总体上作出总结评价。

2. 财务分析性质不同

基本财务比率分析具有实务性和实证性;而综合指标分析则具有高度的抽象性和概括性,着重从整体上概括财务状况的本质特征。

3. 财务分析的重点和比较基准不同

单项财务指标分析的重点和比较基准是财务计划、财务理论标准,而综合指标分析的重点和基准是企业整体发展趋势。

4. 财务指标在分析中的地位不同

单项财务分析将每个分析的指标视为同等重要地位来处理,忽视了各种指标之间的相互关系;而综合指标分析则强调各种指标有主辅之分,并且特别注意主辅指标之间的本质联系和层次关系。

一个健全有效的财务综合指标分析体系,应该具备以下要素:①指标要素齐全适当;②主辅指标功能匹配;③满足多方面信息需要。

二、财务综合指标分析的方法

财务综合指标分析的方法主要有杜邦分析法和沃尔比重评分法。

(一)杜邦分析法

杜邦分析法,又称杜邦财务分析体系,是利用各主要财务比率指标间的内在联系,对企业财务状况及经济效益进行综合系统分析评价的方法。该体系是以净资产收益率为起点,以总资产净利率和权益乘数为核心,重点揭示企业获利能力及权益乘数对净资产收益率的影响,以及各相关指标间相互影响的作用关系。该体系因其最初由美国杜邦公司成功应用,故得名。

杜邦财务分析体系将净资产收益率(权益净利率)分解如图10-2所示。其分析关系式为:

净资产收益率=销售净利率×总资产周转率×权益乘数

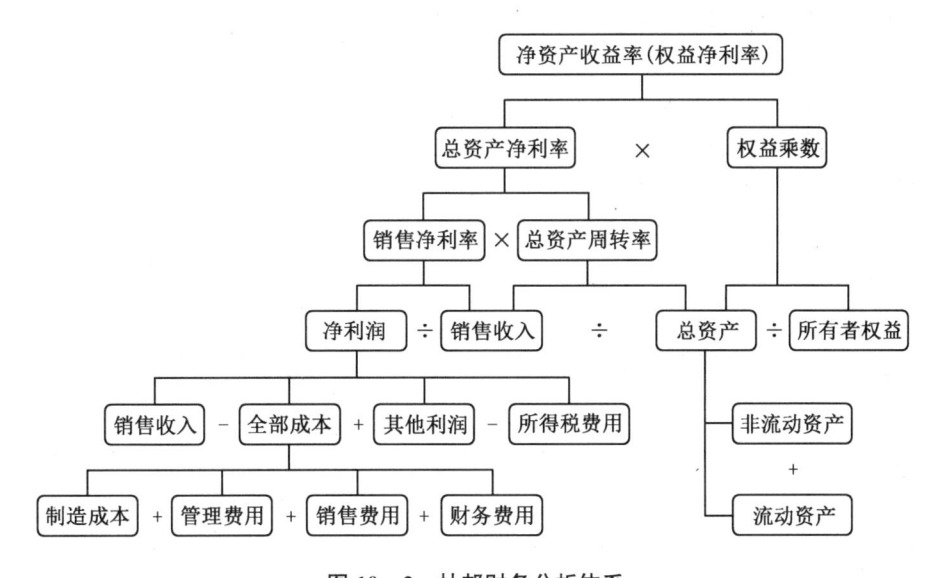

图10-2 杜邦财务分析体系

在图10-2中,需要注意的是:销售净利率即营业净利率,销售收入即营业收入;有关资产、负债与权益指标通常用平均值计算。

运用杜邦财务分析体系需要注意以下4点:

1. 净资产收益率是一个综合性最强的财务分析指标,是杜邦财务分析体系的起点

财务管理的目标之一是使股东财富最大化,净资产收益率反映了企业所有者投入资本的获利能力,说明了企业筹资、投资、资金营运等各项财务活动及其管理活动的效率,而不断提高净资产收益率是使所有者权益最大化的基本保证。所以,这一财务分析指标是企业所有者、经营者都十分关心的。而净资产收益率高低的决定因素主要有销售净利率、总资产周转率和权益乘数。这样,净资产收益率在进行分解之后,就可以将这一综合性指标升降变化的原因具体化,从而比只用一项综合性指标更能说明问题。

2. 销售净利率反映了企业净利润与销售收入的关系,其高低取决于销售收入与成本总额的高低

提高销售净利率,一是要扩大销售收入,二是要降低成本费用。扩大销售收入既有利于提高销售净利率,又有利于提高总资产周转率。降低成本费用是提高销售净利率的一个重要因素,从杜邦财务分析体系可以看出成本费用的基本结构是否合理,从而找出降低成本费用的途径和加强成本费用控制的办法。如果企业财务费用支出过高,就要进一步分析其负债比率是否过高;如果管理费用过高,就要进一步分析资产周转情况等。从图 10-2 中还可以看出,提高销售净利率的另一条途径是提高其他利润。为了详细地了解企业成本费用的发生情况,在具体列示成本总额时,还可根据重要性原则,将那些影响较大的费用单独列示,以便寻求降低成本的途径。

3. 影响总资产周转率的一个重要因素是资产总额

资产总额由流动资产与非流动资产组成,它们的结构合理与否将直接影响资产周转速度。一般来说,流动资产直接体现企业偿债能力和变现能力,而非流动资产则体现了企业经营规模、发展潜力;两者之间应该有一个合理的比例关系。如果发现某项资产比重过大,影响资产周转,就应深入分析其原因,例如企业持有货币资金超过业务需要,就会影响企业盈利的能力;如果企业占有过多的存货和应收账款,则既会影响获利能力,又会影响偿债能力。因此,还应进一步分析各项资产占用数额和周转速度。

4. 权益乘数主要受资产负债率指标影响

资产负债率越高,权益乘数就越高,说明企业负债程度比较高,给企业带来了较多的杠杆利益,同时,也带来了较大的风险。

下面以星海公司为例,运用杜邦财务分析体系说明分解指标营业净利率、总资产周转率、权益乘数如何影响核心指标股东权益报酬率。

【做中学 10-39】 根据本项目任务二星海公司相关指标计算结果,利用杜邦财务分析体系,与 2020 年相比,2021 年营业净利率、总资产周转率、权益乘数变动对股东权益报酬率变动的影响见表 10-5 所示。

表 10-5　　　　　　　　　　　　星海公司相关指标数据汇总

财务指标	2020 年	2021 年	变　动
股东权益报酬率	15.6%	17.7%	+2.1%
营业净利率	5.22%	6.26%	+1.04%
总资产周转率	1.55	1.48	-0.07
权益乘数	1.94	1.92	-0.02

注意,表 10-5 中的权益乘数不同于我们在任务二中所讲的权益乘数,任务二中所讲的权益乘数是用期末资产和期末股东权益计算出来的期末权益乘数,而这里用的是平均权益乘数。因为杜邦财务分析体系中的资产和股东权益都是平均数,而不是期末数,所以权益乘数也应为平均数,即用年平均资产和年平均股东权益计算的年平均权益乘数。根据表 10-1 的资料,并假设星海公司 2020 年年初资产总额为 9 100 万元,年初股东权益合计为 4 500 万元,星海公司 2020 年和 2021 年的平均权益乘数为:

$$2020\ \text{年平均权益乘数} = \frac{\dfrac{9\ 100 + 9\ 047}{2}}{\dfrac{4\ 500 + 4\ 872}{2}} = 1.94$$

$$2021年平均权益乘数=\frac{\frac{9\,047+10\,887}{2}}{\frac{4\,872+5\,525}{2}}=1.92$$

表10—4中显示2021年股东权益报酬率比2020年上升了2.1%。

下面用因素分析法中的差额分析法分析各分解指标变动对股东权益报酬率变动(上升2.1%)的影响。

(1)营业净利率上升1.04%对股东权益报酬率的影响：
$(6.26\%-5.22\%)\times1.55\times1.94=3.13\%$

(2)总资产周转率下降0.07对股东权益报酬率的影响：
$(1.48-1.55)\times6.26\%\times1.94=-0.85\%$

(3)权益乘数降低0.02对股东权益报酬率的影响：
$(1.92-1.94)\times6.26\%\times1.48=-0.18\%$

可见星海公司股东权益报酬率上升主要是因为营业净利率上升了1.04%所引起的,营业净利率上升直接引致股东权益报酬率增高3.13%。同时,从分析中可以看出,总资产周转率下降和权益乘数降低带来的损失抵消了一部分营业净利率上升带来的好处。总资产周转率下降0.07导致股东权益报酬率下降了0.85%,权益乘数降低0.02导致股东权益报酬率下降了0.18%,三者共同作用引致股东权益报酬率增高了2.1%。不过从做中学10—10中可以看出,星海公司2021年年末权益乘数(1.97)比年初权益乘数(1.86)有所提高,表明公司可能已发现权益乘数低的问题,正积极采取措施调整。除此之外,公司还需加强对资产运营效率的管理,加快资产的周转,尤其是要加强应收账款的管理,因为从做中学10—16中可知,与2020年相比,公司2021年的应收账款周转速度由每年13.56次降低到了每年12.08次,如果继续这样的势头,导致应收账款回收不及时,不但会影响资产周转,导致股东权益报酬率降低,而且会造成收益质量不高,最终可能无法真正实现盈利。

综上所述,杜邦财务分析体系反映了各项财务比率之间的依存关系,揭示了权益净利率与企业的销售规模、成本水平、资产管理状况、筹资结构等诸多因素密切相关,这些因素涉及企业生产经营活动的方方面面,构成一个完整的系统。只有协调好系统内部各个因素之间的关系,查明影响各项财务指标变动的原因,才能为决策者提供优化企业资本结构、提高企业经营管理水平的思路,也才能最终提高权益净利率,提高股东获利水平。

三、财务比率综合评分法

财务比率综合评分法是指以线性关系将选定的具有代表性的若干财务比率结合起来,通过对各财务比率打分并汇总总分数,用分数的高低来评价企业综合财务能力的一种财务综合分析评价方法。该方法的创始人是亚历山大·沃尔,因此该方法也被称为沃尔评分法。沃尔在20世纪初出版的《信用晴雨表研究》和《财务报表比率分析》中,提出了信用能力指数的概念。他把若干个财务比率用线性关系结合起来,来评价企业的信用水平。他选择了7种财务比率,分别是流动比率、净资产/负债、资产/固定资产、销售成本/存货、销售收入/应收账款、销售收入/固定资产、销售收入/净资产,并给定了各自在总评价中所占的比重(总和为100分)及各自的标准比率,然后将实际比率与标准比率相比较,评出各项指标的得分,最后汇总求出总分。下面我们用沃尔评分法为星海公司2021年的财务状况评分。

【做中学 10-40】 依然采用任务一、任务二星海公司的相关资料,对星海公司 2021 年的财务状况评分结果如表 10-6 所示。

表 10-6　　　　　　　　　　　　　　沃尔综合评分表

财务比率	比重①	标准比率②	实际比率③	相对比率④=③÷②	评分⑤=①×④
流动比率	25	2	1.85	0.92	23
净资产/负债	25	1.5	1.03	0.69	17.25
资产/固定资产	15	2.5	1.63	0.65	9.75
销售成本/存货	10	8	13.14	1.64	16.4
销售收入/应收账款	10	6	12.08	2.01	20.1
销售收入/固定资产	10	4	2.46	0.62	6.2
销售收入/净资产	5	3	2.84	0.95	4.75
合　计	100	—	—	—	97.45

从表 10-6 中可知星海公司的综合得分为 97.45 分,接近 100 分,可见,用沃尔评分法反映出来的星海公司的总体财务状况是不错的。

但是,沃尔评分法从理论上讲是有缺陷的,那就是它未能证明为什么要选择这 7 个财务比率,而不是更多些或更少些,或者选择别的财务比率,以及未能证明每个财务比率所占比重的合理性。此外,沃尔评分法从技术上讲有一个问题,就是当某一个财务比率严重异常时,会对综合指数产生不合逻辑的重大影响,这个缺陷是由每项相对比率与比重相"乘"得分,而且未设定分数的上下限而引起的。

尽管早期的沃尔评分法存在着上述缺陷,但该综合评分方法在实践中仍被广泛地应用,并得到了不断的改进和发展。沃尔评分法的基本思路始终没有改变,其应用的基本步骤也没有发生大的变化。其基本思路和步骤如下:

(1)设定评分项,即选定评价企业财务状况的财务比率。

所选财务比率通常应具有以下三个特征:代表性、全面性和变化方向的一致性。财务比率变化方向的一致性是相对财务状况而言的,即当财务比率增大时,表示财务状况改善;当财务比率减小时,表示财务状况恶化。

(2)设定每一评分项的权数,即根据财务比率的重要性,确定其标准评分值。

各项财务比率的标准评分值之和应等于 100 分。对于重要性的判断,一般需结合企业的经营性质、经营规模、管理要求,以及市场形象、分析目标等来确定。

(3)设定每一评分项的标准,即确定各财务比率的标准值。

财务比率的标准值是指各项财务比率在本企业现时条件下的最理想的数值,通常结合本企业实际情况,参照同行业的平均水平,经适当修正后确定。

(4)设定计分方式。

计分方式很重要,相同的比率、相同的权重、相同的标准值,但不同的计分方式,得出的分值可能会大相径庭。

(5)计算本企业各项财务比率的实际值。

(6)计算各项财务比率的实际得分。

将各项财务比率的实际值与标准值进行对比,并根据设定的计分方式为各项财务比率打分。

(7)计算本企业财务综合得分。

所有各项财务比率实际得分的合计数就是企业财务状况的综合得分。企业财务状况的综合得分反映了企业综合财务状况是否良好。若综合得分等于或接近于100分,说明企业综合财务状况是良好的;若综合得分超过100分很多,说明企业综合财务状况很理想;若综合得分低于100分很多,说明企业综合财务状况较差,应当采取措施加以改进。

综合评分法发展至今,一般认为企业财务评价的内容首先是盈利能力,其次是偿债能力,最后是成长能力,它们之间大致可按5:3:2的比重来分配。下面仍以星海公司为例说明其用法。

【做中学10-41】 依然采用任务一和任务二中星海公司的相关资料,对星海公司2021年的财务情况进行评分,具体评价体系如表10-7和表10-8所示。

表10-7 综合评分标准

指标	评分值	标准比率	行业最高比率	最高评分	最低评分	每分比率差
盈利能力:						
总资产报酬率	20	10%	22%	30	10	1.20%
销售净利率	20	5%	15%	30	10	1%
净资产收益率	10	20%	26%	15	5	1.20%
偿债能力:						
自有资本比率	8	45%	75%	12	4	7.50%
流动比率	8	2.2	4.5	12	4	0.575
应收账款周转率	8	15	30	12	4	3.75
存货周转率	8	12	28	12	4	4
成长能力:						
销售增长率	6	5%	16%	9	3	3.67%
净利增长率	6	10%	23%	9	3	4.33%
总资产增长率	6	4%	18%	9	3	4.67%
合计	100	—	—	150	50	—

注意,表10-7中的标准比率应以行业平均数为基础,结合企业实际进行修正。同时,为了减少个别指标异常对总分造成不合理的影响,在给每个指标评分时,应规定其上下限,上限可定为正常评分值的1.5倍,下限可定为正常评分值的0.5倍。此外,评分时不采取"乘"的关系,而采取"加"或"减"的关系来处理,以克服早期沃尔评分法的缺点。表10-7中每分比率差是由行业最高比率与标准比率的差额除以最高评分与标准评分的差额得出的。例如,总资产报酬率的标准比率为10%,标准评分为20分,行业最高比率为22%,最高评分为30分,则每分的比率差为1.2%[(22%-10%)÷(30-20)],即总资产报酬率每提高1.2%,可多得1分,但该项得分不超过最高评分30分。

表 10—8　　　　　　　　　　　　　　星海公司财务综合评分表

指　标	实际比率 ①	标准比率 ②	差异 ③=①-②	每分比率差 ④	调整分 ⑤=③÷④	标准评分值 ⑥	得分 ⑦=⑤+⑥
盈利能力：							
总资产报酬率	15.28%	10%	5.28%	1.20%	4.4	20	24.4
营业净利率	6.26%	5%	1.26%	1%	1.26	20	21.26
净资产收益率	17.75%	20%	-2.25%	1.20%	-1.88	10	8.12
偿债能力：							
自有资本比率	50.75%	45%	5.75%	7.50%	0.77	8	8.77
流动比率	1.85	2.2	-0.35	0.575	-0.61	8	7.39
应收账款周转率	12.08	15	-2.92	3.75	-0.78	8	7.22
存货周转率	13.14	12	1.14	4	0.29	8	8.29
成长能力：							
销售增长率	5.06%	5%	0.06%	3.67%	0.02	6	6.02
净利增长率	25.92%	10%	15.92%	4.33%	3.68	6	9.68
总资产增长率	20.34%	4%	16.34%	4.67%	3.5	6	9.5
合　计	—	—	—	—	—	100	110.65

表 10—8 对星海公司的财务情况重新进行了评分，总得分为 110.65 分，说明星海公司在同行业中处于中等略偏上的位置。

关键术语

财务分析　　财务评价　　因素分析法　　趋势分析法　　差额分析法　　连环替代法
流动比率　　速动比率　　每股收益　　每股股利　　杜邦分析法　　沃尔评分法

应知考核

一、单项选择题

1. 财务分析的主要内容不包括(　　)。
   A. 偿债能力分析　　　　　　　　B. 运营能力分析
   C. 营利能力分析　　　　　　　　D. 融资能力分析
2. 所有者在进行企业的财务分析时，最关注的是(　　)。
   A. 企业的支付能力　　　　　　　B. 企业的发展能力
   C. 投资的回报率　　　　　　　　D. 企业对社会贡献的多少
3. 财务分析的对象是(　　)。
   A. 财务报表　　B. 财务报告　　C. 财务活动　　D. 财务效率
4. 从企业债权者角度看，财务分析的最直接目的是(　　)。
   A. 企业的营利能力　　　　　　　B. 企业的运营能力
   C. 企业的偿债能力　　　　　　　D. 企业的发展能力
5. 沃尔评分法最初是用于评价企业的(　　)。

A. 营利能力　　　　　B. 发展能力　　　　　C. 运营能力　　　　　D. 信用能力

二、多项选择题

1. 财务分析的内容包括(　　)。
A. 偿债能力分析　　　　　　　　B. 运营能力分析
C. 营利能力分析　　　　　　　　D. 现金流量分析
2. 由于财务报表存在下列问题(　　),导致财务分析具有局限性。
A. 会计核算要求以历史成本报告资产
B. 会计规范要求按年度分期报告,只报告短期信息
C. 财务报告没有披露公司的全部信息
D. 管理层的各项会计政策选择,使财务报表扭曲公司的实际情况
3. 财务分析应该具有以下几个方面的作用?(　　)
A. 评价企业财务状况　　　　　　B. 评价企业营利能力
C. 评价企业资产管理水平　　　　D. 评价企业成本费用水平
4. 财务报表分析的方法主要有(　　)。
A. 比率分析法　　　　　　　　　B. 量本利分析法
C. 因素分析法　　　　　　　　　D. 趋势分析法
5. 趋势分析法的具体运用主要有(　　)。
A. 重要财务指标的比较　　　　　B. 会计报表的比较
C. 会计报表项目构成的比较　　　D. 与历史水平的比较

三、判断题

1. 财务活动及其结果都可以直接或间接地通过财务报表来体现。　　　　　(　　)
2. 无论是企业的投资人、债权人还是企业经营管理层等,都十分关心企业的未来发展能力。　　　　　　　　　　　　　　　　　　　　　　　　　　　　　　　　　　(　　)
3. 财务报表有可能会扭曲公司的实际情况。　　　　　　　　　　　　　　(　　)
4. 如果会计报表严重歪曲了被审计单位的财务状况、经营成果和现金流动情况,会计师事务所可以出具无法(拒绝)表示意见的审计报告。　　　　　　　　　　　　(　　)
5. 在比较分析时必然要选择比较的参照标准,横向比较时应该使用同业标准。(　　)

四、简述题

1. 简述财务分析的作用。
2. 简述财务分析的目的及内容。
3. 简述财务分析的局限性。
4. 简述在运用趋势分析法时应注意的内容。
5. 简述连环替代法的计算程序。

五、计算题

1. 某企业2022年3月某种原材料费用的实际数是4 620元,而其计划数是4 000元。实际比计划增加620元,如表10—9所示。

表 10—9		原材料费用表	单位：元
项目	单位	计划数	实际数
产品产量	件	100	110
单位产品材料消耗量	千克	8	7
材料单价	元	5	6
材料费用总额	元	4 000	4 620

要求：请用因素分析法分解各因素变动对材料费用总额的影响。

2. 某企业年末货币资金为 900 万元，短期有价证券为 500 万元，应收账款为 1 300 万元，预付账款为 70 万元，存货为 5 200 万元，待摊费用为 80 万元，流动负债合计数为 4 000 万元。

要求：分别计算该企业的流动比率、速动比率和现金比率。

3. 某企业年产品销售成本为 8 500 万元，年初存货余额为 2 850 万元，年末存货余额为 2 720 万元。

要求：计算该企业存货的周转天数和周转次数。

4. 某公司流动资产由速动资产和存货构成，年初存货为 145 万元，年初应收账款为 125 万元，年末流动比率为 300%，年末速动比率为 150%，存货周转天数为 90 天，年末流动资产余额为 270 万元。一年按 360 天计算。

要求：

(1) 计算该公司流动负债年末余额；

(2) 计算该公司存货年末余额和年平均余额；

(3) 计算该公司本年主营业务成本。

5. 某公司年初应收账款额为 30 万元，年末应收账款额为 40 万元，本年净利润为 30 万元，销售净利率为 20%，销售收入中赊销收入占 70%。

要求：计算该企业本年度应收账款周转次数和周转天数。

6. 某公司 2021 年年初存货为 15 000 元，年初应收账款为 12 700 元，2021 年年末计算出流动比率为 3，速动比率为 1.5，存货周转率为 4 次（按销售额计算），流动资产合计为 27 000 元。

要求：

(1) 计算该公司的本年销售额；

(2) 如果除应收账款以外的速动资产是微不足道的，计算其平均收账期。

应会考核

■ 观念应用

【背景资料】

某公司 2021 年的销售额为 62 500 万元，比 2020 年提高 28%，有关的财务比率如表 10—10 所示：

表 10—10　　　　　　　　　　相关财务比率

财务比率	2020 年同业平均数据	2020 年本公司	2021 年本公司
应收账款回收期（天）	35	36	36

续表

财务比率	2020年同业平均数据	2020年本公司	2021年本公司
存货周转率	2.5	2.59	2.11
销售毛利率	38%	40%	40%
销售营业利润率(息税前)	10%	9.6%	10.63%
销售利息率	3.73%	2.4%	3.82%
销售净利率	6.27%	7.2%	6.81%
总资产周转率	1.14	1.11	1.07
固定资产周转率	1.4	2.02	1.82
资产负债率	58%	50%	61.3%
已获利息倍数	2.68	4	2.78

备注：该公司正处于免税期。

【考核要求】

(1) 运用杜邦分析法，比较2020年公司与同业平均的净资产收益率，定性分析其差异的原因。

(2) 运用杜邦分析法，比较公司2021年与2020年的净资产收益率，定性分析其变化的原因。

■ 技能应用

已知某公司2021年会计报表的有关资料如表10—11所示。

表10—11　　　　　　　　　　2021年会计报表的有关资料

资产负债表项目	年初数	年末数
资产	13 000	15 000
负债	8 000	8 800
所有者权益	5 000	6 200
利润表项目	上年数	本年数
主营业务收入净额	(略)	35 000
净利润	(略)	700

已知该公司2020年按照平均数计算的资产负债率是75%，总资产周转率是2次，主营业务净利率是1.8%。

【技能要求】

计算杜邦分析法中的下列指标(时点指标按平均数计算)：

(1) 净资产收益率；

(2) 主营业务净利率；

(3) 总资产周转率(保留两位小数)；

(4) 权益乘数。

■ 案例分析

【分析情境】

财务报表分析的应用

ABC 公司简要资产负债表、利润表及同行业财务比率的平均标准分别如表 10—12、表 10—13 和表 10—14 所示。

表 10—12 资产负债表

编制单位：ABC 公司　　　　　　　　　　2021 年 12 月 31 日　　　　　　　　　　　　　　单位：万元

资　产	年初数	年末数	负债和股东权益	年初数	年末数
流动资产：			流动负债：		
货币资金	66 835	91 211	短期借款	3 400	3 400
交易性金融资产	179 911	204 283	应付票据	0	46 200
应收账款	56 495	89 487	应付账款	22 008	23 974
存货	31 712	55 028	预计负债	31 006	56 717
其他流动资产	15 519	25 271	流动负债合计	56 414	130 291
流动资产合计	350 472	465 280	长期负债：		
固定资产：			长期借款	7 650	4 250
固定资产净值	67 863	92 778	股东权益：		
无形资产及其他资产：			股本	140 191	182 932
无形资产	17 373	88 428	盈余公积和未分配利润	231 453	329 013
			股东权益合计	371 644	511 945
资产总计	435 708	646 486	负债和股东权益总计	435 708	646 486

表 10—13 利润表

编制单位：ABC 公司　　　　　　　　　　2021 年度　　　　　　　　　　　　　　　　　　　单位：万元

项　目	本月数	本年累计数
营业收入		659 347
减：营业成本		275 939
减：销售费用		117 781
管理费用		115 784
财务费用		11 854
利润总额		137 989
减：所得税		34 614
净利润		103 375

表 10—14 同行业标准财务比率

流动比率	2.01
资产负债率	56%
存货周转天数	55

续表

流动比率	2.01
应收账款周转天数	39
销售净利率	13.12%

要求：(1)根据资产负债表和利润表计算下列比率：流动比率、资产负债率、存货周转天数、应收账款周转天数和销售净利率。

(2)根据上述计算结果和同行业标准财务比率，评价该公司的偿债能力、运营能力和盈利能力。

项目实训

【实训项目】

财务分析。

【实训情境】

东方股份有限公司是一家汽车零配件生产商。该公司十分重视新产品和新工艺的开发，引进国外先进技术，拥有国内一流的生产线，其生产的产品在国内具有较高的市场占有率。但由于该公司近两年扩张得太快，经营效率有所下降。为了把握未来，该公司对未来几年可能面临的市场情况和风险进行了预测。预测结果表明，在未来几年里，伴随着国民经济的快速发展，以及汽车工业的迅速崛起，市场对汽车零配件的需求激增，这种发展势头给公司带来了良好的发展机会。同时，公司未来面临的风险也在逐步加大，如国内介入该产品的企业逐步增多，国外生产同类产品的公司也欲打入中国市场，以及能源的涨价等，这些都会给公司未来的生产经营活动带来严峻的挑战。

东方股份有限公司发行在外的普通股 2020 年为 1 000 万股，2021 年为 1 200 万股，其平均市价分别为 2.2 元/股和 2.5 元/股，2021 年分配普通股股东现金股利为 400 万元。东方股份有限公司 2021 年度资产负债表、利润表资料如表 10－15 和表 10－16 所示。

表 10－15　　　　　　　　　　　　　资产负债表

2021 年 12 月 31 日　　　　　　　　　　　　　　　单位：万元

资　产	年初数	年末数	负债和股东权益	年初数	年末数
流动资产：			流动负债：		
货币资金	880	1 550	短期借款	200	150
交易性金融资产	132	60	应付账款	600	400
应收账款	1 080	1 200	应付职工薪酬	180	300
其他应收款			应付股利	500	800
预付账款	200	250	一年内到期的长期负债	120	150
存货	808	880	流动负债合计	1 600	1 800
流动资产合计	3 100	3 940	非流动负债：		
非流动资产：			长期借款	200	300
其他权益工具投资			应付债券	100	200
长期应收款			非流动负债合计	300	500

续表

资产	年初数	年末数	负债和股东权益	年初数	年末数
长期股权投资	300	500	负债合计	1 900	2 300
投资性房地产			股东权益：		
固定资产	1 750	1 920	股本	1 500	1 800
在建工程			资本公积	500	700
无形资产	50	40	盈余公积	800	1 000
开发支出			未分配利润	500	600
其他非流动资产			股东权益合计	3 300	4 100
资产总额	5 200	6 400	负债和股东权益总额	5 200	6 400

表 10—16　　　　　　　　　　　　　　利润表

2021 年度　　　　　　　　　　　　　　　　　　　　　　　　　　　单位：万元

项目	本年累计数	上年累计数
一、营业收入	17 000	13 000
减：营业成本	8 500	6 900
税金及附加	750	575
销售费用	500	450
管理费用	840	750
财务费用	60	50
加：投资收益（亏损以"—"号填列）	70	50
二、营业利润（亏损以"—"号填列）	6 420	4 325
加：营业外收入	50	60
减：营业外支出	30	50
三、利润总额（亏损以"—"号填列）	6 440	4 335
减：所得税	2 576	1 732
四、净利润（亏损以"—"号填列）	3 864	2 603

证券投资分析师王杰认为，东方股份有限公司的资产总额、净利润总额都在增加，股票价格也呈上涨态势，因此，公司的财务管理及其成效是无可挑剔的。

【实训任务】

(1) 你是如何看待王杰的观点？

(2) 根据报表资料，分别计算该公司 2021 年的偿债能力、营运能力、盈利能力、发展能力等各项财务指标。

(3) 运用杜邦分析法对净资产收益率的差异进行分析，并确定各因素变动对差异影响的金额。

(4) 运用上述分析结果，归纳影响该公司经营变动的有利因素和不利因素，找出产生不利因素的主要问题和原因，并针对不同的问题提出相应的改进意见，进而使这些改进建议付诸实施，以完善该公司的生产经营管理，提高竞争力，最后完成一篇不少于 1 000 字的财务分析报告。

《财务分析》实训报告				
项目实训班级：		项目小组：		项目组成员：
实训时间：　　年　月　日		实训地点：		实训成绩：
实训目的：				
实训步骤：				
实训结果：				
实训感言：				

用 Excel 解决本项目问题

附 录

附表一 复利终值系数表

期数	1%	2%	3%	4%	5%	6%	7%	8%	9%	10%
1	1.010 0	1.020 0	1.030 0	1.040 0	1.050 0	1.060 0	1.070 0	1.080 0	1.090 0	1.100 0
2	1.020 1	1.040 4	1.060 9	1.081 6	1.102 5	1.123 6	1.144 9	1.166 4	1.188 1	1.210 0
3	1.030 3	1.061 2	1.092 7	1.124 9	1.157 6	1.191 0	1.225 0	1.259 7	1.295 0	1.331 0
4	1.040 6	1.082 4	1.125 5	1.169 9	1.215 5	1.262 5	1.310 8	1.360 5	1.411 6	1.464 1
5	1.051 0	1.104 1	1.159 3	1.216 7	1.276 3	1.338 2	1.402 6	1.469 3	1.538 6	1.610 5
6	1.061 5	1.126 2	1.194 1	1.265 3	1.340 1	1.418 5	1.500 7	1.586 9	1.677 1	1.771 6
7	1.072 1	1.148 7	1.229 9	1.315 9	1.407 1	1.503 6	1.605 8	1.713 8	1.828 0	1.948 7
8	1.082 9	1.171 7	1.266 8	1.368 6	1.477 5	1.593 8	1.718 2	1.850 9	1.992 6	2.143 6
9	1.093 7	1.195 1	1.304 8	1.423 3	1.551 3	1.689 5	1.838 5	1.999 0	2.171 9	2.357 9
10	1.104 6	1.219 0	1.343 9	1.480 2	1.628 9	1.790 8	1.967 2	2.158 9	2.367 4	2.593 7
11	1.115 7	1.243 4	1.384 2	1.539 5	1.710 3	1.898 3	2.104 9	2.331 6	2.580 4	2.853 1
12	1.126 8	1.268 2	1.425 8	1.601 0	1.795 9	2.012 2	2.252 2	2.518 2	2.812 7	3.138 4
13	1.138 1	1.293 6	1.468 5	1.665 1	1.885 6	2.132 9	2.409 8	2.719 6	3.065 8	3.452 3
14	1.149 5	1.319 5	1.512 6	1.731 7	1.979 9	2.260 9	2.578 5	2.937 2	3.341 7	3.797 5
15	1.161 0	1.345 9	1.558 0	1.800 9	2.078 9	2.396 6	2.759 0	3.172 2	3.642 5	4.177 2
16	1.172 6	1.372 8	1.604 7	1.873 0	2.182 9	2.540 4	2.952 2	3.425 9	3.970 3	4.595 0
17	1.184 3	1.400 2	1.652 8	1.947 9	2.292 0	2.692 8	3.158 8	3.700 0	4.327 6	5.054 5
18	1.196 1	1.428 2	1.702 4	2.025 8	2.406 6	2.854 3	3.379 9	3.996 0	4.717 1	5.559 9
19	1.208 1	1.456 8	1.753 5	2.106 8	2.527 0	3.025 6	3.616 5	4.315 7	5.141 7	6.115 9
20	1.220 2	1.485 9	1.806 1	2.191 1	2.653 3	3.207 1	3.869 7	4.661 0	5.604 4	6.727 5
21	1.232 4	1.515 7	1.860 3	2.278 8	2.786 0	3.399 6	4.140 6	5.033 8	6.108 8	7.400 2
22	1.244 7	1.546 0	1.916 1	2.369 9	2.925 3	3.603 5	4.430 4	5.436 5	6.658 6	8.140 3
23	1.257 2	1.576 9	1.973 6	2.464 7	3.071 5	3.819 7	4.740 5	5.871 5	7.257 9	8.954 3
24	1.269 7	1.608 4	2.032 8	2.563 3	3.225 1	4.048 9	5.072 4	6.341 2	7.911 1	9.849 7
25	1.282 4	1.640 6	2.093 8	2.665 8	3.386 4	4.291 9	5.427 4	6.848 5	8.623 1	10.835
26	1.295 3	1.673 4	2.156 6	2.772 5	3.555 7	4.549 4	5.807 4	7.396 4	9.399 2	11.918
27	1.308 2	1.706 9	2.221 3	2.883 4	3.733 5	4.822 3	6.213 9	7.988 1	10.245	13.110
28	1.321 3	1.741 0	2.287 9	2.998 7	3.920 1	5.111 7	6.648 8	8.627 1	11.167	14.421
29	1.334 5	1.775 8	2.356 6	3.118 7	4.116 1	5.418 4	7.114 3	9.317 3	12.172	15.863
30	1.347 8	1.811 4	2.427 3	3.243 4	4.321 9	5.743 5	7.612 3	10.063	13.268	17.449

续表

期数	12%	14%	16%	18%	20%	22%	24%	26%	28%	30%
1	1.1200	1.1400	1.1600	1.1800	1.2000	1.2200	1.2400	1.2600	1.2800	1.3000
2	1.2544	1.2996	1.3456	1.3924	1.4400	1.4884	1.5376	1.5876	1.6384	1.6900
3	1.4049	1.4815	1.5609	1.6430	1.7280	1.8158	1.9066	2.0004	2.0972	2.1970
4	1.5735	1.6890	1.8106	1.9388	2.0736	2.2153	2.3642	2.5205	2.6844	2.8561
5	1.7623	1.9254	2.1003	2.2878	2.4883	2.7027	2.9316	3.1758	3.4360	3.7129
6	1.9738	2.1950	2.4364	2.6996	2.9860	3.2973	3.6352	4.0015	4.3980	4.8268
7	2.2107	2.5023	2.8262	3.1855	3.5832	4.0227	4.5077	5.0419	5.6295	6.2749
8	2.4760	2.8526	3.2784	3.7589	4.2998	4.9077	5.5895	6.3528	7.2058	8.1573
9	2.7731	3.2519	3.8030	4.4355	5.1598	5.9874	6.9310	8.0045	9.2234	10.605
10	3.1058	3.7072	4.4114	5.2338	6.1917	7.3046	8.5944	10.086	11.806	13.786
11	3.4786	4.2262	5.1173	6.1759	7.4301	8.9117	10.657	12.708	15.112	17.922
12	3.8960	4.8179	5.9360	7.2876	8.9161	10.872	13.215	16.012	19.343	23.298
13	4.3635	5.4924	6.8858	8.5994	10.699	13.264	16.386	20.175	24.759	30.288
14	4.8871	6.2613	7.9875	10.147	12.839	16.182	20.319	25.421	31.691	39.374
15	5.4736	7.1379	9.2655	11.974	15.407	19.742	25.196	32.030	40.565	51.186
16	6.1304	8.1372	10.748	14.129	18.488	24.086	31.243	40.358	51.923	66.542
17	6.8660	9.2765	12.468	16.672	22.186	29.384	38.741	50.851	66.461	86.504
18	7.6900	10.575	14.463	19.673	26.623	35.849	48.039	64.072	85.071	112.46
19	8.6128	12.056	16.777	23.214	31.948	43.736	59.568	80.731	108.89	146.19
20	9.6463	13.744	19.461	27.393	38.338	53.358	73.864	101.72	139.38	190.05
21	10.804	15.668	22.575	32.324	46.005	65.096	91.592	128.17	178.41	247.06
22	12.100	17.861	26.186	38.142	55.206	79.418	113.57	161.49	228.36	321.18
23	13.552	20.362	30.376	45.008	66.247	96.889	140.83	203.48	292.30	417.54
24	15.179	23.212	35.236	53.109	79.497	118.21	174.63	256.39	374.14	542.80
25	17.000	26.462	40.874	62.669	95.396	144.21	216.54	323.05	478.90	705.64
26	19.040	30.167	47.414	73.949	114.48	175.94	268.51	407.04	613.00	917.33
27	21.325	34.390	55.000	87.260	137.37	214.64	332.96	512.87	784.64	1 192.5
28	23.884	39.205	63.800	102.97	164.84	261.86	412.86	646.21	1 004.3	1 550.3
29	26.750	44.693	74.009	121.50	197.81	319.47	511.95	814.23	1 285.6	2 015.4
30	29.960	50.950	85.850	143.37	237.38	389.76	634.82	1 025.9	1 645.5	2 620.0

附表二　　复利现值系数表

期数	1%	2%	3%	4%	5%	6%	7%	8%	9%	10%
1	0.9901	0.9804	0.9709	0.9615	0.9524	0.9434	0.9346	0.9259	0.9174	0.9091
2	0.9803	0.9612	0.9426	0.9246	0.9070	0.8900	0.8734	0.8573	0.8417	0.8264
3	0.9706	0.9423	0.9151	0.8890	0.8638	0.8396	0.8163	0.7938	0.7722	0.7513
4	0.9610	0.9238	0.8885	0.8548	0.8227	0.7921	0.7629	0.7350	0.7084	0.6830
5	0.9515	0.9057	0.8626	0.8219	0.7835	0.7473	0.7130	0.6806	0.6499	0.6209
6	0.9420	0.8880	0.8375	0.7903	0.7462	0.7050	0.6663	0.6302	0.5963	0.5645
7	0.9327	0.8706	0.8131	0.7599	0.7107	0.6651	0.6227	0.5835	0.5470	0.5132
8	0.9235	0.8535	0.7894	0.7307	0.6768	0.6274	0.5820	0.5403	0.5019	0.4665
9	0.9143	0.8368	0.7664	0.7026	0.6446	0.5919	0.5439	0.5002	0.4604	0.4241
10	0.9053	0.8203	0.7441	0.6756	0.6139	0.5584	0.5083	0.4632	0.4224	0.3855
11	0.8963	0.8043	0.7224	0.6496	0.5847	0.5268	0.4751	0.4289	0.3875	0.3505
12	0.8874	0.7885	0.7014	0.6246	0.5568	0.4970	0.4440	0.3971	0.3555	0.3186
13	0.8787	0.7730	0.6810	0.6006	0.5303	0.4688	0.4150	0.3677	0.3262	0.2897
14	0.8700	0.7579	0.6611	0.5775	0.5051	0.4423	0.3878	0.3405	0.2992	0.2633
15	0.8613	0.7430	0.6419	0.5553	0.4810	0.4173	0.3624	0.3152	0.2745	0.2394
16	0.8528	0.7284	0.6232	0.5339	0.4581	0.3936	0.3387	0.2919	0.2519	0.2176
17	0.8444	0.7142	0.6050	0.5134	0.4363	0.3714	0.3166	0.2703	0.2311	0.1978
18	0.8360	0.7002	0.5874	0.4936	0.4155	0.3503	0.2959	0.2502	0.2120	0.1799
19	0.8277	0.6864	0.5703	0.4746	0.3957	0.3305	0.2765	0.2317	0.1945	0.1635
20	0.8195	0.6730	0.5537	0.4564	0.3769	0.3118	0.2584	0.2145	0.1784	0.1486
21	0.8114	0.6598	0.5375	0.4388	0.3589	0.2942	0.2415	0.1987	0.1637	0.1351
22	0.8034	0.6468	0.5219	0.4220	0.3418	0.2775	0.2257	0.1839	0.1502	0.1228
23	0.7954	0.6342	0.5067	0.4057	0.3256	0.2618	0.2109	0.1703	0.1378	0.1117
24	0.7876	0.6217	0.4919	0.3901	0.3101	0.2470	0.1971	0.1577	0.1264	0.1015
25	0.7798	0.6095	0.4776	0.3751	0.2953	0.2330	0.1842	0.1460	0.1160	0.0923
26	0.7720	0.5976	0.4637	0.3607	0.2812	0.2198	0.1722	0.1352	0.1064	0.0839
27	0.7644	0.5859	0.4502	0.3468	0.2678	0.2074	0.1609	0.1252	0.0976	0.0763
28	0.7568	0.5744	0.4371	0.3335	0.2551	0.1956	0.1504	0.1159	0.0895	0.0693
29	0.7493	0.5631	0.4243	0.3207	0.2429	0.1846	0.1406	0.1073	0.0822	0.0630
30	0.7419	0.5521	0.4120	0.3083	0.2314	0.1741	0.1314	0.0994	0.0754	0.0573

续表

期数	12%	14%	16%	18%	20%	22%	24%	26%	28%	30%
1	0.892 9	0.877 2	0.862 1	0.847 5	0.833 3	0.819 7	0.806 5	0.793 7	0.781 3	0.769 2
2	0.797 2	0.769 5	0.743 2	0.718 2	0.694 4	0.671 9	0.650 4	0.629 9	0.610 4	0.591 7
3	0.711 8	0.675 0	0.640 7	0.608 6	0.578 7	0.550 7	0.524 5	0.499 9	0.476 8	0.455 2
4	0.635 5	0.592 1	0.552 3	0.515 8	0.482 3	0.451 4	0.423 0	0.396 8	0.372 5	0.350 1
5	0.567 4	0.519 4	0.476 1	0.437 1	0.401 9	0.370 0	0.341 1	0.314 9	0.291 0	0.269 3
6	0.506 6	0.455 6	0.410 4	0.370 4	0.334 9	0.303 3	0.275 1	0.249 9	0.227 4	0.207 2
7	0.452 3	0.399 6	0.353 8	0.313 9	0.279 1	0.248 6	0.221 8	0.198 3	0.177 6	0.159 4
8	0.403 9	0.350 6	0.305 0	0.266 0	0.232 6	0.203 8	0.178 9	0.157 4	0.138 8	0.122 6
9	0.360 6	0.307 5	0.263 0	0.225 5	0.193 8	0.167 0	0.144 3	0.124 9	0.108 4	0.094 3
10	0.322 0	0.269 7	0.226 7	0.191 1	0.161 5	0.136 9	0.116 4	0.099 2	0.084 7	0.072 5
11	0.287 5	0.236 6	0.195 4	0.161 9	0.134 6	0.112 2	0.093 8	0.078 7	0.066 2	0.055 8
12	0.256 7	0.207 6	0.168 5	0.137 2	0.112 2	0.092 0	0.075 7	0.062 5	0.051 7	0.042 9
13	0.229 2	0.182 1	0.145 2	0.116 3	0.093 5	0.075 4	0.061 0	0.049 6	0.040 4	0.033 0
14	0.204 6	0.159 7	0.125 2	0.098 5	0.077 9	0.061 8	0.049 2	0.039 3	0.031 6	0.025 4
15	0.182 7	0.140 1	0.107 9	0.083 5	0.064 9	0.050 7	0.039 7	0.031 2	0.024 7	0.019 5
16	0.163 1	0.122 9	0.093 0	0.070 8	0.054 1	0.041 5	0.032 0	0.024 8	0.019 3	0.015 0
17	0.145 6	0.107 8	0.080 2	0.060 0	0.045 1	0.034 0	0.025 8	0.019 7	0.015 0	0.011 6
18	0.130 0	0.094 6	0.069 1	0.050 8	0.037 6	0.027 9	0.020 8	0.015 6	0.011 8	0.008 9
19	0.116 1	0.082 9	0.059 6	0.043 1	0.031 3	0.022 9	0.016 8	0.012 4	0.009 2	0.006 8
20	0.103 7	0.072 8	0.051 4	0.036 5	0.026 1	0.018 7	0.013 5	0.009 8	0.007 2	0.005 3
21	0.092 6	0.063 8	0.044 3	0.030 9	0.021 7	0.015 4	0.010 9	0.007 8	0.005 6	0.004 0
22	0.082 6	0.056 0	0.038 2	0.026 2	0.018 1	0.012 6	0.008 8	0.006 2	0.004 4	0.003 1
23	0.073 8	0.049 1	0.032 9	0.022 2	0.015 1	0.010 3	0.007 1	0.004 9	0.003 4	0.002 4
24	0.065 9	0.043 1	0.028 4	0.018 8	0.012 6	0.008 5	0.005 7	0.003 9	0.002 7	0.001 8
25	0.058 8	0.037 8	0.024 5	0.016	0.010 5	0.006 9	0.004 6	0.003 1	0.002 1	0.001 4
26	0.052 5	0.033 1	0.021 1	0.013 5	0.008 7	0.005 7	0.003 7	0.002 5	0.001 6	0.001 1
27	0.046 9	0.029 1	0.018 2	0.011 5	0.007 3	0.004 7	0.003 0	0.001 9	0.001 3	0.000 8
28	0.041 9	0.025 5	0.015 7	0.009 7	0.006 1	0.003 8	0.002 4	0.001 5	0.001 0	0.000 6
29	0.037 4	0.022 4	0.013 5	0.008 2	0.005 1	0.003 1	0.002 0	0.001 2	0.000 8	0.000 5
30	0.033 4	0.019 6	0.011 6	0.007 0	0.004 2	0.002 6	0.001 6	0.001 0	0.000 6	0.000 4

附表三　　　　　　　　　　　　　　　年金终值系数表

期数	1%	2%	3%	4%	5%	6%	7%	8%	9%	10%
1	1.0000	1.0000	1.0000	1.0000	1.0000	1.0000	1.0000	1.0000	1.0000	1.0000
2	2.0100	2.0200	2.0300	2.0400	2.0500	2.0600	2.0700	2.0800	2.0900	2.1000
3	3.0301	3.0604	3.0909	3.1216	3.1525	3.1836	3.2149	3.2464	3.2781	3.3100
4	4.0604	4.1216	4.1836	4.2465	4.3101	4.3746	4.4399	4.5061	4.5731	4.6410
5	5.1010	5.2040	5.3091	5.4163	5.5256	5.6371	5.7507	5.8666	5.9847	6.1051
6	6.1520	6.3081	6.4684	6.6330	6.8019	6.9753	7.1533	7.3359	7.5233	7.7156
7	7.2135	7.4343	7.6625	7.8983	8.1420	8.3938	8.6540	8.9228	9.2004	9.4872
8	8.2857	8.5830	8.8923	9.2142	9.5491	9.8975	10.260	10.637	11.029	11.436
9	9.3685	9.7546	10.159	10.583	11.027	11.491	11.978	12.488	13.021	13.580
10	10.462	10.950	11.464	12.006	12.578	13.181	13.816	14.487	15.193	15.937
11	11.567	12.169	12.808	13.486	14.207	14.972	15.784	16.646	17.560	18.531
12	12.683	13.412	14.192	15.026	15.917	16.870	17.889	18.977	20.141	21.384
13	13.809	14.680	15.618	16.627	17.713	18.882	20.141	21.495	22.953	24.523
14	14.947	15.974	17.086	18.292	19.599	21.015	22.551	24.215	26.019	27.975
15	16.097	17.293	18.599	20.024	21.579	23.276	25.129	27.152	29.361	31.773
16	17.258	18.639	20.157	21.825	23.658	25.673	27.888	30.324	33.003	35.950
17	18.430	20.012	21.762	23.698	25.840	28.213	30.840	33.750	36.974	40.545
18	19.615	21.412	23.414	25.645	28.132	30.906	33.999	37.450	41.301	45.599
19	20.811	22.841	25.117	27.671	30.539	33.760	37.379	41.446	46.019	51.159
20	22.019	24.297	26.870	29.778	33.066	36.786	40.996	45.762	51.160	57.275
21	23.239	25.783	28.677	31.969	35.719	39.993	44.865	50.423	56.765	64.003
22	24.472	27.299	30.537	34.248	38.505	43.392	49.006	55.457	62.873	71.403
23	25.716	28.845	32.453	36.618	41.431	46.996	53.436	60.893	69.532	79.543
24	26.974	30.422	34.427	39.083	44.502	50.816	58.177	66.765	76.790	88.497
25	28.243	32.030	36.459	41.646	47.727	54.865	63.249	73.106	84.701	98.347
26	29.526	33.671	38.553	44.312	51.114	59.156	68.677	79.954	93.324	109.18
27	30.821	35.344	40.710	47.084	54.669	63.706	74.484	87.351	102.72	121.10
28	32.129	37.051	42.931	49.968	58.403	68.528	80.698	95.339	112.97	134.21
29	33.450	38.792	45.219	52.966	62.323	73.640	87.347	103.97	124.14	148.63
30	34.785	40.568	47.575	56.085	66.439	79.058	94.461	113.28	136.31	164.49

续表

期数	12%	14%	16%	18%	20%	22%	24%	26%	28%	30%
1	1.000 0	1.000 0	1.000 0	1.000 0	1.000 0	1.000 0	1.000 0	1.000 0	1.000 0	1.000 0
2	2.120 0	2.140 0	2.160 0	2.180 0	2.200 0	2.220 0	2.240 0	2.260 0	2.280 0	2.300 0
3	3.374 4	3.439 6	3.505 6	3.572 4	3.640 0	3.708 4	3.777 6	3.847 6	3.918 4	3.990 0
4	4.779 3	4.921 1	5.066 5	5.215 4	5.368 0	5.524 2	5.684 2	5.848 0	6.015 6	6.187 0
5	6.352 8	6.610 1	6.877 1	7.154 2	7.441 6	7.739 6	8.048 4	8.368 4	8.699 9	9.043 1
6	8.115 2	8.535 5	8.977 5	9.442 0	9.929 9	10.442	10.980	11.544	12.136	12.756
7	10.089	10.731	11.414	12.142	12.916	13.740	14.615	15.546	16.534	17.583
8	12.300	13.233	14.240	15.327	16.499	17.762	19.123	20.588	22.163	23.858
9	14.776	16.085	17.519	19.086	20.799	22.670	24.713	26.940	29.369	32.015
10	17.549	19.337	21.322	23.521	25.959	28.657	31.643	34.945	38.593	42.620
11	20.655	23.045	25.733	28.755	32.150	35.962	40.238	45.031	50.399	56.405
12	24.133	27.271	30.850	34.931	39.581	44.874	50.895	57.739	65.510	74.327
13	28.029	32.089	36.786	42.219	48.497	55.746	64.110	73.751	84.853	97.625
14	32.393	37.581	43.672	50.818	59.196	69.010	80.496	93.926	109.61	127.91
15	37.280	43.842	51.660	60.965	72.035	85.192	100.82	119.35	141.30	167.29
16	42.753	50.980	60.925	72.939	87.442	104.93	126.01	151.38	181.87	218.47
17	48.884	59.118	71.673	87.068	105.93	129.02	157.25	191.73	233.79	285.01
18	55.750	68.394	84.141	103.74	128.12	158.40	195.99	242.59	300.25	371.52
19	63.440	78.969	98.603	123.41	154.74	194.25	244.03	306.66	385.32	483.97
20	72.052	91.025	115.38	146.63	186.69	237.99	303.60	387.39	494.21	630.17
21	81.699	104.77	134.84	174.02	225.03	291.35	377.46	489.11	633.59	820.22
22	92.503	120.44	157.42	206.34	271.03	356.44	469.06	617.28	812.00	1 067.3
23	104.60	138.30	183.60	244.49	326.24	435.86	582.63	778.77	1 040.4	1 388.5
24	118.16	158.66	213.98	289.49	392.48	532.75	723.46	982.25	1 332.7	1 806.0
25	133.33	181.87	249.21	342.60	471.98	650.96	898.09	1 238.6	1 706.8	2 348.8
26	150.33	208.33	290.09	405.27	567.38	795.17	1 114.6	1 561.7	2 185.7	3 054.4
27	169.37	238.50	337.50	479.22	681.85	971.10	1 383.1	1 968.7	2 798.7	3 971.8
28	190.70	272.89	392.50	566.48	819.22	1 185.7	1 716.1	2 481.6	3 583.3	5 164.3
29	214.58	312.09	456.30	669.45	984.07	1 447.6	2 129.0	3 127.8	4 587.7	6 714.6
30	241.33	356.79	530.31	790.95	1 181.9	1 767.1	2 640.9	3 942.0	5 873.2	8 730.0

附表四　年金现值系数表

期数	1%	2%	3%	4%	5%	6%	7%	8%	9%	10%
1	0.990 1	0.980 4	0.970 9	0.961 5	0.952 4	0.943 4	0.934 6	0.925 9	0.917 4	0.909 1
2	1.970 4	1.941 6	1.913 5	1.886 1	1.859 4	1.833 4	1.808 0	1.783 3	1.759 1	1.735 5
3	2.941 0	2.883 9	2.828 6	2.775 1	2.723 2	2.673 0	2.624 3	2.577 1	2.531 3	2.486 9
4	3.902 0	3.807 7	3.717 1	3.629 9	3.546 0	3.465 1	3.387 2	3.312 1	3.239 7	3.169 9
5	4.853 4	4.713 5	4.579 7	4.451 8	4.329 5	4.212 4	4.100 2	3.992 7	3.889 7	3.790 8
6	5.795 5	5.601 4	5.417 2	5.242 1	5.075 7	4.917 3	4.766 5	4.622 9	4.485 9	4.355 3
7	6.728 2	6.472 0	6.230 3	6.002 1	5.786 4	5.582 4	5.389 3	5.206 4	5.033 0	4.868 4
8	7.651 7	7.325 5	7.019 7	6.732 7	6.463 2	6.209 8	5.971 3	5.746 6	5.534 8	5.334 9
9	8.566 0	8.162 2	7.786 1	7.435 3	7.107 8	6.801 7	6.515 2	6.246 9	5.995 2	5.759 0
10	9.471 3	8.982 6	8.530 2	8.110 9	7.721 7	7.360 1	7.023 6	6.710 1	6.417 7	6.144 6
11	10.368	9.786 8	9.252 6	8.760 5	8.306 4	7.886 9	7.498 7	7.139 0	6.805 2	6.495 1
12	11.255	10.575	9.954 0	9.385 1	8.863 3	8.383 8	7.942 7	7.536 1	7.160 7	6.813 7
13	12.134	11.348	10.635	9.985 6	9.393 6	8.852 7	8.357 7	7.903 8	7.486 9	7.103 4
14	13.004	12.106	11.296	10.563	9.898 6	9.295 0	8.745 5	8.244 2	7.786 2	7.366 7
15	13.865	12.849	11.938	11.118	10.380	9.712 2	9.107 9	8.559 5	8.060 7	7.606 1
16	14.718	13.578	12.561	11.652	10.838	10.106	9.446 6	8.851 4	8.312 6	7.823 7
17	15.562	14.292	13.166	12.166	11.274	10.477	9.763 2	9.121 6	8.543 6	8.021 6
18	16.398	14.992	13.754	12.659	11.690	10.828	10.059	9.371 9	8.755 6	8.201 4
19	17.226	15.679	14.324	13.134	12.085	11.158	10.336	9.603 6	8.950 1	8.364 9
20	18.046	16.351	14.878	13.590	12.462	11.470	10.594	9.818 1	9.128 5	8.513 6
21	18.857	17.011	15.415	14.029	12.821	11.764	10.836	10.017	9.292 2	8.648 7
22	19.660	17.658	15.937	14.451	13.163	12.042	11.061	10.201	9.442 4	8.771 5
23	20.456	18.292	16.444	14.857	13.489	12.303	11.272	10.371	9.580 2	8.883 2
24	21.243	18.914	16.936	15.247	13.799	12.550	11.469	10.529	9.706 6	8.984 7
25	22.023	19.524	17.413	15.622	14.094	12.783	11.654	10.675	9.822 6	9.077 0
26	22.795	20.121	17.877	15.983	14.375	13.003	11.826	10.810	9.929 0	9.160 9
27	23.560	20.707	18.327	16.330	14.643	13.211	11.987	10.935	10.027	9.237 2
28	24.316	21.281	18.764	16.663	14.898	13.406	12.137	11.051	10.116	9.306 6
29	25.066	21.844	19.189	16.984	15.141	13.591	12.278	11.158	10.198	9.369 6
30	25.808	22.397	19.600	17.292	15.373	13.765	12.409	11.258	10.274	9.426 9

续表

期数	12%	14%	16%	18%	20%	22%	24%	26%	28%	30%
1	0.8929	0.8772	0.8621	0.8475	0.8333	0.8197	0.8065	0.7937	0.7813	0.7692
2	1.6901	1.6467	1.6052	1.5656	1.5278	1.4915	1.4568	1.4235	1.3916	1.3609
3	2.4018	2.3216	2.2459	2.1743	2.1065	2.0422	1.9813	1.9234	1.8684	1.8161
4	3.0373	2.9137	2.7982	2.6901	2.5887	2.4936	2.4043	2.3202	2.2410	2.1662
5	3.6048	3.4331	3.2743	3.1272	2.9906	2.8636	2.7454	2.6351	2.5320	2.4356
6	4.1114	3.8887	3.6847	3.4976	3.3255	3.1669	3.0205	2.8850	2.7594	2.6427
7	4.5638	4.2883	4.0386	3.8115	3.6046	3.4155	3.2423	3.0833	2.9370	2.8021
8	4.9676	4.6389	4.3436	4.0776	3.8372	3.6193	3.4212	3.2407	3.0758	2.9247
9	5.3282	4.9464	4.6065	4.3030	4.0310	3.7863	3.5655	3.3657	3.1842	3.0190
10	5.6502	5.2161	4.8332	4.4941	4.1925	3.9232	3.6819	3.4648	3.2689	3.0915
11	5.9377	5.4527	5.0286	4.6560	4.3271	4.0354	3.7757	3.5435	3.3351	3.1473
12	6.1944	5.6603	5.1971	4.7932	4.4392	4.1274	3.8514	3.6059	3.3868	3.1903
13	6.4235	5.8424	5.3423	4.9095	4.5327	4.2028	3.9124	3.6555	3.4272	3.2233
14	6.6282	6.0021	5.4675	5.0081	4.6106	4.2646	3.9616	3.6949	3.4587	3.2487
15	6.8109	6.1422	5.5755	5.0916	4.6755	4.3152	4.0013	3.7261	3.4834	3.2682
16	6.9740	6.2651	5.6685	5.1624	4.7296	4.3567	4.0333	3.7509	3.5026	3.2832
17	7.1196	6.3729	5.7487	5.2223	4.7746	4.3908	4.0591	3.7705	3.5177	3.2948
18	7.2497	6.4674	5.8178	5.2732	4.8122	4.4187	4.0799	3.7861	3.5294	3.3037
19	7.3658	6.5504	5.8775	5.3162	4.8435	4.4415	4.0967	3.7985	3.5386	3.3105
20	7.4694	6.6231	5.9288	5.3527	4.8696	4.4603	4.1103	3.8083	3.5458	3.3158
21	7.5620	6.6870	5.9731	5.3837	4.8913	4.4756	4.1212	3.8161	3.5514	3.3198
22	7.6446	6.7429	6.0113	5.4099	4.9094	4.4882	4.1300	3.8223	3.5558	3.3230
23	7.7184	6.7921	6.0442	5.4321	4.9245	4.4985	4.1371	3.8273	3.5592	3.3254
24	7.7843	6.8351	6.0726	5.4509	4.9371	4.5070	4.1428	3.8312	3.5619	3.3272
25	7.8431	6.8729	6.0971	5.4669	4.9476	4.5139	4.1474	3.8342	3.5640	3.3286
26	7.8957	6.9061	6.1182	5.4804	4.9563	4.5196	4.1511	3.8367	3.5656	3.3297
27	7.9426	6.9352	6.1364	5.4919	4.9636	4.5243	4.1542	3.8387	3.5669	3.3305
28	7.9844	6.9607	6.1520	5.5016	4.9697	4.5281	4.1566	3.8402	3.5679	3.3312
29	8.0218	6.9830	6.1656	5.5098	4.9747	4.5312	4.1585	3.8414	3.5687	3.3317
30	8.0552	7.0027	6.1772	5.5168	4.9789	4.5338	4.1601	3.8424	3.5693	3.3321

参考文献

[1]刘春华、刘静中主编:《财务管理》,大连出版社 2013 年版。
[2]刘春华、刘静中主编:《财务管理习题与实训》,大连出版社 2013 年版。
[3]徐哲、李贺、路萍编著:《财务管理基础》,上海财经大学出版社 2016 年版。
[4]揭志锋主编:《财务管理》(第二版),东北财经大学出版社 2017 年版。
[5]李园园、邹亚新、王桂莲主编:《公司理财》,上海财经大学出版社 2017 年版。
[6]郭泽光主编:《财务管理学》,东北财经大学出版社 2018 年版。
[7]徐利飞、晓芳主编:《财务管理学习指导与练习》(第二版),东北财经大学出版社 2018 年版。
[8]刘斌、何任编著:《财务管理》,东北财经大学出版社 2018 年版。
[9]张兴东、徐哲、李贺主编:《财务管理》(第二版),上海财经大学出版社 2019 年版。
[10]徐哲、李贺主编:《财务管理》,立信会计出版社 2019 年版。
[11]李贺、李小光等主编:《管理会计》,上海财经大学出版社 2020 年版。
[12]李贺、朱晓佳主编:《财务报表分析》,上海财经大学出版社 2020 年版。
[13]徐芳兰、张雪雨主编:《财务管理》,东北财经大学出版社 2020 年版。
[14]袁建国、周丽媛主编:《财务管理》(第七版),东北财经大学出版社 2021 年版。
[15]袁建国、周丽媛主编:《财务管理习题与实训》(第七版),东北财经大学出版社 2021 年版。
[16]中国注册会计师协会:《财务成本管理》,中国财政经济出版社 2021 年版。
[17]财政部会计资格评价中心:《财务管理》,经济科学出版社 2021 年版。